KB200609

하나님을 아는 지식의 영광

하나님을 아는 지식의 영광

지은이 | 강준민
초판 발행 | 2019. 6. 26
2쇄 발행 | 2024. 12. 13
등록번호 | 제1988-000080호
등록된 곳 | 서울특별시 용산구 서빙고로65길 38
발행처 | 사단법인 두란노서원

영업부 | 2078-3333   FAX | 080-749-3705
출판부 | 2078-3331

책값은 뒤표지에 있습니다.
ISBN 978-89-531-3525-3   03230

독자의 의견을 기다립니다.
tpress@duranno.com   www.duranno.com

두란노서원은 바울 사도가 3차 전도여행 때 에베소에서 성령 받은 제자들을 따로 세워 하나님의 말씀으로 양육하던 장소입니다. 사도행전 19장 8~20절의 정신에 따라 첫째 목회자를 돕는 사역과 평신도를 훈련시키는 사역, 둘째 세계선교(TIM)와 문서선교(단행본·잡지) 사역, 셋째 예수문화 및 경배와 찬양 사역, 그리고 가정·상담 사역 등을 감당하고 있습니다. 1980년 12월 22일에 창립된 두란노서원은 주님 오실 때까지 이 사역들을 계속할 것입니다.

하나님을 아는

지식의

영광

공의로우신
화평하게 하시는
유일하신
선하신
전능하신
전지하신
지혜의
긍휼의
은혜의

거룩하신
복 주시는
언약을 지키시는
사랑의
영광스러운
아름다우신
통치하시는
풍성하신
영원하신
새롭게 하시는

강준민 지음

두란노

목차

프롤로그 6

14 **1** —— 하나님을 아는 지식의 고상함

34 **2** —— 하나님을 아는 지식의 즐거움

56 **3** —— 공의로우신 하나님을 아는 지식

84 **4** —— 화평하게 하시는 하나님을 아는 지식

108 **5** —— 유일하신 삼위일체 하나님을 아는 지식

138 **6** —— 선하신 하나님을 아는 지식

164 **7** —— 전능하신 하나님을 아는 지식

194 **8** —— 전지하신 하나님을 아는 지식

222 **9** —— 지혜의 하나님을 아는 지식

250 **10** —— 긍휼의 하나님을 아는 지식

278 **11** —— 은혜의 하나님을 아는 지식

308 | 12 — 거룩하신 하나님을 아는 지식

336 | 13 — 복 주시는 하나님을 아는 지식

366 | 14 — 언약을 지키시는 하나님을 아는 지식

392 | 15 — 사랑의 하나님을 아는 지식

422 | 16 — 영광스러운 하나님을 아는 지식

450 | 17 — 아름다우신 하나님을 아는 지식

480 | 18 — 통치하시는 하나님을 아는 지식

506 | 19 — 풍성하신 하나님을 아는 지식

536 | 20 — 영원하신 하나님을 아는 지식

562 | 21 — 새롭게 하시는 하나님을 아는 지식

프롤로그

하나님을 향한
거룩한 탐험의 시작

《하나님을 아는 지식의 영광》은 하나님을 경외하는 마음으로 쓴 책입니다. 하나님을 아는 지식은 두려운 영광입니다. 제가 그동안 쓴 모든 책은 하나님을 드러내는 데 초점을 맞추고 있습니다. 어떤 경우에는 직접적으로, 어떤 경우에는 간접적으로 하나님을 드러내었습니다. 하지만 이번 책은 처음부터 끝까지 하나님을 직접적으로 드러낸 책입니다. 하나님을 설교한 책입니다.

지식 가운데 최고의 지식은 하나님을 아는 지식입니다. 사도 바울은 그리스도를 아는 지식이 가장 고상하다고 말했습니다(빌 3:8). 하나님을 아는 지식은 인간의 유한한 지성으로 알 수 있는 것이 아닙니다. 하나님을 아는 지식은 하나님의 은혜를 통해 얻게 되는 지식입니다. 성경을 통해 얻게 되는 지식입니다. 성령님을 통해 얻게 되는 지식입니다. 하나님은 자연을 통해 자신의 지식을 알려 주시기도 합니다(시 8:1). 하나님을 아는 지식은 이론에 머무는 지식이 아닙니다. 하나님을 아는 지식은 경험적으로 아는 지식입니다(요 17:3). 하나님을 맛보아 아는 지식입니다(시 34:8).

참된 지성의 역할은 하나님을 알고 하나님을 경외하는 데 있습니다. 하나님을 높이는 데 있습니다. 하나님을 경배하는 데 있습니다. 타락한 지성은 하나님을 알지 못합니다. 하나님께 영광을 돌리지 않습니다. 하나님께 감사하지 않습니다. 참된 지성은 하나님을 두려워하지만 무서워하지 않습니다. 하나님을 어려워하지만 하나님을 더욱 가까이하기 원합니다. 하나님과 친밀한 교제를 나누기 원합니다.

하나님을 알기 위해서는 하나님 알기를 갈망해야 합니다. 모든 것은 갈망에서 시작됩니다. 갈망이 열정을 낳고, 열정이 헌신을 낳습니다. 하나님을 아는 사람은 하나님을 갈망합니다. 하나님을 동경합니다. 하나님을 아는 사람은 용맹을 발합니다(단 11:32). 하나님을 아는 사람은 거룩을 추구합니다. 하나님은 거룩하십니다. 하나님의 아름다움의 절정은 거룩에 있습니다. 추한 것은 아름답지 않습니다. 거룩한 것이 아름답습니다. 하나님을 아는 사람은 뿌리 깊은 나무와 같습니다. 하나님을 아는 사람은 예수님께 뿌리를 깊이 내린 나무처럼 살아갑니다(골 2:7). 예수님께 뿌리를 내린다는 것은 예수님의 사랑에 뿌리를 내리는 것입니다(엡 3:18).

우리는 하나님을 믿는 차원에서 하나님을 아는 차원으로 나아가야 합니다. 하나님을 믿는 것은 신앙생활의 시작입니다. 하지만 하나님을 믿는 차원에 머물러서는 안 됩니다. 하나님을 믿은 후에 하나님을 아는 차원으로 들어가야 합니다(엡 4:13). 우리는 하나님을 아는 만큼 자라게 됩니다(골 1:10; 벧후 3:18). 하나님을 아는 지식을 얻기 위해서는 배워야 합니다. 배움은 받음입니다. 사도 바울은 하나님을 아는 지식을 계시를 통해 받았습니다(갈 1:12).

하나님을 아는 지식은 신비롭습니다. 인간의 자연적 지성이나 세상의 지혜로 알 수 없습니다. 하나님은 영이십니다. 그런 까닭에 영적인 일은 영적으로만 분별하게 됩니다. 영이신 하나님을 아는 것은 하나님의 깊은 것까지도 통달하시는 성령님을 통해 가능합니다(고전 2:10). 하나님을 아는 지식은 깊습니다(롬 11:33). 신비롭습니다. 하나님은 때때로 숨어 계시는 하나님이십니다(사 45:15). 때때로 침묵하시는 하나님이십니다. 그런 까닭에 우리는 하나님이 은혜로 자신을 드러내주시는 만큼만 알 수 있습니다.

우리는 하나님을 아는 차원에서 하나님을 사랑하는 차원으로 나아가야 합니다. 하나님은 사랑이십니다. 하나님에 대한 지식은 사랑의 신학에서 절정을 이룹니다. 사랑하지 아니하는 자는 하나님을 알 수 없습니다(요일 4:8). 하나님을 사랑하는 자가 하나님을 알게 됩니다. 또한 우리는 서로를 사랑함으로 하나님을 알 수 있습니다. 사랑은 우리 영혼의 눈을 열어 줍니다. 사랑은 깨닫게 합니다. 사랑은 깨우쳐 줍니다. 사랑은 더욱 깊게, 더욱 넓게 알고 싶어 합니다.

우리는 보지 않은 분을 사랑할 수는 있어도, 알지 못하는 분을 사랑할 수는 없습니다(벧전 1:8). 하나님을 사랑하기 위해서는 먼저 하나님을 알아야 합니다. 우리는 아는 것만큼 사랑하고, 사랑하는 것만큼 알게 됩니다. 우리는 사랑하는 분을 닮게 됩니다. 우리가 사랑하는 것이 우리를 만들어가며, 우리가 사랑하는 것이 우리 영혼의 색깔을 물들이게 됩니다.

하나님을 사랑하는 차원에 이르렀다면, 이제 하나님을 갈망하는 차원으로 나아가야 합니다. 하나님을 깊이 사랑하게 되면 하나님을 갈망하게 됩니다. 하나님을 목말라하게 됩니다. 사슴이 시냇물을 찾는 것처럼 하나님을 갈망하게 됩니다(시 42:1). 하나님을 갈망할 때 하나님을 섬기게 됩니다. 하나님을 갈망하는 차원에서 하나님을 섬기는 차원으로 나아가는 것이 영적 순례의 마지막 목표입니다.

하나님을 아는 지식은 보배와 같습니다. 하나님을 아는 지식은 최상의 지혜입니다. 하나님을 안다는 것은 하나님이 어떤 분인가를 아는 것입니다. 하나님의 성품과 하나님의 능력과 하나님의 지혜와 하나님의 이름과 하나님의 말씀을 아는 것입니다. 하나님을 안다는 것은 하나님이 알려 주시는 원리와 이치를 아는 것입니다.

하나님을 알기 위해서는 거룩한 탐험을 시작해야 합니다. 하나님을 아는 것은 은혜이지만, 우리는 하나님을 아는 지식을 탐구하고 배워야 합니다. 성경을 통해 배우고 하나님의 사람들을 통해 배워야 합니다. 그런 면에서 이 책은 성경 연구와 성령님의 도우심과 하나님을 사랑하는 경건한 신학자, 그리고 영성가들의 도움을 받아 쓴 책입니다. 저는 생산업자가 아닙니다. 받은 것을 유통하는 사람입니다. 저는 배우고 깨달은 것을 유통하는 일을 하고 있습니다. 본래 하나님의 일은 생산업이 아니며 분배하는 일에 종사하는 것이며, 유통업에 종사하는 것입니다.

진리를 유통한다는 것은 예수님이 하나님 아버지에게서 본 것과 들은 것과 받은 것을 나누는 것입니다(요 8:38, 12:40, 14:24). 예수님께 받은 것을 나누는 것입니다(마 28:19-20). 하나님을 아는 지식은 우리 스스로 생산해 낼 수 없습니다. 다만 받은 것을 전하는 것입니다. 하나님을 안다는 것은 하나님의 말씀을 알고, 그 말씀 앞에 떠는 것을 의미합니다(사 66:2, 5). 하나님은 그분의 말씀 앞에 떠는 사람을 찾습니다. 하나님의 말씀을 경외하며 소중히 여기는 사람을 찾습니다. 하나님의 말씀의 능력을 알고, 그 말씀을 읽고 연구하고 암송하고 묵상하고 실천하는 사람을 찾습니다. 하나님의 말씀의 무게를 알고, 그 말씀 앞에 떨면서도 그 말씀을 즐거워하는 사람을 찾습니다.

그리스도인이 누리는 가장 큰 영광은 하나님을 알고 그분을 즐거워하며 그분을 닮아가는 것입니다. 영광의 하나님을 알고 친밀한 교제를 나누는 중에 하나님을 닮아가는 것입니다. 사도 바울의 고백처럼 죄인 중의 괴수와 같은 우리가 하나님을 알고 그분을 닮아가는 것은 최상의 영광입니다.

저는 이 책을 하나님을 알기를 갈망하는 이들을 위해 썼습니다. 하나님을 알고 사랑하고 동경하고 섬기기를 원하는 이들을 위해 썼습니다. 하나님을 아는 지식을 전하는 이 책을 품격 있게 만들어 주신 두란노 가족에게 진심으로 감사드립니다. 부족한 사람의 책과 글을 아끼고 읽어 주시는 모든 분께 진심으로 감사드립니다. 하나님을 아는 지식을 갈망하게 하신 성삼위 하나님께 모든 영광을 올려 드립니다.

2019.6 _____

로스앤젤레스에서

강준민

1

하나님을 아는 지식의 고상함

사 11:9, 엡 4:13

하나님을 배우는 학교
입학을 축하합니다

인간의 삶의 목적은 "하나님을 알고 하나님께 영광 돌리는 것"입니다. 하나님은 사람이 하나님을 충만히 알기 원하십니다. 그것이 하나님의 가장 큰 소원입니다. 하나님을 아는 지식에 생명, 즉 사는 길이 있기 때문입니다.

하나님은 우리가 하나님을 알 때 가장 기뻐하십니다.

— 나는 인애를 원하고 제사를 원하지 아니하며 번제보다 하나님을 아는 것

  을 원하노라 호 6:6

하나님은 우리가 하나님을 알 뿐만 아니라 하나님을 아는 지식 가운데 성장하길 원하십니다. 예수 그리스도의 제자들이 성장할 수 있는 길은 예수님을 믿는 것과 예수님을 아는 일에 하나가 되는 것입니다.

— 우리가 다 하나님의 아들을 믿는 것과 아는 일에 하나가 되어 온전한 사람

  을 이루어 그리스도의 장성한 분량이 충만한 데까지 이르리니 엡 4:13

우리가 앞으로 함께 공부하고 연구하고 경험하고 경배할 대상이신 하나님에 대한 지식은 정말 영광스러운 주제입니다. 제 목회 사역 가운데 이토록 진지하고, 이토록 고상하고, 이토록 거룩하고, 이토록 영광스럽고, 이토록 아름답고, 이토록 기쁨을 주는 주제를 선택해 본 적이 없습니다. 물론 모든 주제가 하나님을 아는 지식과 연관되어 있지만 이렇게 직접 하나님을 아는 것과 그 영광을 주제로 삼은 것이 처음이라는 뜻입니다.

저는 모든 분을 하나님을 배우는 학교의 학생으로 초청하고 싶습니다. 엄격한 의미에서 모든 그리스도인은 평생 그리스도의 제자로 살아가게 됩니다. 제자란 배우는 사람입니다. 예수님이 제자들을 선택하신 후에 하나님을 배우는 학교에 입학시키셨습니다.

나는 마음이 온유하고 겸손하니 나의 멍에를 메고 내게 배우라 그리하면 너희 마음이 쉼을 얻으리니 마 11:29

예수님이 제자들에게 "내게 배우라"고 말씀하셨을 때, 이 말씀은 예수님께 배우라는 말씀이면서 또한 예수님을 배우라는 말씀입니다. 예수님은 하나님의 아들이시며, 하나님이십니다. 그렇다면 예수님을 배운다는 것은 하나님을 배우는 것입니다.

하나님을 아는 지식이
가장 고상합니다

우리는 태어나서 많은 지식을 접하게 됩니다. 지금까지 많은 지식을 배워 왔습니다. 하지만 하나님을 아는 지식은 세상에서 배운 지식과는 비교할 수 없습니다. 차원이 다릅니다. 질이 다릅니다. 유익이 다릅니다.

사도 바울은 학식이 많은 사람이었습니다. 그는 당시 가장 탁월한 스승이었던 가말리엘의 제자였습니다. 하지만 그가 예수 그리스도를 만난 후 예수님을 아는 지식을 가장 고상하다고 고백했습니다.

> 또한 모든 것을 해로 여김은 내 주 그리스도 예수를 아는 지식이 가장 고상하기 때문이라 내가 그를 위하여 모든 것을 잃어버리고 배설물로 여김은 그리스도를 얻고 빌 3:8

예수님을 안다는 것은 성부 하나님과 성령 하나님을 더불어 아는 것입니다. 기독교는 삼위일체 하나님을 믿습니다. 성경은 하나님이 유일하시지만 삼위를 가지신 분임을 강조합니다. 유일하다는 것은 하나라는 뜻보다는 다른 모든 신들과 구별되게 유일하시다는 것을 뜻합니다. 세상에 어떤 신도 성삼위 하나님 같은 신은 없습니다. 그토록 전능하시고, 그토록 전지하시고, 그토록 거룩하시고, 그토록 영화로우시고, 그토록 탁월하고, 그토록 아름다우시고, 그토록 사랑스러우시고, 그토록 공의와 사랑에 균형을 이루신 분은 없습니다.

하나님은 분명히 성부 하나님, 성자 예수님, 성령 하나님으로 존재하십니다. 하나님은 세 분이시지만 유일하십니다. 그 뜻은 성부 하나님, 성자 예수님, 성령 하나님이 모두 하나님이시라는 뜻입니다. 또한 모두 동질이라는 뜻입니다. 세 분 가운데 어떤 분도 더 열등하거나 더 우월하지 않으시며 세 분 모두 전능하시고, 전지하십니다.

성경에는 삼위일체라는 말은 나오지 않습니다. 하지만 성경은 분명히 삼위일체 하나님이 함께 계심을 증언하고 있습니다. 성경 구절 몇 군데만 찾아보아도 우리는 알 수 있습니다. 예수님이 세례 요한에게 세례를 받으실 때 성령님이 임하셨습니다. 또한 하나님 아버지의 음성이 들려왔습니다.

예수께서 세례를 받으시고 곧 물에서 올라오실새 하늘이 열리고 하나님의 성령이 비둘기같이 내려 자기 위에 임하심을 보시더니 하늘로부터 소리가 있어 말씀하시되 이는 내 사랑하는 아들이요 내 기뻐하는 자라 하시니라 마 3:16-17

이 말씀을 자세히 보십시오. 예수 그리스도가 세례를 받으셨습니다. 그때 하나님의 성령, 곧 성령 하나님이 임하셨습니다. 그리고 하늘에서부터 하나님 아버지의 음성이 들렸습니다. 하나님 아버지께서 예수님에게 "이는 내 사랑하는 아들이요 내 기뻐하는 자라"고 말씀하셨습니다. 예수님께는 하나님 아버지가 계십니다. 하나님 아버지에게는 독생하신 아들 예수 그리스도가 계십니다. 또한 예수님을 잉태해서 태어나게 하신 성령 하나님이 계십니다.

우리는 예배 끝에 행해지는 축도 속에서도 삼위일체 하나님을 만납니다. 축도의 내용은 고린도후서 13장 13절을 바탕으로 합니다.

주 예수 그리스도의 은혜와 하나님의 사랑과 성령의 교통하심이 너희 무리와 함께 있을지어다 고후 13:13

제일 먼저 주 예수 그리스도의 은혜를 말씀합니다. 그다음이 하나님의 사랑인데, 하나님 아버지의 사랑을 의미합니다. 마지막이 성령님의 교통하심에 대해 말씀합니다. 우리가 받는 축도는 언제나 삼위일체 하나님으로부터 오는 축복 기도입니다.

예수님이 제자들에게 주신 지상명령 속에도 삼위일체 하나님이 함께하십니다.

그러므로 너희는 가서 모든 민족을 제자로 삼아 아버지와 아들과 성령의 이름으로 세례를 베풀고 내가 너희에게 분부한 모든 것을 가르쳐 지키게 하라 볼지어다 내가 세상 끝날까지 너희와 항상 함께 있으리라 하시니라 마 28:19-20

예수님은 제자들에게 모든 민족을 제자로 삼으라고 명하셨습니다. 그리고 아버지와 아들과 성령의 이름으로 세례를 베풀라고 명하셨습니다.

삼위일체 하나님은 창조의 일을 함께 하셨습니다. 또한 우리를 구원하시는 일도 함께 하셨습니다.

우리는 하나님을 알 때 언제나 삼위일체 하나님의 관점에서 바라봐야 합니다. 그것은 성경의 가르침이며 오랫동안 복음주의자들이 올바른 신앙교리로 가르쳐 온 것입니다.

하나님을 배우는 것이
최상의 공부입니다

하나님을 배우는 것을 최상의 공부라고 하는 까닭은 우리를 만드신 분을 공부하는 것이기 때문입니다. 지음을 받은 피조물이 감히 자신을 지으신 분을 공부하는 것이기 때문입니다. 우리 존재의 근원, 우리 존재의 뿌리, 우리 존재의 원천을 공부하는 것이기 때문입니다.

우리는 스스로 존재할 수 없습니다. 스스로 존재한 적이 없습니다. 우리는 부모를 통해 태어났습니다. 또한 우리는 부모님을 이 땅에 존재하게 하신 근원이 있음을 압니다. 그분은 바로 하나님이십니다.

많은 학문이 있지만, 그 가운데 신학을 모든 학문의 여왕으로 봅니다. 모든 학문의 최고봉이라는 의미입니다. 그 이유는 신학은 하나님을 연구하는 학문이기 때문입니다. 장경철 교수는 《하나님 공부하기》란 책에서 신학에 대해 다음과 같이 정의하고 있습니다.

> 어원적으로 볼 때 신학을 지칭하는 그리스어 'theologia'는 하나님(theos)과 논리(logia)라는 단어가 결합하여 파생된 낱말이다. 신학(神學)이란 하나님을 연구하는 학문이다. 신학 가운데 우리가 추구하는 것은 하나님을 공부하는 것이다. **장경철,《하나님 공부하기》, 낮은울타리, 15쪽**

> 신학은 하나님을 연구한다. 하나님을 연구한다는 것은 하나님의 성품, 행위, 말씀을 공부하는 것이다. 이는 하나님과 접촉한 뒤에 하나님에 관한 자료를 모으고, 이를 논리적으로 정리한다는 것을 뜻한다. **장경철,《하나님 공부하기》, 낮은울타리, 19쪽**

우리는 신학에 대해 부정적인 생각을 할 때가 있습니다. 그 이유는 신학을 공부한 사람들이 잘못된 길로 가는 것을 보았기 때문입니다. 하지만 조금 깊이 생각해 보면 하나님을 믿는 사람은 누구나 신학을 공부하고 있다고 해도 과언이 아닙니다. 왜냐하면 우리는 날마다 성경을 읽고 하나님을 만나고 있기 때문입니다. 하나님에 대한 지식과 접촉하고 있습니다. 하나님을 경배하고 있습니다. 또한 우리는 주일마다 설교를 통해 하나님이 어떤 분이신가를 공부하고 있습니다.

하나님은 우리가 힘써 그분을 알기를 원하십니다. 우리가 힘써 하나님에 대해 공부하길 원하십니다. 그것을 가장 기뻐하십니다.

중요한 것은 하나님을 공부할 때는 여느 공부와는 다른 태도로 해야 한다는 것입니다. 신학을 공부하면서 더 교만해지거나 더 완고해진다면 그것은 정말로 신학을 잘못 공부한 것입니다. 하나님을 공부하는 올바른 자세는 하나님을 신뢰하고, 하나님께 순종하고, 하나님을 경외하기 위해 공부하는 것입니다.

A. W. 토저는 신학의 아름다움과 신학을 공부하는 사람이 마땅히 가져야 할 태도에 대해 다음과 같이 기록하고 있습니다.

> 신학은 아름다운 것이다. 왜냐하면 하나님을 연구하는 학문이기 때문이다. 신학은 겸손하게 무릎을 꿇고 경건한 마음으로 하나님을 연구하는 학문이다. 냉담하고 굳은 마음으로 신학을 연구하는 사람들이 있기도 한데, 그런 사람들은 신학에서 하나님을 만나지 못한다. 그러나 겸손하게 무릎을 꿇고 경건한 마음으로 하나님을 연구하는 것은 아주 아름다운 일이다.
>
> A. W. 토저, 《GOD 갓·하나님》, 규장, 39쪽

하나님을 사랑하는 사람들은 하나님의 아름다움에 매료되었습니다. 하나님은 아름다우신 분입니다. 우리가 하나님을 알고,

하나님을 만나고, 하나님과 교제할 때 하나님의 아름다움에 매료됩니다. 아름다움은 우리의 눈길을 머물게 합니다. 아름다움은 우리 영혼에 깊은 인상을 남깁니다. 차원 높은 즐거움을 줍니다. 하나님의 아름다움을 따라 지음받은 우리 인간은 아름다움을 향한 갈망이 있습니다. 그런 까닭에 아름다움에 이끌리게 됩니다. 다윗은 하나님의 아름다움을 사모했습니다.

내가 여호와께 바라는 한 가지 일 그것을 구하리니 곧 내가 내 평생에 여호와의 집에 살면서 여호와의 아름다움을 바라보며 그의 성전에서 사모하는 그것이라 시 27:4

하나님을 가까이하면 아름다워집니다. 반면에 하나님을 멀리 떠나면 추해집니다. 마귀는 악합니다. 더럽습니다. 추합니다. 경박합니다. 그런 까닭에 하나님을 멀리 떠나면 마귀와 가까워집니다. 지금 세상의 문제는 하나님과 멀어지고 있다는 것입니다. 하나님과 멀어져서 악한 영, 더러운 영과 가까이 지내는 데 문제가 있습니다.

우리는 거듭 아름다우신 하나님께 돌아가야 합니다. 하나님의 성품은 아름답습니다. 그런 까닭에 하나님을 만나면 우리도 아름다워집니다. 아름다운 대상을 바라보는 것도 아름다운데, 우리는 아름다우신 하나님과 더불어 교제하는 삶을 살고 있습니다.

하나님을 맛보아 아는 즐거움을 누리십시오

하나님을 아는 지식은 결코 이론에 머물 수 없습니다. 이것이 하나님을 아는 지식과 보통 지식과의 차이입니다. 하나님을 아는 지식은 경험적이고, 관계적입니다.

———— 영생은 곧 유일하신 참 하나님과 그가 보내신 자 예수 그리스도를 아는 것이니이다 요 17:3

사도 요한은 영생이란 유일하신 참 하나님과 그가 보내신 자 예수 그리스도를 아는 것이라고 말합니다. 그는 영생, 즉 영원한 생명이란 하나님과의 관계 속에서 사는 것이라고 말합니다. 이 말씀 속에서 "안다"는 그냥 이론적으로 아는 것이 아닙니다. 경험적으로 아는 것입니다. 헬라어 "안다"는 '기노스코'($\gamma\iota\nu\acute{\omega}\sigma\kappa\omega$, ginosko)입니다. 이 단어는 유대인들에게는 남자와 여자의 관계 속에서 아는 것을 의미합니다. 가브리엘 천사가 마리아에게 와서 아들을 잉태할 것이라고 말하니 너무 놀라서 말합니다.

———— 마리아가 천사에게 말하되 나는 남자를 알지 못하니 어찌 이 일이 있으리이까 눅 1:34

이 말씀에 나오는 '남자를 알지 못한다'는 뜻은 남자와 관계를 맺지 않았다는 것을 의미합니다. 구약의 히브리어로 "안다"는

'야다'(יָדַע, yada)입니다. '야다'도 경험적으로 아는 것을 뜻합니다. 우리가 하나님을 안다는 것은 단순히 이론적인 지식만을 의미하지 않습니다. 하나님을 만나서 경험적으로 아는 것을 의미합니다. 조금 더 설명하면 맛보아 아는 것입니다.

───── 너희는 여호와의 선하심을 맛보아 알지어다 그에게 피하는 자는 복이 있도다 시 34:8

하나님은 선하신 분입니다. 다윗은 하나님의 선하심을 맛보아 알았습니다. 그는 시편 23편에서 그의 평생에 하나님의 선하심이 함께하심을 경험했음을 고백합니다.

───── 내 평생에 선하심과 인자하심이 반드시 나를 따르리니 내가 여호와의 집에 영원히 살리로다 시 23:6

하나님을 아는 지식이 이론 지식에 머물면 안 됩니다. 하나님을 아는 지식은 경험 지식에 이르러야 합니다. 하나님을 경험하게 되면 우리의 삶은 놀랍게 달라집니다. 베드로는 주의 인자하심을 맛본 사람입니다. 그의 서신을 보면 하나님의 인자하심을 맛보는 일이 언급되어 있습니다.

───── 너희가 주의 인자하심을 맛보았으면 그리하라 벧전 2:3

지금은 꿀이 흔하지만 옛날에는 아주 귀했습니다. 제가 자랄 때 진짜 꿀을 먹어 본다는 것은 기적 같은 일이었습니다. 그래서 가짜 꿀이 유행했습니다. 꿀이 맛있고, 꿀이 좋다는 것은 다 압니다. 하지만 그것은 이론 지식입니다. 꿀이 맛있고, 그것이 좋다는 것을 진정으로 알기 위해서는 꿀을 직접 맛보아야 합니다. 그때 우리는 꿀을 참으로 알게 됩니다. 이론으로만 알던 꿀맛을 경험적으로 알게 되는 것입니다. 우리가 하나님을 경험적으로 알게 되면 어떤 결과를 가져올까요?

"하나님을 경험적으로 아는 사람은
반드시 하나님을 아는 일에 힘쓰게 됩니다."

만약 암을 치료하는 데 아주 좋은 약을 알고 있다고 생각해 봅시다. 그렇다면 그것을 알리고 싶을 것이며, 또한 마땅히 알려야 합니다. 건강에 아주 좋은 약이나 식품을 가지고 있다면 그것을 알리고 싶을 것입니다.

"하나님을 아는 사람은
하나님을 알리지 않고는 견딜 수가 없습니다."

사도 바울은 예수 그리스도를 만났습니다. 경험했습니다. 그리고 더욱 예수 그리스도를 알아가면서 더욱 깊이 예수님의 선하심을 맛보아 알게 되었습니다. 그래서 그는 입으로 예수님을 전했습니다. 글로 예수님을 전했습니다. 그의 인격과 삶을 통해 예수님을 전했습니다.

"하나님의 선하심을 경험한 사람은 더욱 자주 그 경험을 원합니다."

우리는 어떤 놀라운 경험을 하게 되면 그 경험이 반복되길 원합니다. 그것은 인간의 본능입니다. 어떤 경험은 쾌락과 불쾌한 경험을 동시에 줍니다. 하지만 그 쾌락에 대한 경험 때문에 불쾌함과 부끄러움과 더러움을 감수하려고 합니다. 이것이 경험이 주는 강점이면서 약점입니다. 하지만 하나님을 경험하는 것은 결코 불쾌하지 않습니다. 하나님을 아는 것은 우리에게 진정한 기쁨과 즐거움을 줍니다.

― 곧 지혜가 네 마음에 들어가며 지식이 네 영혼을 즐겁게 할 것이요 잠 2:10

지식은 우리 영혼에 즐거움을 줍니다. 일반 지식도 무엇인가를 배울 때 놀라운 기쁨을 주는 것을 경험하게 됩니다. 모르는 것을 배울 때 그 기쁨은 정말 놀랍습니다. 알고 있는 것을 더욱 분명하게, 더욱 체계적으로 배울 때 그 기쁨 또한 놀랍습니다. 우리가 알고 있는 것을 나눌 때 누리는 기쁨 또한 큽니다. 누군가가 우리가 전달해 주는 지식으로 인해 즐거워하고 기뻐할 때 우리는 더불어 큰 기쁨을 누리게 됩니다.

하나님은 지식을 통해
우리를 축복해 주십니다

지식은 하나님의 축복의 재료입니다. 하나님은 지식의 하나님 이시며, 지식을 통해 우리를 축복하십니다.

> 심히 교만한 말을 다시 하지 말 것이며 오만한 말을 너희의 입에서 내지 말 지어다 여호와는 지식의 하나님이시라 행동을 달아 보시느니라 삼상 2:3

하나님은 지식을 통해 우리와 우리 후손들을 복되게 하십니다. 우리는 지식의 중요성을 어느 정도 알지만 절실하게 알지 못합니다. 그 이유는 사탄이 우리가 지식을 소유하는 것을 가장 걱정하기 때문입니다. 사탄의 가장 무서운 전략은 우리를 무지하게 만드는 것입니다. 사탄이 가장 싫어하는 것은 우리가 학습하는 것입니다. 올바른 진리를 배우는 것입니다.

바로 왕은 사탄의 모형입니다. 그는 히브리 노예들을 무지하게 만들었습니다. 일만 시켰습니다. 공부하지 못하게 만들었습니다. 그리함으로 그들을 정말 노예로 만들었습니다. 노예에게는 가르

치지 않습니다. 일만 시킵니다. 하지만 자녀는 가르칩니다. 교육
에 투자합니다. 하나님이 바로 왕의 손에서 히브리 노예를 건져
내셨을 때 그들에게 지식과 지혜를 가르치기 시작하셨습니다. 그
리함으로 그들은 진정한 자유인이 되었습니다. 진리를 알지 못하
면 결코 참된 자유를 누릴 수가 없습니다.

─── 진리를 알지니 진리가 너희를 자유롭게 하리라   요 8:32

안다는 것은 빛이 임했다는 것입니다. 안다는 것은 무지의 어
둠을 밝혀 주는 빛이 임했다는 것입니다. 어둠은 우리를 노예로
만들지만, 빛은 우리를 자유하게 합니다. 무지는 어둠에 속하지만,
지식은 빛에 속합니다. 우리는 어둠의 자녀가 아니라 빛의 자녀입
니다. 하나님은 히브리 노예를 지식을 통해 복되게 하셨습니다.

─── 너희는 지켜 행하라 이것이 여러 민족 앞에서 너희의 지혜요 너희의 지식
이라 그들이 이 모든 규례를 듣고 이르기를 이 큰 나라 사람은 과연 지혜
와 지식이 있는 백성이로다 하리라   신 4:6

하나님은 여러 민족 앞에서 히브리 민족을 지혜와 지식이 있
는 백성으로 만들었습니다. 지혜와 지식은 늘 함께 동행합니다.
지식을 활용하는 것이 지혜입니다. 지혜는 혼자 일하지 않습니
다. 반드시 지식과 더불어 일합니다. 지혜는 지식을 적용함으로
써 일합니다. 지식을 실천함으로써 일합니다. 지식을 활용함으로
써 일합니다. 지식을 자신이 하는 일과 연결시켜 일합니다. 여러

가지 지식을 결합시켜 풍성한 지식의 열매를 맺습니다. 지혜가 없으면 지식을 연결시킬 수 없기에 지식을 소유한 사람은 지혜를 구해야 합니다.

모든 지식이 다 좋은 것이 아닙니다. 좋은 지식도 있고, 나쁜 지식도 있습니다. 좋은 지식은 건설적인 지식입니다. 나쁜 지식은 파괴적인 지식입니다. 지혜는 좋은 지식과 나쁜 지식을 구분하는 분별력입니다. 하나님은 지식을 주실 때 지혜도 함께 주십니다. 하지만 먼저 지식을 주심으로 지혜를 더욱 빛나게 하십니다.

하나님이 왜 그토록 하나님을 아는 지식이 온 땅에 충만하게 되기를 원하실까요? 지식을 통해 하나님이 만드신 우리를 복되게 하기 위해서입니다.

하나님은 사랑이십니다. 하나님의 사랑은 그 대상을 유익하게 하는 것입니다. 하나님을 안다는 것은 하나님의 성품을 안다는 것입니다. 하나님의 성품 가운데 가장 두드러진 성품은 사랑입니다. 우리는 사랑을 함부로 사용합니다. 또한 잘못 사용합니다. 그런 까닭에 하나님의 사랑을 의미하는 아가페의 차원까지 이르지 못할 때가 많습니다.

참된 사랑은 사랑하는 대상을 아름답게 만들고 유익하게 만들고 가치 있게 만들고 성장하게 만듭니다. 우리가 하나님을 알고 그분의 사랑을 알 때 이 세상은 참으로 아름다운 세상이 될 것입니다.

하나님을 아는 지식은 우리를 지혜롭고 총명하게 만듭니다.

하나님을 아는 지식이 명철입니다. 하나님을 떠나면 지혜도,
총명도, 명철도 상실하게 됩니다. 하지만 하나님을 정말 알게 되
면 지혜를 얻습니다. 그분을 의지하게 됩니다. 그분을 경외하게
됩니다. 하나님이 주시는 지식과 지혜와 명철을 통해 놀라운 복
을 받게 됩니다.

앞으로 우리는 계속해서 하나님을 아는 지식의 즐거움과 그
영광을 배우게 될 것입니다.

날마다 하나님을 알기 위해 성경을 읽으십시오. 하나님을 찬양
하고 경배하는 중에 하나님의 임재를 체험하십시오. 예수님의 이
름으로 기도하는 가운데 하나님의 살아 계심을 경험하십시오. 하
나님을 아는 것처럼 아름답고 영광스러운 일은 없습니다. 하나님
은 우리를 하나님을 알고, 그분과 교제하는 차원에까지 높여 주
셨습니다. 이것이 구원의 비밀이며, 구원의 은혜입니다. 하나님을
알고 하나님께 영광 돌리는 생애가 되기를 빕니다.

2

하나님을 아는 지식의 즐거움

사 11:1-10

하나님을 아는 지식은
최상의 즐거움을 줍니다

우리 인간에게는 즐거움을 향한 갈망이 있습니다. 기쁨을 추구하는 갈망이 있습니다. 행복을 추구하는 갈망이 있습니다. 그 갈망은 하나님한테서 온 것입니다. 사탄은 즐거움이나 기쁨이나 행복을 싫어합니다. 사탄은 우리를 참된 즐거움에서 멀어지게 만듭니다. 거짓된 즐거움을 쾌락이라는 이름으로 제공한 후에 우리 인간을 망가뜨립니다. 죄악에도 낙이 있습니다. 하지만 그 낙은 잠시뿐입니다. 그 후에는 추함과 비참함과 심판과 저주가 따라옵니다. 그런 까닭에 모세는 잠시 죄악의 낙을 거절하고 하나님의 뜻을 이루기 위해 하나님의 백성과 함께 고난받기를 더 좋아했습니다.

───── 도리어 하나님의 백성과 함께 고난받기를 잠시 죄악의 낙을 누리는 것보다 더 좋아하고 히 11:25

모세는 하나님의 백성을 위해 받는 고난을 더 좋아하고, 더 즐거워했습니다. 모세에게는 세상 사람들이 알지 못하는 성스러운 즐거움이 있었습니다. 모세와 같이 우리 안에는 신선하고 거룩하고 유쾌한 즐거움을 추구하는 갈망이 있습니다. 그 갈망은 참으로 좋은 것입니다. 그 갈망은 하나님의 형상을 받은 인간 안에 하나님이 새겨 주신 갈망입니다. 우리 안에는 경건한 즐거움을 향한 갈망이 있습니다. 이사야서 11장은 장차 오실 예수님을 예언하고 있습니다. 이사야는 예수님이 누리시게 될 즐거움을 기록하고 있습니다. 그것은 여호와를 경외하는 즐거움입니다.

그가 여호와를 경외함으로 즐거움을 삼을 것이며 그의 눈에 보이는 대로 심판하지 아니하며 그의 귀에 들리는 대로 판단하지 아니하며 사 11:3

여호와를 경외하는 즐거움은 하나님을 아는 지식에 그 뿌리를 두고 있습니다.

여호와를 경외하는 것이 지식의 근본이거늘 미련한 자는 지혜와 훈계를 멸시하느니라 잠 1:7

여호와를 경외하는 것이 지식의 근본입니다. 근본이란 뿌리를 의미합니다. 지식의 근본은 하나님을 경외하는 것입니다. 하나님을 경외하기 위해서는 하나님을 알아야 합니다. 하나님을 아는 지식이 바로 모든 지식의 근본입니다. 우리 인간은 근본에 이를 때, 근본을 추구할 때, 근본을 발견할 때 놀라운 즐거움을 경험하게 됩니다. 또한 근본과 접촉할 때 놀라운 희열을 경험하게 됩니다. 이 경험은 최상의 깨달음을 경험할 때 얻는 즐거움입니다. 이 경험은 발견의 경험입니다. 감춰진 보화를 발견할 때 누리는 즐거움의 경험입니다.

하나님은 기쁨의 하나님이십니다. 우리가 하나님을 알고 하나님의 선하심을 맛볼 때 기쁨이 충만해집니다.

───── 겸손한 자에게 여호와로 말미암아 기쁨이 더하겠고 사람 중 가난한 자가 이스라엘의 거룩하신 이로 말미암아 즐거워하리니 사 29:19

예수님은 다윗의 후손으로 오신 그리스도이십니다

우리는 예수님을 통해 하나님 아버지를 만나게 되었습니다. 예수님을 통해 성령님을 모시게 되었습니다. 그러므로 우리는 먼저 예수 그리스도에 대해 깊이 알아야 합니다. 성경은 예수님을 증거하고 있습니다.

───── 너희가 성경에서 영생을 얻는 줄 생각하고 성경을 연구하거니와 이 성경이 곧 내게 대하여 증언하는 것이니라 요 5:39

예수님이 이 말씀을 하실 때는 신약성경이 완성되지 않을 때였습니다. 그렇다면 예수님이 말씀하신 성경은 구약 성경을 의미합니다. 구약 전체는 예수님을 증거하고 있습니다. 우리는 구약을 읽을 때 구약 속에 감춰진 예수님을 발견하는 기쁨을 누리게 됩니다. 구약은 예수님이 그리스도라는 사실을 증거하고 있습니다. 성경 전체와 인류 역사는 예수님이 그리스도라는 사실에 초점을 맞추고 있습니다. 왜 예수님이 그리스도라는 사실이 중요할까요? 예수님을 통해서만이 하나님 아버지께 나아갈 수 있기 때문입니다. 예수님이 하나님 아버지께 나아가는 길이 되시기 때문입니다.

예수께서 이르시되 내가 곧 길이요 진리요 생명이니 나로 말미암지 않고는 아버지께로 올 자가 없느니라 요 14:6

하나님 아버지는 예수님을 통해 모든 좋은 것을 허락해 주십니다. 우리는 예수님을 통해서만 성령님을 알 수 있습니다. 예수님을 통해 성령님을 우리 안에 모실 수 있습니다. 성령님과 예수님이 함께 일하십니다. 성령님은 예수님을 믿는 사람들 속에 임하십니다. 성령님이 우리 안에 오신 것은 예수님이 하나님 아버지께 간구하심으로 성취된 것입니다.

내가 아버지께로부터 너희에게 보낼 보혜사 곧 아버지께로부터 나오시는 진리의 성령이 오실 때에 그가 나를 증언하실 것이요 요 15:26

이사야는 예수 그리스도에 대해 증거하고 있습니다. 이사야는 예수 그리스도를 증거한 선지자입니다. 이사야란 이름은 '여호와는 구원이시다'라는 뜻입니다. 이사야는 주전 700년경에 활동했던 선지자입니다. 예수님이 오시기 700년 전에 장차 오실 예수님에 대해 증거했습니다. 그 예언은 예수님의 초림과 예수님의 재림 에 대해 기록하고 있습니다. 우리는 예수님의 초림에 대해 알고 있습니다. 또한 우리는 예수님의 재림을 기다리고 있습니다.

이사야서는 예수 그리스도로 충만한 책입니다. 신약성경에서 시편과 함께 가장 많이 인용되는 구약성경이 이사야서입니다. 우선 이사야서 11장에서 예수님이 누구신가를 살펴보겠습니다.

이새의 줄기에서 한 싹이 나며 그 뿌리에서 한 가지가 나서 결실할 것이요 사 11:1

이새는 다윗 왕의 아버지입니다. 이새의 줄기라는 말은 이새의 줄기에서 다윗이 태어났듯이 이새의 줄기에서 다윗 왕보다 위대하신 왕 중의 왕이 태어나실 것을 예언하고 있습니다. 다윗 왕이 세운 왕국과 비교할 수 없는 나라를 세우실 예수 그리스도에 대해 예언하고 있는 것입니다. 예수님은 이 땅에 "한 싹"으로 태어나셨습니다. 여기서 예수님의 성품을 알 수 있습니다. 예수님은 싹처럼 부드러우신 분입니다. 예수님은 연한 순으로 태어나셨습니다.

그는 주 앞에서 자라나기를 연한 순 같고 마른 땅에서 나온 뿌리 같아서 사 53:2

스가랴 선지자도 예수님을 싹으로 묘사하고 있습니다.

대제사장 여호수아야 너와 네 앞에 앉은 네 동료들은 내 말을 들을 것이니

라 이들은 예표의 사람들이라 내가 내 종 싹을 나게 하리라   슥 3:8

예수님은 하나님이시지만 다윗의 후손으로 오셔야 했습니다. 또한 여자의 후손으로 오셔야 했습니다. 그 이유는 원 복음인 창세기 3장 15절의 말씀을 성취하기 위해서입니다.

내가 너로 여자와 원수가 되게 하고 네 후손도 여자의 후손과 원수가 되게 하리니 여자의 후손은 네 머리를 상하게 할 것이요 너는 그의 발꿈치를 상하게 할 것이니라 하시고   창 3:15

예수님이 연약한 어린아이로 태어나신 이유는 연약한 우리를 돌보시기 위해서입니다. 예수님은 연약함을 친히 경험하심으로 연약한 우리를 돌보아 주십니다.

상한 갈대를 꺾지 아니하며 꺼져 가는 등불을 끄지 아니하고 진실로 정의를 시행할 것이며   사 42:3

이사야는 예수님이 처녀의 몸에서 태어나실 것을 예언하고 있습니다.

그러므로 주께서 친히 징조를 너희에게 주실 것이라 보라 처녀가 잉태하여 아들을 낳을 것이요 그의 이름을 임마누엘이라 하리라   사 7:14

하나님이 처녀의 몸에서 태어나게 하신 아이는 보통 아이가 아닙니다. 그의 어깨에는 정사를 메었습니다. 그의 이름은 기묘자입니다. 모사입니다. 전능하신 하나님이십니다.

───── 이는 한 아기가 우리에게 났고 한 아들을 우리에게 주신 바 되었는데 그의
어깨에는 정사를 메었고 그의 이름은 기묘자라, 모사라, 전능하신 하나님
이라, 영존하시는 아버지라, 평강의 왕이라 할 것임이라   사 9:6

이분이 그리스도이십니다. 그리스도가 한 아이로 오셔서 하나
님의 나라를 굳게 세우시게 됩니다.

───── 그 정사와 평강의 더함이 무궁하며 또 다윗의 왕좌와 그의 나라에 군림하
여 그 나라를 굳게 세우고 지금 이후로 영원히 정의와 공의로 그것을 보존
하실 것이라 만군의 여호와의 열심이 이를 이루시리라   사 9:7

예수님은 이새의 뿌리에서 태어나십니다. 하지만 이새보다 더
먼저 계신 분이십니다. 그래서 이새의 뿌리가 되십니다. 예수님은
한 싹으로 태어나시지만 만민의 기치로 서게 됩니다.

───── 그날에 이새의 뿌리에서 한 싹이 나서 만민의 기치로 설 것이요 열방이 그
에게로 돌아오리니 그가 거한 곳이 영화로우리라   사 11:10

모든 열방이 예수님에게 돌아오게 됩니다. 다윗은 유다의 후
손으로 태어나서 이스라엘 백성을 다스린 왕이었습니다. 반면에
예수님은 유다의 후손으로 오시지만 모든 열방을 구원하고 통치
하시는 분입니다. 모든 열방이 예수님께로 돌아오게 됩니다.

예수님은 성령님과 더불어 사역하십니다

이사야는 예수님 위에 성령님이 임하실 것을 예언하고 있습니다. 예수님의 전 생애는 성령님과 함께하신 생애입니다.

> 그의 위에 여호와의 영 곧 지혜와 총명의 영이요 모략과 재능의 영이요 지식과 여호와를 경외하는 영이 강림하시리니   사 11:2

여기서 우리는 다시 삼위일체 하나님을 만나게 됩니다. 예수님이 태어나시고, 하나님 아버지께서 성령님을 예수님 위에 강림하게 하십니다. 예수님은 자주 하나님이 성령님을 자신에게 허락해 주셨다고 말씀합니다.

> 하나님이 보내신 이는 하나님의 말씀을 하나니 이는 하나님이 성령을 한량없이 주심이니라   요 3:34

예수님은 바로 이 성령님을 제자들과 우리에게 부어 주셨습니다.

> 이 말씀을 하시고 그들을 향하사 숨을 내쉬며 이르시되 성령을 받으라   요 20:22
>
> 볼지어다 내가 내 아버지께서 약속하신 것을 너희에게 보내리니 너희는 위로부터 능력으로 입혀질 때까지 이 성에 머물라 하시니라   눅 24:49

성령님은 위로부터 임하십니다. 위로부터 능력으로 임하십니다. 여기서 우리는 다시 하나님을 아는 지식이 우리에게 얼마나 큰 복이 되는지를 깨닫게 됩니다. 얼마나 큰 혜택을 누리게 되는지를 깨닫게 됩니다. 성령님이 어떤 영이시며, 어떤 영으로 역사하시는지를 알게 되면 우리는 성령님을 사모하게 됩니다.

성령님은 지혜와 총명을 주시는 영이십니다

성령님이 임하시면 지혜와 총명을 얻게 됩니다. 우리는 지혜와 총명이 얼마나 중요한지를 알고 있습니다. 요셉은 하나님의 지혜와 총명을 통해 복을 받았습니다.

바로가 그의 신하들에게 이르되 이와 같이 하나님의 영에 감동된 사람을 우리가 어찌 찾을 수 있으리요 하고 요셉에게 이르되 하나님이 이 모든 것을 네게 보이셨으니 너와 같이 명철하고 지혜 있는 자가 없도다 창 41:38-39

다윗이 사무엘을 통해 기름부음을 받은 후, 그가 경험한 것은 하나님의 지혜였습니다. 성경은 그가 가는 곳마다 지혜롭게 행했다고 기록하고 있습니다.

다윗은 사울이 보내는 곳마다 가서 지혜롭게 행하매 사울이 그를 군대의 장으로 삼았더니 온 백성이 합당히 여겼고 사울의 신하들도 합당히 여겼더라 삼상 18:5

다윗이 그의 모든 일을 지혜롭게 행하니라 여호와께서 그와 함께 계시니라 삼상 18:14

성령님은 모략과 재능을 주시는 영이십니다

모략이란 히브리어로 '예차'(עֵצָה, etsah)입니다. 그 뜻은 상담과 조언을 의미합니다. 성령님은 탁월한 상담자이십니다. 우리는 스스로 풀기 어려운 문제에 직면하면 상담자를 찾아갑니다. 우리는 상담을 통해 문제를 해결하는 지혜를 얻게 됩니다. 어떤 길과 방향으로 나아갈지를 배우게 됩니다.

모략이란 전쟁에서 승리하는 묘책을 의미합니다. 예수님은 우리의 모사이십니다(사 9:6). 또한 성령님도 우리의 모사가 되셔서 우리에게 모략을 제공해 주십니다. 우리가 성령님을 의지할 때 이 세상 사람들이 결코 생각하지 못한 것들을 생각하도록 도와주십니다. 인간의 생각으로 풀 수 없는 문제를 풀어내는 놀라운 대안을 생각나게 하십니다.

재능이란 과업을 성취하는 데 필요한 능력을 의미합니다. 전쟁에서 승리하고, 과업을 성취하기 위해서는 역량이 중요합니다. 또한 재능은 용기, 또는 용맹을 의미합니다. 성령님이 함께하실 때 우리는 용맹을 발하게 됩니다.

성령님은 지식과 여호와를 경외하는 마음을 주는 영이십니다

성령님은 지식을 주십니다. 성령님이 주시는 지식은 위로부터 임하는 지식입니다. 세상의 지식을 초월한 지식입니다. 하나님은 지식을 통해 우리를 부요하게 하십니다.

───── 집은 지혜로 말미암아 건축되고 명철로 말미암아 견고하게 되며 또 방들

은 지식으로 말미암아 각종 귀하고 아름다운 보배로 채우게 되느니라

잠 24:3-4

집을 짓는 데 지혜와 명철이 필요합니다. 하지만 집 안에 있는 방들을 귀하고 아름다운 보배로 채우는 데는 지식이 필요합니다.

성령님은 여호와를 경외하도록 도와주십니다. 여호와를 경외하는 것은 경건을 의미합니다. 성경은 하나님을 경외하는 자에게 하나님께서 놀라운 복을 주신다고 거듭 강조합니다. 이사야는 하나님을 경외하는 것을 보배라고 말합니다.

——— 네 시대에 평안함이 있으며 구원과 지혜와 지식이 풍성할 것이니 여호와를 경외함이 네 보배니라   사 33:6

다윗은 성령 충만을 받음으로 성령님이 주시는 지혜, 총명, 모략, 재능, 지식을 통해 그의 백성들을 다스렸습니다. 그는 모든 어려움을 극복하고 승리할 수 있었습니다. 또한 하나님을 경외함으로 하나님의 축복을 풍성하게 받았습니다. 그런 까닭에 하나님을 경외함의 축복을 찬양했습니다.

——— 너희 성도들아 여호와를 경외하라 그를 경외하는 자에게는 부족함이 없도다 젊은 사자는 궁핍하여 주릴지라도 여호와를 찾는 자는 모든 좋은 것에 부족함이 없으리로다   시 34:9-10

예수님은
여호와 하나님이십니다

성경은 여호와를 아는 지식이 세상에 충만할 것이라고 말씀합니다.

> 내 거룩한 산 모든 곳에서 해 됨도 없고 상함도 없을 것이니 이는 물이 바다를 덮음같이 여호와를 아는 지식이 세상에 충만할 것임이니라   사 11:9

여호와를 아는 지식이란 곧 그리스도를 아는 지식을 의미합니다. 왜냐하면 예수님이 곧 여호와 하나님이시기 때문입니다. 또한 성령님도 여호와의 영이십니다(사 11:2).

이사야서 11장 9절에서 하나님을 "여호와"로 표현하고 있습니다. 영어로는 "Lord," 즉 "주님"이고, 히브리어로는 '여호와'(יְהֹוָה, Yehovah)입니다. 그런 까닭에 개역개정에서는 "여호와"로 번역했습니다. 하나님을 알기 위해서는 하나님의 이름을 알아야 합니다. 하나님은 그분의 이름을 통해 하나님의 성품, 인격, 능력, 지혜를 드러내십니다. 하나님을 안다는 것은 하나님의 이름을 안다는 것입니다. 하나님의 이름을 믿는다는 것은 곧 하나님을 믿는다는 것입니다. 하나님의 이름을 안다는 것은 곧 하나님을 의지하고 신뢰한다는 것을 의미합니다.

> 여호와여 주의 이름을 아는 자는 주를 의지하오리니 이는 주를 찾는 자들을 버리지 아니하심이니이다   시 9:10

여호와의 이름은 견고한 망대라 의인은 그리로 달려가서 안전함을 얻느니라 잠 18:10

하나님의 이름을 안다는 것은 하나님의 특성과 본질과 성향을 안다는 것을 의미합니다. 우리가 누군가를 만나서 교제하기 시작하면 먼저 서로의 이름을 물어봅니다. 우리는 이름을 통해 우리 자신을 드러냅니다. 우리가 누구이며, 어떤 사람인가를 드러냅니다. 그와 같이 하나님은 자신의 이름을 계시하심으로 하나님이 누구신가를 보여 줍니다. 그런 까닭에 우리는 하나님의 이름에 관심을 가져야 합니다. 하나님의 이름을 통해 하나님이 누구신지를 알게 됩니다.

구약에서 가장 중요하게 드러나는 이름 중에 하나가 "여호와"입니다. 출애굽기 3장에서 모세가 떨기나무 불꽃 가운데서 하나님을 만나게 됩니다. 하나님이 모세에게 자신의 정체를 드러내십니다. 모세가 하나님 뵙는 것이 두려워 얼굴을 가립니다(출 3:6). 하나님은 모세에게 사명을 맡기십니다. 바로 왕의 손에서 학대받는 히브리 백성을 구원하라는 것입니다. 그때 모세가 하나님께 하나님의 이름이 무엇인지 여쭙습니다(출 3:13). 그때 하나님이 자신의 이름을 계시하십니다.

하나님이 모세에게 이르시되 나는 스스로 있는 자이니라 또 이르시되 너는 이스라엘 자손에게 이같이 이르기를 스스로 있는 자가 나를 너희에게 보내셨다 하라 출 3:14

"나는 스스로 있는 자니라(I AM WHO I AM)."

하나님의 이름이 신비롭습니다. "나는 나다(이다)"라는 이름입니다. 나는 스스로 존재한다는 뜻입니다. 영원한 현재로 존재하는 분, 영원히 현존하는 분입니다. 여호와라는 이름 속에 바로 이 비밀이 담겨 있습니다.

> 하나님이 또 모세에게 이르시되 너는 이스라엘 자손에게 이같이 이르기를 너희 조상의 하나님 여호와 곧 아브라함의 하나님, 이삭의 하나님, 야곱의 하나님께서 나를 너희에게 보내셨다 하라 이는 나의 영원한 이름이요 대대로 기억할 나의 칭호니라 출 3:15

하나님이 구약에서 계시하시는 하나님의 이름은 "나는 나다"입니다. 설명이 필요 없는 분이라는 뜻입니다. 스스로 자존하십니다. 누구의 도움 없이 스스로 존재하십니다. 스스로 전지하십니다. 스스로 전능하십니다. 스스로 자족하십니다. 스스로 충만하십니다. 스스로 완전하십니다. 아무 부족함이 없는 분이십니다. 하나님은 사랑이십니다. 사랑으로 충만하십니다. 그런 까닭에 하나님은 "나는 스스로 있는 자니라"고 말씀합니다. 또한 이사야서에서 자주 표현하시는 말씀이 있습니다. "내가 그니라"는 말씀입니다.

> 이 일을 누가 행하였느냐 누가 이루었느냐 누가 처음부터 만대를 불러내었느냐 나 여호와라 처음에도 나요 나중 있을 자에게도 내가 곧 그니라 사 41:4

야곱아 내가 부른 이스라엘아 내게 들으라 나는 그니 나는 처음이요 또 나

는 마지막이라   사 48:12

그런데 바로 이 이름을 드러내신 분이 예수님입니다. 그 당시 유대인들은 여호와의 이름을 경외했습니다. 그 이름이 너무 거룩한 까닭에 부를 수 없어서 "여호와"라는 이름 대신에 "주"라는 이름으로 불렀습니다. 모든 것의 주인이 되시는 분이라는 뜻입니다.

성경은 예수님이 곧 주님이심을 증거합니다. 예수님이 곧 구약에 나오는 "스스로 있는 자"이심을 증거합니다. 예수님은 자주 "나는 …이다"라는 표현을 사용하셨습니다. "나는 생명의 떡이다." "나는 선한 목자다." "나는 양의 문이다." "나는 세상의 빛이다." "나는 길이다." "나는 진리다." "나는 생명이다." "나는 부활이다." 구약에 나오는 "나는 …이다"에 그 내용을 채워 주셨습니다. 유대인들은 예수님이 스스로 "나는 …이다"라고 하시는 표현에 충격을 받았습니다.

예수께서 이르시되 진실로 진실로 너희에게 이르노니 아브라함이 나기

전부터 내가 있느니라 하시니   요 8:58

예수님은 아브라함이 나기 전부터 존재하신 분입니다. 여기서 "내가 있느니라"는 그 시제가 현재형입니다. 곧 하나님이 모세에게 말씀하신 "나는 스스로 있는 자니라"는 의미와 같습니다.

예수님이 "내가 있느니라"는 말씀을 했을 때 유대인들이 예수

님을 돌로 치려 했습니다. 왜냐하면 예수님이 하나님이시라는 의미였기 때문입니다. 그 당시 유대인들은 예수님을 하나님이라고 믿지 않았습니다. 하지만 하나님 아버지와 성령님은 예수님이 하나님의 아들이시요, 하나님이심을 증거했습니다. 또한 예수님 자신도 자신이 하나님이라고 말씀하시며, "내가 그니라"는 표현을 사용하셨습니다. 사마리아 여인이 예수님께 메시아에 대해 이야기합니다.

여자가 이르되 메시아 곧 그리스도라 하는 이가 오실 줄을 내가 아노니 그가 오시면 모든 것을 우리에게 알려 주시리이다   요 4:25

그때 예수님이 사마리아 여인에게 "내가 그라"고 말씀하십니다.

예수께서 이르시되 네게 말하는 내가 그라 하시니라   요 4:26

"내가 그라"는 표현은 이사야서에서 하나님이 자신에 대해 말씀하실 때 사용하신 표현입니다. 예수님이 십자가에 돌아가시기 전에 가룟 유다가 예수님을 팔기 위해 군인들을 데리고 옵니다. 그때 예수님이 그들에게 묻습니다. "너희가 누구를 찾느냐?" 그때 "나사렛 예수"라고 대답합니다. 바로 그 순간 예수님이 말씀하십니다.

내가 그니라 I am he   요 18:5

그 말씀에 예수님을 잡으러 왔던 모든 사람이 땅에 엎드립니다.

예수께서 그들에게 내가 그니라 하실 때에 그들이 물러가서 땅에 엎드러 지는지라 요 18:6

천지를 지으신 예수님이 "내가 그니라"고 말씀할 때 모두 두려워 땅에 엎드려 예수님께 경배했습니다. 예수님은 바로 만군의 여호와이십니다. 성부 하나님도, 성자 예수님도, 성령 하나님도 모두 만군의 여호와이십니다. "스스로 있는 자"이십니다.

하나님을 알고, 하나님의 이름을 아는 자는
복을 받은 사람입니다

하나님을 아는 사람은 복을 받은 사람입니다. 하나님을 아는
사람은 하나님을 의지합니다. 하나님을 자기 하나님으로 삼은 나
라와 백성은 복을 받습니다.

여호와를 자기 하나님으로 삼은 나라 곧 하나님의 기업으로 선택된 백성
은 복이 있도다 시 33:12

이러한 백성은 복이 있나니 여호와를 자기 하나님으로 삼는 백성은 복이
있도다 시 144:15

우리는 예수님을 통해 하나님을 우리 하나님 아버지로 모시게
되었습니다. 성령님을 통해 하나님을 아바 아버지라 부를 수 있
게 되었습니다(롬 8:15). 그런 까닭에 우리는 복을 받은 하나님의
자녀가 되었습니다. 전에는 우리 모두가 마귀의 자녀였습니다(요
8:44). 또한 진노의 자녀였습니다(엡 2:3). 하나님의 진노가 우리 위
에 머물러 있었습니다(요 3:36). 이제는 예수님을 믿음으로 하나님

의 자녀가 되었습니다. 우리 위에 머물렀던 진노를 예수님의 피로 물리쳐 주셨습니다(롬 5:9).

우리가 예수님을 만나기 전에는 하나님을 올바로 알 수 없었습니다. 하지만 우리가 예수님을 영접하고 예수님의 이름을 믿을 때 비로소 하나님의 자녀가 되었습니다.

영접하는 자 곧 그 이름을 믿는 자들에게는 하나님의 자녀가 되는 권세를 주셨으니   요 1:12

하나님의 자녀가 되는 권세 가운데 가장 큰 축복은 하나님 아버지께 언제든지 나아갈 수 있다는 것입니다. 언제든지 담대히 나아가서 하나님 아버지와 친교를 나누는 것입니다. 하나님 아버지께 우리의 소원을 아뢸 수 있는 것입니다.

우리가 그 안에서 그를 믿음으로 말미암아 담대함과 확신을 가지고 하나님께 나아감을 얻느니라   엡 3:12

이제 예수님을 믿는 우리에게 위로부터 임하신 성령님이 함께 하십니다. 성령님이 우리 안에 거하십니다. 하나님을 경험적으로 아는 사람들 속에는 위로부터 임하신 성령님을 통해 내적 변화가 나타납니다. 세상이 줄 수 없는 평안과 기쁨과 즐거움을 경험하게 됩니다. 환경을 초월한 기쁨을 경험하게 됩니다. 성령님을 통해 지혜와 총명, 모략과 재능, 지식과 여호와를 경외하는 영을 받게 됩니다. 그리함으로 이 세상에서 가장 복된 자의 삶을 살게 됩니다. 하나님을 깊이 알아가는 가운데 하나님이 예비하신 놀라운 복을 누리며 살기를 바랍니다.

3

공의로우신 하나님을 아는 지식

사 11:1-5

하나님의 공의 속에
하나님의 아름다움이 있습니다

　우리는 공의를 생각하면 조금 두려워집니다. 심판을 생각하기 때문입니다. 하지만 하나님의 공의는 두려워할 것이 아닙니다. 오히려 감사해야 합니다. 그리스도는 아름다우신 분입니다. 그리스도가 아름다우신 것은 그리스도의 공의 때문입니다. 그리스도의 공의가 아름다운 것은 하나님의 공의와 사랑의 완전한 조화 때문입니다. 하나님의 긍휼이 가득 찬 공의인 까닭입니다. 이사야 선지자는 장차 오실 그리스도에 대해 예언할 때 그리스도의 공의와 정의에 대해 말합니다.

　　공의로 가난한 자를 심판하며 정직으로 세상의 겸손한 자를 판단할 것이며 그의 입의 막대기로 세상을 치며 그의 입술의 기운으로 악인을 죽일 것이며　사 11:4

　그리스도는 공의로 허리띠를 삼으셨습니다. 또한 성실로 그의 몸의 띠를 삼으셨습니다.

예수님은 공의를 행하시되 성실하게 행하십니다. 충동적으로 공의를 행하는 것이 아닙니다. 올바른 지식과 성실함으로 공의를 행하십니다. 예수님의 공의는 눈에 보이는 대로 심판하는 것이 아닙니다. 귀에 들리는 대로 판단하는 것이 아닙니다.

————— 그가 여호와를 경외함으로 즐거움을 삼을 것이며 그의 눈에 보이는 대로 심판하지 아니하며 그의 귀에 들리는 대로 판단하지 아니하며   사 11:3

예수님은 남이 볼 수 없는 것을 보시며, 남이 들을 수 없는 것을 들으십니다. 그런 까닭에 예수님의 분별은 정확하고 탁월하십니다. 이사야는 그리스도가 싹으로 오신다는 사실을 예언하면서 그가 아름답고 영화롭다고 말합니다.

————— 그날에 여호와의 싹이 아름답고 영화로울 것이요 그 땅의 소산은 이스라엘의 피난한 자를 위하여 영화롭고 아름다울 것이며   사 4:2

우리는 왜 그리스도의 공의가 그토록 아름다운가를 배워야 합니다. 세상은 불의합니다. 공의가 땅에 떨어졌습니다. 그래서 죄가 충만한 세상이 되었습니다. 폭력이 가득 찬 세상이 되었습니다. 사람들은 불신으로 가득 차 있습니다. 불평과 분노와 원망으로 가득 차 있습니다. 이렇게 된 까닭이 무엇일까요?

하나님을 올바로 알지 못하는 것이
모든 불의의 시작입니다

이사야 선지자는 1장에서 이스라엘 백성의 죄를 책망합니다. 그 책망은 결코 불합리하지 않습니다. 누가 들어도 이해되는 하나님의 메시지를 전하고 있습니다.

> 하늘이여 들으라 땅이여 귀를 기울이라 여호와께서 말씀하시기를 내가 자식을 양육하였거늘 그들이 나를 거역하였도다 소는 그 임자를 알고 나귀는 그 주인의 구유를 알건마는 이스라엘은 알지 못하고 나의 백성은 깨닫지 못하는도다 하셨도다 사 1:2-3

하나님이 자식을 낳아 양육했습니다. 그 자식이 바로 하나님의 선민이었던 이스라엘 백성이었습니다. 그들이 하나님을 반역했습니다. 소도 임자를 알고 나귀도 그 주인의 구유를 아는데 하나님의 백성은 하나님을 알지 못합니다. 하나님이 누구신지 깨닫지 못합니다. 이 말씀 속에 하나님의 안타까움이 담겨 있습니다. 하나님은 어떻게 짐승보다 못한 백성이 되었느냐고 꾸짖고 계십니다. 짐승도 주인을 아는데 어떻게 하나님의 형상을 따라 지음받은 사람이 하나님을 알지 못하느냐고 책망하십니다.

하나님은 사람을 짐승과 비교할 수 없는 탁월한 존재로 지으셨습니다. 사람에게는 특별한 이성을 주셨습니다. 탁월한 지성을 주셨습니다. 그 지성은 하나님을 아는 데 사용할 때 가장 영광스럽습니다. 가장 복됩니다. 그런데 그 지성이 죄로 말미암아 어두워졌습니다. 죄는 인간의 지성과 총명을 어둡게 만듭니다. 무뎌지게 만듭니다. 하나님을 아는 지식의 결핍이 가지고 온 결과를 보십시오.

슬프다 범죄한 나라요 허물 진 백성이요 행악의 종자요 행위가 부패한 자식이로다 그들이 여호와를 버리며 이스라엘의 거룩하신 이를 만홀히 여겨 멀리하고 물러갔도다 너희가 어찌하여 매를 더 맞으려고 패역을 거듭하느냐 온 머리는 병들었고 온 마음은 피곤하였으며 발바닥에서 머리까지 성한 곳이 없이 상한 것과 터진 것과 새로 맞은 흔적뿐이거늘 그것을 짜며 싸매며 기름으로 부드럽게 함을 받지 못하였도다   사 1:4-6

하나님의 백성이 행악의 종자가 되었습니다. 부패한 자식이 되었습니다. 그들의 문제는 하나님을 버린 것입니다. 거룩하신 이를 만홀히 여겨 멀리 물러간 것입니다. 만홀히 여긴다는 말은 소홀히 여긴다는 뜻입니다. 하나님은 우리 존재의 근원이십니다. 우리 존재의 원인이 되십니다. 우리가 가장 존귀하게 여길 분입니다. 그런데 그런 하나님을 소홀히 여긴 것입니다. 그 결과 온 머리가 병들었습니다. 머리가 병들었다는 것은 지성이 타락했다는 것입니다. 마음이 병들어 피곤합니다. 발바닥에서 머리까지 성한 곳이 없습니다. 상한 것과 터진 것 때문에 냄새가 납니다. 하나님을 버린 결과는 비참합니다. 땅까지 황폐하게 되었습니다.

너희의 땅은 황폐하였고 너희의 성읍들은 불에 탔고 너희의 토지는 너희

목전에서 이방인에게 삼켜졌으며 이방인에게 파괴됨같이 황폐하였고 딸 시온은 포도원의 망대같이, 참외밭의 원두막같이, 에워싸인 성읍같이 겨우 남았도다   사 1:7-8

하나님을 버림으로 정의가 사라졌습니다. 공의가 사라지고 살인자들이 가득 찬 세상이 되고 말았습니다.

신실하던 성읍이 어찌하여 창기가 되었는고 정의가 거기에 충만하였고 공의가 그 가운데에 거하였더니 이제는 살인자들뿐이로다   사 1:21

하나님은 생명의 원천이십니다. 하나님의 생명을 받아야 사람도, 땅도 번영하게 됩니다. 생명이 충만하게 됩니다. 열매가 풍성하게 됩니다. 그런데 하나님을 떠나는 순간, 하나님의 생명과 단절됩니다. 마치 전기가 끊긴 집과 같습니다. 전기가 끊어지면 아무리 좋은 전자 제품도 쓸모가 없습니다. 에너지가 단절됩니다. 집은 어두워집니다. 삭막해집니다. 추워집니다. 호세아는 모든 죄악의 중심에 하나님을 아는 지식이 없다는 사실을 외칩니다.

이스라엘 자손들아 여호와의 말씀을 들으라 여호와께서 이 땅 주민과 논쟁하시나니 이 땅에는 진실도 없고 인애도 없고 하나님을 아는 지식도 없고 오직 저주와 속임과 살인과 도둑질과 간음뿐이요 포악하여 피가 피를 뒤이음이라   호 4:1-2

하나님을 아는 지식은 선택이 아닙니다. 필수입니다. 결코 무

시해서는 안 되는 지식입니다. 하나님의 지식 속에 모든 행복과
아름다움과 부요함과 풍성함과 즐거움이 담겨 있습니다.

하나님은 그리스도를 통해
하나님의 공의를 회복하십니다

예수님이 오신 것은 이 세상을 하나님을 아는 지식으로 충만
하게 하시기 위해서입니다. 예수님이 오신 것은 사라져 버린 공
의와 정의를 다시 회복하시기 위해서입니다. 이사야서 전체를 읽
어 보면 하나님이 얼마나 공의와 정의를 회복하기 원하시는지를
알 수 있습니다. 그 이유는 불의 때문에 가난한 사람들과 과부들
과 나그네들이 고통받고 있기 때문입니다. 하나님은 이스라엘 백
성을 구원하신 후에 거룩을 추구하며 공의로운 나라가 될 것을
부탁하셨습니다.

너희는 스스로 씻으며 스스로 깨끗하게 하여 내 목전에서 너희 악한 행
실을 버리며 행악을 그치고 선행을 배우며 정의를 구하며 학대받는 자를
도와주며 고아를 위하여 신원하며 과부를 위하여 변호하라 하셨느니라

사 1:16-17

하나님은 이스라엘 백성이 거룩하신 하나님을 닮아 거룩한 백
성이 되길 원하셨습니다. 악한 행실과 행악을 버리고 선행을 배

우고 정의를 구하길 원하셨습니다. 학대받는 자를 도와주고, 고아가 억울한 일을 당할 때 신원해 주길 원하셨습니다. 과부들을 변호해 주길 원하셨습니다. 그런데 구원받은 하나님의 백성이 오히려 가난한 자와 고아와 과부와 나그네들을 학대했습니다. 그들을 착취했습니다. 하나님은 이 슬픈 현실을 보셨습니다. 이 슬픈 현실을 치유하고 회복시키기 위해 그리스도를 보내신 것입니다.

예수님은 공의로 다스리시는 왕이십니다

이스라엘 백성은 다윗 왕을 늘 흠모했습니다. 그 이유는 다윗이 정의와 공의로 이스라엘 백성을 다스렸기 때문입니다.

—— 다윗이 온 이스라엘을 다스려 모든 백성에게 정의와 공의를 행할새 대상 18:14

정의와 공의는 모두 공의, 의로움, 의로운 행위라는 뜻을 가지고 있습니다. 이 두 단어는 구약에서 함께 쓰일 때가 많습니다. 정의와 공의는 함께 사용하는 언어입니다. 다윗이 죽은 이후로 다윗 왕국에 정의와 공의가 사라졌습니다. 그런 까닭에 하나님은 다윗의 후손 가운데 다윗보다 더 훌륭한 왕을 세우실 것을 예언하셨습니다. 그 왕이 바로 그리스도이십니다.

—— 다윗의 장막에 인자함으로 왕위가 굳게 설 것이요 그 위에 앉을 자는 충실함으로 판결하며 정의를 구하며 공의를 신속히 행하리라 사 16:5

그 당시나 지금이나 하나님의 공의가 절실하게 필요한 사람들은 가난한 사람들입니다. 소외된 사람들입니다. 이사야는 그리스도가 오시면 공의로 가난한 자를 심판하며 정직으로 세상의 겸손한 자를 판단할 것이라고 예언했습니다.

공의로 가난한 자를 심판하며 정직으로 세상의 겸손한 자를 판단할 것이며 그의 입의 막대기로 세상을 치며 그의 입술의 기운으로 악인을 죽일 것이며 사 11:4

이 말씀을 잘못 해석하면 그리스도가 가난한 자를 심판하시고 겸손한 자를 판단하는 것처럼 보입니다. 이 말씀을 올바로 해석하면 그리스도가 가난한 자가 정당하게 심판을 받도록 도와주시는 것입니다. 이 말씀에 나오는 겸손한 자는 히브리어로 '아나브'(עָנָו, anab)입니다. 비천한 사람, 빈곤한 사람을 의미합니다. 그런 까닭에 겸손할 수밖에 없습니다. 공동번역과 현대인의성경을 보면 조금 더 쉽게 이해할 수 있습니다.

가난한 자들의 재판을 정당하게 해주고 흙에 묻혀 사는 천민의 시비를 바로 가려 주리라 그의 말은 몽치가 되어 잔인한 자를 치고 그의 입김은 무도한 자를 죽이리라 사 11:4, 공동번역

가난하고 힘없는 자들을 옹호하고 세상의 악인들을 쳐서 죽이실 것이며 사 11:4, 현대인의성경

그 당시나 지금이나 사람들을 재판할 때 외모, 지위, 인맥, 뇌

물 등에 따라 재판을 불의하게 하는 것을 가끔 보게 됩니다. 하지만 예수님은 그렇게 사람들을 재판하지 않으십니다. 그 당시 가난한 사람들과 천민들은 정당한 재판을 받지 못했습니다. 공평한 대우를 받지 못했습니다. 그런 까닭에 공의와 정의로 재판하고, 가난한 자들과 과부와 고아와 나그네들을 돌보아 주고 변호해 줄 메시아를 사모했습니다. 예수님은 이 땅에 소외된 자들을 변호해 주시기 위해 오셨습니다. '공의'란 말은 공평하다는 뜻입니다. 공의와 정의를 사전에서 찾아보았습니다.

"공의는 공평하고 의로운 도의입니다.
선악을 공평하게 제재하는 하나님의 품성입니다."

"정의는 진리에 맞는 올바른 도리입니다."

공의와 정의는 의로움을 의미합니다. 옳다는 것입니다. 의로움은 공평하기에 옳은 것입니다. 모든 인간은 의에 대한 갈망이 있습니다. 공평해야 한다는 생각을 가지고 있습니다. 차별이 없어야 한다는 생각을 가지고 있습니다. 그 이유는 공평하신 하나님의 형상을 따라 지음을 받았기 때문입니다. 팀 켈러는《정의란 무엇인가》라는 책에서 이 점을 잘 설명해 줍니다.

공의(미쉬파트)라는 말은 히브리어 구약성경에 2백 번 이상 다양한 형태로 등장한다. 기본적으로 이 단어에는 인간을 공평하게 대한다는 뜻이 담겨 있다. 레위기 24장 22절은 이스라엘 백성에게 "거류민에게든지 본토인에게든지 그 법을 동일하게(미쉬파트)" 해야 한다고 경고한다. 인종이나 사회적인 지위와 상관없이 옳고 그름에 따라 유무죄를 가려 벌을 주어야 한다는 얘기다. 누구든지 똑같은 잘못을 저질렀으면 동일한 형벌을 받아야 한다. 팀 켈러,《정의란 무엇인가》, 두란노, 35쪽

"공의란 잘못된 것을 바로잡는 것입니다."

그 당시 이스라엘 백성은 불의한 법을 만들었습니다. 그렇게 함으로써 가난한 사람들을 불공평하게 판결했습니다. 가난한 백성들의 권리를 박탈했습니다.

불의한 법령을 만들며 불의한 말을 기록하며 가난한 자를 불공평하게 판결하여 가난한 내 백성의 권리를 박탈하며 과부에게 토색하고 고아의 것을 약탈하는 자는 화 있을진저 사 10:1-2

이사야가 살던 시대나 지금이나 많은 법들이 가난한 자들을 위해 만들어지는 것이 아니라 부자나 권력 있는 사람들을 위해 만들어지는 것을 봅니다.

"공의란 공평하게 차별 없이 재판하는 것입니다."

공의는 사람을 공평하게 대한다는 뜻과 함께 가난하고 소외된 사람들을 돌보는 것이 포함되어 있습니다. 그들의 필요를 채워주는 것이 포함되어 있습니다. 가난하고 소외된 사람들을 위한 재판만 공정하게 해주는 것이 아닙니다. 그들이 더불어 잘 살 수 있도록 도와주는 것을 포함합니다.

"공의란 가난하고 소외된 사람들을 돌보는 것입니다."

"공의란 돌봄을 위한 나눔입니다."

가난하고 소외된 사람들을 돌보기 위해서는 물질적으로 복을 받은 사람들이 나눠야 합니다. 많이 가진 사람들이 가난한 사람들과 더불어 나눌 때 공의를 실천할 수 있습니다. 그런 면에서 공의는 나눔입니다. 공의는 나눔을 통해 아름답게 실현됩니다. 꼭 물질만 나누는 것이 아닙니다. 사랑을 나누고, 지식을 나누고, 지혜를 나눠야 합니다. 또한 아름다운 예술을 제공함으로 공의를 실현할 수 있습니다. 모든 사람은 예술을 통해 아름다움을 누릴 권리가 있습니다. 공의는 물질만 나누는 것이 아니라 아름다움을 함께 공유하는 것입니다.

하나님은 은혜의 기초 위에 공의를 세우십니다

하나님께서 그분의 백성에게 공의를 행하라고 말씀하신 순서가 중요합니다. 먼저 은혜를 베푸신 후에 공의를 행하라고 말씀하십니다. 무슨 은혜입니까? 구원의 은혜입니다. 이 순서를 꼭 기억해야 합니다. 구원의 은혜가 먼저입니다. 그것은 구약에서도 마찬가지입니다. 하나님은 애굽에서 종살이하던 히브리 노예들을 구원하셨습니다. 그들은 애굽 땅에서 가난했습니다. 나그네였습니다. 그들은 공평한 대우를 받지 못했습니다. 학대를 당했습니다. 착취를 당했습니다. 억압을 당했습니다. 그 고통 중에 있던 그들을 하나님이 크신 은혜와 능력으로 구원하셨습니다. 그 이유는 하나님이 공의로우신 분이기 때문입니다.

하나님이 이스라엘 백성에게 정의를 행하라고 명하실 때 먼저 하나님이 어떤 분이신가를 기억하게 하십니다. 또한 그들이 애굽에서 나그네 되었던 때를 기억하라고 말씀하십니다.

너희의 하나님 여호와는 신 가운데 신이시며 주 가운데 주시요 크고 능하시며 두려우신 하나님이시라 사람을 외모로 보지 아니하시며 뇌물을 받지 아니하시고 고아와 과부를 위하여 정의를 행하시며 나그네를 사랑하여 그에게 떡과 옷을 주시나니 너희는 나그네를 사랑하라 전에 너희도 애굽 땅에서 나그네 되었음이니라 신 10:17-19

하나님은 먼저 히브리 노예들에게 한량없는 은혜를 베풀어 주셨습니다. 그러고 나서 그들이 받은 은혜대로 가난한 사람, 고아와 과부와 나그네를 사랑하라고 말씀하십니다. 우리가 하나님의 의를 실현하는 사람이 되기 위해서는 먼저 하나님의 구원의 은혜를 깊이 깨달아야 합니다. 그 은혜에 대한 감격이 있을 때 우리는 기쁨으로 공의를 행할 수 있습니다. 중요한 것은 구원이 먼저입니다. 은혜가 먼저입니다. 무엇보다 기억할 것은 공의는 하나님의 성품에서 나온다는 것입니다. 팀 켈러는 이 점을 강조합니다.

> 하나님의 성품 가운데는, 공의를 향한 뜨거운 열망으로 사회에서 연약한 이들을 한없이 사랑하시며 그 삶에 깊이 간섭하시는 속성이 확고하게 뿌리내리고 있다. **팀 켈러, 《정의란 무엇인가》, 두란노, 40쪽**

하나님은 아주 엄하게 정의를 실현할 것을 법으로 제정하셨습니다.

> 객이나 고아나 과부의 송사를 억울하게 하는 자는 저주를 받을 것이라 할 것이요 모든 백성은 아멘 할지니라 신 27:19
>
> 여호와께서 이와 같이 말씀하시되 너희가 정의와 공의를 행하여 탈취당한 자를 압박하는 자의 손에서 건지고 이방인과 고아와 과부를 압제하거나 학대하지 말며 이곳에서 무죄한 피를 흘리지 말라 렘 22:3

구원의 이야기는 히브리 노예들이 하나님께 은혜를 받은 이야기로 끝나는 것이 아닙니다. 구원의 이야기는 우리가 하나님께 받은 은혜의 이야기입니다. 우리는 예수님을 믿음으로 구원을 받았습니다. 우리는 예수님을 믿음으로 의롭다 함을 받았습니다. 우리가 의로워서 의인이 된 것이 아닙니다. 우리가 의를 행해서 구원을 받은 것이 아닙니다. 우리는 하나님의 은혜로 구원을 받았습니다. 또한 하나님의 은혜로 예수님의 의를 전수받았습니다. 우리는 여전히 죄인이지만 예수님의 은혜로 의롭다 하심을 받은 것입니다. 이것을 우리는 "칭의"라고 말합니다. 이것은 법적 선언입니다. 하나님이 예수님의 피로 구원받은 우리를 의롭다고 선언하시는 것입니다. 마르틴 루터를 변화시킨 말씀은 로마서 1장 16-17절입니다.

> 내가 복음을 부끄러워하지 아니하노니 이 복음은 모든 믿는 자에게 구원을 주시는 하나님의 능력이 됨이라 먼저는 유대인에게요 그리고 헬라인에게로다 롬 1:16

하나님은 복음을 통해 예수님을 믿을 때 우리에게 구원의 은혜를 베풀어 주십니다. 그 은혜는 차별이 없습니다. 공평합니다. "먼저는 유대인에게요 그리고 헬라인에게로다"라는 말씀은 차별이 없다는 것입니다. 유대인이나 이방인이나 차별 없이, 값없이 구원의 은혜를 베푸셨다는 것을 의미합니다. 우리는 복음을 통해 하나님의 거저 주시는 은혜, 차별 없는 은혜를 받았습니다.

> 복음에는 하나님의 의가 나타나서 믿음으로 믿음에 이르게 하나니 기록된 바 오직 의인은 믿음으로 말미암아 살리라 함과 같으니라 롬 1:17

하나님의 의가 나타났습니다. 그리스도이십니다. 그리스도는 그를 믿는 자들에게 그의 의를 전수해 주셨습니다. 그리함으로 우리를 의인이라고 칭해 주셨습니다. 그런 까닭에 오직 의인은 믿음으로 말미암아 살게 됩니다. 순서가 중요합니다. 구원이 먼저입니다. 은혜가 먼저입니다. 그리고 의인은 믿음으로 말미암아 살게 됩니다. 그 후에 우리는 하나님이 기뻐하시는 공의를 행할 수 있게 됩니다. 하나님이 우리에게 부여해 주신 의는 수동적인 의입니다. 우리가 의를 행한 것이 아니라 하나님이 우리에게 그리스도의 의를 전가해 주신 것입니다. 그 후에 우리는 그리스도의 의를 힘입어 의를 행하며 살 수 있게 된 것입니다. 마르틴 루터가 깨달은 수동적인 의에 대해 들어보십시오.

> 밤낮으로 바울의 그 말을 묵상하던 나는 하나님의 자비로 마침내 그 말씀의 맥락에 관심을 갖게 되었다. "하나님의 의가 나타나서… 기록된 바 오직 의인은 믿음으로 말미암아 살리라." 이 구절에서 하나님의 의란 의인이 하나님의 선물, 곧 믿음으로써 살게 되는 것이라는 사실을 나는 이해하기 시작했다. 그리고 하나님의 의가 복음을 통해 나타나지만 이는 수동적인 의라는 것, 즉 "의인은 믿음으로 말미암아 살리라"고 기록된 것처럼 이 의로써 자비로운 하나님께서 믿음으로 말미암아 우리를 의롭다 하신다는 게 이 구절의 의미라는 것도 깨닫기 시작했다. 별안간 나는 거듭나는 느낌이었고, 열린 문을 통해 낙원으로 들어가는 기분이었다. -마르틴 루터
>
> **마이클 리브스 & 팀 체스터,《종교개혁 핵심질문》, 복 있는 사람, 27-28쪽 재인용**

여기서 마르틴 루터가 강조하는 싶은 의는 "수동적인 의"입니

다. 우리가 능동적으로 의를 행한 것이 아니라 우리가 예수님을 믿을 때 하나님이 우리에게 의를 넣어 주시는 것입니다. 그리스도의 의를 전가시켜 주시는 것입니다. 수동적으로 받은 그리스도의 의를 통해 우리는 능동적으로 의를 행할 수 있게 됩니다. 중요한 것은 순서입니다. 먼저 그리스도를 통해 의롭다 하심을 받았습니다. 법적으로 의인이라는 칭호를 받았습니다. 그것은 우리의 행실과 상관없이 은혜로 받은 것입니다. 이 칭의는 영원한 은혜입니다. 칭의의 은혜를 받은 우리는 이제 하나님의 의를 실천하는 삶을 살게 됩니다. 그리함으로 사람들로 하여금 하나님의 자비로운 의 앞에 나오도록 만듭니다.

하나님의 공의는 하나님의 인자하신 성품에서 나옵니다

공의는 옳고 그름을 따지는 것입니다. 공의는 공평하게 행하기 위해서 잘못된 것을 분별하는 것입니다. 하지만 기억할 것이 있습니다. 하나님의 공의는 차가운 공의가 아닙니다. 하나님의 공의는 따뜻한 공의입니다. 하나님이 원하시는 공의와 정의는 긍휼히 여기는 마음에서 출발합니다. 하나님은 인자와 함께 정의를 행하기를 원하십니다.

사람아 주께서 선한 것이 무엇임을 네게 보이셨나니 여호와께서 네게 구하시는 것은 오직 정의를 행하며 인자를 사랑하며 겸손하게 네 하나님과 함께 행하는 것이 아니냐 미 6:8

그는 공의와 정의를 사랑하심이여 세상에는 여호와의 인자하심이 충만하

도다 시 33:5

자랑하는 자는 이것으로 자랑할지니 곧 명철하여 나를 아는 것과 나 여호
와는 사랑과 정의와 공의를 땅에 행하는 자인 줄 깨닫는 것이라 나는 이
일을 기뻐하노라 여호와의 말씀이니라 렘 9:24

하나님은 냉정한 분이 아닙니다. 공의를 행하실 때도 따뜻한
마음으로, 애틋한 마음으로 행하십니다. 인자는 하나님의 차별 없
는 은혜를 의미합니다.

"인자"는 히브리어로 "헤세드"인데 하나님의 무차별적인 은혜와 동정
을 의미한다. "공의"에 해당하는 히브리어는 "미쉬파트"(mishpat)다. 미
가서 6장 8절에서 "미쉬파트(공의)"는 행위를 강조하는 반면, "헤세드(인
자)"는 그 이면에 숨겨진 마음가짐이나 동기에 초점을 맞춘다. 따라서 하
나님과 함께 행하자면 반드시 인자한 사랑을 품고 정의를 실천해야 한다.

팀 켈러, 《정의란 무엇인가》, 두란노, 34쪽

하나님은 인자하신 그리스도를 통해 가난한 자들과 억울한 자
들을 돌보기로 하셨습니다. 오직 그리스도만이 그들의 피난처가
될 것을 아셨습니다.

주는 포학자의 기세가 성벽을 치는 폭풍과 같을 때에 빈궁한 자의 요새이
시며 환난당한 가난한 자의 요새이시며 폭풍 중의 피난처시며 폭양을 피
하는 그늘이 되셨사오니 사 25:4

보라 장차 한 왕이 공의로 통치할 것이요 방백들이 정의로 다스릴 것이며
또 그 사람은 광풍을 피하는 곳, 폭우를 가리는 곳 같을 것이며 마른 땅에
냇물 같을 것이며 곤비한 땅에 큰 바위 그늘 같으리니   사 32:1-2

　오직 그리스도만이 우리의 피난처가 되십니다. 빈궁한 자들,
환난당한 자들, 가난한 자들의 피난처가 되십니다. 폭력이 폭풍처
럼 몰아치는 세상, 불의가 폭양처럼 뜨거운 세상에 오직 그리스
도만이 우리의 피난처가 되십니다.

하나님의 공의와 사랑이 함께 만난 곳이 십자가입니다

하나님은 그분이 택한 백성이 인자한 마음으로 공의를 행하길 원하셨지만 그들은 그러지 못했습니다. 율법에 따르면 하나님의 말씀을 어기고, 공의를 실천하지 않으면 저주를 받아야 합니다. 심판을 받아야 합니다. 이사야는 이스라엘 백성의 의는 더러운 헌 옷 같다고 말합니다.

무릇 우리는 다 부정한 자 같아서 우리의 의는 다 더러운 옷 같으며 우리는 다 잎사귀같이 시들므로 우리의 죄악이 바람같이 우리를 몰아가나이다 사 64:6

그런 까닭에 예수님이 이 땅에 오신 것입니다. 하나님은 예수님께 우리 죄를 대신 담당하게 하셨습니다.

우리는 다 양 같아서 그릇 행하여 각기 제 길로 갔거늘 여호와께서는 우리 모두의 죄악을 그에게 담당시키셨도다 사 53:6

십자가는 교환하는 장소입니다. 우리의 죄는 예수님이 가져가시고, 예수님의 의를 우리에게 입혀 주셨습니다. 오직 그리스도의 피로 그리하신 것입니다. 하나님의 공의는 죄를 심판하는 것입니다. 하나님의 사랑은 죄는 미워하고 심판하시지만 죄인은 사랑하시는 것입니다. 그것은 하나님의 성품의 딜레마입니다. 그 일을 십자가에서 완전히 조화롭게 이루셨습니다.

하나님은 공의를 이루시기 위해 우리 죄를 예수님께 담당시키셔서 하나님의 아들 예수님을 우리 대신 저주받게 하셨습니다. 죽임을 당하게 하셨습니다. 죄인을 대신해서 죗값을 치르게 하셨습니다. 반면에 하나님은 그분의 무한한 사랑으로 죄인들에게 은혜를 베풀어 주셨습니다. 또한 죄인에게 없는 그리스도의 의를 전가시켜 주셨습니다. 죄인의 더러운 옷을 예수님께 입히시고, 예수님의 의의 옷을 죄인에게 입혀 주셨습니다. 이 은혜를 니콜라스 폰 친첸도르프는 다음과 같이 노래했습니다.

예수여, 주님의 보혈과 의는
나의 아름다움, 내 영광스러운 옷입니다.
온갖 것으로 치장한 이 현란한 세상 한가운데서
나, 기쁨으로 머리를 듭니다.
…
오, 죽은 자들이 이제 주님 음성 듣게 하소서.
죄 가운데 한때 길을 잃었던 자들이 기뻐하게 하소서!

이것으로 그들의 아름다움 삼게 하시고,

이것으로 영광스러운 옷 삼게 하소서.

예수여, 주님의 보혈과 의로.

-니콜라스 폰 친첸도르프

마이클 리브스 & 팀 체스터, 《종교개혁 핵심질문》, 복 있는 사람, 43쪽 재인용

우리는 십자가에서 하나님의 공의와 사랑을 만납니다. 그래서 십자가는 우리의 피난처가 됩니다. 하나님의 인자한 사랑을 받은 사람들은 하나님의 공의를 인자함으로 실천합니다. 이런 모습을 보여 준 이야기를 소개하고 싶습니다.

뉴욕에 '라과디아'(La Guardia) 공항이 있습니다. 이 공항의 이름은 뉴욕의 훌륭한 시장이었으며 한때 명 판사로 이름을 날렸던 라과디아의 이름을 따라 명명된 것입니다. 그가 판사로 재임하던 1930년 어느 날, 한 노인이 절도혐의로 재판을 받게 되었습니다. 배가 고팠던 노인은 상점에서 빵 한 덩이를 훔친 혐의로 기소되었습니다.

판사가 그 노인에게 물었습니다.

"전에도 빵을 훔친 적이 있습니까?"

"아닙니다. 처음입니다!"

판사가 다시 물었습니다.

"왜 그런 일을 했습니까?"

"죄송합니다. 판사님, 저는 그동안 성실하게 살아왔습니다. 그런데 최근에 나이가 많아 직장을 잃은 후 일자리를 얻지 못해 사흘을 굶다가 이런 일을 저지르고 말았습니다."

판사는 잠시 후에 이렇게 판결을 내렸습니다.

"아무리 사정이 딱해도 남의 것을 훔치는 것은 절도행위입니다. 법은 만민에게 평등합니다. 그래서 저는 이 노인에게 10달러의 벌금형을 선고하는 바입니다."

판사의 용서를 믿었던 장내는 술렁거렸습니다. 그러자 판사가 말을 이어갔습니다.

"그러나 이 노인의 절도행위는 이 노인만의 잘못이 아닌, 이 도시에 살고 있는 우리 모두의 책임이기도 합니다. 따라서 이 판결을 맡은 저 자신에게도 10달러의 벌금을 부과합니다. 그리고 여기 있는 우리 모두도 50센트씩, 가능하다면 십시일반으로 이 벌금형에 동참해 주시길 기대합니다."

판사의 판결에 이의를 제기하는 사람은 아무도 없어 보였습니다. 판사는 자기 앞에 놓인 모자에 10달러를 넣은 다음 그 모자를 방청석으로 돌렸습니다. 잠시 후 판사는 거두어들인 돈에서 노인의 벌금 10달러를 빼고 남은 돈 47달러 50센트를 노인의 손에 쥐어 주었습니다.

"이제부터는 힘을 내어 정직하고 용기 있게 사십시오."

47달러 50센트를 쥐고 법정을 떠나는 노인의 눈에서는 굵은 눈물방울이 계속 흘러내렸습니다. 그 모습을 지켜보던 사람들도 동일한 은혜 속에 잠기고 있었습니다.

이동원, 《어제의 예언 오늘의 복음》, 규장, 20-22쪽

라과디아 판사는 공의롭게 판결했습니다. 비록 노인이 가난 때문에 죄를 범한 것을 알았지만 재판은 공정하게 할 수밖에 없었습니다. 가난하지만 빵 한 덩이를 훔친 것은 절도죄입니다. 그래서 10달러의 죗값을 치르게 했습니다. 하지만 라과디아 판사는 인자한 판사였습니다. 가난한 노인에 대한 따뜻한 애정을 가지고 있었습니다. 그가 벌금을 낼 수 없다는 것도 알았습니다. 또한 그가 당장 먹을 것이 없다는 것도 알았습니다. 그래서 자신이 대신 벌금을 내주었습니다. 자신이 가진 것을 나누어 주었습니다.

하나님의 공의는 죄인을 위해 대신 값을 지불해 주시는 것입니다. 가장 값진 독생자를 죄인을 위해 대신 내어 주시는 것입니다. 엄청난 값을 지불해 주시는 것입니다. 라과디아 판사는 그 자리에 참석한 사람들에게 그들이 가진 것을 함께 나눔으로 공의를 실천하도록 만들었습니다. 그리하여 공의가 사랑의 나눔을 통해 실현되었습니다. 하나님은 우리에게도 하나님께 받은 사랑으로 공의를 실천하라고 말씀하십니다.

하나님의 공의는 아름답습니다. 하나님의 공의가 실현되는 것을 볼 때 우리는 감동을 받습니다. 그런 면에서 예수님의 십자가는 가장 아름답습니다. 그 이유는 하나님의 공의와 사랑이 실현된 현장이기 때문입니다. 그리스도의 공의는 나눔에 있습니다. 자신의 것을 나눔으로 공의를 실천하신 것입니다. 예수님의 몸과 피를 나누어 주심으로 우리를 부요하게 하시고 우리를 충만하게 하셨습니다. 예수님의 나눔은 가장 값진 것을 나누심입니다. 예수님의 성찬은 가장 값진 것입니다. 예수님이 누구신가를 알면 그분의 몸과 피가 얼마나 값지며, 얼마나 능력 있는가를 알게 됩니다. 예수님의 피는 모든 죄를 사하는 피입니다. 모든 병을 치료하는 피입니다. 예수님의 몸은 전 인류가 먹고도 부족함이 없는 영혼의 양식입니다. 예수님의 나눔은 차별이 없습니다. 예수님을 믿는 모든 사람은 누구나 누릴 수 있습니다.

하나님의 사랑과 공의는 가장 값진 것을 나누는 데 있습니다. 그리함으로 가난하고 소외되고 환난당한 자들을 부요하게 하는 것입니다. 무엇보다 그리스도의 복음으로 영원한 부요에 이르게 하는 것입니다. 이것이 구제와 선교의 최종 목적입니다.

우리는 가난한 사람들에게 따뜻한 사랑의 손길을 펴야 합니다. 그 나눔은 쓰고 남는 것을 나누는 것이 아니라 우리에게 있는 소중한 것을 나누는 것입니다. 그리스도가 나누어 주신 것은 쓰고 남은 것이 아닙니다. 예수님 자신을 나누어 주신 것입니다. 예수님의 몸과 피를 나누어 주신 것입니다. 그리함으로 하나님의 공의와 사랑을 깨닫게 해주시는 것입니다.

그러므로 우리는 사람들을 예수님께로 인도해야 합니다. 우리의 육신의 필요를 채우실 뿐 아니라 영원의 필요까지 채워 주시는 예수님께로 인도해야 합니다.

그리스도의 사랑으로 선행을 베풀 때마다 그리스도의 풍성한 사랑을 기억하십시오. 또한 그리스도의 성찬에 참여할 때마다 그 아름다운 공의와 고귀한 사랑을 기억하십시오. 그리함으로 이 세상은 아주 아름다운 세상이 될 것입니다. 그 일에 함께 동참하는 우리가 되길 빕니다.

4

화평하게 하시는 하나님을 아는 지식

사 11:6-16

하나님은
평강의 하나님이십니다

우리가 알아야 할 하나님의 지식 가운데 하나는 하나님은 평강의 하나님입니다. 이사야는 장차 오실 그리스도를 예언할 때 그리스도는 평강의 왕이라는 사실을 강조합니다.

───── 이는 한 아기가 우리에게 났고… 평강의 왕이라 할 것임이라 사 9:6

예수님은 평강의 왕이십니다. 또한 예수님께는 평강의 더함이 무궁합니다.

───── 그 정사와 평강의 더함이 무궁하며 사 9:7상

구약에서 나오는 하나님의 이름 중에 하나가 '여호와 샬롬'입니다. 기드온이 하나님을 위하여 제단을 쌓은 후에 그것을 여호와 샬롬이라고 불렀습니다.

───── 기드온이 여호와를 위하여 거기서 제단을 쌓고 그것을 여호와 샬롬이라
하였더라 삿 6:24상

이스라엘 백성이 빌어 주는 가장 큰 복은 평강의 복입니다.

여호와는 네게 복을 주시고 너를 지키시기를 원하며 여호와는 그의 얼굴을 네게 비추사 은혜 베푸시기를 원하며 여호와는 그 얼굴을 네게로 향하여 드사 평강 주시기를 원하노라 할지니라 하라 민 6:24-26

민수기 6장에 나오는 축복 중의 마지막 부분이 평강입니다. 평강은 히브리어로 '샬롬'(םולש, shalowm)입니다. 헬라어로는 '에이레네'(εἰρήνη, eirene)입니다. 샬롬이란 온전한 조화 가운데 임하는 평강을 의미합니다. 완전한 질서 가운데 임하는 평강을 뜻합니다. 하나님과 사람과 자신과의 관계에서의 평화와 내면의 평강이 조화를 이룬 상태입니다. 서로 조화를 이루어 대립이 아닌 온전함을 이루는 것을 의미합니다. 염려가 사라진 마음의 고요함입니다. 안전과 풍성함을 겸비한 상태를 의미합니다. 갈등과 전쟁으로부터 안전한 상태를 의미합니다.

성경에서 말하는 평강은 내면의 부요함과 함께 환경적인 번영을 포함하고 있습니다. 니콜라스 월터스토프는 《하나님의 정의》에서 다음과 같이 샬롬의 복에 대해 기록하고 있습니다.

샬롬은 단지 평화가 아니라 번영이기도 하다. 우리 존재의 모든 차원에서 번영, 즉 우리와 하나님과의 관계에서, 우리와 동료 인간들과의 관계에서, 우리와 우리 자신과의 관계에서, 우리와 창조 일반과의 관계에서 말이다.

니콜라스 월터스토프, 《하나님의 정의》, 복있는 사람, 178쪽

끝으로 샬롬은 우리와 자연환경과의 관계 속에서의 번영을 포함한다. …
샬롬에 대해 말하면서 이사야는 주님이 "이 산에서 만민을 위하여 기름진
것과 오래 저장하였던 포도주로 연회를 베푸시리니 곧 골수가 가득한 기
름진 것과 오래 저장된 맑은 포도주로 하실" 날을 예언한다(사 25:6).

니콜라스 월터스토프,《하나님의 정의》, 복 있는 사람, 180-181쪽

하나님의 평강은 이토록 복된 것입니다. 하지만 우리가 경험하
는 것처럼 온전한 평강을 경험하기는 어렵습니다. 우리가 하나님
의 평강을 사모하는 까닭은 하나님의 평강이 임할 때 환경을 초
월해서 우리 마음에 평강을 누릴 수 있기 때문입니다. 하나님의
평강은 모든 어려움 중에도 하나님의 공의와 사랑이 여전히 함
께 역사하고 있다는 것을 느낄 때 경험하는 평강입니다. 어떤 고
난과 시련 중에도 하나님이 함께하셔서 모든 것이 합력하여 선을
이룬다는 믿음을 경험하는 평강입니다. 평강의 하나님을 전적으
로 신뢰하는 가운데 경험하는 평강을 의미합니다.

우리는 이런 평강을 원합니다. 아무리 힘들어도 마음이 평온하
면 더 부러울 것이 없습니다. 하지만 아무리 가진 것이 많고, 권력
과 권세를 모두 가졌다 할지라도 마음에 평안이 없고 불안과 두
려움과 갈등이 함께하면 결코 행복을 누릴 수 없습니다. 그런 면
에서 평강은 복 중의 복입니다. 성경은 하나님이 평강의 하나님
이심을 강조합니다.

─── 평강의 하나님이 친히 너희를 온전히 거룩하게 하시고 또 너희의 온 영과

혼과 몸이 우리 주 예수 그리스도께서 강림하실 때에 흠 없게 보전되기를
원하노라 살전 5:23

양들의 큰 목자이신 우리 주 예수를 영원한 언약의 피로 죽은 자 가운데서
이끌어 내신 평강의 하나님이   히 13:20

하나님은 평강의 하나님이실 뿐만 아니라 평강을 주시는 분이
십니다.

————— 평안을 너희에게 끼치노니 곧 나의 평안을 너희에게 주노라 내가 너희에
게 주는 것은 세상이 주는 것과 같지 아니하니라 너희는 마음에 근심하지
도 말고 두려워하지도 말라   요 14:27

예수님은 제자들과 우리가 세상에서 환난을 당할 줄 아십니다.
하지만 예수님은 환난 중에도 우리가 예수님 안에서 평안을 누리
길 원하십니다.

————— 이것을 너희에게 이르는 것은 너희로 내 안에서 평안을 누리게 하려 함
이라 세상에서는 너희가 환난을 당하나 담대하라 내가 세상을 이기었노
라   요 16:33

예수님이 부활하신 후에 제자들에게 나타나셔서 제일 먼저 선
물하신 것이 평강입니다.

————— 너희에게 평강이 있을지어다   요 20:19, 21, 26

하나님은 화평하게 하시는
하나님이십니다

이사야서 11장은 성령님이 그리스도에게 임하시는 모습을 보여 줍니다. 또한 평강의 왕이신 예수님이 오실 때 어떤 일이 벌어지는지를 보여 줍니다. 이사야의 예언은 세 가지 차원에서 이해해야 합니다.

첫 번째 차원은 예수님의 초림입니다. 두 번째 차원은 예수님의 재림입니다. 세 번째 차원은 예수님의 초림과 재림의 중간에서 경험하는 일들입니다. 이사야서 11장 6-10절 말씀은 예수님의 재림의 순간에 온전히 실현되는 말씀입니다. 하지만 이 모습은 예수님의 초림의 순간에도 어느 정도 나타난 모습입니다. 또한 예수님의 초림과 재림의 중간에도 어느 정도 나타나는 모습입니다.

그때에 이리가 어린 양과 함께 살며 표범이 어린 염소와 함께 누우며 송아지와 어린 사자와 살진 짐승이 함께 있어 어린아이에게 끌리며 암소와 곰이 함께 먹으며 그것들의 새끼가 함께 엎드리며 사자가 소처럼 풀을 먹을 것이며 젖 먹는 아이가 독사의 구멍에서 장난하며 젖 뗀 어린아이가 독사의 굴에 손을 넣을 것이라 내 거룩한 산 모든 곳에서 해 됨도 없고 상함도 없을 것이니 이는 물이 바다를 덮음같이 여호와를 아는 지식이 세상에 충만할 것임이니라 사 11:6-9

이 모습은 정말 놀라운 광경입니다. 아름다운 화평을 이루는 모습입니다. 이리가 어린 양과 함께 산다는 것은 상상조차 할 수 없는 일입니다. 표범이 어린 염소와 함께 눕는다는 것도 마찬가지입니다. 어린 사자와 살진 짐승이 함께 평화로이 지내고, 어린 아이가 그들을 이끕니다. 암소와 곰이 함께 먹습니다. 그것들의 새끼들이 함께 엎드립니다. 사자가 소처럼 풀을 먹습니다. 젖 먹는 아이가 독사의 구멍에서 장난을 합니다. 젖 뗀 어린아이가 독사의 굴에 손을 넣고 놉니다. 그렇지만 독사가 그 아이를 해하지 않습니다. 어린아이나 어린 양이나 어린 염소가 상하지 않습니다. 이 모습은 성령님이 임하실 때 나타나는 열매입니다.

───── 오직 성령의 열매는 사랑과 희락과 화평과 오래 참음과 자비와 양선과 충성과 온유와 절제니 이 같은 것을 금지할 법이 없느니라 갈 5:22-23

어울릴 수 없는 종류의 짐승이 서로 사랑하고 있습니다. 함께 희락을 누리며 화평을 누리고 있습니다. 거친 야성을 가진 짐승들이 온유한 모습을 드러내고 있습니다. 이런 경험들은 평강의 왕이신 예수님을 모신 사람들이 경험하게 됩니다. 또한 성령 충만을 할 때 경험하는 평화로운 경험들입니다.

그리스도의 화평은 우리를 행복하게 만듭니다

이 말씀을 읽을 때 반복해서 나오는 단어가 "함께"입니다. 우리는 함께 더불어 살아가도록 부름을 받은 사람들입니다. 화평 중에 더불어 살아갈 때 행복을 경험하게 됩니다.

함께 살며

함께 누우며

함께 있으며

함께 먹으며

함께 엎드리며

함께 놀며, 함께 놀이하며

이런 놀라운 일은 오직 그리스도가 함께할 때 가능합니다. 그리스도가 함께할 때 모든 관계는 화평을 누리게 됩니다. 행복은 관계에 있습니다. 아무리 부요해도 관계에 문제가 생기고 갈등이 생기면 행복하지 않습니다. 화평은 행복과 밀접한 관계가 있습니다.

채소를 먹으며 서로 사랑하는 것이 살진 소를 먹으며 서로 미워하는 것보다 나으니라 잠 15:17

다투며 성내는 여인과 함께 사는 것보다 광야에서 사는 것이 나으니라

잠 21:19

반면에 화평한 부부는 행복합니다. 화평이 임하면 사는 것이 놀이가 될 수 있습니다. 이사야는 그리스도가 임할 때 어린아이들이 독사의 굴에서 노는 것을 예언하고 있습니다. 하나님이 인간에게 주신 선물 중에 하나가 놀이입니다. 그런데 사람들은 놀이의 즐거움을 상실하고 말았습니다.

그리스도의 화평은 온유의 열매입니다

말씀 속에서 우리는 사자와 표범이 그들 특유의 야성이 사라지고 온유해지는 것을 보게 됩니다. 이런 일이 일찍이 노아의 방주에서 있었습니다. 노아의 방주 안에서는 각종 동물들이 함께 있었습니다. 하지만 함께 싸웠다는 흔적이 없습니다. 성령님이 그들 가운데 역사하심으로 각종 동물들이 노아의 방주 안에서 아름다운 조화를 이루었던 것입니다. 온유한 가운데 서로 화평하게 잘 지낼 수 있었습니다.

예수님은 마음이 온유하고 겸손한 분입니다. 그런 까닭에 예수님이 함께하실 때 우리도 온유함으로 서로 화평을 누리게 됩니다.

──────── 나는 마음이 온유하고 겸손하니 나의 멍에를 메고 내게 배우라 그리하면 너희 마음이 쉼을 얻으리니 마 11:29

성령님도 온유의 영이십니다. 온유는 성령님의 열매입니다. 또한 성령님이 주시는 영의 생각은 생명과 평안입니다.

──────── 육신의 생각은 사망이요 영의 생각은 생명과 평안이니라 롬 8:6

온유라는 말의 어원은 길들인 야생마에서 나왔습니다. 야생마는 거칠지만 잘 훈련받게 되면 온유해집니다. 그래서 준마가 됩니다. 세상은 지금 폭력으로 가득 차 있습니다. 우리는 영화와 드라마에서 날마다 폭력을 접합니다. 폭력은 죄의 결과입니다. 하나님이 홍수 심판을 내릴 때 온 땅은 포악함으로 가득 찼습니다.

그때에 온 땅이 하나님 앞에 부패하여 포악함이 땅에 가득한지라   창 6:11

사람들은 강포를 품고 살아갑니다.

그들의 마음은 강포를 품고 그들의 입술은 재앙을 말함이니라   잠 24:2

내가 성내에서 강포와 분쟁을 보았사오니 주여 그들을 멸하소서 그들의

혀를 잘라 버리소서   시 55:9

강포(强暴)란 몹시 우악스럽고 사나운 것을 의미합니다. 강포가 사라질 수 있는 길은 온유하신 예수님을 모시는 것밖에 없습니다. 온유하신 성령님의 다스림을 받는 수밖에 없습니다. 예수님은 인간 안에 독사가 있음을 아셨습니다. 예수님은 바리새인들에게 "독사의 자식"이라는 표현을 쓰셨습니다.

독사의 자식들아 너희는 악하니 어떻게 선한 말을 할 수 있느냐 이는 마음에 가득한 것을 입으로 말함이라   마 12:34

성경은 악한 자들의 입에서 독사의 독이 나온다고 말합니다.

뱀같이 그 혀를 날카롭게 하니 그 입술 아래에는 독사의 독이 있나이다   시 140:3

예수님을 만나 성령님으로 거듭나지 않으면 우리 안에 있는 야성의 폭력과 독사의 독이 여전히 역사하는 것을 보게 됩니다. 하지만 예수님을 믿고 성령 충만한 삶을 살 때 우리의 성품이 새

롭게 변화됨을 경험하게 됩니다. 예수님이 함께하시는 곳에서는 들짐승도 평화롭게 지내는 것을 봅니다.

───── 성령이 곧 예수를 광야로 몰아내신지라 광야에서 사십 일을 계시면서 사탄에게 시험을 받으시며 들짐승과 함께 계시니 천사들이 수종 들더라

막 1:12-13

성령 충만을 받았던 성 프란시스는 늑대에게 설교해서 그들을 회개시켰습니다. 프란시스가 구비오 마을에 머물 때의 일이었습니다. 그 도시 주변에 굶주림으로 광포하고 사나운 큰 늑대 한 마리가 살고 있었습니다. 이 늑대는 짐승뿐만 아니라 사람까지도 잡아먹었습니다. 그런 까닭에 사람들은 성문 밖을 나가는 것을 두려워했습니다. 이 이야기를 들은 프란시스가 늑대를 찾아간 일화입니다.

그때에 늑대가 나타났다. 그러자 사람들은 높은 곳으로 도망쳐 올라갔고 그 사나운 늑대는 그 입을 크게 벌린 채 프란시스와 그 제자들을 향하여 달려들었다. 그때 프란시스는 십자가의 표시를 늑대를 향하여 보였다. 그러자 프란시스와 그의 제자로부터 나온 하나님의 능력이 그 늑대를 저지시키고 그를 유순하게 만들어 그의 사나운 입을 닫아 버리게 되었다. 프란시스는 늑대를 부르면서 말했다.

"나에게 오라. 늑대여. 그리스도의 이름으로 명하노니 나와 누구도 해치지 말라."

그가 십자가의 표시를 들이대자마자 그 늑대가 그 사나운 입을 다물고 갑자기 유순해졌으며, 또한 그가 명령을 하자마자 늑대는 머리를 숙이고 프란시스의 발 앞에 앉아서 마치 어린 양처럼 되어 버렸다. 그것은 참으로 놀라운 기적이었다. 그리고 프란시스는 그 앞에 엎드려 있는 늑대에게 말했다.

"형제 늑대여, 너는 이 지방에서 많은 해를 끼쳤다. 그리고 너는 무자비하게 하나님의 피조물을 파괴함으로써 크나큰 죄악을 저질렀다. 너는 짐승들을 해쳤을 뿐만 아니라, 심지어 하나님의 형상을 가진 사람들조차도 잡아먹었다. 그러므로 너는 극악무도한 강도나 살인자처럼 사형을 받기에 합당하다. 또한 모든 사람이 너를 증오하고 미워하는 것이 당연하며 이 온 도시가 다 너의 적이 될 수밖에 없다. 그러나 형제 늑대여, 나는 너와 그 시민들 사이에 평화를 맺어 주기를 원한다. 그래서 그들이 너로 말미암아 더 이상 해를 받지 않게 되고 그들도 너의 지나간 모든 죄를 용서한 후에 사람이나 개들조차도 너를 더 이상 미워하지 않게 되기를 바란다."

그 늑대는 그 몸과 꼬리와 귀를 움직임으로써 그리고 그 머리를 끄떡임으로 프란시스가 그에게 말한 것을 기꺼이 받아들이고 지키겠다는 의사 표시를 하였다. 프란시스는 다시 말했다.

"형제 늑대여, 너는 이 평화 계약을 지키기를 원하였으므로 나는 너에게 약속한다. 나는 이 도시 사람들에게 네가 살아 있는 동안 날마다 네게 음식을 갖다 주고 네가 더 이상 굶주림으로 고통을 당하지 않도록 해 주라고 말하겠다. 왜냐하면 네가 여태까지 행한 모든 악은 굶주림 때문에 나온 것임을 나는 다 알고 있기 때문이다. 그러나 나의 형제 늑대여, 내가 너를 위하여 이와 같은 은혜를 베푸니 너는 다시는 어떠한 동물이나 사람도 해치지 않을 것을 약속하기 바란다. 너는 나에게 그것을 약속하겠느냐?"

그 늑대는 고개를 끄떡임으로써 그가 프란시스가 요구한 것을 실천하겠다고 약속한다는 뜻을 분명히 했다. 그리고 프란시스는 말했다.

"형제 늑대여, 너는 네가 약속하는 것을 내가 확실히 믿을 수 있도록 맹세의 표시를 나에게 해 주기 바란다."

그리고 프란시스가 그 맹세를 받기 위해 그의 손을 내밀었을 때, 그 늑대는 또한 그 앞발을 프란시스의 손바닥 위에 맹세의 표시로 부드럽게 얹어 놓았다. 그때에 프란시스는 말했다.

"형제 늑대여, 나는 너에게 주 예수 그리스도의 이름으로 명한다. 두려워하지 말고 지금 나와 함께 마을 안으로 가서 주님의 이름으로 평화 계약을 맺자."

그 늑대는 곧 프란시스 옆에서 온유한 어린 양처럼 걷기 시작했다. 사람들은 이것을 보고 크게 놀랐고, 그 뉴스는 신속하게 마을 전체에 퍼졌다. 그래서 남녀노소 구별 없이 모든 사람이 시장에 모였다. 왜냐하면 늑대가 프란시스와 함께 거기에 있었기 때문이었다. **우골리노, 《성 프란시스의 작은 꽃들》, 크리스챤다이제스트, 111-114쪽**

사실 성 프란시스가 늑대와 맺은 평화 계약은 성경에 근거한 것입니다.

───── 산들이 떠나며 언덕들은 옮겨질지라도 나의 자비는 네게서 떠나지 아니하며 나의 화평의 언약은 흔들리지 아니하리라 너를 긍휼히 여기시는 여호와께서 말씀하셨느니라 **사 54:10**

우리는 이 이야기 속에서 성령 충만을 받게 되면 늑대까지도 온유하게 만드는 능력이 나타남을 볼 수 있습니다. 성 프란시스는 새들에게도 설교한 사람입니다.

그리스도의 화평은 질투를 극복한 하나 됨의 사랑입니다

성령님 안에서 누리는 그리스도의 화평은 질투를 극복한 하나 됨의 사랑입니다. 질투는 무서운 것입니다. 질투와 시기는 무서운 죄입니다. 서로를 파괴하고, 서로를 무너뜨리는 죄입니다. 남을 무너뜨리기 전에 자신을 무너뜨리는 죄입니다. 질투는 남이 가진 것을 싫어하는 것입니다. 남이 가진 것을 빼앗고 싶은 탐욕스런 마음입니다. 질투는 남이 잘되는 것을 견디지 못하는 마음입니다. 질투는 남을 미워하는 마음입니다. 질투는 남을 괴롭히는 마음입니다. 질투는 잔인한 마음입니다. 화평을 상실한 마음입니다. 질투는 조화와 질서를 상실한 마음 상태입니다. 그런데 그리스도의 평화가 임할 때 그 질투가 없어집니다.

> 에브라임의 질투는 없어지고 유다를 괴롭게 하던 자들은 끊어지며 에브라임은 유다를 질투하지 아니하며 유다는 에브라임을 괴롭게 하지 아니할 것이요 사 11:13

야곱의 열두 아들 사이에는 시기와 질투와 미움이 있었습니다. 그 이유는 어머니가 달랐기 때문입니다. 야곱은 4명의 아내와 함께 살면서 자녀를 낳았습니다. 그들의 어머니들은 서로 시기하고 경쟁하듯이 자녀를 낳았습니다. 또한 그의 자녀들도 서로 그렇게 살았습니다. 요셉이 아버지의 총애를 받고 꿈을 꿀 때 그의 형제들은 그를 시기했습니다. 그를 미워했습니다. 그가 입었던 채색옷을 찢었습니다. 그를 죽이려고 구덩이에 던져 넣었습니다. 나중에 그를 이스마엘 상인에게 팔아 넘겨 종이 되게 만들었습니다. 질투는 이처럼 무서운 것입니다.

그토록 미움을 받았던 요셉이 살아 애굽의 국무총리가 되었습니다. 요셉은 애굽 여인과 결혼해서 두 아들을 낳았습니다. 어떻게 보면 요셉이 낳은 두 아들 므낫세와 에브라임은 애굽 사람이요 이방인이라고 해도 과언이 아닙니다. 그 두 아들을 야곱이 자기 양자로 삼아 열두 지파 안에 포함시켰습니다. 특별히 에브라임은 므낫세의 동생이지만 장자 역할을 했습니다. 요셉이 살아 있을 때와 애굽에서 영화를 누릴 때 에브라임은 주도적인 역할을 했습니다. 그런데 나중에 하나님은 유다 지파를 통해 놀라운 일을 이루셨습니다.

하나님은 유다의 후손인 다윗을 세워 이스라엘의 왕으로 삼으셨습니다. 한때 열두 지파 가운데 머리 역할을 했던 에브라임 지파가 어느 순간부터 유다 지파에게 밀려났습니다. 그런 까닭에 에브라임과 유다 지파는 보이지 않는 갈등과 질투와 다툼이 있었습니다. 그런데 그리스도가 오심으로 그 모든 질투가 사라졌습니다. 아름다운 조화를 이루고 하나가 된 것입니다. 서로 화목하게 된 것입니다. 원수 됨이 사라지고 흩어져 있던 이스라엘 백성 가운데 남은 자들이 열방으로부터 모여든 것입니다. 또한 열방이 하나가 되어 하나님이 세우신 기치 가운데로 몰려오게 된 것입니다.

그날에 이새의 뿌리에서 한 싹이 나서 만민의 기치로 설 것이요 열방이 그 에게로 돌아오리니 그가 거한 곳이 영화로우리라 그날에 주께서 다시 그 의 손을 펴사 그의 남은 백성을 앗수르와 애굽과 바드로스와 구스와 엘람 과 시날과 하맛과 바다 섬들에서 돌아오게 하실 것이라 여호와께서 열방 을 향하여 기치를 세우시고 이스라엘의 쫓긴 자들을 모으시며 땅 사방에 서 유다의 흩어진 자들을 모으시리니 　사 11:10-13

이새의 뿌리의 한 싹으로 나오신 그리스도가 만민의 기치(旗幟) 로 서는 날에 놀라운 일들이 벌어집니다. 기치는 예전에 군대에 서 사용하던 깃발입니다. 영어로 'banner'입니다. 기치는 기에 나 타난 표식(標識)을 의미합니다. 깃발을 보면 누구의 군대인지를 알 게 됩니다. 또한 군대는 깃발을 중심으로 모입니다. 그리스도가 오셨을 때 하나님 아버지께서 열방을 향해 깃발을 세우셨습니다. 그 깃발이 십자가입니다.

열방에 흩어졌던 남은 자들이 그리스도의 십자가를 중심으로 모입니다. 그리고 하나 됨을 경험하게 됩니다. 하나님의 남은 백 성이 앗수르와 애굽과 바드로스와 구스와 엘람과 시날과 하맛과 바다 섬들에서 돌아오게 됩니다. 앗수르는 북쪽입니다. 애굽과 바 드로스와 구스는 아프리카입니다. 구스는 에티오피아입니다. 그 리고 엘람과 시날은 메소포타미아입니다. 하맛은 팔레스타인 땅입니다. 흩어졌던 하나님의 백성들이 하나님께로 돌아오게 됩니다. 하나 됨의 경험은 오직 십자가와 성령님 안에서 가능합니다. 오순절 날에 예루살렘에 모여든 사람들이 어디서 왔을까요? 사실 이사야서 11장의 말씀이 이루어진 사건이 오순절 날입니다.

사도행전 2장을 보면, 성령님이 강림하실 때 경건한 유대인들이 천하 각국으로부터 와서 예루살렘에 머물러 있었습니다(행 2:5). 그때 성령님이 임하고 말하게 하심을 따라 다른 언어들로 말하기 시작합니다. 그 소리가 나매 큰 무리가 모여 각각 자기의 방언으로 제자들이 말하는 것을 듣게 됩니다. 그들이 놀라면서 하는 말을 들어 보십시오.

> 우리는 바대인과 메대인과 엘람인과 또 메소보다미아, 유대와 갑바도기아, 본도와 아시아, 브루기아와 밤빌리아, 애굽과 및 구레네에 가까운 리비야 여러 지방에 사는 사람들과 로마로부터 온 나그네 곧 유대인과 유대교에 들어온 사람들과 그레데인과 아라비아인들이라 우리가 다 우리의 각 언어로 하나님의 큰 일을 말함을 듣는도다 하고 행 2:9-11

창세기 11장을 보면, 원래 온 땅의 언어가 하나요 말이 하나였습니다. 그런데 바벨탑 사건으로 하나님이 언어를 혼잡하게 하셨습니다. 그리함으로 서로 알아듣지 못하게 하셨습니다. 하나님은 그들을 온 지면에 흩으셨습니다. 언어가 혼잡함으로 서로 알아듣지 못했던 그들이 예수 그리스도의 십자가의 죽으심과 성령 강림으로 서로 알아듣게 되는 역사가 나타난 것입니다. 즉 성령님 안에서 모든 언어가 서로 소통하는 하나 됨을 경험한 것입니다. 성령님 안에서 서로 아름다운 조화가 이루어진 것입니다. 질투는 사라지고, 서로 화목하게 되었습니다.

예수님은 화평하게 하시기 위해 십자가에서 피를 흘려 죽으셨습니다

여기서 우리는 다시 복음의 영광을 보게 됩니다. 예수님이 오신 것은 하나님과 원수 된 우리를 화목하게 하시기 위해서입니다. 죄로 말미암아 우리 인간은 이웃과 원수가 되었습니다. 자신이 스스로에게 원수가 되었습니다. 죄로 말미암아 인간에게는 평강이 사라졌습니다. 아담의 불순종과 교만으로 인간 안에는 평강이 사라졌습니다. 예수님이 오신 것은 첫 번째 아담이 무너뜨린 관계를 회복하기 위해서입니다. 순종과 겸손을 통해 두 번째 아담으로 오신 예수님이 우리와 하나님 사이를 화목하게 하신 것입니다. 또한 사람들 사이에 화목을 가져오신 것입니다.

우리가 누리게 된 화평과 평안과 평강은 쉽게 주어진 것이 아닙니다. 예수님이 십자가에서 고난을 받으심으로 주어진 것입니다. 아주 값비싼 평화입니다.

──── 그가 찔림은 우리의 허물 때문이요 그가 상함은 우리의 죄악 때문이라 그
가 징계를 받으므로 우리는 평화를 누리고 그가 채찍에 맞으므로 우리는

"그가 징계를 받으므로 우리는 평화를 누리고"라는 말씀에 잠시 머물러 보십시오. 우리가 누리게 된 평화는 그리스도가 우리 죄를 대신 담당하시고 하나님 앞에 화목제물이 되신 까닭에 주어진 것입니다. 우리가 누리게 된 화평은 오직 그리스도의 피로 된 것입니다.

> 그의 십자가의 피로 화평을 이루사 만물 곧 땅에 있는 것들이나 하늘에 있는 것들이 그로 말미암아 자기와 화목하게 되기를 기뻐하심이라   골 1:20

예수님은 우리의 화평이십니다.

> 그는 우리의 화평이신지라 둘로 하나를 만드사 원수 된 것 곧 중간에 막힌 담을 자기 육체로 허시고   엡 2:14

우리의 화평이신 그리스도가 둘로 하나를 만드셨습니다. 원수 된 것 곧 중간에 막힌 담을 예수님의 육체로 허물어 버리셨습니다. 예수님은 화해자이십니다. 예수님은 화해의 아들이십니다. 하나님 아버지는 예수님의 피를 통해 우리를 용서하셨습니다.

"용서 없이 화해가 있을 수 없습니다."
"용서가 있는 곳에 화해가 있습니다."

화해가 있기 전에 용서가 있습니다. 화평이 임하기 전에 먼저 죄 사함이 있습니다. 예수님은 십자가에서 이 모든 것을 이루셨습니다. 우리의 죄를 대신 담당하신 예수님은 우리에게 예수님의 의를 전가시켜 주셨습니다. 우리는 예수님을 믿음으로 말미암아 그의 피로 의롭다 하심을 얻게 되었습니다. 그리함으로 하나님과 화평을 누리게 되었습니다.

그러므로 우리가 믿음으로 의롭다 하심을 받았으니 우리 주 예수 그리스도로 말미암아 하나님과 화평을 누리자 롬 5:1

그리스도의 피는 우리를 화목하게 한 피입니다. 그리스도의 피는 하나님의 피입니다. 그런 까닭에 그 피가 우리를 화목하게 합니다. 그 피가 없으면 하나님께 가까이 나아갈 수 없습니다. 또한 예수 그리스도의 피로 우리는 가까워졌습니다.

이제는 전에 멀리 있던 너희가 그리스도 예수 안에서 그리스도의 피로 가까워졌느니라 엡 2:13

그 피로 말미암아 그리스도 예수 안에서 우리는 새사람이 되었습니다. 그리함으로 화평을 누리게 된 것입니다. 그 모든 것이 십자가에서 이루어졌습니다.

법조문으로 된 계명의 율법을 폐하셨으니 이는 이 둘로 자기 안에서 한 새 사람을 지어 화평하게 하시고 또 십자가로 이 둘을 한 몸으로 하나님과 화목하게 하려 하심이라 원수 된 것을 십자가로 소멸하시고 또 오셔서 먼 데

있는 너희에게 평안을 전하시고 가까운 데 있는 자들에게 평안을 전하셨
으니 엡 2:15-17

예수님이 십자가에서 이방인과 유대인을 하나가 되게 하셨습
니다. 또한 하나님과 우리가 화목하게 되었습니다. 우리의 원수
된 모든 것을 십자가에서 소멸해 주셨습니다. 그리함으로 먼 데
있는 사람이나 가까운 데 있는 사람들 모두에게 평안을 전해 주
신 것입니다. 그 결과 성령님 안에서 하나님 아버지께 나아감을
얻게 되었습니다.

──────── 이는 그로 말미암아 우리 둘이 한 성령 안에서 아버지께 나아감을 얻게 하
려 하심이라 엡 2:18

평화의 도구가 되어
화목하게 하는 직분을 감당하십시오

이제 우리가 할 일은 그리스도 안에서 화평을 누리는 것입니다. 또한 화해자로 살아가는 것입니다. 화평을 누리는 것과 함께 중요한 것은 화평하게 하는 자로 살아가는 것입니다.

──── 화평하게 하는 자는 복이 있나니 그들이 하나님의 아들이라 일컬음을 받을 것임이요 마 5:9

우리가 받은 직분은 화목하게 하는 직분입니다.

──── 모든 것이 하나님께로서 났으며 그가 그리스도로 말미암아 우리를 자기와 화목하게 하시고 또 우리에게 화목하게 하는 직분을 주셨으니 고후 5:18

예수님의 은혜 안에서 성령님의 도우심을 받아 평화의 도구로 살아가도록 합시다. 성 프란시스는 평화의 도구로 살아가면서도 늘 평화의 도구가 되길 기도했습니다. 그의 기도가 우리의 기도가 되길 소원합니다.

평화의 도구

주여, 나를 당신의 평화의 도구로 써 주소서

미움이 있는 곳에 사랑을

다툼이 있는 곳에 용서를

분열이 있는 곳에 일치를

의혹이 있는 곳에 신앙을

거짓이 있는 곳에 진리를

절망이 있는 곳에 희망을

흑암이 있는 곳에 광명을

슬픔이 있는 곳에 기쁨을 가져오는 자 되게 하소서

위로받기보다는 위로하고

이해받기보다는 이해하고

사랑받기보다는 사랑하게 하여 주소서

우리는 줌으로써 받고

용서함으로써 용서받으며

자기를 버리고 죽음으로써 영생을 얻기 때문입니다.

-성 프란시스

5

유일하신 삼위일체 하나님을 아는 지식

요 17:3

하나님을 힘써 아는 것이 지혜입니다

지혜 중에 지혜는 힘써야 할 것을 아는 것입니다. 또한 힘쓰지 말아야 할 것을 분별하는 것입니다. 우리가 힘써야 할 것 중에 가장 소중한 것은 하나님을 아는 것입니다.

> 그러므로 우리가 여호와를 알자 힘써 여호와를 알자 그의 나타나심은 새벽빛같이 어김없나니 비와 같이, 땅을 적시는 늦은 비와 같이 우리에게 임하시리라 하니라 호 6:3

호세아 선지자는 우리가 하나님을 알되 힘써 하나님을 알아야 한다고 강조합니다. 우리는 세상에 태어나서 많은 지식을 추구하며 살아갑니다. 하지만 우리는 정작 추구해야 하는 지식을 소홀히 할 때가 많습니다. 우리가 정작 추구해야 할 지식은 하나님을 아는 지식입니다. 그 이유는 하나님을 아는 지식은 우리가 이 땅에 사는 동안에도 도움이 될 뿐만 아니라 영원토록 도움이 되기 때문입니다. 하나님을 아는 지식은 우리의 영원한 운명을 결정지을 수 있기 때문입니다. 특별히 삼위일체 하나님을 아는 지식에 이르기 위해서는 매우 부지런해야 합니다.

> 삼위일체의 교리를 이해하려면 매우 부지런해야 한다. 진리가 자랄 수 있는 토양을 만들려면 우리가 먼저 잡초를 뽑아내야 하기 때문이다. A. W. 토저, 《JESUS 지저스·예수님》, 규장, 80쪽

요한복음 14장, 15장, 16장은 예수님의 고별 설교입니다. 십자가에서 죽으시기 직전에 제자들에게 남기신 설교입니다. 고별 설교에서 예수님은 자신에 대해, 또 예수님이 떠나신 후에 보내 주실 성령님에 대해 집중적으로 말씀해 주십니다. 예수님이 누구신가는 하나님 아버지와 성령님과의 관계 속에서 말씀하십니다. 즉 삼위일체 하나님의 관계 속에서 말씀해 주시는 것입니다. 요한복음 17장은 예수님의 고별 기도입니다. 이 기도 속에 삼위일체 하나님의 비밀이 담겨 있습니다. 요한복음 17장 말씀을 짧은 시간에 다루는 것은 버거운 일입니다. 그러므로 요한복음 17장 3절의 말씀을 중심으로 유일하신 성삼위 하나님에 대해 증거하려 합니다.

──────── 영생은 곧 유일하신 참 하나님과 그가 보내신 자 예수 그리스도를 아는 것이니이다 요 17:3

이 짧은 말씀 속에 기독교 복음의 정수가 들어 있습니다. 이 말씀 속에 영생이 담겨 있습니다. 유일하신 참 하나님에 대한 진리

가 담겨 있습니다. 하나님 아버지께서 보내신 예수 그리스도를 아는 진리가 담겨 있습니다. 이 말씀 속에서 우리가 배울 수 있는 하나님의 지식은 무엇일까요?

하나님은 유일하신 하나님이십니다

성경은 하나님이 유일하신 하나님이심을 강조합니다. 구약과 신약 전체에 담긴 하나님에 대한 지식입니다. 예수님도 하나님은 유일하신 참 하나님이시라고 강조하십니다. 하나님이 이 점만큼은 절대로 양보하지 않으십니다. 먼저 구약의 말씀을 살펴보겠습니다.

이스라엘아 들으라 우리 하나님 여호와는 오직 유일한 여호와이시니
신 6:4

그룹 사이에 계신 이스라엘 하나님 만군의 여호와여 주는 천하만국에 유일하신 하나님이시라 주께서 천지를 만드셨나이다   사 37:16

신약에서 예수님이 하나님에 대해 말씀하실 때 하나님은 유일하신 하나님이라고 강조하십니다.

예수께서 대답하시되 첫째는 이것이니 이스라엘아 들으라 주 곧 우리 하나님은 유일한 주시라   막 12:29

너희가 서로 영광을 취하고 유일하신 하나님께로부터 오는 영광은 구하지 아니하니 어찌 나를 믿을 수 있느냐 요 5:44

사도 바울도 하나님을 유일한 주권자라고 기록하고 있습니다.
기약이 이르면 하나님이 그의 나타나심을 보이시리니 하나님은 복되시고 유일하신 주권자이시며 만왕의 왕이시며 만주의 주시요 딤전 6:15

여기서 우리는 하나님이 유일하신 하나님이라는 것이 무엇을 의미하는지에 대한 질문을 하게 됩니다. 우리는 예수님을 믿은 후에 삼위일체 하나님에 대해 배웠습니다. 또한 삼위일체 하나님을 믿고 있습니다. 분명히 성부 하나님이 계시고, 성자 예수님이 계시고, 성령 하나님이 계신다고 배웠습니다. 그런데 하나님은 유일하시다고 말씀합니다. 우리가 유일하다고 하면 하나밖에 없다는 뜻을 먼저 떠올리게 됩니다. 복수보다는 단수를 생각하게 됩니다. 하지만 하나님을 유일하다고 할 때의 뜻은 복수와 단수라는 개념보다 더 신비롭고 깊은 뜻을 내포하고 있습니다.

성경을 보면 삼위일체 하나님은 유일하신 하나님을 강조하면서 때로는 복수로 기록되어 있습니다. 창세기 1장에서 하나님이 사람을 창조하실 때 "우리의 형상을 따라 우리의 모양대로 우리가 사람을 만들고"(창 1:26)라고 말씀합니다. 이 말씀에서 하나님은 "나의 형상", "나의 모양"이라고 하지 않으시고 "우리의 형상", "우리의 모양"이라고 하십니다. 이사야서 6장에서도 이런 표현을 발견할 수 있습니다. 이사야가 하나님이 부르시는 음성을 듣습니다.

> 내가 또 주의 목소리를 들으니 주께서 이르시되 내가 누구를 보내며 누가
> 우리를 위하여 갈꼬 하시니 그때에 내가 이르되 내가 여기 있나이다 나를
> 보내소서 하였더니 사 6:8

여기서 우리는 하나님이 자신을 드러내실 때 단수("내가 누구를 보내며")와 복수("누가 우리를 위하여 갈꼬")를 함께 사용하심을 알게 됩니다. 하나님은 분명히 유일하신 하나님이시면서 또한 삼위 하나님이십니다. 그렇다면 성경에서 하나님이 유일하신 하나님이라고 할 때 "유일"하다는 것은 무엇을 의미할까요?

하나님은 다른 신들과 구별되는 유일하신 참 하나님이십니다

성경에서 하나님을 유일하다고 할 때 그 유일성은 다른 우상신들과는 구별된 유일성을 의미합니다. 이스라엘 백성은 하나님이 히브리 민족을 애굽 왕 바로의 손에서 건져 내시고 홍해를 갈라 그들을 구원하신 때에 다른 신들과 비교해서 하나님과 같은 분이 없다고 찬양을 드립니다.

> 여호와여 신 중에 주와 같은 자가 누구니이까 주와 같이 거룩함으로 영광
> 스러우며 찬송할 만한 위엄이 있으며 기이한 일을 행하는 자가 누구니이
> 까 출 15:11

이 찬양과 고백은 구약성경 전체에 흐르는 거대한 물줄기와

같은 주제입니다. 오직 하나님만이 유일하시며, 참되시며, 하나님 외에는 하나님 같은 신이 없다는 것입니다.

────── 그런즉 주 여호와여 이러므로 주는 위대하시니 이는 우리 귀로 들은 대로 는 주와 같은 이가 없고 주 외에는 신이 없음이니이다 삼하 7:22

여호와여 우리 귀로 들은 대로는 주와 같은 이가 없고 주 외에는 하나님이 없나이다 대상 17:20

성경에 하나님이 다른 신들과 구별되는 유일한 하나님이심을 증거할 때는 하나님의 성품과 지혜와 능력을 함께 증거합니다.

────── 너희는 알리며 진술하고 또 함께 의논하여 보라 이 일을 옛부터 듣게 한 자가 누구냐 이전부터 그것을 알게 한 자가 누구냐 나 여호와가 아니냐 나 외에 다른 신이 없나니 나는 공의를 행하며 구원을 베푸는 하나님이라 나 외에 다른 이가 없느니라 사 45:21

하나님은 거짓이 없으신 참 하나님이십니다

하나님은 유일하십니다. 또한 하나님은 참 하나님이십니다. "참"이라는 단어는 '진짜'라는 뜻입니다. "참"이라는 단어는 거짓 이라는 단어와 비교해서 사용합니다. 또한 어떤 것과도 비교할 수 없는 참됨을 강조할 때 사용됩니다.

────── 오직 여호와는 참 하나님이시요 살아 계신 하나님이시요 영원한 왕이시 라 그 진노하심에 땅이 진동하며 그 분노하심을 이방이 능히 당하지 못하 느니라 렘 10:10

"참"이라는 표현은 사도 요한이 예수님을 증거할 때 반복해서 사용하는 단어입니다.

> 참 빛 곧 세상에 와서 각 사람에게 비추는 빛이 있었나니 요 1:9
>
> 내 아버지께서 너희에게 하늘로부터 참 떡을 주시나니 요 6:32하
>
> 내 살은 참된 양식이요 내 피는 참된 음료로다 요 6:55
>
> 나는 참 포도나무요 내 아버지는 농부라 요 15:1

사도 요한은 예수님에 관해 언급할 때 "참"이라는 표현을 강조합니다. 예수님은 "참 빛", "참 떡", "참된 양식", "참된 음료", "참 포도나무"라고 말씀합니다.

하나님은 거짓 우상들과 구별되는 살아 계신 참 하나님이십니다

예수님은 영생에 대해 말씀하실 때 하나님은 유일하시면서도 참되심을 강조하셨습니다. 또한 영생은 하나님과의 관계에 있다고 말씀하십니다.

> 영생은 곧 유일하신 참 하나님과 그가 보내신 자 예수 그리스도를 아는 것이니이다 요 17:3

참 하나님과 거짓 우상의 구별은 하나님은 참되시며 살아 계신 인격자라는 것입니다. 반면에 우상은 말도 하지 못하며, 우리가 하는 말에 응답할 수도 없는 존재입니다. 그런데 사람들이 우상을 만들어 놓고 그 만들어 놓은 것을 신이라고 섬기고 있습니

다. 하나님이 참 하나님이라고 할 때 우상은 거짓 신이라는 것을 의미합니다. 하나님이 십계명을 주실 때 하나님 외에 어떤 신도 섬기지 말라 명하셨습니다.

───── 너는 나 외에는 다른 신들을 네게 두지 말라 출 20:3

하나님이 유일하신 하나님을 강조하시기 위해 다른 신들을 두지 말 것을 명하셨습니다. 그와 함께 명하신 것이 우상을 만들지 말고 그 우상에 절하거나 우상을 섬기지 말라는 것입니다.

───── 너를 위하여 새긴 우상을 만들지 말고 또 위로 하늘에 있는 것이나 아래로 땅에 있는 것이나 땅 아래 물속에 있는 것의 어떤 형상도 만들지 말며 그 것들에게 절하지 말며 그것들을 섬기지 말라 출 20:4-5상

하나님이 우상을 싫어하신 까닭은 우상은 참 신이 아니며, 거짓인 까닭입니다.

───── 사람마다 어리석고 무식하도다 은장이마다 자기의 조각한 신상으로 말미암아 수치를 당하나니 이는 그가 부어 만든 우상은 거짓 것이요 그 속에 생기가 없음이라 렘 10:14

거짓되고 헛된 것을 숭상하는 모든 자는 자기에게 베푸신 은혜를 버렸사오나 욘 2:8

우상은 거짓될 뿐만 아니라 유익을 주지 못합니다.

───── 새긴 우상은 그 새겨 만든 자에게 무엇이 유익하겠느냐 부어 만든 우상은

거짓 스승이라 만든 자가 이 말하지 못하는 우상을 의지하니 무엇이 유익하겠느냐 합 2:18

―― 우상을 만드는 자는 다 허망하도다 그들이 원하는 것들은 무익한 것이거늘 그것들의 증인들은 보지도 못하며 알지도 못하니 그러므로 수치를 당하리라 사 44:9

사람들이 스스로 만들어 믿는 우상 신들과 창조주 하나님과는 비교할 수조차 없습니다.

―― 만국의 모든 신들은 우상들이지만 여호와께서는 하늘을 지으셨음이로다 시 96:5

하나님은 유일하신
삼위일체 하나님이십니다

우리는 하나님이 유일하신 분임을 함께 공부했습니다. 이제 우리가 함께 배우려고 하는 하나님에 대한 지식은 '하나님은 유일하시면서 성삼위 하나님이시라'는 것입니다. 분명히 우리는 성부 하나님, 성자 예수님, 성령 하나님이 계심을 압니다. 그렇다면 성부와 성자와 성령께서 유일하시다는 것은 무엇을 의미하는 것일까요?

삼위 하나님은 창세전부터 함께한 유일하신 하나님이십니다

하나님이 태초에 천지를 창조하셨습니다. 하나님이 사람을 만드시고, 모든 동물과 생물을 만드셨습니다. 하지만 삼위 하나님은 창조자이시면서 창조 전부터 계셨습니다. 예수님은 중보기도를 드리면서 제자들을 창세전으로 인도하십니다.

— 아버지여 창세전에 내가 아버지와 함께 가졌던 영화로써 지금도 아버지와 함께 나를 영화롭게 하옵소서 요 17:5

이 세상의 누구도, 어떤 존재도 창세전의 비밀을 알 수 없습니다. 왜냐하면 우리 모두는 지음을 받은 존재이기 때문입니다. 피조물이기 때문입니다.

삼위 하나님은 창세전부터 본질상 동질인 유일하신 하나님이십니다

유일하다는 말은 "삼위일체 하나님이 모두 동질이다"라는 뜻을 내포하고 있습니다. 하나님이 유일하시다는 뜻은 삼위 하나님과 같은 본질을 가진 분이 없다는 것을 의미합니다. 어떤 존재도 삼위 하나님과 같은 본질을 갖지 못했습니다. 우리는 예수님이 하나님의 아들이심을 믿습니다. 예수님은 요한복음 17장에서 하나님을 거듭 아버지라고 부르고 있습니다. 요한복음 17장의 중보기도는 다음과 같이 시작합니다.

— 예수께서 이 말씀을 하시고 눈을 들어 하늘을 우러러 이르시되 아버지여 때가 이르렀사오니 아들을 영화롭게 하사 아들로 아버지를 영화롭게 하

우리는 하나님 아버지와 독생하신 예수님과의 관계 속에서 유일하신 하나님을 먼저 이해해야 합니다. 하나님 아버지는 예수님을 창조하신 것이 아닙니다. 하나님 아버지는 아들 되시는 예수님을 낳으신 것입니다. 이 점을 아주 주의 깊게 살펴야 합니다. 이 사실을 잘 설명해 준 사람이 C. S. 루이스입니다. 여기서 우리는 기독교 신조가 의미하는 것이 무엇인지를 살펴볼 필요가 있습니다.

기독교 신조 가운데 하나는 그리스도가 하나님의 아들로 '창조되신 것이 아니라 나셨다'는 것입니다. 거기에는 '모든 세계가 창조되기 전에 아버지에게서 나셨다'는 말이 덧붙어 있습니다. 이 말은 그리스도께서 사람으로 세상에 오셨을 때 동정녀의 아들로 태어나셨다는 사실과는 아무 관계가 없음을 분명히 아시겠지요? 지금 우리는 창조되기 전, 시간이 시작되기 전에 일어났던 어떤 일에 대해 생각하고 있습니다. '모든 세계가 창조되기 전에' 그리스도는 창조되신 것이 아니라 나셨습니다. 이 말이 무슨 뜻입니까? C. S. 루이스, 《순전한 기독교》, 홍성사, 244-245쪽

왜 이 사실이 중요할까요? 하나님께서 아들을 낳으셨다는 것은 하나님이 아버지가 되셨다는 것입니다. 또한 하나님이 무엇인가를 만드셨을 때 창조자가 되시는 것입니다. 이 사실이 중요한 이유를 C. S 루이스는 다음과 같이 설명합니다.

낳는다는 것은 아버지가 된다는 뜻이고, 창조한다는 것은 만든다는 뜻이지요. 이 두 단어의 차이는 이런 것입니다. 여러분이 낳는 것은 여러분과 같은 종류의 것입니다. 즉 사람은 사람의 아이를 낳고 비버는 비버 새끼를 낳으며, 새는 새 새끼로 부화될 알을 낳습니다. 그러나 여러분이 만드는 것은 여러분과 다른 종류의 것입니다. 즉 새는 둥지를 만들고, 비버는 댐을 만들며, 사람은 라디오를 만듭니다. C. S. 루이스, 《순전한 기독교》, 홍성사, 245쪽

여기서 강조하는 것은 낳는 것은 같은 종류라는 뜻입니다. 무엇을 만든다는 것은 다른 종류라는 뜻입니다. 사람이 사람을 낳을 때 사람은 동질입니다. 사자가 사자를 낳을 때 사자는 동질입니다. 그런 면에서 하나님이 하나님을 낳을 때 동질이라는 것입니다.

하나님은 하나님을 낳습니다. 사람이 사람을 낳듯이 말입니다. 하나님은 하나님을 창조하시지 않습니다. 사람이 사람을 만들 수 없듯이 말입니다. 그렇기 때문에 사람은 그리스도가 하나님의 아들인 것과 같은 의미에서 하나님의 아들이 될 수 없습니다. 사람은 어떤 점에서 하나님을 닮았지만 같은 종류에 속한 존재는 아닙니다. C. S. 루이스, 《순전한 기독교》, 홍성사, 245-246쪽

예수님은 하나님 아버지와 자신이 하나라고 말씀하셨습니다.

하나라는 말은 동질이라는 의미입니다.

나와 아버지는 하나이니라 하신대   요 10:30

예수님은 나를 본 자는 아버지를 보았다고 말씀하셨습니다.

…나를 본 자는 아버지를 보았거늘 어찌하여 아버지를 보이라 하느냐
요 14:9하

예수님은 하나님 아버지께는 아들이시지만 그 자체로 또한 하나님이십니다. 예수님은 하나님이시지만 하나님 아버지와의 관계에서 성자로 불리십니다.

"그리스도는 자신에 대하여는 하나님이라고 불리며 성부와의 관계에서
생각될 때는 성자라고 불린다. 그리고 성부가 자신에 대하여는 하나님이
라고 불리고 성자와의 관계에서 생각될 때에는 성부라고 불린다. … 그리
고 자신에 대하여 아버지라고 불린 분과 자신에 대하여 아들이라고 불린
분은 동일하신 하나님이시다." -어거스틴

존 칼빈,《기독교 강요 상 》, 생명의말씀사, 233쪽에서 재인용

성령님은 하나님 아버지가 낳은 분이 아니십니다. 하지만 성령
님은 하나님 아버지의 영으로, 하나님 아버지께로부터 나오셨습
니다. 또한 성령님은 예수님의 영으로 예수님께로부터 나오셨습
니다. 그리하심으로 성령님은 하나님 아버지와 예수님과 동일하

신 분입니다. 그런 면에서 삼위일체 하나님은 유일하십니다.

삼위 하나님은 창세전부터 서로 사랑하신 사랑의 하나님이십니다

우리는 누구나 "하나님은 사랑이심이라"(요일 4:8)고 말합니다. 예수님도 하나님 아버지께서 창세전부터 자신을 사랑하셨다고 말씀합니다.

> 아버지여 내게 주신 자도 나 있는 곳에 나와 함께 있어 아버지께서 창세전 부터 나를 사랑하시므로 내게 주신 나의 영광을 그들로 보게 하시기를 원 하옵나이다 요 17:24

삼위일체 하나님을 증거할 때 하나님은 사랑이시라는 선언은 아주 중요합니다. 왜냐하면 사랑은 혼자 할 수 있는 것이 아니기 때문입니다. 사랑하기 위해서는 반드시 대상이 있어야 합니다. 사랑은 더불어 하는 것입니다. 사랑은 주고받는 것입니다. 주는 것만이 사랑이 아니라 받는 것도 사랑입니다. 그래서 사도 요한은 사랑을 강조합니다. 형제 사랑을 강조합니다. 그 이유는 삼위일체 하나님은 사랑의 하나님이신 까닭입니다. 사랑의 특징은 하나됨에 있습니다. 완전한 연합과 완전한 조화에 있습니다. 삼위일체 하나님은 결코 분리되는 일이 없으십니다. 완전한 연합과 완전한 조화 속에서 함께 사랑하시고, 함께 일하십니다. C. S. 루이스는 하나님이 삼위일체이신 까닭이 사랑에 근거한다고 강조합니다.

사랑이란 한 인격체가 다른 인격체를 품는 것입니다. 하나님이 한 분이시라면, 세상이 창조되기 전에 사랑이셨을 수가 없습니다. C. S. 루이스, 《순전한 기독교》, 홍성사, 270쪽

여기서 우리는 삼위일체 하나님의 신비를 발견하게 됩니다. 인간의 이성으로는 결코 온전히 이해할 수 없는 신비입니다. 하나님은 유일하십니다. 참되신 하나님은 오직 유일하시며 오직 한 분뿐이십니다. 그런데 그 한 분 하나님이 삼위로 존재하십니다. 성부와 성자와 성령으로 존재하십니다. 완벽한 하나 됨과 완벽한 조화와 완벽한 연합으로 함께하십니다. 이 놀라운 신비를 잘 드러내 주는 것이 아타나시우스 신경입니다. 이 신경은 삼위일체 하나님을 가장 잘 설명해 주는 신경입니다.

아타나시우스 신경

성부 한 분이 계시고, 성자 한 분이 계시고, 성령 한 분이 계시지만 성부와 성자와 성령은 한 하나님이시다. 성부와 성자와 성령의 영광은 동일하고, 성부와 성자와 성령의 위엄도 똑같이 영원하다.

성부는 창조되시지 않은 분이요, 성자도 창조되시지 않는 분이요, 성령도 창조되시지 않은 분이시다. 성부도 무한하시고, 성자도 무한하시고, 성령도 무한하시다. 성부도 영원하시고, 성자도 영원하시고, 성령도 영원하지만, "영원한 분"이 세 분이 아니라 한 분이시다. 이와 마찬가지로 "창조되

지 않는 분"도 세 분이 아니라 한 분이시며, "무한한 분"도 세 분이 아니라 한 분이시다.

성부도 전능하시고, 성자도 전능하시고, 성령도 전능하시다. 그러나 "전능하신 분"이 세 분이 아니라 한 분이시다. 성부도 하나님이시요, 성자도 하나님이시요, 성령도 하나님이시다. 그러나 하나님이 세 분이 아니라 한 분이시다. 성부도 주님이시며, 성자도 주님이시며, 성령도 주님이시다. 그러나 주님이 세 분이 아니라 한 분이시다. 그러므로 성부도 하나님이시고 성자도 하나님이시며, 성부도 주님이시고 성자도 주님이시다. 이와 마찬가지로 성령도 하나님이시고 주님이시다. 성부는 그 누구로부터 만들어지시지 않았으며 창조되시지도 않고 태어나시지도 않았다. 성자는 오직 성부로부터 오셨지만, 만들어지지 않고 창조되시지도 않았다. 성령은 성부와 성자로부터 오셨지만, 만들어지시지 않고 창조되시지 않고 태어나시지 않고 오직 발출하셨을 뿐이다. A. W. 토저, 《보혜사》, 규장, 175-176쪽에서 재인용

아타나시우스 신경에서 강조하는 삼위일체 하나님이 한 분이시라는 것은 '유일하다'는 뜻입니다. 또한 삼위 하나님이 본질상 동질이심을 강조하고 있습니다. 어느 누구도 창조되지 않은 하나님이심을 강조하고 있습니다. 오직 성자는 성부가 낳은 하나님이시며, 성령님은 성부와 성자에게서 낳은 분이 아니며 창조된 분도 아니며 다만 성부와 성자로부터 나오신 분입니다. 여기서 삼위일체 하나님의 신비가 다시 언급될 수 있습니다. 그것은 셋이지만 하나의 존재라는 것입니다. 이 점에 대해 어거스틴의 신학

이 중요한 역할을 합니다. 삼위일체를 가지고 가장 고민하고 가장 심도 있게 깊이 연구한 사람이 어거스틴이기 때문입니다.

> 세 위격 그 차례에게 적용될 수 있는 개념은 복수로서의 세 존재를 표현하는 것이 아니라 하나의 존재, 즉 삼위일체 그 자체를 나타낸다. 다시 말하면 성부도 하나님이시고, 성자도 하나님이시며, 성령도 하나님이시고, 성부도 선하시고, 성자도 선하시고, 성령도 선하시고, 성부도 전능하시고, 성자도 전능하시고, 성령도 전능하시다. 하지만 세 하나님이나 세 가지 선이나 세 가지 전능이 있는 것이 아니라, 삼위일체 그 자체이신 한 하나님, 하나의 선, 하나의 전능이 있다. … 이 삼위일체 안에는 절대적인 평등성이 있다. 신성에 있어서는 성부가 성자보다 크지 아니하시고, 성부와 성자와 합해져도 성령보다 크지 아니하시다. 삼위 중 어느 한 위격도 삼위일체 그 자체보다 작지 아니하시다. 어거스틴, 《삼위일체론: 아우구스티누스:후기 저서들》, 두란노, 58-59쪽

삼위일체 하나님을 이해할 때 분명히 성부 하나님과 성자 예수님과 성령 하나님이 세 위격으로 계십니다. 하지만 삼위일체 하나님은 유일하신 한 분 하나님이시라는 점을 강조하고 있습니다. 여기서 우리 인간의 지성과 이성의 한계를 만나게 됩니다. 분명히 세 위격이신 하나님이 유일하신 하나님이 되시는 것입니다. 어거스틴의 깨달음처럼 성부와 성자가 합한다고 해도 성령님보다 크지 않으십니다. 이것은 수학적인 계산을 넘는 신비입니다.

이것은 깊은 영적 비밀에 속하는 것입니다.

사도 바울은 그리스도와 교회의 관계를 신랑과 신부의 관계로 설명합니다. 결혼을 비밀이라고 말합니다. 그 이유는 둘이 하나가 되기 때문입니다. 하나와 하나가 더해지면 둘이 되어야 합니다. 그런데 둘이 결혼했는데 하나가 된 것입니다. 한 몸이 된 것입니다.

그러므로 사람이 부모를 떠나 그의 아내와 합하여 그 둘이 한 육체가 될지니 이 비밀이 크도다 나는 그리스도와 교회에 대하여 말하노라 엡 5:31-32

사도 바울은 신비롭게도 하나 됨의 비밀을 설명하면서 "자기 아내를 사랑하는 자는 자기를 사랑하는 것이라"(엡 5:28)고 말합니다. 남편과 아내는 하나라는 것입니다. 남편과 아내의 하나 됨을 삼위일체의 하나 됨으로 비유해서 설명했지만, 삼위일체 하나님에 대한 완전한 설명은 아닙니다. 왜냐하면 삼위 하나님은 성부와 성자와 성령님이 모두 동일하시고 완전하신 반면에 남편과 아내는 완전하다고 할 수 없기 때문입니다. 남편과 아내는 비록 둘다 사람이라는 면에서는 동질이지만 서로 다른 모양과 다른 구조와 다른 성향을 가지고 있습니다. 또한 완전하지 않습니다. 다만 결혼한 남편과 아내가 둘이지만 하나 됨의 차원에서 삼위 하나님의 하나 됨으로 비유할 수 있습니다.

그런 면에서 삼위일체 하나님은 우리의 인식의 대상이 아니라 우리의 신앙의 대상임을 알게 됩니다. 인식의 대상이 아니라

함은 피조물인 인간이 창조주 하나님을 온전히 이해할 수 없다는 것을 의미합니다. 우리는 하나님이 은혜로 보여 주시는 정도만 하나님을 인식할 수 있을 뿐입니다. 피조물인 우리 인간은 창조하신 삼위 하나님을 완벽하게 이해할 수는 없습니다. 삼위 하나님이 우리의 신앙의 대상이라 함은, 삼위 하나님의 신비를 인간의 이성으로 완전히 이해하거나 설명할 수 없다 할지라도 삼위 하나님을 믿어야 한다는 것입니다.

삼위일체 하나님을 믿고 이해하는 것은 하나님의 특별한 은혜와 성령님의 계시 안에서 가능합니다. 하나님이 은혜로 삼위일체 하나님을 믿고 신뢰할 수 있는 지각을 허락해 주실 때 삼위일체 하나님을 깨닫게 됩니다. 참되신 하나님을 알 수 있도록 우리에게 영적 지각을 주신 분이 예수님이십니다.

또 아는 것은 하나님의 아들이 이르러 우리에게 지각을 주사 우리로 참된 자를 알게 하신 것과 또한 우리가 참된 자 곧 그의 아들 예수 그리스도 안에 있는 것이니 그는 참 하나님이시요 영생이시라 요일 5:20

예수님은 참되신 하나님을 알 수 있도록 지각을 주실 때 성령님을 통해 그 지각을 얻게 하십니다. 예수님이 주신 지각은 성령님과 더불어 주신 것입니다. 성령님이 우리에게 계시의 영으로 임하실 때 우리는 하나님 아버지가 참 하나님이시며, 또한 예수 그리스도가 참 하나님이심을 깨닫고 믿게 됩니다. 오직 성령님만이 예수님을 우리에게 증거해 주십니다.

내가 아버지께로부터 너희에게 보낼 보혜사 곧 아버지께로부터 나오시는 진리의 성령이 오실 때에 그가 나를 증언하실 것이요 요 15:26

오직 성령님이 예수님을 통해 우리를 하나님 아버지께로 나아 갈 수 있도록 도와주십니다.

이는 그로 말미암아 우리 둘이 한 성령 안에서 아버지께 나아감을 얻게 하려 하심이라 엡 2:18

"그로 말미암아"는 예수님을 의미합니다. 우리는 예수님을 통해 이방인이나 유대인이나 한 성령님 안에서 하나님 아버지께 나아감을 얻을 수 있습니다. 그러므로 우리가 구원을 받고 의롭게 되며 거룩함과 영화로움에 이르는 모든 과정에 삼위일체 하나님이 함께 역사해 주시는 것을 보게 됩니다.

하나님은 예수님을 통해
우리에게 영생을 선물로 주십니다

우리가 하나님을 안다는 것은 지식으로만 아는 것이 아닙니다. 관계 속에서 아는 것입니다. 그 관계 속에서 놀라운 은혜와 혜택을 누리는 것입니다. 예수님이 우리에게 주시기 원하는 것은 영생입니다.

아버지께서 아들에게 주신 모든 사람에게 영생을 주게 하시려고 만민을 다스리는 권세를 아들에게 주셨음이로소이다   요 17:2

요한복음에는 복음 중의 복음이 담겨 있습니다.

하나님이 세상을 이처럼 사랑하사 독생자를 주셨으니 이는 그를 믿는 자마다 멸망하지 않고 영생을 얻게 하려 하심이라   요 3:16

하나님의 사랑은 독생자를 아낌없이 내어 주신 것입니다. 스캇 펙은 많은 종교를 비교 연구했습니다. 그리고 예수님을 믿게 됩니다. 그 이유는 세상의 어느 종교도 자기의 독생하신 아들을 내어 주는 신은 없었기 때문입니다. 세상의 어느 종교도 자신의 목숨을 내어 주는 희생을 통해 사랑을 보여 주는 신은 없습니다. 오직 유일하게 기독교만이 자신을 희생하고, 가장 고귀한 것을 내어 주는 사랑의 하나님을 믿고 있습니다.

우리가 하나님을 믿을 때 하나님이 예수님을 통해 주시는 것이 영생입니다. 요한복음 17장 3절은 영생이 무엇인지를 설명해 줍니다.

영생은 곧 유일하신 참 하나님과 그가 보내신 자 예수 그리스도를 아는 것이니이다   요 17:3

영생은 하나님 아버지와 예수님을 경험적으로 아는 관계를 의미합니다. 영생은 하나님과의 친교와 연합을 의미합니다. 이것은 참으로 놀라운 것입니다. 영생은 우리의 생명이 아닙니다. 하나님의 생명입니다. 하나님으로부터 온 생명입니다. 그런 면에서 정말 놀라운 생명입니다. 이 생명이 예수님 안에 있었습니다. 우리가 예수님을 믿고 영접할 때 그 놀라운 생명이 우리 안에 들어오게 된 것입니다.

또 증거는 이것이니 하나님이 우리에게 영생을 주신 것과 이 생명이 그의 아들 안에 있는 그것이니라 아들이 있는 자에게는 생명이 있고 하나님의 아들이 없는 자에게는 생명이 없느니라   요일 5:11-12

하나님이 예수님을 통해 우리에게 주신 영생, 즉 생명은 육신의 생명과 다릅니다. 육신의 생명은 유한합니다. 반면에 영생은 영원합니다. 육신의 생명의 질은 시간이 지나면 쇠퇴하고 부패하고 맙니다. 소멸되고 맙니다. 하지만 영생은 영원합니다. 영생은 쇠퇴하거나 부패하지 않습니다. 영생은 생명의 질이 다릅니다. 육신의 생명은 헬라어로 '바이오스'(Βίος, bios)입니다. 반면에 영생, 영적인 생명은 헬라어로 '조에'(ζωη, zoe)입니다. C. S. 루이스는 육적인 생명과 영적인 생명의 차이가 엄청나다는 사실을 강조합니다.

> 인간이 자연적으로 얻을 수 없는 것이 있는데, 그것은 바로 영적인 생명-하나님 안에 있는 생명으로써 생물학적 생명과 다른 생명, 그보다 더 위에 있는 생명-입니다. 우리는 두 가지 다 '생명'이라고 부릅니다. 그렇다고 해서 두 생명을 같은 종류로 생각한다면, 우주의 '광대함'과 하나님의 '광대함'을 같은 종류로 생각하는 것이나 다름없는 잘못을 저지르게 됩니다.
>
> C. S. 루이스, 《순전한 기독교》, 홍성사, 247쪽

그는 그 차이점을 구체적으로 다음과 같이 설명합니다.

사실 생물학적 생명과 영적인 생명 사이에는 너무나 중대한 차이가 있기 때문에, 저는 이 두 가지를 각각 다른 이름으로 부르려 합니다. 자연을 통해 우리에게 오는 생물학적인 종류의 생명, 늘 소모되고 쇠퇴하는 성질이 있어서 공기나 물이나 음식 등을 통해 끊임없이 자연의 보조를 받아야만 유지되는 생명은 바이오스(bios)입니다. 영원 전부터 하나님 안에 있는 영

적인 생명, 자연 세계 전체를 만들어 낸 생명은 조에(Zoe)입니다.

바이오스(생물학적 생명)는 어떤 그림자나 상징처럼 조에(영적인 생명)를 닮았다는 사실입니다. 그러나 그 유사성은 사진과 풍경 혹은 조각상(彫刻像, statue)과 사람 사이에 나타나는 유사성과 같은 종류의 것입니다. 그러므로 사람이 바이오스(육신의 생명)를 가졌다가 조에(하나님이 주시는 영생)를 갖게 된다는 것은 석상이 진짜 사람으로 변하는 것만큼이나 큰 변화가 아닐 수 없습니다. C. S. 루이스, 《순전한 기독교》, 홍성사, 247-248쪽

우리가 예수님을 믿음으로써 받은 영생은 정말 놀라운 것입니다. 영생은 영원히 산다는 생명의 길이를 의미하는 것을 넘어 그 생명의 질의 탁월함을 강조합니다. 영생은 곧 하나님의 생명입니다. 하나님의 생명의 특징은 거룩합니다. 사랑으로 충만합니다. 기쁨으로 충만합니다. 소망으로 충만합니다. 평강으로 충만합니다. 하나 됨의 조화를 이룹니다. 그런 면에서 하나님의 생명을 받을 때 우리는 거룩함을 갈망하게 됩니다. 사랑과 기쁨과 소망과 평강으로 충만하게 됩니다.

문제는 우리가 이 땅에 사는 동안 육신적인 생명, 즉 생물학적인 생명과 영적인 생명이 서로 갈등을 일으킨다는 것입니다. 육적인 생명, 즉 육적인 성향이 하나님의 성향인 영적인 생명과 갈등을 유발하는 것을 경험하게 됩니다. 하지만 우리가 성령님으로 충만하게 될 때는 영생을 누리며 살게 됩니다.

예수님은 우리가 예수님을 믿을 때 우리를 새로운 피조물로

만드셨습니다. 새로운 세계 속으로 인도하셨습니다. 새로운 생명, 즉 영생을 주셨습니다. 또한 우리를 새로운 친교 속으로 인도해 주셨습니다. 우리를 성삼위 하나님과의 친교 속으로 초청해 주신 것입니다. 이것은 정말 놀라운 영광입니다. 놀라운 은혜입니다.

> 우리가 보고 들은 바를 너희에게도 전함은 너희로 우리와 사귐이 있게 하려 함이니 우리의 사귐은 아버지와 그의 아들 예수 그리스도와 더불어 누림이라   요일 1:3

더욱 놀라운 사실은 우리가 성삼위 하나님의 하나 됨 안으로 들어갈 수 있도록 은혜를 베풀어 주신 것입니다. 예수님은 우리가 성삼위 하나님의 하나 되심처럼 하나 됨의 은혜 속으로 우리를 부르셨습니다.

> 아버지여, 아버지께서 내 안에, 내가 아버지 안에 있는 것같이 그들도 다하나가 되어 우리 안에 있게 하사 세상으로 아버지께서 나를 보내신 것을 믿게 하옵소서 내게 주신 영광을 내가 그들에게 주었사오니 이는 우리가 하나가 된 것같이 그들도 하나가 되게 하려 함이니이다   요 17:21-22

인간의 불행은 분리됨에 있습니다. 마귀는 분리의 영입니다. 반면에 성령님은 하나 되게 하시는 영입니다. 죄는 분리시키는 악한 능력입니다. 하나님과 우리 사이를, 사람과 사람 사이를 분리시킵니다. 우리 스스로가 자신에게 적이 되어 자신을 분리시키고, 파괴시키도록 만드는 것이 마귀와 죄가 하는 일입니다. 갈등과 분리와 탐욕과 탐심과 음란과 적대심과 경쟁심과 시기와 질투와 교만은 모두 우리를 분리시키는 것들입니다. 우리를 불행하게 만드는 것들입니다. 반면에 하나 됨은 완전한 조화를 이룹니다. 하나 됨 속에서 누리는 참된 겸손, 참된 연합, 참된 친밀함은 우리를 최상의 행복의 상태로 이끌어 줍니다.

우리는 삼위일체 하나님을 통해 온전한 하나 됨, 온전한 연합, 온전한 겸손과 존중과 배려를 배우게 됩니다. 온전한 사랑을 배우게 됩니다. 우리가 예수님을 영접할 때 받은 영생은 바로 삼위일체 하나님의 생명인 것입니다. 이 생명을 받은 후에도 우리는 연약해서 죄를 짓기도 합니다. 유혹을 받기도 합니다. 거짓말을 하기도 합니다. 탐심과 탐욕과 교만과 시기와 질투에 사로잡힐 때도 있습니다. 하지만 우리가 스스로 죄를 고백할 때 예수님의 피가 우리를 정결하게 하며 우리 안에 있는 영생이 놀라운 능력으로 역사하는 것을 경험하게 됩니다.

성삼위 하나님의 사랑 안에서 참된 사랑을 누리십시오. 친밀한 교제 속에서 풍성한 은혜를 받아 누리십시오. 그 사랑과 은혜와 축복을 나누십시오. 성삼위 하나님이 바로 복음입니다. 성삼위 하나님이 이루신 창조의 역사와 구속의 역사가 바로 복음입니다. 우리가 한 일이 아닙니다. 삼위 하나님이 협력해서 이루신 일입니다. 더욱 놀라운 일은 바로 성삼위 하나님이 우리 안에 능력으로 역사하셔서 우리로 하여금 사랑의 삶을 살도록 도와주시는 것입니다.

우리는 날마다 하나님을 의지해야 합니다. 우리 안에서 능력으로 역사하시는 성령님을 의지해야 합니다. 성령님이 부어 주시는 하나님의 사랑을 받아 누리고 나누어야 합니다. 하나님이 베푸신 은혜의 샘물은 마르지 않습니다. 늘 솟구쳐 올라 흘러넘치는 샘물입니다. 우리가 할 일은 날마다 하나님과 친교를 나누며 그 은혜의 샘물을 받아 마시는 것입니다. 그리고 그 은혜의 샘물을 은혜의 복음과 함께 나누는 것입니다. 사람들은 하나님이 필요합니다. 하나님의 사랑이 필요합니다. 영생이 필요합니다. 오직 그리스도의 복음만이 사람들의 영원한 필요를 채워 줄 수 있습니다. 이토록 아름답고 좋은 복음을 우리 함께 전하도록 합시다.

선하신 하나님을 아는 지식

시 34:8

선하신 하나님을 아는 지식이
큰 복입니다

존 칼빈은 《기독교 강요》에서 가장 탁월한 지혜는 하나님을 아는 지식과 우리 자신을 아는 지식으로 형성되어 있다고 말합니다. 이 두 지식은 서로 연결되어 있습니다.

> 우리가 갖고 있는 거의 모든 지혜, 곧 참되며 경건한 지혜는 두 부분으로 되어 있다. 그 하나는 하나님에 관한 지식이요, 다른 하나는 우리 자신에 관한 지식이다. 존 칼빈, 《기독교 강요 상》, 생명의말씀사, 77-78쪽

우리 인간은 스스로 자신이 누구인지를 알 수 없습니다. 우리는 관계 속에서 우리 자신을 발견하게 됩니다. 특별히 하나님과의 관계 속에서 우리 자신을 발견하게 됩니다. 왜냐하면 하나님이 우리를 만드신 까닭입니다. 우리가 하나님께 시선을 두고, 하나님을 바라볼 때 우리 자신의 모습 또한 보게 됩니다. 우리가 받은 은사 중 어느 것도 우리 자신에게서 나온 것이 없습니다. 우리

의 진정한 모습과 모든 잠재력은 오직 하나님 안에서만 존재합니다. 우리는 거듭 하나님을 아는 지식을 추구할 때 그 중요성을 깨닫는 것이 중요합니다. 칼빈은 하나님을 아는 지식이 두 가지 면에서 중요하다고 강조합니다.

> 첫째는 우리가 하나님을 아는 것이 하나님의 영광에 유익합니다. 곧 우리가 하나님께 영광을 돌리는 일에 유익합니다. 둘째는 우리가 하나님을 아는 것이 우리에게도 큰 도움이 됩니다. 하나님을 아는 지식이 가장 큰 복이 됩니다. 존 칼빈,《기독교 강요 상》, 생명의말씀사, 78쪽

우리가 이제 추구하려고 하는 하나님에 대한 지식은 하나님의 선하심에 대한 지식입니다. 하나님의 성품 가운데 우리를 가장 부요하게 하고, 가장 복되게 하는 성품 중 하나가 하나님의 선하심입니다. 다윗은 하나님의 선하심을 경험한 사람입니다.

———— 너희는 여호와의 선하심을 맛보아 알지어다 그에게 피하는 자는 복이 있도다 시 34:8

그는 우리를 모두 초대합니다. 그 초대는 하나님의 선하심을 맛보아 아는 초대입니다. 이 짧은 한 절 속에 엄청난 하나님의 부요가 담겨 있습니다. 우리는 하나님의 선하심을 묵상할 때 다윗과 더불어 이 말씀을 묵상해야 합니다. 그 이유는 하나님의 선하심을 맛보아 경험한 사람에게서 그 진가를 배울 수 있기 때문입니다.

하나님은
선하신 분입니다

성경은 오직 하나님만이 선하신 분임을 선포합니다. 부자 청년이 예수님을 찾아와서 예수님을 "선한 선생님"이라고 불렀습니다. 그때 예수님이 그에게 하나님 한 분 외에는 선한 이가 없다고 말씀합니다.

예수께서 이르시되 네가 어찌하여 나를 선하다 일컫느냐 하나님 한 분 외에는 선한 이가 없느니라 눅 18:19

예수님은 인간이 선하지 않음을 아십니다. 성경은 오직 하나님만이 선하신 분이라는 사실을 강조합니다. 아담의 원죄를 따라 태어난 인간은 선하지 않습니다. 오히려 악합니다. 사도 바울은 자기 안에 선한 것이 거하지 아니함을 알았습니다.

내 속 곧 내 육신에 선한 것이 거하지 아니하는 줄을 아노니 원함은 내게 있으나 선을 행하는 것은 없노라 롬 7:18

사도 바울은 선을 행하길 원했습니다. 하지만 원하지 않는 악을 행하는 자신을 보았습니다. 자신 안에 거하는 죄를 보았습니다.

내가 원하는 바 선은 행하지 아니하고 도리어 원하지 아니하는 바 악을 행하는도다 만일 내가 원하지 아니하는 그것을 하면 이를 행하는 자는 내가 아니요 내 속에 거하는 죄니라 롬 7:19-20

그러므로 내가 한 법을 깨달았노니 곧 선을 행하기 원하는 나에게 악이 함께 있는 것이로다 롬 7:21

그는 선하신 하나님을 만난 후에도 그 안에 악이 거하는 것을 깨달았습니다. 자신 안에서 선과 악이 싸우는 것을 보았습니다. 여기서 우리는 하나님의 선하심과 우리 안에 있는 죄악을 보게 됩니다. 우리는 경험적으로 우리 안에 악이 있다는 것을 압니다. 사도 바울의 경험을 우리도 하고 있다는 것을 압니다. 우리 안에 늘 계속되는 싸움들 중에 하나가 악과의 싸움입니다. 하지만 우리는 악에 대해 깊이 연구하기 전에 먼저 하나님의 선하심을 깨달아야 합니다. 악을 너무 깊이 연구하다가 악에 사로잡힐 수 있습니다. 우리는 자주 접촉하는 것에 영향을 받게 됩니다. 자주 묵상하는 것에 사로잡히게 됩니다. 그런 까닭에 우리는 먼저 하나님의 선하심을 알아야 합니다. 하나님의 선하심을 묵상해야 합니다. 하나님의 선하심에 사로잡혀야 합니다. 다윗의 축복은 그의 뒤를 하나님의 선하심과 인자하심이 늘 따라다녔다는 것입니다.

내 평생에 선하심과 인자하심이 반드시 나를 따르리니 내가 여호와의 집에 영원히 살리로다 시 23:6

하나님은 선하신 분이라고 할 때 영어로는 "좋으신 하나님"으로 번역됩니다. "God is good." 우리가 하나님을 선하신 분이라고 말할 때 하나님은 좋으신 분입니다. 또한 좋은 것을 주시는 분입니다. 우리가 누리고 있는 모든 좋은 것은 좋으신 하나님으로부터 온 것입니다. 우리는 하나님의 선하심을 생각할 때 좋으신 하나님을 함께 묵상하는 것이 중요합니다. 우리는 어떤 개념을 이해할 때 먼저 우리에게 익숙한 것들로부터 시작하는 것이 좋습니다.

하나님의 선하심에 대해 공부하는 것은 놀라운 축복입니다. 성경 전체에 거대한 복된 강물처럼 흐르는 하나님의 성품은 하나님의 선하심입니다. 하나님의 선하심은 하나님의 모든 좋은 것들과 연결되어 있습니다.

"선하심"이라는 히브리어는 '토브'(טוב, towb)입니다. 이 단어는 도덕적으로 선하다는 뜻뿐만 아니라 '모든 좋은 것, 탁월함, 아름다움, 부요함, 복됨, 행복함, 친절함, 풍성함, 유익함, 혜택'을 포함하고 있습니다. 토저는 자신의 책《하나님을 바로 알자》에서 하나님의 선하심에 대해 다음과 같이 표현하고 있습니다.

하나님의 선하심은 그분으로 하여금 친절하시고, 따뜻하시고, 자애로우시고, 사람들을 향하신 선한 의지로 충만하시게 하는 속성이다. 그분은 마음이 온화하시며 동정하시고, 모든 도덕적인 존재를 향하신 변함없는 태도는 개방적이고 솔직하고 우호적이다. 그분은 본질적으로 복을 주시기를 기뻐하시며 자기 백성의 행복 속에서 거룩한 기쁨을 얻으신다. A. W. 토저, 《하나님을 바로 알자》, 생명의말씀사, 130쪽

우리를 하나님께 이끄는 가장 아름다운 성품 중 하나가 하나

님의 선하심입니다. 하나님의 선하심은 성경의 문맥에 따라 다양하게 번역되고 표현됩니다.

하나님의 선하심은 하나님의 행복에 있습니다

하나님이 천지를 창조하실 때 그 만드신 것을 바라보시면서 사용하신 말씀이 "보시기에 좋았더라"입니다.

> 하나님이 이르시되 빛이 있으라 하시니 빛이 있었고 빛이 하나님이 보시기에 좋았더라 창 1:3-4상

"좋았더라"는 단어는 히브리어로 '토브'입니다. 이 단어는 '행복하다'라는 단어라고 했습니다. 하나님이 만드신 것을 바라보시면서 행복하셨다는 것을 뜻합니다.

하나님은 행복하신 분입니다. 또한 우리가 행복하길 원하십니다. 하나님이 우리에게 말씀을 주신 까닭은 우리가 그 말씀을 따라 사는 중에 행복을 누리기를 원하시기 때문입니다.

> 내가 오늘 네 행복을 위하여 네게 명하는 여호와의 명령과 규례를 지킬 것이 아니냐 신 10:13

신명기 10장 13절에 나오는 "행복"이란 단어도 히브리어로 '토브'입니다. 행복하신 하나님은 우리를 만드시고, 우리가 행복하길 원하십니다. 이러한 하나님의 뜻을 깨닫고 실천했던 사람 중에 하나가 조나단 에드워즈입니다.

"하나님은 그 어떤 피조물보다 무한히 더 선하시다. 세상 군주와 왕이 베푸는 선, 너그러움, 자비 그리고 관용이 바로 그들의 영광이다. 이 점에 있어서 우리 주 하나님은 세상의 통치자보다 무한히 더 높으시다. 하나님은 자신의 피조물의 복지와 번영을 기뻐하신다. 하나님은 피조물이 하나님의 행복을 그저 받아들임으로써 행복과 복을 더 많이 누리게 하시기를 기뻐하신다." -조나단 에드워즈 더글라스 스위니 & 오웬 스트라챈, 《조나단 에드워즈의 하나님의 아름다움》, 부흥과개혁사, 46쪽, 재인용

하나님은 우리가 행복하길 원하십니다. 하지만 아담의 범죄로 말미암아 인간은 불행하게 되었습니다. 아담이 지은 죄악이 인간을 불행하게 만든 것입니다. 예수님이 오신 것은 불행해진 인간의 행복을 회복하기 위해서입니다.

하나님의 선하심은 하나님의 아름다움에 있습니다

선하다고 하는 히브리어 '토브'는 "아름답다"는 말로도 자주 번역되는 것을 봅니다. 아브라함의 종 엘리에셀이 이삭의 신붓감을 고르기 위해 메소포타미아에 갔을 때 리브가를 만납니다. 그때 그가 리브가를 통해 본 것이 아름다움입니다.

> 그 소녀는 보기에 심히 아리땁고 지금까지 남자가 가까이하지 아니한 처녀더라 창 24:16상

아름다움은 사람에게만 쓴 것이 아니라 아름다운 땅에 대해서

도 사용하고 있습니다.

─────── 구하옵나니 나를 건너가게 하사 요단 저쪽에 있는 아름다운 땅, 아름다운
산과 레바논을 보게 하옵소서 하되 신 3:25

하나님이 만드신 모든 작품은 아름답습니다. 반면에 악은 모든
것을 파괴합니다. 악은 모든 것을 흉측하게 만듭니다. 다윗은 하
나님의 아름다움을 보았습니다. 그 아름다움을 갈망했습니다.

─────── 내가 여호와께 바라는 한 가지 일 그것을 구하리니 곧 내가 내 평생에 여
호와의 집에 살면서 여호와의 아름다움을 바라보며 그의 성전에서 사모
하는 그것이라 시 27:4

다윗은 하나님이 만드신 자연 속에서 하나님의 영광을 보았습
니다. 하나님의 영광을 통해 하나님의 아름다움을 보았습니다. 그
아름다움을 만드신 하나님의 이름을 노래했습니다.

─────── 여호와 우리 주여 주의 이름이 온 땅에 어찌 그리 아름다운지요 주의 영광
이 하늘을 덮었나이다 시 8:1

하나님의 선하심은 좋은 것으로 우리를 축복하심에 있습니다

하나님은 좋으신 분입니다. 그런 까닭에 우리에게 좋은 것을
주실 수 있으며, 우리로 만족케 하십니다.

─────── 좋은 것으로 네 소원을 만족하게 하사 네 청춘을 독수리같이 새롭게 하시
는도다 시 103:5

여호와 하나님은 해요 방패이시라 여호와께서 은혜와 영화를 주시며 정직하게 행하는 자에게 좋은 것을 아끼지 아니하실 것임이니이다

시 84:11

하나님은 좋은 것을 주실 뿐만 아니라 더 좋은 것을 주십니다. 그리고 갈수록 최고로 좋은 것을 주십니다. 예수님은 하나님 아버지께서 구하는 자에게 좋은 것을 주신다고 약속하셨습니다.

너희가 악한 자라도 좋은 것으로 자식에게 줄 줄 알거든 하물며 하늘에 계신 너희 아버지께서 구하는 자에게 좋은 것으로 주시지 않겠느냐 마 7:11

하나님은 최고 좋은 것을 구약에서부터 약속해 주셨습니다. 그것은 복음입니다. 복된 좋은 소식입니다.

좋은 소식을 전하며 평화를 공포하며 복된 좋은 소식을 가져오며 구원을 공포하며 시온을 향하여 이르기를 네 하나님이 통치하신다 하는 자의 산을 넘는 발이 어찌 그리 아름다운가 사 52:7

예수님이 바로 좋은 소식입니다. 예수님이 우리에게 주신 것은 복음입니다. 우리는 복음을 통해 구원을 받게 되었습니다. 우리의 죄악으로부터 건짐을 받게 되었습니다. 죄인이었던 우리가 의인이 되는 복을 누리게 되었습니다. 무엇보다 가장 좋은 선물을 받게 되었는데, 그것은 성령님이십니다.

너희가 악할지도 좋은 것을 자식에게 줄 줄 알거든 하물며 너희 하늘 아

우리가 누릴 수 있는 모든 좋은 것의 총체는 성령님 안에 담겨 있습니다. 곧 하나님 안에 담겨 있습니다. 우리가 좋으신 성삼위 하나님을 우리 마음에 모실 때 우리는 모든 좋은 것을 누리게 됩니다. 다윗의 생애를 보십시오. 그가 기름 부으심을 받고 성령 충만을 경험했을 때 그의 생애는 하나님의 선하심과 인자하심으로 충만한 복을 누리게 됩니다.

하나님은 우리가 그분의 선하심을 맛보아 알기 원하십니다

'맛보아 안다'는 것은 경험적으로 안다는 것입니다. 다윗은 하나님의 선하심을 경험적으로 안 사람입니다.

너희는 여호와의 선하심을 맛보아 알지어다 그에게 피하는 자는 복이 있도다 시 34:8

"맛보아"라는 히브리어는 '타암'(טָעַם, ta`am)입니다. '맛보다'라는 뜻과 함께 맛을 봄으로써 '분별하다, 깨닫다'라는 의미를 품고 있습니다.

다윗은 하나님의 선하심을 맛보았습니다. 하나님은 비천한 그를 선택하셔서 그에게 한량없는 복을 주셨습니다. 가장 좋은 것으로 충만하게 하셨습니다. 그는 하나님의 선하심을 통해 하나님이 그를 악한 자로부터 보호해 주시는 것을 경험했습니다. 시편 34편은 다윗이 아비멜렉 앞에서 미친 체하다가 쫓겨나서 지은 시입니다.

다윗은 사울 왕의 추적을 받아 도망하는 중에 가드 왕 아기스에게로 갑니다. 아기스의 신하들이 다윗을 알아봅니다. 그때 다윗이 아기스를 두려워하여 미친 체합니다. 대문짝을 끄적거리며 침을 수염에 흘립니다(삼상 21:12-13). 아기스가 다윗이 미쳤다고 생각하며 그를 쫓아냅니다. 아기스로부터 도망쳐 나온 다윗이 하나님의 선한 손이 자신을 도왔다는 것을 깨닫고 이 시를 기록했습니다. 다윗은 하나님의 선하심을 이론적으로만 안 것이 아닙니다. 경험적으로 안 것입니다. 하나님을 이론적으로 아는 것과 경험적으로 아는 것은 큰 차이가 있습니다. 조나단 에드워즈는 〈신적이며 영적인 빛〉이라는 설교에서 꿀을 비유로 그 차이를 설명해 줍니다.

꿀이 달다고 하는 것을 이론적으로 아는 것과 꿀의 달콤함을 맛보는 것과는 차이가 있습니다. 꿀이 달다는 것은 개념적으로 알지만 아직 꿀맛은 보지 못한 사람이 있다고 합시다. 꿀맛에 대한 아무 개념이 없다면 그는 꿀맛의 달콤함을 느낄 수 없습니다. 그러므로 어떤 사람이 아름답다고 믿는 것과 그의 아름다움을 느끼는 것 사이에는 차이가 있습니다. 전자는 다른 사람이 하는 이야기를 들어서 알 수 있지만 후자는 자기가 직접 그 사람의 용모를 볼 때만 생기는 것입니다. 어떤 것이 탁월하다는 것을 개념적이며 이론적으로 판단하는 것과 그것의 아름다움을 맛보는 것과는 차이가 있습니다. **조나단 에드워즈,《조나단 에드워즈 대표설교선집》, 부흥과개혁사, 221쪽**

특별히 다윗이 경험한 하나님의 선하심은 모든 것을 합력하여 선을 이루는 하나님의 능력이었습니다. 하나님의 선하심은 놀라운 능력입니다. 우리는 악의 기원에 대해 잘 알지 못합니다. 성경은 악의 기원에 대해 구체적으로 설명해 주지 않습니다. 다만 우리가 성경을 통해 알 수 있는 것은 아담에게 뱀이 찾아온 것과 뱀의 유혹을 받은 아담과 하와가 하나님 앞에 죄를 범함으로써 악한 자가 된 것입니다.

우리는 악이 얼마나 무서운 파괴력을 가지고 있는지 압니다. 우리는 악이 얼마나 많은 사람을 죽이고, 파멸로 몰아넣는지 압니다. 사울 왕은 처음에는 겸손했지만 나중에는 교만한 왕이 되었습니다. 하나님을 멀리 떠났습니다. 하나님의 말씀을 버렸습니다. 하나님의 말씀에 불순종했습니다. 하나님과 멀어질수록 악한 자의 모습을 드러냈습니다. 하지만 하나님은 다윗을 사울 왕의 손에서 보호해 주셨습니다. 하나님은 사울 왕의 악함을 통해 다윗을 탁월한 왕이 되도록 준비시키셨습니다. 하나님께서 합력하여 선을 이루신 것입니다.

───── 우리가 알거니와 하나님을 사랑하는 자 곧 그의 뜻대로 부르심을 입은 자

하나님이 모든 것을 합력하여 선을 이루신 사건을 요셉의 생애 속에서 볼 수 있습니다. 요셉의 형제들은 악한 모습으로 요셉을 괴롭혔습니다. 그를 시기하고 질투했습니다. 그의 채색 옷을 찢었습니다. 그를 구덩이에 던져 넣었습니다. 요셉이 살려 달라고 애걸하는 소리를 외면한 채 음식을 먹었습니다. 잔인하게도 요셉의 형제들은 그를 은 20에 이스마엘 상인에게 팔았습니다. 그 결과 요셉은 애굽에 내려가게 됩니다.

요셉이 애굽에 종으로 끌려가서 보디발의 집에서 은혜를 입었습니다. 하나님의 선하심이 그와 함께한 까닭입니다. 그런데 보디발의 아내가 그를 유혹했습니다. 보디발의 아내는 악했습니다. 요셉이 그녀의 유혹을 거절하자 그녀는 자신을 겁탈한 것처럼 요셉에게 죄를 뒤집어 씌워 감옥에 가둡니다. 하지만 하나님은 감옥에서 술 맡은 관원장을 만나게 하십니다. 그 인연으로 바로를 만나 국무총리가 됩니다. 그리함으로 그 당시 만민의 생명을 살리게 됩니다. 요셉은 그의 생애에 하나님의 선하심을 맛보아 알았습니다. 그는 그가 경험한 하나님의 선하심, 특별히 모든 것을 합력하여 선을 이루시는 하나님의 선한 능력을 다음과 같이 고백합니다.

—— 당신들은 나를 해하려 하였으나 하나님은 그것을 선으로 바꾸사 오늘과 같이 많은 백성의 생명을 구원하게 하시려 하셨나니 창 50:20

우리가 하나님의 선하심을 맛보아 알기 위해서는 우리에게 악을 행한 자들과 직접 싸우지 않아야 합니다. 악을 악으로 갚지 않고 선으로 갚아야 하는 것입니다. 다윗은 악을 악으로 갚지 않습니다. 그를 죽이려고 하는 사울 왕을 죽이지 않습니다. 오히려 그를 죽일 수 있는 기회가 왔음에도 그를 살려 줍니다. 사무엘상 24장을 보면 사울 왕이 다윗이 숨어 있는 굴에 들어와 무방비 상태로 뒤를 보러 들어갑니다. 그때 다윗의 사람들이 그를 죽이라고 말합니다. 하지만 다윗은 사울의 겉옷 자락을 가만히 벱니다. 자기 사람들에게 사울 왕을 죽이지 못하게 합니다. 그 사실을 알게 된 사울이 놀라운 고백을 합니다.

> 다윗에게 이르되 나는 너를 학대하되 너는 나를 선대하니 너는 나보다 의롭도다 네가 나 선대한 것을 오늘 나타냈나니 여호와께서 나를 네 손에 넘기셨으나 네가 나를 죽이지 아니하였도다 사람이 그의 원수를 만나면 그를 평안히 가게 하겠느냐 네가 오늘 내게 행한 일로 말미암아 여호와께서 네게 선으로 갚으시기를 원하노라 삼상 24:17-19

요셉도 그를 죽이려고 했던 형제들을 용서합니다. 그들을 축복해 줍니다. 끝까지 그들을 돌보아 줍니다. 요셉도 선으로 악을 이깁니다. 성경은 거듭 우리에게 악을 악으로 갚지 말고 선으로 악을 이기라고 말씀합니다.

> 아무에게도 악을 악으로 갚지 말고 모든 사람 앞에서 선한 일을 도모하라 롬 12:17

여기서 우리는 아주 중요한 원리를 깨달아야 합니다. 하나님이 왜 악을 악으로 갚지 말고 선한 일을 도모하라고 말씀하시는 걸까요? 우리가 악을 악으로 갚으면 악해집니다. 악은 만지면 더러워지는 괴물입니다. 악은 만지면 더욱 커집니다. 악은 만지면 더욱 폭력적으로 변합니다. 악은 만질수록 그 힘이 더욱 강해집니다. 악은 만질수록 더욱 파괴적으로 변합니다. 그래서 악은 함부로 만지면 안 됩니다. 아주 조심스럽게 만져야 합니다.

악의 힘을 무력화시킬 수 있는 길은 악을 선으로 갚는 것입니다. 악을 행한 사람들을 용서하고, 축복해 주는 것입니다. 그때 악은 무력해집니다. 악은 힘을 잃게 됩니다. 그런 까닭에 하나님은 악을 악으로 갚지 말고 오히려 용서하고 축복하라고 명하십니다.

악을 악으로, 욕을 욕으로 갚지 말고 도리어 복을 빌라 이를 위하여 너희가 부르심을 받았으니 이는 복을 이어받게 하려 하심이라 벧전 3:9

하나님의 선하심과 인자하심이
우리를 평생토록 따라다님을 믿으십시오

하나님의 선하신 성품과 함께 하나님의 인자하신 성품이 함께 역사하는 것을 보게 됩니다. 시편에서는 하나님의 선하심과 인자하심을 함께 찬양합니다.

———— 여호와께 감사하라 그는 선하시며 그 인자하심이 영원함이로다   시 107:1

시편 107편을 보면 하나님의 인자하심에 대해 노래할 때 하나님이 인자하심을 통해 이루신 기적을 함께 찬양합니다.

———— 여호와의 인자하심과 인생에게 행하신 기적으로 말미암아 그를 찬송할지로다   시 107:8

다윗은 하나님의 선하심과 인자하심을 함께 맛보았습니다. 그는 하나님의 인자하심을 통해 하나님의 기적을 경험했습니다. 그런 까닭에 하나님의 선하심과 인자하심이 그의 뒤를 따른다고 노래했습니다.

———— 내 평생에 선하심과 인자하심이 반드시 나를 따르리니 내가 여호와의 집에 영원히 살리로다   시 23:6

"인자하심"은 히브리어로 '헤세드'(חֶסֶד, chesed)입니다. 이 단어에는 하나님의 무조건적인 사랑이 담겨 있습니다. 하나님의 자비, 인자, 은혜, 사랑 등이 함께 포함된 엄청난 의미가 담겨 있습니다.

우리가 아는 것처럼 다윗은 밧세바를 범하고 우리아를 죽였습니다. 정말 그가 밧세바를 데려다가 간통하고, 자기 죄를 감추기 위해 우리아를 죽인 것을 보면 악하기 그지없습니다. 다윗 안에 그를 괴롭힌 사울 왕보다 더 무서운 악이 존재했습니다. 그런데 하나님은 그를 선대하셨습니다. 그의 죄를 용서해 주셨습니다. 그에게 인자를 베풀어 주셨습니다. 그런 까닭에 그는 하나님의 선하심과 인자하심이 정녕 그를 따른다고 노래했습니다. 어떻게 그런 은혜가 가능할까요? 그 이유는 하나님의 선하심과 인자하심이 크고 무한한 까닭입니다. 하나님의 선하심과 인자하심은 우리가 지은 죄를 능히 용서하시고, 우리 인생을 역전시킬 수 있는 무한한 능력이 있습니다.

여호와는 긍휼이 많으시고 은혜로우시며 노하기를 더디 하시고 인자하심이 풍부하시도다 시 103:8

우리의 죄를 따라 우리를 처벌하지는 아니하시며 우리의 죄악을 따라 우리에게 그대로 갚지는 아니하셨으니 시 103:10

만약 하나님이 지은 죄를 따라 심판하셨다면 그의 인생은 일찍 끝이 났을 것입니다. 그러나 다윗이 하나님의 품에 안겨 회개할 때 그에게 풍성한 인자로 은혜를 베풀어 주셨습니다. 하나님은 그의 실수와 죄악을 용서해 주심으로 하나님의 선하심과 인자하심을 깨닫게 하셨습니다. 하나님이 도와주시면 우리의 실수까지도 선용하셔서 더욱 아름답게 됩니다. 하나님의 선하심과 인자하심이 그를 따라다니며 도와주었습니다. 사울의 추적을 받아 수 없이 죽음의 고비를 넘길 때 그를 보호해 주었습니다. 다윗이 쓰러졌을 때 일어서도록 도와주었습니다. 낙심할 때 힘을 얻도록 도와주었습니다. 타락하고 범죄했을 때 회개하도록 나단을 보내

주었습니다. 아들 압살롬에게 반역을 당했을 때 그를 도와주고, 그가 다시 시작할 수 있도록 했습니다.

하나님의 은혜가 우리를 따라다닙니다. 우리가 포기하려고 할 때에도 하나님은 결코 포기하지 않으십니다. 우리를 끝까지 도와주십니다. 끝까지 용서해 주십니다. 끝까지 동행해 주십니다. 끝까지 풍성한 은혜를 베풀어 주십니다. 고통 중에 있을 때 위로해 주십니다. 눈물을 흘릴 때 우리 곁에서 눈물을 닦아 주십니다.

예수님의 십자가 그늘을
피난처로 삼으십시오

다윗은 하나님께 피하는 자가 복이 있다고 노래합니다. 그는 어려움을 당할 때 하나님께 피했습니다. 하나님은 우리의 피난처가 되십니다.

───── 너희는 여호와의 선하심을 맛보아 알지어다 그에게 피하는 자는 복이 있
도다 시 34:8

이제 우리가 피할 곳은 십자가입니다. 십자가 그늘 아래입니다. 왜냐하면 하나님이 십자가에서 선으로 악을 이기신 까닭입니다. 하나님은 악을 악으로 갚지 않으셨습니다. 오히려 우리 인류의 모든 죄악을 예수님이 담당하게 하셨습니다. 그리함으로 하나님의 인자하심을 나타내 주셨습니다. 십자가는 죄인의 피난처입니다. 안식처입니다. 십자가 아래로 가면 예수님은 우리의 모든 죄를 용서해 주십니다.

하나님의 선하심과 인자하심은 풍성하십니다. 하지만 선하시

고 인자하신 하나님 앞으로 나아가지 않으면 그 은혜를 누릴 수가 없습니다. 탕자가 선하고 인자하신 아버지께 나아갔을 때 아버지의 풍성한 사랑을 받아 누릴 수 있었습니다. 하나님의 자비와 긍휼을 힘입으면 진멸되지 않습니다.

여호와의 인자와 긍휼이 무궁하시므로 우리가 진멸되지 아니함이니이다 이것들이 아침마다 새로우니 주의 성실하심이 크시도소이다   애 3:22-23

가장 무서운 죄악이 무엇일까요? 그것은 하나님의 은혜와 자비를 의지하지 않는 것입니다. 스스로 하나님이 되는 것입니다. 스스로 선악을 판단하는 것입니다. 스스로 선악을 평가하는 것입니다. 그것이 교만입니다. 아담과 하와의 범죄는 교만에 있었습니다. 선악과를 따 먹음으로써 스스로 하나님이 되어 선악을 판단하겠다는 마음이었습니다. 선악을 평가하겠다는 것이었습니다.

> 기독교 스승들의 가르침에 따르면 가장 핵심적인 악, 가장 궁극적인 악은 교만입니다. 성적 부정, 분노, 탐욕, 술 취함 같은 것들도 이 악에 비하면 새 발의 피에 불과합니다. 악마는 바로 이 교만 때문에 악마가 되었습니다. 교만은 온갖 다른 악으로 이어집니다. 이것은 하나님께 전적으로 맞서는 마음 상태입니다. C. S. 루이스, 《순전한 기독교》, 홍성사, 193쪽

우리는 교만을 버려야 합니다. 교만의 샘에서 모든 죄악이 솟구쳐 올라옵니다. 반면에 우리는 은혜의 샘으로 나아가야 합니다.

하나님의 은혜의 샘에서 모든 좋은 것이 솟구쳐 올라옵니다. 제라드 리드는 교만의 문제를 아주 심각한 죄로 다룹니다.

> 아퀴나스의 결론에 의하면 "자신의 한도를 넘으려 하는 사람은 교만하다." 궁극적으로, "교만은 인간이 자신의 창조자인 주님을 떠날 때부터 시작된다. 교만은 죄가 솟아나는 샘과 같아서, 그 샘을 버리지 않는 자는 누구를 막론하고 사악함으로 가득 차게 된다." 제라드 리드, 《C. S. 루이스의 일곱 가지 악과 선》, 누가, 37쪽

그는 우리 인간의 모든 악은 하나님이 아닌 자신을 가장 우선에 두고 중심이 되고자 하는 데서 시작된다고 말합니다. 즉 우리의 모든 악은 우리 스스로가 하나님이 되려는 것입니다. 그리함으로 하나님과 멀어지는 것입니다. 우리는 가끔 악한 사람들을 만납니다. 아주 사악한 사람들을 만납니다. 그들을 보면서 '우리는 어떻게 그토록 악할 수 있는가?'라고 고개를 흔듭니다. 악을 두려워하고, 악한 사람들을 피하려고 합니다. 하지만 악은 생각보다 대단한 존재가 아닙니다. 악은 하나님의 선하심과 인자하심과 자비하심으로 볼 때 대단한 존재가 아닙니다. 악은 하나님처럼 되려는 시도이며, 하나님을 멀리 떠난 상태입니다. 어거스틴이 악의 문제를 가지고 고민을 많이 했습니다. 그가 내린 결론은 사악이란 인간 의지의 왜곡이라는 것입니다.

'사악이란 무엇인가? 추구한 결과 내가 알게 된 것은 사악이란 어떤 실체가 아니라 인간 의지의 왜곡이란 것이었습니다. 의지의 왜곡이라 함은 그의 의지가 최고 실체이신 하나님으로부터 돌아서서 자신 안에 깊이 놓여 있는 보배를 버리고 낮은 부분으로 떨어져 밖으로 잔뜩 부풀어 있음(교만)을 말합니다. 어거스틴,《성 어거스틴의 고백록》, 대한기독교서회, 233쪽

하나님을 떠나면 소망이 없습니다. 하나님을 멀리하면 사악해질 수밖에 없습니다. 회개란 하나님께로 돌아서는 것입니다. 하나님의 품 안에 안기는 것입니다. 하나님의 무한한 선하심과 인자하심의 품에 안기는 것입니다. 그 순간부터 하나님이 그의 생애를 책임지십니다. 하나님의 선하심과 인자하심이 그를 따라다니게 됩니다. 하나님이 개입하시면 모든 것이 달라집니다.

요셉의 생애를 기억하십시오. 그의 형제들이 그의 인생을 망가뜨렸습니다. 보디발이 그를 감옥에 던져 넣었습니다. 하지만 하나님의 복이 그를 따라다녔습니다. 그는 언제나 하나님을 의지했습니다.

다윗의 생애를 보십시오. 사울 왕이 그를 망가뜨리려고 무척 애썼습니다. 그는 스스로 죄를 범하기도 했습니다. 간음죄와 살인죄를 범했습니다. 인구 조사를 통해 영적 교만에 빠지기도 했습니다. 하지만 그는 늘 회개의 길을 걸었습니다. 하나님 쪽으로 쓰러졌습니다. 하나님 쪽으로 넘어졌습니다. 하나님의 품 안으로 파고 들어갔습니다. 하나님은 그에게 한량없는 은혜를 부어 주셨습

니다.

예수님을 믿는 우리 안에 선과 악이 함께 있습니다. 우리는 선한 싸움을 싸워야 합니다. 어떻게 가능할까요? 선하신 하나님과 동행함으로 늘 선함을 키우는 것밖에 없습니다. 악을 향하여 날마다 죽어야 합니다. 바울은 "내가 날마다 죽노라"고 고백했습니다. 우리는 죄에 대하여, 악에 대하여 날마다 죽어야 합니다. 우리가 할 일은 성령님의 능력을 힘입어 선을 행하는 것입니다. 하나님의 자비하심같이 자비를 베풀어야 합니다. 하나님은 자비로우셔서 선인과 악인 모두에게 햇빛을 비추어 주십니다.

이같이 한즉 하늘에 계신 너희 아버지의 아들이 되리니 이는 하나님이 그 해를 악인과 선인에게 비추시며 비를 의로운 자와 불의한 자에게 내려주심이라 마 5:45

하나님의 성품이 우리의 보배입니다. 오직 하나님만이 선을 악으로 갚으실 수 있습니다. 오직 하나님만이 모든 것이 합력하여 선을 이루게 하실 수 있습니다. 무슨 일을 만나든지 낙심하지 마십시오. 하나님의 선하심과 인자하심이 늘 따라다니는 것을 믿으십시오. 우리의 소망과 안식은 오직 하나님의 성품에 있습니다. 십자가의 사랑에 있습니다. 복음의 좋은 소식에 있습니다. 복음되시는 아름다우신 예수님께 있습니다. 악한 사람들과 악한 세력들이 많은 이 세상에서 하나님의 선한 손길을 의지하는 가운데 넉넉히 승리하기를 빕니다.

전능하신 하나님을 아는 지식

창 17:1-8

하나님은
전능하십니다

아브라함이 99세가 되었을 때 하나님께서 찾아오셔서 "나는 전능한 하나님이라"고 말씀합니다.

─── 아브람이 구십구 세 때에 여호와께서 아브람에게 나타나서 그에게 이르시되 나는 전능한 하나님이라 너는 내 앞에서 행하여 완전하라 창 17:1

"전능한 하나님"은 히브리어로 '엘 샤다이'(שַׁדָּי אֵל, El Shadday)입니다. 영어로는 'Almighty God'입니다. '엘'은 '하나님'을 의미합니다. '샤다이'는 '풍성한 능력'을 의미합니다. 이 단어는 '가슴이 있는'이라는 말에서 나왔습니다. 정확히 여인의 젖가슴을 의미합니다. 자녀를 사랑하고 양육하는 어머니의 가슴을 의미합니다. 하나님의 전능하심은 어머니가 자녀를 위해 자신을 내어 주고, 자신을 사랑으로 부어 주는 것과 같은 능력을 의미합니다.

하나님의 이름 가운데 '엘 샤다이'라는 이름은 놀라운 이름입니다. 우리에게 희망을 주는 이름입니다. 우리의 삶을 풍성하게 하는 이름입니다. 하나님은 전능하신 분으로 무한한 능력을 갖고 계십니다. 하나님의 능력은 무한합니다. 풍성합니다. 충만합니다. 부족함이 없습니다. 소진되는 법이 없습니다. 언제나 무한하고, 언제나 풍성하고, 언제나 충만합니다. 하나님의 능력은 무한할 뿐만 아니라 영원합니다. 영원토록 무한한 능력을 가지신 분이 하나님입니다. 인간의 능력은 유한합니다. 나이가 들수록 힘이 약해집니다. 하지만 하나님의 능력은 약해지는 법이 없습니다. 우리처럼 무력감을 느끼는 분이 아닙니다.

하나님의 전능하심은 모든 것을 행할 수 있는 능력을 의미합니다. 무엇이든지 하나님이 원하시는 것을 이루실 수 있는 능력을 의미합니다. 왜냐하면 하나님은 무한히 절대적으로 풍부한 능력을 충만하게 갖고 계신 분이기 때문입니다.

"전능한"을 뜻하는 영어 단어 '옴니포텐트'(omnipotent)에서 '옴니'(omni)는 "모든"이라는 뜻이고, '포텐트'(potent)는 "행할 수 있는" 또는 "능력을 가지고 있는"이라는 뜻이다. 그러므로 '전능한'이라는 말은 "모든 것을 행할 수 있는" 또는 "모든 능력을 가지고 있는"이라는 뜻이다.

A. W. 토저, 《GOD 갓·하나님》, 규장, 321쪽

"전능한"이란 단어는 오직 하나님께만 사용되는 단어입니다. 이 세상의 어떤 피조물에도 해당되지 않습니다. "전능한"이란 단어는 "전지함"과 연결되어 있습니다. 하나님은 모든 것을 아실 뿐

만 아니라 모든 것을 행하실 수 있는 전능한 분입니다. 하나님은 전능하시지만 결코 하나님의 능력을 남용하거나 오용하지 않습니다. 꼭 필요한 데 그 능력을 사용하십니다. 하나님의 전능하심은 창조와 구속에 초점을 맞추고 있습니다. 하나님은 그 놀라운 능력을 하나님의 아름다운 성품과 더불어 사용하십니다. 거룩성과 도덕성과 긍휼과 자비와 더불어 능력을 사용하십니다. 우리는 창세기 17장 사건을 통해 하나님이 전능하신 능력을 어떻게 아브라함과 사라에게 그리고 우리에게 베푸시는지를 배우게 됩니다.

하나님은 우리가 절망 중에 있을 때
전능하신 하나님으로 찾아오십니다

하나님이 아브라함을 찾아오신 때를 보십시오. 그의 나이가 99세가 되었을 때 찾아오셨습니다. 그가 힘이 있을 때 찾아오신 것이 아닙니다. 이제 모든 것이 끝났다고 생각하는 노년의 때에 그를 찾아오셨습니다. 하나님은 그의 절망의 때에 찾아오셨습니다.

나이가 들어갈 때 우리는 절망감을 갖게 됩니다

사람이 젊을 때는 무서운 것도 없고, 부러운 것도 없습니다. 때로 가난하고, 때로 연약해도 언젠가는 모든 것을 극복할 수 있다고 믿습니다. 젊음의 힘입니다. 젊음의 패기입니다. 젊음의 확신입니다. 그런데 나이가 들어가면 그런 용기가 사라집니다. 자꾸 초조해집니다. 불안해집니다. 아브라함이 그런 때가 된 것입니다. 그의 나이 99세가 되었습니다. 바로 그때 하나님이 나타나십니다.

———— 아브람이 구십구 세 때에 여호와께서 아브람에게 나타나서 그에게 이르시되 나는 전능한 하나님이라 너는 내 앞에서 행하여 완전하라 창 17:1

인간은 나이가 들면 자신의 한계를 인정하게 됩니다. 인간이라면 육신의 한계를 인정할 수밖에 없습니다. 하나님이 99세가 된 아브라함에게 나타나셔서 아들을 주시겠다고 말씀할 때 아브라함은 웃을 수밖에 없었습니다. 그것은 인간적으로 생각할 때 가능한 일이 아니었기 때문입니다.

———— 아브라함이 엎드려 웃으며 마음속으로 이르되 백 세 된 사람이 어찌 자식을 낳을까 사라는 구십 세니 어찌 출산하리요 하고 창 17:17

나이 때문에 절망하는 이가 있습니까? 아직 절망할 때가 아닙니다. 하나님께서 아브라함에게 말씀하시듯이 우리를 찾아오셔서 아직 포기할 때가 아니라고 말씀하십니다. 아직 끝난 것이 아니라고 말씀하십니다.

몸이 쇠약해지고 병들 때 우리는 절망감을 갖게 됩니다

인간은 연약합니다. 그래서 몸이 쇠약해지고 병들면 낙심하게 됩니다. 상심하게 됩니다. 나이가 젊다고 할지라도 육체가 쇠약해지면 낙망하게 됩니다. 아브라함과 사라가 경험하는 것이 바로 육체의 변화입니다. 육체가 쇠약해지는 것을 느끼는 것입니다.

아브라함과 사라는 나이가 많아 늙었고 사라에게는 여성의 생리가 끊어졌는지라 사라가 속으로 웃고 이르되 내가 노쇠하였고 내 주인도 늙었으니 내게 무슨 즐거움이 있으리요 창 18:11-12

여인에게 생리가 끊어졌다는 것은 이제 아이를 가질 수 없다는 것을 의미합니다. 그것은 여인에게 있어 육체의 한계를 의미합니다. 여인만 그런 것이 아니라 남자도 마찬가지입니다. 자신의 몸의 변화에 남자도 매우 민감합니다. 나이가 들어가고 중년이 넘어 노년으로 들어가게 되면 현저하게 몸이 쇠약해지는 것을 느끼게 됩니다. 머리 숙인 남자가 됩니다.

꿈이 성취될 가능성이 희박해질 때 우리는 절망감을 갖게 됩니다

하나님은 인간을 창조하실 때 꿈을 꾸고 성취하는 존재로 만드셨습니다. 인간은 목표를 가지고 살아갈 때 가장 강력한 힘을 발휘합니다. 그런데 나이가 들고 몸이 쇠약해지면 자신의 꿈이 성취될 가능성이 희박해지는 것을 느끼게 됩니다. 꿈을 꾸며 비상하려고 했던 날개가 꺾이는 것을 경험하게 됩니다.

인간은 꿈 때문에 살아갑니다. 꿈이 있으면 어떤 것도 이길 수 있습니다. 그런데 그 꿈이 좌절될 때 우리는 절망하게 됩니다. 하나님은 아브라함이 꿈을 포기할 수밖에 없는 때에 찾아오셔서 그의 좌절된 꿈을 회복시켜 주십니다. 아브라함에게 다시 아들을 주시고, 그 후손이 심히 번성하게 되리라는 꿈을 심어 주십니다. 그런데 그것을 믿을 수가 없습니다. 믿어지지가 않습니다.

아브라함이 엎드려 웃으며 마음속으로 이르되 백 세 된 사람이 어찌 자식을 낳을까 사라는 구십 세니 어찌 출산하리요 하고 아브라함이 이에 하나님께 아뢰되 이스마엘이나 하나님 앞에 살기를 원하나이다 창 17:17-18

아브라함의 믿음이 처음부터 견고했던 것이 아닙니다. 아브라함의 믿음이 환경에 따라, 그의 육체의 변화에 따라 자주 흔들리는 것을 봅니다. 우리 믿음은 아브라함처럼 흔들리면서 성장합니다. 창세기 15장에서는 아브라함이 아들이 생기지 않자 그의 충성된 종, 엘리에셀을 후사로 삼으려고 합니다. 창세기 16장에서는 사라의 여종 하갈을 통해 이스마엘을 낳습니다. 아브라함이 하갈을 통해 아들을 낳을 때만 해도 그의 몸에 힘이 있었습니다. 그런데 이제 99세가 된 그의 몸이 현저하게 쇠약해지는 것을 느낍니다. 그래서 이스마엘로 만족하겠다고 말씀드리고 있는 것입니다. 그런데 하나님은 아브라함에게 아직 포기하지 말라고 말씀하십니다.

나이가 많이 들었다고, 육체가 쇠약해졌다고 꿈을 포기하지 마십시오. 몸이 병들었다고 꿈을 포기하지 마십시오. 역사적으로 가장 위대한 일을 이룬 사람들은 병약했던 사람들입니다. 존 칼빈은 몸이 약했습니다. 사람들은 그를 걸어 다니는 병원이라고 했을 정도입니다. 하지만 그는 전능하신 하나님을 힘입어 놀라운 일을 이루었습니다. 끝나기 전까지는 끝난 것이 아닙니다. 좋은 것은 아직 오지 않았습니다. 차선의 것으로 만족하지 마십시오. 최상의 것을 기대하십시오. 끝까지 최상의 것을 고집하면 최상의 것을 얻을 수 있습니다.

하나님의 능력은 가장 약하고 절망 중에 있을 때 강력하게 역사합니다

우리는 부활절을 맞이할 때마다 하나님의 놀라운 능력을 깨닫게 됩니다. 하나님의 가장 강력하고 위대한 능력은 예수님의 죽으신 몸에 나타났습니다. 물론 예수님이 살아 계시는 동안에도 하나님의 능력은 늘 함께하셨습니다. 하지만 하나님의 전능하신 능력과 강력한 능력은 십자가의 죽으심과 부활에 나타났습니다.

그의 힘의 위력으로 역사하심을 따라 믿는 우리에게 베푸신 능력의 지극히 크심이 어떠한 것을 너희로 알게 하시기를 구하노라 그의 능력이 그리스도 안에서 역사하사 죽은 자들 가운데서 다시 살리시고 하늘에서 자기의 오른편에 앉히사 엡 1:19-20

사도 바울이 경험한 하나님의 강력한 능력은 그가 강할 때가 아니었습니다. 그가 육체의 가시로 고통받을 때, 그가 가장 약할 때 그리스도의 능력이 임하는 것을 경험했습니다. 그가 하나님께 육체의 가시를 제거해 달라고 세 번이나 간구했습니다. 하지만 그의 간구를 거절하심으로 더 놀라운 은혜를 베풀어 주셨습니다.

나에게 이르시기를 내 은혜가 네게 족하도다 이는 내 능력이 약한 데서 온전하여짐이라 하신지라 그러므로 도리어 크게 기뻐함으로 나의 여러 약한 것들에 대하여 자랑하리니 이는 그리스도의 능력이 내게 머물게 하려 함이라 그러므로 내가 그리스도를 위하여 약한 것들과 능욕과 궁핍과 박해와 곤고를 기뻐하노니 이는 내가 약한 그때에 강함이라   고후 12:9-10

우리가 연약할 때 하나님의 큰 능력을 경험하게 됩니다. 우리가 가나 혼인 잔치에서 포도주가 떨어지는 것처럼 부족하고 모자랄 때 하나님의 풍성한 은혜와 능력을 경험하게 됩니다. 우리의 길이 막힐 때 길을 열어 주시는 하나님의 능력을 경험하게 됩니다. 우리가 기대했던 모든 문들이 닫힐 때 닫힌 문을 열어 주시는 하나님의 능력을 경험하게 됩니다.

전능하신 하나님을 신뢰함으로
불가능이 가능하게 되는 기적을 경험하십시오

하나님은 그 무한하신 능력을 아무에게나 부어 주지 않으십니다. 아무 때나 부어 주지 않으십니다. 하나님은 얼마든지 하나님이 원하시는 일을 마음대로 이루실 수 있습니다. 하나님은 그런 능력을 가지고 계십니다. 하지만 하나님의 능력을 결코 무모하게 사용하지 않으십니다. 하나님은 일정한 원리와 법칙을 따라 역사하십니다. 또한 일정한 과정을 거쳐 역사하십니다. 마귀가 예수님께 와서 돌로 떡을 만들라고 유혹했습니다.

시험하는 자가 예수께 나아와서 이르되 네가 만일 하나님의 아들이어든 명하여 이 돌들로 떡덩이가 되게 하라 마 4:3

이 유혹은 대단한 유혹입니다. 왜냐하면 마귀가 "네가 만일 하나님의 아들이어든"이라는 예수님의 정체성을 가지고 유혹한 까닭입니다. 예수님이 하나님의 아들이심을 돌들로 떡덩이가 되게 함으로 증거하라는 것입니다. 우리는 돌들을 떡덩이가 되게 할 수 없습니다. 하지만 예수님은 얼마든지 돌들로 떡덩이를 만드실 수 있는 분입니다. 그래서 이 유혹은 예수님께 유혹이 되는 것입니다. 하지만 예수님은 돌들로 떡덩이를 만들지 않으셨습니다. 예수님은 결코 하나님의 능력을 자신을 과시하는 데 사용하지 않으셨습니다. 자신의 인기나 평판을 위해 사용하지 않으셨습니다. 예수님은 병든 자, 귀신 들린 자, 소외된 자, 죄인과 세리와 창기들을 위해 사용하셨습니다. 과부와 연약한 아이들을 위해 사용하셨습니다. 잃어버린 영혼을 구원하는 일을 위해 사용하셨습니다. 예수님이 마귀의 유혹을 물리칠 때 주신 말씀은 아주 중요합니다.

예수께서 대답하여 이르시되 기록되었으되 사람이 떡으로만 살 것이 아니요 하나님의 입으로부터 나오는 모든 말씀으로 살 것이라 하였느니라 하시니 마 4:4

예수님은 돌들로 떡덩이를 만드는 것보다 하나님의 말씀이 더 중요하다는 사실을 강조하십니다. 우리 인간이 사는 것은 떡으로만 사는 것이 아니라 하나님의 입으로 나오는 모든 말씀으로 살게 되어 있습니다. 하나님의 말씀 속에는 하나님의 법칙이 담겨 있습니다. 하나님은 하나님이 정해 놓으신 일정한 법칙을 따라 역사하십니다.

> 천지를 만드신 크신 하나님은 동일한 법칙에 따라서 일하신다. … 그러므로 이런 면에서 당신은 하나님이 어디에 계실지를 예측할 수 있고, 하나님의 사정이 어떠한지를 알 수 있다. 그러므로 하나님의 말씀은 견고히 서 있다. 당신이 일정한 조건을 충족시킨다면 언제나 일정한 결과를 예측할 수 있다. 왜냐하면 하나님은 자신의 성경에서 언제나 동일한 길로 행하시기 때문이다. A. W. 토저, 《GOD 갓·하나님》, 규장, 330쪽

우리는 창세기 17장에서 하나님이 아브라함에게 전능하신 능력을 베푸시는 원리와 법칙을 배울 수 있습니다.

하나님은 자신에 대한 지식을 가르쳐 주심으로 능력을 베푸십니다

하나님을 아는 지식은 생명과 같습니다. 하나님의 전능하심을 경험하기 위해서는 하나님이 전능하신 분임을 알아야 합니다. 먼저 지식이 있고, 그다음에 우리가 알고 있는 지식에 대한 경험을 하게 됩니다. 우리는 여인이 어른이 되어 결혼하게 되면 아이를

낳게 된다는 것을 지식으로 알고 있습니다. 하지만 그 지식은 어른이 되어 결혼한 후에 경험적으로 알게 됩니다. 아브라함의 나이 99세에 나타나신 하나님이 하신 첫 번째 말씀은 무엇입니까? "나는 전능한 하나님이라"는 말씀이었습니다.

우리가 믿는 하나님은 전능하십니다. 그런 까닭에 어떤 상황에서도 기적을 일으키실 수 있습니다. 아브라함에게 찾아온 천사가 아브라함에게 거듭 하신 말씀은 하나님께는 능하지 못한 일이 없다는 것이었습니다.

여호와께 능하지 못한 일이 있겠느냐 기한이 이를 때에 내가 네게로 돌아오리니 사라에게 아들이 있으리라 창 18:14

하나님이 아브라함에게 자신이 어떤 분인지를 가르쳐 주십니다. 하나님 자신을 설명하면서 그를 설득합니다. 이런 과정을 통해 아브라함이 하나님을 더욱 알게 됩니다. 이 사실을 사도 바울은 다음과 같이 기록하고 있습니다.

…그가 믿은 바 하나님은 죽은 자를 살리시며 없는 것을 있는 것으로 부르시는 이시니라 롬 4:17하

하나님께는 불가능이 없습니다. 하나님은 이스라엘 백성이 가장 어려운 상황에 처했을 때 예레미야에게 말씀하십니다.

나는 여호와요 모든 육체의 하나님이라 내게 할 수 없는 일이 있겠느냐 렘 32:27

하나님이 예레미야에게 이 말씀을 주실 때는 이스라엘 백성이 바벨론에 포로로 끌려갈 때입니다. 절망의 때입니다. 예루살렘이 폐망하는 때입니다. 그 상황에서 포로생활 70년이 지나면 모든 것을 회복시킬 것에 대해 말씀하십니다.

내가 그들에게 복을 주기 위하여 그들을 떠나지 아니하리라 하는 영원한 언약을 그들에게 세우고 나를 경외함을 그들의 마음에 두어 나를 떠나지 않게 하고 내가 기쁨으로 그들에게 복을 주되 분명히 나의 마음과 정성을 다하여 그들을 이 땅에 심으리라 렘 32:40-41

하나님은 예레미야에게 영원한 언약을 그들에게 세우시겠다고 말씀하십니다. 사실 이 영원한 언약은 하나님이 아브라함과 세운 언약입니다.

하나님은 언약의 말씀을 통해 놀라운 능력을 베푸십니다

하나님의 전능하신 능력은 하나님의 언약의 말씀 속에 담겨 있습니다. 하나님은 말씀으로 천지를 창조하셨습니다. 또한 하나님은 언약의 말씀을 통해 역사하십니다. 하나님은 말씀을 통해 무에서 유를 창조하십니다. 말씀은 살아 있는 능력입니다. 창조의 재료입니다. 하나님이 말씀하시면 말씀하신 것이 실재가 됩니다. 그러므로 말씀이 곧 능력입니다. 하나님은 지금 아브라함에게 먼저 언약의 말씀을 주십니다.

내가 내 언약을 나와 너 사이에 두어 너를 크게 번성하게 하리라 하시니

아브람이 엎드렸더니 하나님이 또 그에게 말씀하여 이르시되 보라 내 언
약이 너와 함께 있으니 너는 여러 민족의 아버지가 될지라 이제 후로는 네
이름을 아브람이라 하지 아니하고 아브라함이라 하리니 이는 내가 너를
여러 민족의 아버지가 되게 함이라 내가 너로 심히 번성하게 하리니 내
가 네게서 민족들이 나게 하며 왕들이 네게로부터 나오리라 창 17:2-6

하나님은 그의 몸에서 아들이 나올 것이며 그가 열국의 아비
가 될 것을 말씀하십니다. 그 자손이 심히 번성할 것을 말씀하십
니다. 하나님의 능력은 번성하게 하는 능력입니다. 하나님은 민족
들이 그에게로 좇아 일어나며 왕들이 그에게서 나오리라고 말씀
하십니다.

첫째, 하나님은 말씀을 통해 우리 생각을 변화시키십니다.

모든 것은 생각에서 시작됩니다. 생각이 변화의 열쇠입니다.
기적의 열쇠입니다. 생각은 모든 것의 뿌리입니다. 모든 것은 생
각으로부터 옵니다. 모든 것의 원인은 생각입니다. 생각은 씨앗과
같습니다. 생각의 씨앗이 뿌려지면 언젠가는 그 생각의 씨앗이
열매로 나타납니다. 그러므로 우리가 가장 중요하게 다루어야 하
고, 중요하게 변화시켜야 할 것은 생각입니다. 우리의 생각을 변
화시키기 위해서는 새로운 생각을 만나야 합니다. 새로운 생각은
말씀을 통해 주어집니다.

아브라함의 문제는 '생각'이었습니다. 이제 자신에게는 더 이

상 아들을 낳을 수 있는 능력이 없다고 생각했습니다. 그의 아내 사라 또한 생리가 끊어졌기에 아들을 낳을 수 있는 능력이 없다고 생각했습니다. 생각이 무서운 까닭은 생각을 따라 우리의 육신이 움직이기 때문입니다. 한 번의 생각이 아니라 반복해서 생각하고, 반복해서 우리의 생각에 암시를 주면 그 생각이 우리의 육신을 지배하고 다스립니다. 무엇보다 우리의 생각에 따라 우리의 믿음이 달라집니다.

예수님은 "네 믿음대로 될지어다"라고 말씀하십니다. 우리의 믿음이 우리의 생각과 우리의 감정과 우리의 몸에 영향을 끼칩니다. 우리의 관계와 환경과 미래에 영향을 끼치는 것입니다. 우리는 믿는 대로 얻게 됩니다. 우리의 믿음이 어디서 오는 것일까요? 생각에서 오는 것입니다. 그렇다면 우리의 생각을 어떻게 변화시킬 수 있을까요? 하나님의 말씀을 들을 때, 하나님의 말씀을 우리의 잘못된 생각, 부정적인 생각과 대체할 때 우리의 생각이 변화됩니다. 우리의 믿음이 변화됩니다. 사도 바울은 하나님 아는 것을 대적하는 모든 생각을 사로잡아 그리스도에게 붙잡아 오라고 말합니다.

하나님 아는 것을 대적하여 높아진 것을 다 무너뜨리고 모든 생각을 사로잡아 그리스도에게 복종하게 하니 고후 10:5

둘째, 하나님은 말씀을 통해 우리 언어를 변화시키십니다.

생각과 함께 아주 중요한 것은 언어입니다. 하나님은 말씀으로 천지를 창조하셨습니다. 또한 우리 언어를 통해 새 역사를 창조하십니다. 하나님은 우리 언어에 능력을 부어 주십니다. 하나님은 우리 언어를 따라 역사하십니다. 그런 까닭에 하나님은 우리 인생을 변화시키기 위해 우리 언어를 변화시키십니다. 아브라함이 99세가 되었을 때 아브라함의 언어는 부정적인 언어였습니다. 나이가 99세이기 때문에 아들을 낳을 수 없다고 말했습니다. 사라의 나이가 90세가 되었기에 아들을 낳을 수 없다고 말했습니다.

하나님은 그의 언어를 변화시키기 위해 하나님의 말씀으로 그의 생각부터 변화시키십니다. 그의 생각을 변화시키기 위해 아브라함과 사라의 이름을 바꾸십니다. 우리의 생각에 자주 영향을 미치는 것은 반복되는 언어입니다. 반복되는 언어가 우리의 생각을 형성하고, 우리의 언어를 형성합니다. 우리가 가장 많이 사용하는 것이 우리의 이름입니다. 우리의 이름은 우리의 생각을, 우리의 언어를 형성합니다. 그런 까닭에 하나님은 아브라함과 사라의 이름을 바꾸십니다.

이제 후로는 네 이름을 아브람이라 하지 아니하고 아브라함이라 하리니 이는 내가 너를 여러 민족의 아버지가 되게 함이니라 창 17:5

하나님이 또 아브라함에게 이르시되 네 아내 사래는 이름을 사래라 하지 말고 사라라 하라 창 17:15

아브람이라는 이름은 '존귀한 아버지'라는 뜻입니다. 반면에 아브라함이라는 이름은 '열국의 아버지'라는 뜻입니다. 사래라는 이름은 '왕비'라는 뜻입니다. 반면에 사라라는 이름은 '열국의 어머니'라는 뜻입니다. 아직 하나님이 약속하신 아들이 태어난 것이 아닙니다. 그런데 하나님은 서로를 향해 "열국의 아비", "열국의 어미"라고 선포하게 만드십니다. 그들의 언어가 변화되면서 결국 그들의 몸이 그들의 언어대로 변화됩니다. 언어의 변화에 따라 그들의 신체가 회춘하기 시작합니다. 그들의 몸이 열국의 아비가 되고, 열국의 어미가 될 수 있도록 변화를 일으키기 시작합니다.

우리 언어는 우리 존재의 집과 같습니다. 우리가 살고 있는 환경은 우리의 언어가 만들어 낸 집과 같습니다. 우리의 언어는 그릇과 같습니다. 우리의 언어에 따라 우리 그릇 안에 들어가는 내용물이 달라집니다. 그런 까닭에 우리의 환경을 새롭게 창조하기 위해 할 일은 우리 언어를 바꾸는 것입니다. 우리 언어가 바뀔 때 우리 환경이 바뀌는 것입니다. 귀신 들린 아들을 예수님께 데려온 아버지가 "무엇을 하실 수 있거든 우리를 불쌍히 여기사 도와주옵소서"라고 말했을 때 그의 말을 바꾸도록 명하십니다.

───── 예수께서 이르시되 할 수 있거든이 무슨 말이냐 믿는 자에게는 능히 하지 못할 일이 없느니라 하시니 막 9:23

할 수 없다는 말이 습관적으로 몸에 배어 있다면 할 수 있다는 말로 바꾸십시오. "믿는 자에게는 능히 하지 못할 일이 없다"고 말하십시오. 하나님은 "너희 말이 내 귀에 들린 대로 내가 너희에게 행하리니"(민 14:28)라고 말씀하십니다. 그러므로 우리는 긍정적

인 말, 믿음의 말, 우리가 정말 원하는 것을 표현하는 말을 하도록
해야 합니다.

셋째, 하나님은 말씀을 통해 우리 자아상을 변화시키십니다.

하나님이 아브라함과 사라의 이름을 바꾼 것은 그들의 자아상
을 변화시키기 위한 것입니다. 우리가 어떤 자아상을 가지고 있
느냐에 따라 우리의 생각, 우리의 언어, 우리의 행동이 결정됩니
다. 그런 까닭에 하나님이 우리를 변화시키실 때 가장 먼저 우리
의 자아상을 변화시키심으로써 새롭게 하십니다.

우리의 자아상은 우리가 늘 사용하는 언어와 밀접한 관련이
있습니다. 우리의 자아상은 우리가 늘 사용하는 언어에 따라 형
성됩니다. 그렇다면 우리가 사용하는 언어 가운데 가장 많이 사
용하는 언어가 무엇일까요? 그것은 우리의 이름입니다. 우리의
이름이 우리의 자아상을 형성하는 것입니다. 그런 까닭에 하나님
은 아브람을 아브라함으로, 사래를 사라로 바꾸신 것입니다. 아브
라함과 사라는 하나님이 명하신 이름을 따라 서로를 부르는 중에
그들의 자아상이 변화되기 시작합니다. 그들은 이미 "열국의 아
비", "열국의 어미"가 된 것입니다.

자아상을 형성하는 것이 상상력입니다. 새로운 변화를 위해 생
각의 변화가 가장 중요한 것은 생각이 곧 상상을 창조하기 때문
입니다. 하나님의 말씀이 생각에 자극을 줍니다. 말씀은 상상할
수 있는 하나님의 언어입니다. 하나님의 말씀을 받는 순간, 상상

하기 시작합니다. 바라보기 시작합니다. 바라볼 때 믿음이 생깁니다. 믿음은 바라는 것들의 실상입니다. 믿음이 생길 때 그 믿음이 실재가 됩니다. 우리 인생은 믿음대로 되기 때문입니다.

넷째, 하나님은 말씀의 선포를 통해 우리 신체와 환경을 변화시키십니다.

하나님께서 아브라함의 이름과 사라의 이름을 바꾸신 것은 선포의 능력을 아셨기 때문입니다. 하나님의 말씀이 선포될 때 그 말씀은 곧 능력으로 나타납니다. 하나님의 말씀이 선포되면 곧 실재가 됩니다.

내 입에서 나가는 말도 이와 같이 헛되이 내게로 되돌아오지 아니하고 나의 기뻐하는 뜻을 이루며 내가 보낸 일에 형통함이니라 사 55:11

하나님의 말씀이 우리의 언어가 될 때 우리의 언어는 놀라운 능력을 발휘하게 됩니다. 우리의 언어가 하나님의 말씀과 일치해서 반복될 때 새 역사를 창조합니다. 우리의 신체에 변화를 일으키고, 우리의 미래에 변화를 일으킵니다.

예수님의 제자들이 예수님을 통해 배운 것은 선포의 능력입니다. 그들은 예수님이 말씀하시고, 선포하시면 그것이 실재가 되는 것을 보았습니다. 죽은 나사로의 무덤 앞에서 예수님이 감사 기도를 드리신 후 "나사로야 나오너라"고 선포하자 나사로가 무덤에서 나왔습니다. 사도행전 3장에서 베드로와 요한이 나면서 한 번도 걸어본 적이 없는 장애인을 고칠 때 선포의 능력을 사용합니다.

베드로가 이르되 은과 금은 내게 없거니와 내게 있는 이것을 네게 주노니 나사렛 예수 그리스도의 이름으로 일어나 걸으라 하고 오른손을 잡아 일으키니 발과 발목이 곧 힘을 얻고 뛰어 서서 걸으며 그들과 함께 성전으로 들어가면서 걷기도 하고 뛰기도 하며 하나님을 찬송하니 행 3:6-8

하나님은 우리의 순종을 통해
무한한 능력을 드러내십니다

하나님은 순종을 통해 기적을 창조하십니다. 그래서 순종이 신앙의 최고봉입니다. 아브라함은 99세에 들은 하나님의 음성에 순종합니다. 99세의 나이에도 아들을 낳을 수 있다고 믿습니다. 믿음이 곧 순종입니다. 믿을 수 없는 상황에서 믿는 것 자체가 순종입니다. 믿는 자는 순종하게 되고, 순종하는 자가 곧 믿는 자입니다. 아브라함은 바랄 수 없는 중에 바라고 믿었습니다. 때로는 의심이 찾아왔습니다. 그러나 그는 의심을 이기고 바랄 수 없는 중에 바라고 믿었습니다.

아브라함이 바랄 수 없는 중에 바라고 믿었으니 이는 네 후손이 이 같으리라 하신 말씀대로 많은 민족의 조상이 되게 하려 하심이라 그가 백 세나 되어 자기 몸이 죽은 것 같고 사라의 태가 죽은 것 같음을 알고도 믿음이 약하여지지 아니하고 믿음이 없어 하나님의 약속을 의심하지 않고 믿음

하나님을 아는 지식의 영광   182

으로 견고하여져서 하나님께 영광을 돌리며 약속하신 그것을 또한 능히 이루실 줄을 확신하였으니 롬 4:18-21

아브라함은 그의 이름과 사라의 이름을 바꾸라는 하나님의 말씀에 순종합니다. 그들의 이름을 하나님이 명하신 대로 바꿉니다. 또한 아브라함은 할례를 행하라는 말씀에 순종합니다. 99세의 나이에 할례를 행한다는 것은 엄청난 고통을 통과하는 것입니다. 지금처럼 마취제가 있었던 것도 아니고, 항생제가 있었던 것도 아닙니다. 그냥 날카로운 차돌을 취해 할례를 행한 것입니다.

이에 아브라함이 하나님이 자기에게 말씀하신 대로 이날에 그 아들 이스마엘과 집에서 태어난 모든 자와 돈으로 산 모든 자 곧 아브라함의 집 사람 중 모든 남자를 데려다가 그 포피를 베었으니 아브라함이 그의 포피를 벨 때는 구십구 세였고 그의 아들 이스마엘이 그의 포피를 벨 때는 십삼 세였더라 창 17:23-24

아브라함이 할례를 행한 후에 또 하나 순종한 것은 그의 아내 사라와 동침한 것입니다. 약속을 믿은 후에는 행동에 옮겨야 합니다. 행동이 결과를 낳습니다. 결과를 얻기 위해서는 적절한 반응을 보여야 합니다. 생각만 가지고 안 됩니다. 상상만 가지고 안 됩니다. 행동해야 합니다. 한나가 아들을 달라고 기도했을 때 하나님은 엘리 제사장을 통해 그녀의 기도에 응답하실 것을 약속하셨습니다. 한나가 약속을 받은 후에 한 일은 무엇입니까? 그 약속을 믿은 것입니다. 그날 이후로 한나의 얼굴에 수색이 없었습니다. 그리고 한나가 한 것은 하나님께 경배한 후에 집에 돌아가 남편 엘가나와 동침한 것입니다(삼상 1:19-20).

믿음은 말씀에 대한 순종을 낳습니다. 믿음은 행동을 낳습니다. 행동이 결과를 낳습니다. 배운 말씀을 순종하십시오. 기적을 선포하십시오. 병 고침을 선포하십시오. 형통을 선포하십시오. 축복을 선포하십시오. 문제가 해결된 것을 선포하십시오. 하나님의 기적은 지금 우리 안에서 약동하고 있습니다.

전능하신 하나님은 모든 것을 합력하여
우리를 웃게 하십니다

창세기 17장의 사건은 창세기 21장에서 응답됩니다. 창세기 17장은 절망의 때에 시작됩니다. 그 절망이 창세기 21장에서 웃음으로 변화됩니다. 그 사이에 하나님이 역사하신 것을 봅니다. 하나님은 우리의 절망까지도 선용해서 놀라운 일을 이루십니다. 하나님은 우리의 문제, 부족함, 모자람, 갈등, 실수, 장애물, 연약함, 질병, 가난, 실패, 좌절, 상실과 같은 모든 것들을 통해 역사하십니다. 하나님의 능력은 어떤 상황에서도 기적을 창조해 내시는 능력입니다.

하나님은 약속하신 대로 절망 중에 있던 아브라함과 사라에게 아들을 주셨습니다. 그 아들의 이름이 이삭입니다. 이삭이란 이름의 뜻은 '웃음'입니다. 하나님은 이삭을 중심으로 절망 중에 있던 아브라함과 사라에게 웃음을 주셨습니다. 사라의 고백을 들어 보십시오.

여호와께서 말씀하신 대로 사라를 돌보셨고 여호와께서 말씀하신 대로 사라에게 행하셨으므로 사라가 임신하고 하나님이 말씀하신 시기가 되어 노년의 아브라함에게 아들을 낳으니 아브라함이 그에게 태어난 아들 곧 사라가 자기에게 낳은 아들을 이름하여 이삭이라 하였고 그 아들 이삭이 난 지 팔 일 만에 그가 하나님이 명령하신 대로 할례를 행하였더라 아브라함이 그의 아들 이삭이 그에게 태어날 때에 백 세라 사라가 이르되 하나님이 나를 웃게 하시니 듣는 자가 다 나와 함께 웃으리로다 또 이르되 사라가 자식들을 젖먹이겠다고 누가 아브라함에게 말하였으리요마는 아브라함의 노경에 내가 아들을 낳았도다 하니라 창 21:1-7

하나님은 말씀하신 대로 사라를 돌보셨습니다. 하나님은 말씀하신 대로 사라에게 행하셨습니다. 그리함으로 사라에게 큰 기쁨을 선물해 주셨습니다. 사라의 이야기는 역전의 이야기입니다. 한때 사라는 고통 중에 살았습니다. 하갈을 통해 이스마엘이 태어난 이후로 사라는 웃음을 잃어버린 여인이 되었습니다. 여종이 주인 행세를 하는 것을 보았습니다. 아브라함의 눈길이 이스마엘에게 머무는 것을 보았습니다. 그런데 하나님이 사라를 잊지 않으시고 찾아오셔서 기적을 베풀어 주신 것입니다.

전능하신 하나님의 이야기는 여기서 끝나지 않습니다. 창세기 22장에서 아브라함은 그에게 웃음을 선물해 준 이삭을 하나님의 명령에 순종하여 모리아 산에서 드립니다. 아브라함의 믿음의 절정은 순종과 드림에 있습니다. 그때 하나님께서 이삭 대신 숫양을 예비하여 번제로 드리게 하십니다. 그 숫양은 장차 오실 예수님의 모형입니다. 하나님이 아브라함을 선택하시고, 그에게 이삭을 주신 것은 하나님의 구속 드라마를 전개하기 위해서입니다. 아브라함이 이삭을 드렸던 모리아 산, 예루살렘에서 하나님은 독생자 예수님을 우리 죄를 대신하여 내어 주셨습니다. 예수님은 우리를 대신해서 희생제물이 되심으로 우리를 구원하셨습니다.

하나님은 자신의 능력을 결코 무모하게 사용하지 않으십니다. 하나님의 초점은 잃어버린 영혼을 구원하는 구속에 있었습니다. 하나님은 아브라함의 몸에서 왕들이 나올 것이라고 말씀하셨습니다. 그 이유는 바로 그 왕들 가운데 왕 중의 왕이신 예수님을 보내시기 위해서입니다.

> 이는 한 아기가 우리에게 났고 한 아들을 우리에게 주신 바 되었는데 그의 어깨에는 정사를 메었고 그의 이름은 기묘자라, 모사라, 전능하신 하나님이라, 영존하시는 아버지라, 평강의 왕이라 할 것임이라   사 9:6

예수님은 이 땅에 오셔서 우리를 대신하여 십자가에 죽으심으로 구원의 일을 이루셨습니다. 하나님의 전능하신 능력은 예수님의 죽으심과 부활에 나타나셨습니다. 예수님은 십자가에서 내려오실 수 있는 능력이 있으셨지만 내려오지 않으셨습니다. 참된 능력은 희생하는 능력입니다. 참된 능력은 힘을 아끼는 능력입니다. 꼭 힘을 써야 할 때만 쓰는 능력입니다. 그리함으로 예수님은 왕 중의 왕이 되셨습니다.

하나님은 전능하십니다. 하나님은 지금도 전능하신 능력으로 만물을 통치하십니다. 하나님은 그 능력을 죄를 짓거나 부도덕한 행위를 하는 데 사용하지 않으십니다. 하나님은 오직 사람을 살리고, 용서하고, 구원하는 일에 그 능력을 사용하십니다. 모든 악한 자들을 물리치고, 마귀를 멸하는 일에 사용하십니다. 요한계시록은 전능하신 하나님이 모든 것을 통치하신다고 반복해서 선포합니다.

—— 할렐루야 주 우리 하나님 곧 전능하신 이가 통치하시도다 계 19:6

아무나 통치하거나 다스리지 못합니다. 통치하거나 다스리기 위해서는 능력이 있어야 합니다. 권세가 있어야 합니다. 또한 지혜가 있어야 합니다. 하나님은 전능하시고, 전지하시고, 지혜로우시고, 거룩하시고, 사랑이 풍성하십니다. 그래서 만물을 통치하실 수 있습니다. 하나님은 모든 능력의 원천이십니다. 하나님의 능력은 하나님께로부터 나왔다가 다시 하나님께로 돌아갑니다. 하나님은 우리에게 권세와 능력과 부를 허락해 주십니다. 하지만 그 모든 것들은 다시 하나님께로 돌아갑니다. 우리가 이 세상을 떠나는 날, 하나님이 우리에게 잠시 맡기신 모든 것들을 두고 떠나야 합니다. 그래서 하나님의 능력은 영원한 능력입니다.

모든 것은 하나님에게서 나와서 하나님께 돌아간다. 전능하신 큰 하나님, 전능하신 주 하나님께서 다스리신다. 그분이 천지를 만들고 별들을 불러서 존재하게 하셨을 때 그분에게 있었던 능력이 지금도 그대로 그분에게 있다. 하나님이 가지신 미래의 능력은 지금의 능력보다 줄어들지도 않고 늘어나지도 않을 것이다. 왜냐하면 존재하는 모든 능력이 하나님의 능력이기 때문이다. A. W. 토저, 《GOD 갓·하나님》, 규장, 326쪽

하나님은 지금도 살아서 역사하십니다. 하나님은 구하는 자에게 능력을 부어 주십니다. 약한 자에게 능력을 부어 주십니다. 병든 자에게 치유의 능력을 부어 주십니다. 하나님의 능력이 함께할 때 아브라함처럼 번영할 수 있습니다. 그러므로 항상 하나님의 능력과 얼굴을 구하십시오.

여호와와 그의 능력을 구할지어다 그의 얼굴을 항상 구할지어다 시 105:4

하나님을 늘 앙망하십시오. 하나님을 바라보십시오. 하나님 앞에 머물러 기다리십시오. 그때 새 힘을 더해 주십니다.

오직 여호와를 앙망하는 자는 새 힘을 얻으리니 독수리가 날개 치며 올라감 같을 것이요 달음박질하여도 곤비하지 아니하겠고 걸어가도 피곤하지 아니하리로다 사 40:31

자신의 능력만으로는 결코 승리할 수 없습니다. 오직 하나님의 능력으로 승리할 수 있습니다. 날마다 하나님 앞에 엎드려 그의 능력을 구하십시오. 말씀의 능력, 언어의 능력, 건강한 자아상의 능력, 순종의 능력을 기억하십시오. 하나님은 우리의 믿음을 따

라, 또 우리의 믿음의 언어를 따라 능력을 베풀어 주심을 기억하십시오. 전능하신 하나님과 함께 하나님이 기뻐하시는 뜻을 이루는 생애가 되기를 빕니다.

8.

전지하신 하나님을 아는 지식

삼상 2:1-10

하나님은 모든 것을 아시는
전지하신 분입니다

하나님은 전지(全知)하십니다. 하나님이 전지하시다는 것은 하나님이 모든 것을 아신다는 것을 의미합니다. 하나님의 전지하심을 알고, 그 전지하신 하나님을 믿고, 그분께 기도했던 여인이 있습니다. 바로 한나입니다. 한나는 기도하는 여인이었습니다. 그녀의 기도는 그가 알고 믿었던 하나님을 아는 지식으로부터 나왔습니다. 하나님의 전지하심에 대한 지식은 너무 광대합니다. 너무 깊습니다. 우리가 평생 동안 연구해도 끝나지 않는 지식입니다. 그런 까닭에 저는 한나가 깨달은 지식의 하나님을 중심으로 말씀을 나누고 싶습니다.

사무엘상 1장에서 그녀는 하나님 앞에 아이를 달라고 기도합니다. 그냥 기도한 것이 아니라 통곡하며 기도했습니다. 하나님께 자신의 고통을 돌아봐 달라고 기도했습니다. 하나님께 자신을 기억해 달라고 기도했습니다. 하나님께 자신을 생각해 달라고 기도했습니다. 만약에 아들을 주시면 그 아들을 하나님께 드리겠다고 서원하며 기도했습니다.

> 한나가 마음이 괴로워서 여호와께 기도하고 통곡하며 서원하여 이르되 만군의 여호와여 만일 주의 여종의 고통을 돌보시고 나를 기억하사 주의 여종을 잊지 아니하시고 주의 여종에게 아들을 주시면 내가 그의 평생에 그를 여호와께 드리고 삭도를 그의 머리에 대지 아니하겠나이다
>
> 삼상 1:10-11

하나님이 한나의 기도를 들으시고 사무엘을 허락해 주십니다 (삼상 1:19-20). 정말 놀라운 이야기입니다. 우리로 하여금 기도하게 만들고, 하나님을 신뢰하게 만드는 이야기입니다. 사무엘상 1장은 한나의 이야기라기보다는 한나의 기도에 응답하시는 하나님의 이야기입니다. 한나가 의지했던 하나님은 지식의 하나님이십니다.

> 여호와는 지식의 하나님이시라 행동을 달아 보시느니라 삼상 2:3

하나님은 지식의 하나님이십니다. 하나님은 모든 지식을 가지고 계십니다. 하나님은 지식을 소중히 여기십니다. 하나님은 지식을 통해 축복하십니다. 하나님은 한나를 축복하실 때 그녀의 하나님을 아는 지식과 믿음을 따라 축복해 주셨습니다.

하나님은 그분을 알고 신뢰하는 자를 통해
놀라운 일을 이루십니다

하나님이 가장 원하시는 것은 그분을 알고 신뢰하는 것입니다. 가장 하나님이 힘들어 하시는 것은 하나님을 알지 못하고 하나님을 불신하는 것입니다. 이사야서를 묵상하는 중에 하나님이 원하시는 것은 하나님을 알고 믿는 것임을 다시 한 번 확인할 수 있었습니다.

나 여호와가 말하노라 너희는 나의 증인, 나의 종으로 택함을 입었나니 이는 너희가 나를 알고 믿으며 내가 그인 줄 깨닫게 하려 함이라 나의 전에 지음을 받은 신이 없었느니라 나의 후에도 없으리라 사 43:10

한나는 하나님을 알았습니다. 또한 하나님을 신뢰했습니다. 하나님은 한나가 그를 알고, 신뢰하는 것을 보시고 그에게 아들을 낳게 해주셨습니다. 하나님은 그를 알고 신뢰하는 한나를 통해 놀라운 일을 이루셨습니다. 하나님이 한나를 통해 이루신 일은 한나가 낳은 아들인 사무엘을 통해 이루신 일에 의해 드러납니다. 사무엘이 태어날 당시 이스라엘의 상황은 어두웠습니다. 엘리 제사장과 그의 두 아들은 타락했습니다. 그 당시 모습을 성경은 한마디로 다음과 같이 기록하고 있습니다.

아이 사무엘이 엘리 앞에서 여호와를 섬길 때에는 여호와의 말씀이 희귀하여 이상이 흔히 보이지 않았더라 삼상 3:1

하나님의 축복은 하나님의 말씀과 더불어 임합니다. 또한 하나님의 환상과 더불어 임합니다. 그런데 지금 하나님의 말씀이 희귀하게 되었습니다. 이것은 참으로 슬픈 일입니다. 한나가 아들을 달라고 기도할 때는 하나님의 말씀을 듣기가 매우 힘들었던 시대였습니다. 하나님이 계시해 주시는 환상을 보는 일이 거의 없었습니다.

하나님이 함께하시고, 하나님의 말씀이 함께하실 때 성령님을 통해 사람들은 환상을 보게 됩니다. 하나님의 말씀이 왕성하고 흥왕할 때 하나님의 축복을 받게 됩니다. 사도행전에서 성령님이 강력하게 역사할 때 자주 표현되는 말씀을 보십시오.

하나님의 말씀이 점점 왕성하여 예루살렘에 있는 제자의 수가 더 심히 많아지고 허다한 제사장의 무리도 이 도에 복종하니라 행 6:7

하나님의 말씀은 흥왕하여 더하더라 행 12:24

이와 같이 주의 말씀이 힘이 있어 흥왕하여 세력을 얻으니라 행 19:20

하나님의 백성에게 가장 큰 축복은 말씀이 왕성한 것입니다. 말씀이 흥왕하는 것입니다. 가장 무서운 기근은 양식이 없어 주리는 것이 아니라 하나님의 말씀을 듣지 못하는 기근입니다.

주 여호와의 말씀이니라 보라 날이 이를지라 내가 기근을 땅에 보내리니 양식이 없어 주림이 아니며 물이 없어 갈함이 아니요 여호와의 말씀을 듣지 못한 기갈이라 암 8:11

엘리 제사장의 시대는 바로 하나님의 말씀을 듣지 못하는 기근이 임했던 시대입니다. 하나님은 말씀이 희귀해져 가는 시대에 한나가 기도해서 낳은 사무엘을 통해 놀라운 말씀의 부흥을 일으키십니다. 하나님께서 사무엘이 전하는 말씀이 땅에 떨어지지 않게 하십니다. 하나님께서 말씀으로 사무엘에게 자신을 나타내 주십니다.

사무엘이 자라매 여호와께서 그와 함께 계셔서 그의 말이 하나도 땅에 떨어지지 않게 하시니 단에서부터 브엘세바까지의 온 이스라엘이 사무엘은 여호와의 선지자로 세우심을 입은 줄을 알았더라 여호와께서 실로에서 다시 나타나시되 여호와께서 실로에서 여호와의 말씀으로 사무엘에게 자기를 나타내시니라 삼상 3:19-21

하나님은 사무엘상 7장에서 사무엘을 통해 미스바 대부흥을 일으켜 주십니다. 하나님은 사무엘을 통해 회개 운동을 일으켜 주십니다. 이스라엘 백성이 우상을 버리고 하나님께 돌아옵니다. 예배가 살아납니다. 기도 운동이 다시 일어납니다(삼상 7:5-6).

하나님이 사무엘을 통해 이루신 가장 중요한 일 중 하나는 사울 왕을 세우고 폐하신 것과 다윗을 사울 왕을 대신해 왕으로 세우신 것입니다. 하나님이 사울 왕을 폐하신 이유는 그가 하나님의 말씀을 버린 까닭입니다(삼상 15:23). 하나님은 말씀을 사모하고 말씀을 사랑하는 다윗을 사울 대신 왕으로 세우시기 위해 사무엘을 통해 그에게 기름을 부어 주십니다.

사무엘이 기름 뿔병을 가져다가 그의 형제 중에서 그에게 부었더니 이날 이후로 다윗이 여호와의 영에게 크게 감동되니라 사무엘이 떠나서 라마로 가니라   삼상 16:13

사무엘이 다윗 왕을 세운 것은 이스라엘 전체 역사뿐만 아니라 인류 구원의 역사에 중요한 일입니다. 그 이유는 하나님이 다윗의 후손으로 예수님을 보내 주신 까닭입니다. 하나님이 한나를 통해 이토록 놀라운 일을 이루신 까닭은 한나가 하나님을 알고 그분을 신뢰했기 때문입니다.

하나님은 그분을 알고 신뢰하는 자의 기도에 응답하십니다

사무엘상 2장에서 만나는 한나의 기도와 그녀가 알고 있는 하나님의 지식은 정말 감동적입니다. 하나님이 한나에게 감탄할 수밖에 없는 까닭은 한나가 알고 있는 하나님의 지식 속에 담겨 있습니다. 이토록 하나님에 대한 놀라운 지식을 가진 사람이 많지 않습니다.

한나가 기도하여 이르되 내 마음이 여호와로 말미암아 즐거워하며 내 뿔이 여호와로 말미암아 높아졌으며 내 입이 내 원수들을 향하여 크게 열렸으니 이는 내가 주의 구원으로 말미암아 기뻐함이니이다 여호와와 같이 거룩하신 이가 없으시니 이는 주밖에 다른 이가 없고 우리 하나님 같은 반석도 없으심이니이다 심히 교만한 말을 다시 하지 말 것이며 오만한 말을 너희의 입에서 내지 말지어다 여호와는 지식의 하나님이시라 행동을 달아 보시느니라 용사의 활은 꺾이고 넘어진 자는 힘으로 띠를 띠도다 풍족하던 자들은 양식을 위하여 품을 팔고 주리던 자들은 다시 주리지 아니하도다 전에 임신하지 못하던 자는 일곱을 낳았고 많은 자녀를 둔 자는 쇠약하도다 여호와는 죽이기도 하시고 살리기도 하시며 스올에 내리게도 하시고 거기에서 올리기도 하시는도다 여호와는 가난하게도 하시고 부하게도 하시며 낮추기도 하시고 높이기도 하시는도다 가난한 자를 진토에서 일으키시며 빈궁한 자를 거름더미에서 올리사 귀족들과 함께 앉게 하시며 영광의 자리를 차지하게 하시는도다 땅의 기둥들은 여호와의 것이라 여호와께서 세계를 그것들 위에 세우셨도다 그가 그의 거룩한 자들의 발을 지키실 것이요 악인들을 흑암 중에서 잠잠하게 하시리니 힘으로는 이길 사람이 없음이로다 여호와를 대적하는 자는 산산이 깨어질 것이라 하늘에서 우레로 그들을 치시리로다 여호와께서 땅 끝까지 심판을 내리시고 자기 왕에게 힘을 주시며 자기의 기름 부음을 받은 자의 뿔을 높이시리로다 하니라 삼상 2:1-10

한나는 하나님이 거룩하신 하나님이심을 알았습니다. 하나님이 유일하신 하나님이심을 알았습니다. 하나님이 지식의 하나님이심을 알았습니다. 하나님의 능력을 알았습니다. 임신하지 못하던 여인이 일곱을 낳을 수 있도록 도와주시는 하나님의 능력을 알고 믿었습니다. 하나님의 절대 주권을 알고 믿었습니다. 한나는 하나님은 죽이기도 하시고 살리기도 하시는 하나님, 가난하게도 하시고 부하게도 하시는 하나님, 낮추기도 하시고 높이기도 하시는 하나님이심을 알고 믿었습니다. 또한 하나님은 그분을 대적하는 자를 산산이 깨뜨릴 수 있는 분임을 믿었습니다.

하나님을 안다는 것은 하나님이 모든 것을 아신다는 것을 알 뿐만 아니라 하나님의 능력을 안다는 것을 의미합니다. 사무엘상 2장에 나오는 한나의 기도는 하나님을 아는 지식에 기초를 두고 있습니다.

하나님은 모든 것을 주관하시는 분입니다

한나는 하나님이 모든 것을 주관하시는 분임을 믿었습니다. 한나의 남편 엘가나는 하나님을 믿는 사람이었습니다. 하지만 한나가 아이를 임신하지 못한 것을 보고 브닌나라는 여인을 집으로 데려왔습니다. 두 번째 아내를 맞이한 것입니다. 성경은 한나는 임신을 못하고, 브닌나는 여러 자녀를 낳았다고 말합니다. 그런데 하나님이 한나로 임신하지 못하게 하셨다고 말합니다.

한나에게는 갑절을 주니 이는 그를 사랑함이라 그러나 여호와께서 그에게 임신하지 못하게 하시니 여호와께서 그에게 임신하지 못하게 하시므로 그의 적수인 브닌나가 그를 심히 격분하게 하여 괴롭게 하더라 삼상 1:5-6

하나님이 한나에게 임신하지 못하게 하셨습니다. 이 말씀은 하나님이 임신하게 하실 수도 있다는 것을 의미합니다. 하나님이 아이를 갖거나 갖지 못하게 하는 것을 모두 주관하신다는 사실을 알게 됩니다. 한나는 하나님이 절대 주권자라는 사실을 알고 믿었습니다.

하나님은 고통을 통해 역사하시는 분입니다

하나님은 고통을 좋아하는 분은 아니십니다. 하지만 우리 인생에서 경험하는 고통을 통해 놀라운 일을 이루십니다. 하나님은 우리의 고통을 낭비하지 않으십니다. 브닌나는 임신하지 못하는 한나를 멸시했습니다. 그녀를 심히 격분하게 했습니다.

— 매년 한나가 여호와의 집에 올라갈 때마다 남편이 그같이 하매 브닌나가 그를 격분시키므로 그가 울고 먹지 아니하니   삼상 1:7

한나는 고통스런 문제를 기도로 해결했습니다. 그녀는 남편과 싸우지 않았습니다. 브닌나와 싸우지 않았습니다. 그녀는 고통을 낭비하지 않고, 그 고통을 기도를 통해 축복으로 바꾸었습니다. 고통을 원망의 재료로 삼지 마십시오. 고통을 축복의 재료로 만드십시오. 고통을 기도 제목으로 만드십시오. 고통을 통해 더욱 하나님께 가까이 나아가도록 하십시오. 하나님은 우리의 고통을 아십니다. 또한 고통의 문제에 대한 해결책도 아십니다.

— 서원하여 이르되 만군의 여호와여 만일 주의 여종의 고통을 돌보시고 나를 기억하사 주의 여종을 잊지 아니하시고 주의 여종에게 아들을 주시면

내가 그의 평생에 그를 여호와께 드리고 삭도를 그의 머리에 대지 아니하

겠나이다 삼상 1:11

하나님은 통곡하며 드린 간절한 기도에 귀를 기울여 주시는 분입니다

한나는 남편에게 나아간 것이 아니라 하나님께 나아갔습니다. 브닌나에게 나아가지 않았습니다. 한나는 오직 하나님만이 자신의 소원을 성취하도록 도와주실 수 있다고 믿었습니다. 그녀는 하나님께 기도하고 통곡했습니다.

—— 한나가 마음이 괴로워서 여호와께 기도하고 통곡하며 삼상 1:10

한나는 정말 지혜로운 여인입니다. 한나는 브닌나가 자신의 인생을 망가뜨리고 괴롭힐 수는 있지만 자신의 문제를 해결해 줄 수는 없음을 알고 있었습니다. 어떤 사람들이 우리를 괴롭힌다면 그들은 괴롭힐 수 있는 능력은 있지만 우리를 괴롭게 하는 현실을 역전시킬 수 있는 능력은 없음을 알아야 합니다. 한나는 누구에게 나아가야 자신의 문제를 해결받을 수 있는지를 알았습니다. 그녀는 하나님만이 임신하지 못하는 여인이 일곱 명의 자녀를 낳도록 하실 수 있다는 것을 알았습니다. 또한 하나님이 역사하시면 한때 많은 자녀를 둔 여인이 쇠약하게 될 수도 있다는 것을 알았습니다.

—— 전에 임신하지 못하던 자는 일곱을 낳았고 많은 자녀를 둔 자는 쇠약하도

다 삼상 2:5하

한나는 하나님께 오래 기도했습니다.

그가 여호와 앞에 오래 기도하는 동안에 엘리가 그의 입을 주목한즉

삼상 1:12

한나의 기도는 눈물 어린 기도였습니다. 한나의 기도는 애절한 기도였습니다. 한나의 기도는 하나님 앞에서 드린 탄식의 기도였습니다. 한나의 기도는 끈질긴 기도였습니다. 한나는 마음을 통한 기도를 드렸습니다. 엘리는 한나가 기도하는 것을 보고 술 취한 줄 알았습니다(삼상 1:13-14). 엘리는 제사장이지만 영적 분별력이 없었습니다. 엘리는 제사장이지만 무지했습니다. 이토록 인간의 지식은 유한합니다. 인간의 지식은 한계가 있습니다. 인간은 다른 사람의 은밀한 생각을 잘 알지 못합니다. 마음의 생각을 말로 표현하기 전까지 그 마음의 생각을 알 수 없습니다. 하지만 하나님은 아십니다. 하나님이 모든 것을 아신다는 것은 우리의 마음의 생각까지 아신다는 것입니다. 우리의 고통, 우리의 외로움, 우리의 눈물까지 아신다는 것입니다. 한나는 하나님을 알았기에 자신의 심정을 하나님께 아뢰었습니다.

한나가 대답하여 이르되 내 주여 그렇지 아니하니이다 나는 마음이 슬픈 여자라 포도주나 독주를 마신 것이 아니요 여호와 앞에 내 심정을 통한 것뿐이오니 당신의 여종을 악한 여자로 여기지 마옵소서 내가 지금까지 말한 것은 나의 원통함과 격분됨이 많기 때문이니이다 하는지라 삼상 1:15-16

하나님은 존중하는 마음을 통해 복을 주시는 분입니다

한나는 엘리 제사장이 자신에게 복을 빌어 주는 것을 하나님의 음성으로 들었습니다. 하나님의 기도 응답으로 받았습니다. 하나님은 지금 엘리와 한나의 대화를 듣고 계십니다. 그리고 하나님은 엘리를 통해 한나를 축복하십니다.

———— 엘리가 대답하여 이르되 평안히 가라 이스라엘의 하나님이 네가 기도하여 구한 것을 허락하시기를 원하노라 하니　삼상 1:17

한나는 엘리가 어떤 사람인지를 알았습니다. 그의 평판을 알고 있었습니다. 하지만 한나는 그를 함부로 평가하지 않았습니다. 오히려 한나는 엘리를 하나님의 제사장으로 존중했습니다. 하나님이 기름 부어 세우신 제사장으로 존중했습니다. 그를 세우신 하나님을 경외했습니다. 그를 세우신 하나님을 존중했습니다. 엘리의 축복을 하나님의 축복으로 받았습니다. 그날 이후로 얼굴에 근심의 빛이 없었습니다. 하나님께 경배하고 집으로 돌아가 엘가나와 동침함으로써 아들을 낳았습니다.

———— 이르되 당신의 여종이 당신께 은혜 입기를 원하나이다 하고 가서 먹고 얼굴에 다시는 근심 빛이 없더라 그들이 아침에 일찍이 일어나 여호와 앞에 경배하고 돌아가 라마의 자기 집에 이르니라 엘가나가 그의 아내 한나와 동침하매 여호와께서 그를 생각하신지라 한나가 임신하고 때가 이르매 아들을 낳아 사무엘이라 이름하였으니 이는 내가 여호와께 그를 구하였다 함이더라　삼상 1:18-20

하나님은 존중을 통해 축복하십니다. 존중은 하나님의 놀라운 축복의 원리입니다. 하나님이 엘리 제사장의 가정을 폐하신 까닭은 그가 하나님을 존중하지 않았기 때문입니다. 하나님이 엘리에게 주신 말씀입니다.

나를 존중히 여기는 자를 내가 존중히 여기고 나를 멸시하는 자를 내가 경멸하리라 삼상 2:30하

하나님은 엘리와 그 두 아들이 하나님께 드리는 제사를 멸시하는 것을 보셨습니다. 하나님을 존중하지 않는 것을 보셨습니다. 그리함으로 그의 집을 황폐하게 하십니다. 반대로 하나님을 존중하고, 하나님이 세우신 제사장을 존중했던 한나를 축복하십니다. 그녀의 아들을 통해 놀라운 복을 허락해 주실 것을 약속하십니다.

내가 나를 위하여 충실한 제사장을 일으키리니 그 사람은 내 마음, 내 뜻대로 행할 것이라 내가 그를 위하여 견고한 집을 세우리니 그가 나의 기름 부음을 받은 자 앞에서 영구히 행하리라 삼상 2:35

하나님은 그를 알고 경배하는 사람에게 복을 주시는 분입니다

한나는 하나님을 알았습니다. 하나님의 은혜를 체험했습니다. 하나님을 참으로 아는 사람만이 하나님을 경배할 수 있습니다. 한나는 하나님을 경배하는 것이 거룩한 습관으로 되어 있습니다.

그들이 아침에 일찍이 일어나 여호와 앞에 경배하고 삼상 1:19상

이 아이를 위하여 내가 기도하였더니 내가 구하여 기도한 바를 여호와께서

내게 허락하신지라 그러므로 나도 그를 여호와께 드리되 그의 평생을 여호
와께 드리나이다 하고 그가 거기서 여호와께 경배하니라 삼상 1:27-28

"하나님은 우리의 문제를 아실 뿐만 아니라
문제의 해결책도 아십니다."

"하나님은 우리의 고통을 아실 뿐만 아니라
고통을 통해 기적을 창조하는 법도 아십니다."

"하나님은 우리의 병을 아실 뿐만 아니라
그 병을 치유하는 약도 아십니다."

"하나님은 우리가 통곡하며 기도하는 것을 보시고,
그 기도에 응답하실 때도 아십니다."

"하나님은 사람들이 알지 못하는 마음의 고통과 생각을 아십니다."

"하나님은 마음의 상처도 아시고, 그 상처를 치유하는 법도 아십니다."

"하나님은 모든 것을 섭리하시고,
합력하여 선을 이루시는 법을 아십니다."

지식의 하나님은
지식을 통해 우리를 축복하십니다

하나님이 우리를 축복하실 때 지식을 통해 축복하심을 알아야 합니다. 하나님은 지식의 하나님이십니다. 하나님은 모든 지식의 원천이십니다. 예수님 안에 모든 지식과 지혜의 보화가 담겨 있습니다.

———— 그 안에는 지혜와 지식의 모든 보화가 감추어져 있느니라 골 2:3

성령님은 지혜와 지식의 영이십니다.

———— 그의 위에 여호와의 영 곧 지혜와 총명의 영이요 모략과 재능의 영이요 지식과 여호와를 경외하는 영이 강림하시리니 사 11:2

성령님은 하나님의 깊은 것이라도 통달하시는 분입니다.

———— 오직 하나님이 성령으로 이것을 우리에게 보이셨으니 성령은 모든 것 곧 하나님의 깊은 것까지도 통달하시느니라 사람의 일을 사람의 속에 있는 영 외에 누가 알리요 이와 같이 하나님의 일도 하나님의 영 외에는 아무도 알지 못하느니라 고전 2:10-11

하나님은 지식의 가치를 아시는 분입니다. 지식의 가치를 아시기 때문에 교육을 강조하십니다. 지식은 교육을 통해 얻을 수 있고 전수되기 때문입니다. 하나님이 아브라함과 그 후손을 축복하기 위해 선택하신 방법 중에 하나가 교육입니다.

내가 그로 그 자식과 권속에게 명하여 여호와의 도를 지켜 의와 공도를 행하게 하려고 그를 택하였나니 이는 나 여호와가 아브라함에게 대하여 말한 일을 이루려 함이니라 창 18:19

이 말씀은 정말 놀라운 말씀입니다. 하나님은 모세를 통해 율법을 주시기 전에 아브라함에게 하나님의 도를 가르쳐 주시고, 그 도를 지켜 의와 공도를 행하게 하셨습니다. 그러신 이유가 있습니다. 그 이유는 하나님이 아브라함의 후손을 통해 왕들을 태어나게 하심으로 그를 축복하시기 위함입니다. 하나님은 아브라함과 사라에게 거듭 그들을 통해 왕들이 태어날 것을 약속하셨습니다(창 17:6, 16).

하나님은 아브라함을 왕족으로 세우시기 위해 부르셨습니다. 아브라함이 당장 왕이 된 것은 아니었습니다. 하지만 하나님은 그의 후손 중에 왕이 태어날 것을 아셨습니다. 그런 까닭에 왕이 알아야 할 하나님의 도, 즉 의와 공도를 미리 가르쳐 전수하게 하신 것입니다. 하나님은 지식을 통해 우리를 큰 나라 백성이 되게 하십니다. 하나님이 히브리 노예들을 애굽에서 구출하신 후에 그들에게 지식과 지혜를 가르치심으로 큰 나라 백성이 되게 하신 것처럼 말입니다.

너희는 지켜 행하라 이것이 여러 민족 앞에서 너희의 지혜요 너희의 지식이라 그들이 이 모든 규례를 듣고 이르기를 이 큰 나라 사람은 과연 지혜와 지식이 있는 백성이로다 하리라 신 4:6

하나님은 솔로몬이 백성을 올바로 재판하기 위해 지식과 지혜를 구할 때 참으로 기뻐하셨습니다. 하나님은 그에게 지식과 지혜뿐만 아니라 그가 구하지 않은 것까지 덤으로 허락하셨습니다.

— 하나님이 솔로몬에게 이르시되 이런 마음이 네게 있어서 부나 재물이나 영광이나 원수의 생명 멸하기를 구하지 아니하며 장수도 구하지 아니하고 오직 내가 네게 다스리게 한 내 백성을 재판하기 위하여 지혜와 지식을 구하였으니 그러므로 내가 네게 지혜와 지식을 주고 부와 재물과 영광도 주리니 네 전의 왕들도 이런 일이 없었거니와 네 후에도 이런 일이 없으리라 하시니라   대하 1:11-12

하나님이 다니엘을 축복하실 때 남이 알 수 없는 은밀한 것을 알게 하심으로 그를 축복하신 것을 보게 됩니다. 다니엘은 바벨론에 포로로 끌려갔습니다. 바벨론 사람들은 지식의 가치를 알았던 사람들입니다. 바벨론 사람들은 이스라엘의 왕족과 귀족 가운데 지식에 통달한 청년들을 교육을 통해 키웠습니다.

— 곧 흠이 없고 용모가 아름다우며 모든 지혜를 통찰하며 지식에 통달하며 학문에 익숙하여 왕궁에 설 만한 소년을 데려오게 하였고 그들에게 갈대아 사람의 학문과 언어를 가르치게 하였고   단 1:4

하나님이 다니엘을 축복하시기 위해 그에게 특별한 지식과 지혜를 허락해 주셨습니다. 또한 다니엘은 느부갓네살이 은밀한 중에 꾼 꿈을 기도를 통해 알아냄으로써 놀라운 복을 받은 것을 보게 됩니다. 느부갓네살이 꿈을 꾸었는데 꿈이 생각나지 않았습니다. 그래서 바벨론의 모든 박사와 술객들에게 자신의 꿈을 알아내고, 그 꿈을 해석하라고 말했습니다. 그렇지 못하면 그들을 모두 죽이겠다고 했습니다. 어느 누구도 그의 꿈을 알아내지 못했습니다.

그때 다니엘이 하나님께 기도합니다. 은밀한 것까지 아시는 하나님께 기도하는 가운데 계시를 받습니다. 왕의 꿈을 알아낸 다니엘이 느부갓네살 왕에게 아주 중요한 하나님의 지식을 전달합니다. 그 지식은 하나님만이 은밀한 것을 나타내시며, 장래 일을 알려 주실 수 있다는 것입니다(단 2:27-30).

다니엘이 알고 믿었던 하나님은 어떤 하나님인가요? 다니엘이 경험한 하나님은 은밀한 것을 나타내 주시는 분입니다. 그는 오직 하나님만이 은밀한 일을 나타내 주실 수 있다고 선언합니다. 오직 하나님만 장래 일을 아십니다. 다니엘은 하나님의 절대 주권을 믿었습니다. 그는 기도할 때 하나님이 은밀한 지식까지 알려 주실 것을 믿었습니다. 그는 하나님께 지혜와 능력이 있는 것을 믿었습니다. 그래서 기도했습니다. 그는 기도 응답을 받은 후 하나님을 찬양합니다.

다니엘이 말하여 이르되 영원부터 영원까지 하나님의 이름을 찬송할 것은 지혜와 능력이 그에게 있음이로다 그는 때와 계절을 바꾸시며 왕들을 폐하시고 왕들을 세우시며 지혜자에게 지혜를 주시고 총명한 자에게 지식을 주시는도다 그는 깊고 은밀한 일을 나타내시고 어두운 데에 있는 것

을 아시며 또 빛이 그와 함께 있도다 나의 조상들의 하나님이여 주께서 이

제 내게 지혜와 능력을 주시고 우리가 주께 구한 것을 내게 알게 하셨사

오니 내가 주께 감사하고 주를 찬양하나이다 곧 주께서 왕의 그 일을 내게

보이셨나이다 하니라 단 2:20-23

다니엘은 하나님이 왕들을 폐하시고 세우시는 것을 믿었습니다. 하나님의 절대 주권에 의해 모든 것을 주관하심을 믿었습니다. 하나님만이 깊고 은밀한 일을 나타내시고, 어두운 데에 있는 것을 아시며 빛이 그와 함께하심을 알았습니다. 또한 구하는 자에게 지식을 주시는 것을 알았습니다. 하나님은 다니엘에게 아무도 알 수 없는 지식을 주심으로 그를 축복하셨습니다. 지식은 정말 놀라운 것입니다. 다니엘이 아무도 알 수 없는 지식을 소유했을 때 느부갓네살 왕이 다니엘에게 절을 합니다. 그에게 상을 줍니다. 그가 믿는 하나님을 찬양합니다. 그를 높여 바벨론을 다스리게 합니다(단 2:46-48).

하나님께 지식을 구하십시오. 하나님은 지식을 통해 우리 삶을 풍성하게 하십니다. 부요하게 하십니다. 하나님이 허락해 주신 아무도 갖지 못한 지식을 갖게 되면 아주 놀라운 능력을 발휘할 수 있습니다. 지식은 보배를 불러오는 자석입니다. 지식은 놀라운 힘입니다.

─── 집은 지혜로 말미암아 건축되고 명철로 말미암아 견고하게 되며 또 방들
은 지식으로 말미암아 각종 귀하고 아름다운 보배로 채우게 되느니라 지

하나님은 우리의 모든 것을 아십니다. 우리가 현재 직면한 모든 문제를 아십니다. 우리의 장래를 아십니다. 우리 죄를 아십니다. 또한 우리 죄를 해결해 주실 방법도 아십니다. 스티븐 차녹은 그의 책《하나님의 존재와 속성 1》에서 모든 것을 아시는 하나님을 증거합니다. 그리고 그 지식을 따라 다음과 같이 우리 삶 속에 적용하라고 권면합니다.

첫째, 하나님의 전지하심을 알 때 많은 죄를 제어할 수 있게 된다.

둘째, 하나님의 전지하심을 알 때 우리의 마음과 생각을 살피게 된다.

셋째, 하나님의 전지하심을 알 때 모든 의무를 행하기 위한 올바른 준비가 된다.

넷째, 하나님의 전지하심을 알 때 우리가 걸어가는 믿음의 전체 여정이 진실하고 성실해질 것이다.

다섯째, 하나님의 전지하심을 생각할 때 우리는 겸손해진다.

여섯째, 전지하심이라는 탁월한 완전하심을 생각할 때 우리는 모든 어려움 속에서도 하나님을 따르고 의지하게 된다.

스티븐 차녹,《하나님의 존재와 속성 1》, 부흥과개혁사, 874-878쪽

우리는 하나님이 모든 것을 아신다는 사실이 위로도 되지만 두렵기도 합니다. 하나님이 우리의 고통을 아시고, 그 고통의 문제를 통해 축복해 주신다는 사실을 아는 것은 위로가 됩니다. 반면에 우리의 모든 죄를 아신다는 사실 앞에 두려운 마음이 듭니다. 하지만 하나님은 우리 죄를 아실 뿐만 아니라 그 죄를 해결할 수 있는 해결책도 가지고 계시다는 사실이 위로가 됩니다. 그렇다고 죄를 함부로 지으라는 것은 아닙니다. 우리는 하나님의 전지하심을 알 때 죄를 자제하게 됩니다. 또한 죄를 지었을 때 회개하게 됩니다.

하나님은 모든 상황을 아신다. 그리고 모든 치유 약을 아신다. 하나님은 자기의 영광을 위해 치유 약을 가져오실 합당한 때와 제거하실 합당한 때를 아신다. 스티븐 차녹, 《하나님의 존재와 속성 1》, 부흥과개혁사, 878쪽

하나님을 알았던 한나의 지식은
그리스도에게 와서 절정을 이룹니다

　한나는 영감을 받아 하나님께 기도하며 찬양하는 중에 놀라운 사실을 드러냅니다. 그 사실은 장차 세워질 왕과 기름 부음을 받은 자에 대한 것입니다.

> 여호와를 대적하는 자는 산산이 깨어질 것이라 하늘에서 우레로 그들
> 을 치시리로다 여호와께서 땅 끝까지 심판을 내리시고 자기 왕에게 힘
> 을 주시며 자기의 기름 부음을 받은 자의 뿔을 높이시리로다 하니라
>
> 삼상 2:10

　한나가 사무엘을 낳을 때는 이스라엘에 왕이 없었습니다. 사무엘이 등장하여 첫 왕으로 사울을 세우고, 그다음 왕으로 다윗을 세우게 됩니다. 하나님의 계시를 받은 한나는 왕에 대해 이야기하고, 기름 부음을 받은 자에 대해 언급합니다. 이것이 하나님 계시의 경이로움입니다. 이 계시는 사실 아브라함과 사라를 통해 이미 주어진 계시입니다. 하나님이 그들을 통해 왕을 주실 것

을 말씀하셨습니다. 그 언약의 말씀이 한나에게 와서 다시 확인된 것입니다. 야곱의 아들 유다의 후손 가운데 다윗이 왕이 됩니다. 그리고 다윗 왕의 후손으로 예수님이 오십니다. 예수님은 기름 부음을 받은 자의 왕이십니다.

한 가지 더 기억해야 할 사실이 있습니다. 하나님이 아브라함에게 가나안 땅을 그와 그 후손에게 주시겠다고 약속한 사실입니다. 그 언약이 한나의 때에 이루어졌습니다. 왜 이 땅이 중요할까요? 바로 그 땅 베들레헴에서 다윗과 예수님이 태어나기 때문입니다. 바로 그 땅 예루살렘에서 예수님이 십자가에 못 박혀 죽으십니다. 대속하시는 숫양, 어린 양으로 죽으십니다. 그리함으로 십자가에서 모든 죄와 더러움을 씻는 샘이 열리게 됩니다.

―――― 그날에 죄와 더러움을 씻는 샘이 다윗의 족속과 예루살렘 주민을 위하여
열리리라 슥 13:1

하나님의 놀라운 지식은 우리 인류의 죄와 죄로 인한 고통을 아시고, 그 해결책으로 예수님을 보내 주신 것입니다.

"하나님은 우리 모든 죄를 아십니다."

"하나님은 우리가 지은 죄의 형벌이 얼마나 무서운지를 아십니다."

"하나님은 우리 죄 문제의 해결책을 아십니다."

"하나님은 우리 죄 문제의 해결책으로 예수님의 보혈을 정하셨습니다."

"하나님은 예수님께 우리 죄를 대신 담당시키심으로
우리 죄 문제를 해결해 주셨습니다."

"하나님은 예수님의 보혈로 우리 죄를 정결하게 하시고
영원히 도말해 주셨습니다."

"하나님은 예수님의 보혈과 말씀과 성령님의 능력으로
죄를 이길 수 있는 힘까지 제공해 주셨습니다."

그리함으로 하나님의 지식과 지혜와 능력은 십자가에서 나타납니다. 그런 까닭에 사도 바울은 예수 그리스도와 그의 십자가에 못 박히신 것 외에는 아무것도 알지 아니하기로 작정했다고 고백했습니다.

내가 너희 중에서 예수 그리스도와 그가 십자가에 못 박히신 것 외에는 아무것도 알지 아니하기로 작정하였음이라 고전 2:2

다른 지식이 필요 없다는 것이 아닙니다. 그가 이렇게 고백하는 것은 가장 소중한 지식이 그리스도를 아는 지식이며, 십자가에 못 박혀 죽으신 예수님이 이루신 일을 아는 지식임을 강조하기 위함입니다. 모든 지식 가운데 가장 뛰어난 지식이 있습니다.

그것은 그리스도를 아는 지식입니다.

> 또한 모든 것을 해로 여김은 내 주 그리스도 예수를 아는 지식이 가장 고
> 상하기 때문이라 내가 그를 위하여 모든 것을 잃어버리고 배설물로 여김
> 은 그리스도를 얻고   빌 3:8

또한 보배로운 지식은 하나님이 우리에게 은혜로 주신 것을
아는 지식임을 강조하고 싶은 것입니다.

> 우리가 세상의 영을 받지 아니하고 오직 하나님으로부터 온 영을 받았으
> 니 이는 우리로 하여금 하나님께서 우리에게 은혜로 주신 것들을 알게 하
> 려 하심이라   고전 2:12

우리는 오직 십자가에 못 박혀 죽으신 예수님의 은혜를 통해
예수님 안에서 만세 전부터 택한 바 되었습니다. 또한 예수님 안
에서 모든 신령한 복을 받았습니다.

> 찬송하리로다 하나님 곧 우리 주 예수 그리스도의 아버지께서 그리스도
> 안에서 하늘에 속한 모든 신령한 복을 우리에게 주시되 곧 창세전에 그리
> 스도 안에서 우리를 택하사 우리로 사랑 안에서 그 앞에 거룩하고 흠이 없
> 게 하시려고   엡 1:3-4

하나님은 창세전부터 우리를 아셨습니다. 우리가 예수님을 믿
을 것을 아셨습니다. 그리고 그리스도 안에서 하늘에 속한 모든
신령한 복을 예비하시고, 우리에게 허락해 주셨습니다. 모든 것을

아시는 하나님을 아는 지식 가운데 더욱 풍성한 삶을 누리기를 빕니다.

9

지혜의 하나님을 아는 지식

롬 11:33-36

하나님의 지혜는
깊고 풍성합니다

사도 바울은 로마서 11장에서 이방인의 구원과 유대인의 구원에 관해 설명하는 중에 하나님의 지혜의 깊이와 풍성함을 찬양합니다.

> 깊도다 하나님의 지혜와 지식의 풍성함이여, 그의 판단은 헤아리지 못할 것이며 그의 길은 찾지 못할 것이로다 롬 11:33

하나님의 지혜는 깊습니다. 세상의 지혜는 얄팍합니다. 피상적입니다. 하나님의 지혜를 경험하게 될 때 우리는 깊이 있는 사람이 됩니다. 리처드 포스터는 오늘날 절실히 필요한 사람은 깊이 있는 사람이라고 말합니다.

> 오늘날 절실히 필요한 것은 똑똑한 사람이나 천재가 아니라 깊이 있는 사람이 많아지는 것이다. 영적인 삶의 고전적 훈련은 피상적인 삶을 떠나 깊이 있는 삶을 살도록 요청한다. 리처드 포스터, 《영적 훈련과 성장》, 생명의말씀사, 29쪽

깊이 있는 삶은 깊이 있는 하나님을 만날 때 가능합니다. 깊이 있는 삶은 하나님의 깊은 지혜를 배울 때 가능합니다. 깊이가 있다는 것은 무엇을 의미할까요? 그것은 근원부터 살피는 것입니다. 나무가 있다면 뿌리부터 살피는 것입니다. 나무에게 중요한 것은 뿌리입니다. 보이지 않는 뿌리가 나무의 건강과 열매의 풍성함과 나무의 크기를 결정합니다. 그래서 깊이 있는 지혜를 가진 사람은 언제나 근원을 살피려고 합니다. 누가는 예수님의 생애를 기록할 때 모든 일을 근원부터 살피는 지혜가 있었습니다.

─────── 그 모든 일을 근원부터 자세히 미루어 살핀 나도 데오빌로 각하에게 차례대로 써 보내는 것이 좋은 줄 알았노니 눅 1:3

하나님의 지혜는 근원을 살피는 지혜입니다. 무엇보다 하나님 자신이 근원이 되십니다. 하나님은 시작과 마지막이십니다. 알파와 오메가이십니다. 그런 까닭에 하나님은 깊고 은밀한 것을 아십니다. 깊고 은밀한 것을 나타내십니다(단 2:22). 또한 지혜의 영이신 성령님은 하나님의 깊은 것이라도 통달하십니다.

─────── 오직 하나님이 성령으로 이것을 우리에게 보이셨으니 성령은 모든 것 곧 하나님의 깊은 것까지도 통달하시느니라 고전 2:10

우리가 하나님의 지혜를 성경을 통해 배울 때 깊이 있는 삶을 살 수 있습니다. 또한 충만하고 풍성한 삶을 살 수 있습니다.

하나님은 지혜를 통해 우리를 축복하십니다

성경에 나오는 지혜서 가운데 잠언이 으뜸입니다. 물론 모든 성경은 하나님의 지혜로 충만합니다. 하지만 잠언은 지혜에 초점을 맞추어 쓰인 책입니다. 잠언은 지혜가 가장 귀하다고 거듭 강조하고 있습니다.

지혜를 얻은 자와 명철을 얻은 자는 복이 있나니 … 지혜는 진주보다 귀하니 네가 사모하는 모든 것으로도 이에 비교할 수 없도다 … 지혜는 그 얻은 자에게 생명 나무라 지혜를 가진 자는 복되도다 잠 3:13-18

하나님은 누군가를 축복하시고, 그를 사용하시려고 할 때 그에게 지혜를 부어 주시는 것을 보게 됩니다. 하나님은 요셉에게 지혜를 부어 주심으로 그를 축복하십니다.

바로가 그의 신하들에게 이르되 이와 같이 하나님의 영에 감동된 사람을 우리가 어찌 찾을 수 있으리요 하고 요셉에게 이르되 하나님이 이 모든 것을 네게 보이셨으니 너와 같이 명철하고 지혜 있는 자가 없도다 창 41:38-39

요셉의 지혜는 꿈을 해석하는 지혜였습니다. 미래를 예측하고, 미래를 준비하는 지혜였습니다.

하나님은 모세의 후계자로 여호수아를 세우려고 할 때 지혜의 영으로 충만하게 하십니다.

> 모세가 눈의 아들 여호수아에게 안수하였으므로 그에게 지혜의 영이 충
> 만하니 이스라엘 자손이 여호와께서 모세에게 명령하신 대로 여호수아의
> 말을 순종하였더라 신 34:9

하나님이 다니엘을 통해 놀라운 일을 이루실 때에도 그에게 부어 주신 것이 지혜의 영이었습니다. 다니엘에 대해 바벨론 사람들이 하는 말을 들어 보십시오.

> 왕의 나라에 거룩한 신들의 영이 있는 사람이 있으니 곧 왕의 부친 때에 있
> 던 자로서 명철과 총명과 지혜가 신들의 지혜와 같은 자니이다 단 5:11상

하나님은 다니엘이 하나님의 말씀을 깊이 깨닫기 위해 기도할 때 천사를 보내어 지혜와 총명을 더해 주십니다.

> 내게 가르치며 내게 말하여 이르되 다니엘아 내가 이제 네게 지혜와 총명
> 을 주려고 왔느니라 단 9:22

또 하나님은 성막을 지을 때 브살렐과 오홀리압을 세우셔서 하나님의 영이신 성령님을 부어 그들을 지혜롭게 하셨습니다.

> 내가 유다 지파 훌의 손자요 우리의 아들인 브살렐을 지명하여 부르고 하
> 나님의 영을 그에게 충만하게 하여 지혜와 총명과 지식과 여러 가지 재주
> 로 정교한 일을 연구하여 금과 은과 놋으로 만들게 하며 보석을 깎아 물리
> 며 여러 가지 기술로 나무를 새겨 만들게 하리라 내가 또 단 지파 아히사
> 막의 아들 오홀리압을 세워 그와 함께하게 하며 지혜로운 마음이 있는 모

든 자에게 내가 지혜를 주어 그들이 내가 네게 명령한 것을 다 만들게 할
지니 출 31:2-6

하나님이 성경에서 지도자와 일꾼을 세울 때 가장 중요하게
보는 것이 지혜와 지식이었습니다.

너희의 각 지파에서 지혜와 지식이 있는 인정받는 자들을 택하라 내가 그
들을 세워 너희 수령을 삼으리라 한즉 신 1:13

형제들아 너희 가운데서 성령과 지혜가 충만하여 칭찬받는 사람 일곱을
택하라 우리가 이 일을 그들에게 맡기고 행 6:3

그러므로 지도자는 늘 지혜를 구해야 합니다. 지혜의 영이신
성령님으로 충만하길 갈망해야 합니다. 하나님은 예수님을 통해
구원의 일을 이루시기 위해 지혜의 영을 부어 주셨습니다.

그의 위에 여호와의 영 곧 지혜와 총명의 영이요 모략과 재능의 영이요 지
식과 여호와를 경외하는 영이 강림하시리니 사 11:2

또한 예수님의 성장하는 모습 속에서 우리는 거듭 지혜가 자
라고 충만해지는 것을 보게 됩니다.

아기가 자라며 강하여지고 지혜가 충만하며 하나님의 은혜가 그의 위에
있더라 눅 2:40

예수는 지혜와 키가 자라가며 하나님과 사람에게 더욱 사랑스러워 가시
더라 눅 2:52

하나님은 우리에게 지혜를 주심으로
사명을 완수하게 하십니다

우리는 지혜의 근본부터 살펴볼 필요가 있습니다. 지혜와 함께 사용되는 단어 중의 하나가 명철입니다.

──── 대저 여호와는 지혜를 주시며 지식과 명철을 그 입에서 내심이며 잠 2:6

명철이란 이해와 관련되어 있습니다. "이해하다"는 영어로 'understand'입니다. 이 단어는 '아래 서서 본다'라는 의미입니다. 사물을 이해할 때 아래 서서 밑바닥부터 살피는 것을 의미합니다. 곧 근원과 근본과 본질을 살피는 것입니다.

지혜의 근본은 하나님을 경외함에 있습니다

──── 여호와를 경외하는 것이 지혜의 근본이요 거룩하신 자를 아는 것이 명철
이니라 잠 9:10

지혜는 세상의 꾀가 아닙니다. 술수가 아닙니다. 수단과 방법을 가리지 않고 성공하려는 인간적인 술책이 아닙니다. 지혜의 근본은 하나님을 경외하는 것입니다. 하나님을 경외한다는 것은 하나님을 최우선에 둔다는 것을 의미합니다. 하나님이 지혜의 본체이심을 인정하는 것입니다. 하나님의 지혜는 깊고 높으며, 하나님은 지혜를 주시는 분임을 인정하는 것입니다. 하나님이 정해주

신 원리와 법칙을 따라 사는 것을 의미합니다.

지혜로우신 예수님의 삶의 모습은 어떤 모습이었을까요? 하나님을 경외함으로 즐거움을 삼으셨습니다.

그가 여호와를 경외함으로 즐거움을 삼을 것이며 그의 눈에 보이는 대로 심판하지 아니하며 그의 귀에 들리는 대로 판단하지 아니하며   사 11:3

하나님을 경외한다는 것은 곧 예배를 의미합니다. 참된 지혜는 예배를 의미합니다. 예배란 가장 가치 있는 분께 영광을 돌리는 것입니다.

지혜란 하나님이 맡기신 사명을 완수하는 능력입니다

참된 지혜는 사명과 관련되어 있습니다. 사명은 하나님의 부르심입니다. 사명은 하나님이 우리에게 주신 재능과 은사와 밀접한 관계가 있습니다. 또한 우리에게 맡기신 일과 밀접한 관계가 있습니다. 구약성경에서 지혜 하면 가장 먼저 떠오르는 인물이 단연 솔로몬입니다. 솔로몬은 하나님께 지혜를 구함으로 칭찬을 받았습니다. 왜 하나님이 솔로몬이 지혜를 구했을 때 칭찬해 주셨을까요? 그것은 그가 하나님께 받은 사명과 관련되어 있기 때문입니다. 솔로몬은 청년의 때에 참된 예배자였습니다. 그가 하나님 앞에 일천 번제를 드렸을 때 하나님은 그에게 나타나셨습니다. 하나님은 그에게 "내가 네게 무엇을 주랴 너는 구하라"고 말씀하셨습니다.

그날 밤에 하나님이 솔로몬에게 나타나 그에게 이르시되 내가 네게 무엇을 주랴 너는 구하라 하시니   대하 1:7

그때 솔로몬이 하나님께 구한 것이 지혜와 지식입니다.

주는 이제 내게 지혜와 지식을 주사 이 백성 앞에서 출입하게 하옵소서 이렇게 많은 주의 백성을 누가 능히 재판하리이까 하니   대하 1:10

솔로몬은 하나님이 맡기신 백성을 올바로 재판하기 위해 지혜와 지식을 구했습니다. 왕으로서의 사명을 잘 감당하기 위해 지혜와 지식을 구했습니다. 하나님은 솔로몬의 간구를 기뻐하시면서 그가 구하지 않은 부와 재물과 영광도 덤으로 주십니다(대하 1:11-12). 본질에 충실하고, 사명에 충실하면 나머지는 덤으로 따라오게 됩니다. 여기서 우리는 지혜와 지식이 밀접하게 연결되어 있는 것을 보게 됩니다. 지혜 없이 지식이 있을 수 없고, 지식 없이 지혜가 있을 수 없습니다. 제가 자주 사용하는 지혜에 대한 정의가 있습니다.

"지혜란 지식을 활용할 수 있는 능력입니다."

지혜란 배운 지식을 적용하고, 활용하는 능력입니다. 그렇다면 반드시 지식이 필요합니다. 지혜란 먼저 지식을 습득한 다음에 그 지식을 삶 속에, 또한 사명을 완수하기 위해 활용하는 것이기 때문입니다. 솔로몬이 받은 지혜와 지식에 대해 열왕기상은 조금 다르게 표현하고 있습니다. 열왕기상에서 솔로몬이 같은 사건을 통해 구한 것은 "듣는 마음"입니다.

누가 주의 이 많은 백성을 재판할 수 있사오리이까 듣는 마음을 종에게 주사 주의 백성을 재판하여 선악을 분별하게 하옵소서 솔로몬이 이것을 구하매 그 말씀이 주의 마음에 든지라   왕상 3:9-10

여기서 아주 중요한 지혜의 정의를 또 하나 얻게 됩니다.

"지혜란 듣는 마음입니다."

지혜로운 사람은 잘 듣는 사람입니다. 왜 듣는 것이 중요할까요? 들을 때 잘 분별할 수 있기 때문입니다. 하나님은 그가 듣는 마음을 구했을 때 그 마음을 '분별하는 지혜'라고 말씀하셨습니다. 듣는 마음을 지혜롭고 총명한 마음이라고 말씀하셨습니다.

이에 하나님이 그에게 이르시되 네가 이것을 구하도다 … 오직 송사를 듣고 분별하는 지혜를 구하였으니 내가 네 말대로 네게 지혜롭고 총명한 마음을 주노니…   왕상 3:11-12

하나님이 가르쳐 준 지혜의 정의는 다양합니다.

"지혜란 분별력입니다."

왜 분별이 중요할까요? 솔로몬에게 있어서 재판을 바로 할 수 있기 때문입니다. 올바른 분별력은 통치자의 가장 중요한 자질입니다. 정의를 실현하기 위해서는 반드시 분별력이 필요합니다.

> …그의 눈에 보이는 대로 심판하지 아니하며 그의 귀에 들리는 대로 판단하지 아니하며 공의로 가난한 자를 심판하며 정직으로 세상의 겸손한 자를 판단할 것이며… 사 11:3-4

예수님은 눈에 보이고 귀에 들리는 대로 함부로 판단하지 않고 하나님의 지혜로 올바로 판단함으로 공의를 세운다고 말씀합니다. 지혜는 올바로 분별하고, 판단하는 것과 밀접한 관계가 있습니다. 올바로 분별하는 것이 왜 중요할까요? 올바로 분별해야 올바로 선택할 수 있기 때문입니다.

"지혜란 올바로 선택할 수 있는 능력입니다."

하나님이 우리에게 지혜를 주시는 이유는 사명을 이루기 위해서입니다. 선한 목적을 이루기 위해서입니다.

지혜를 얻는 법을 배우는 것이 지혜입니다

지혜가 중요한 것을 우리는 알고 있습니다. 그렇다면 어떻게 지혜를 얻을 수 있을까요? 지혜에 관해 모든 것을 말할 수는 없지만 가장 핵심적인 것을 여기서 나눠 보겠습니다.

첫째, 예수님을 영접하고 성령 충만을 받을 때 지혜를 얻게 됩니다.

예수님을 영접하는 것이 가장 중요합니다. 왜냐하면 예수님 안에 지혜와 지식의 모든 보화가 있기 때문입니다.

— 그 안에는 지혜와 지식의 모든 보화가 감추어져 있느니라 골 2:3

또한 예수님을 영접할 때 성령님이 우리 안에 들어오시게 됩니다. 성령님이 우리 안에 들어오실 때 우리는 지혜를 얻게 됩니다.

둘째, 말씀 묵상을 통해 지혜를 얻게 됩니다.

지혜가 하나님으로부터 임하기도 하지만 또한 지혜는 배우는 것입니다. 지혜를 배우기 위해서는 지혜를 갈망하고, 지혜를 찾아야 합니다. 그 비결이 말씀 묵상에 있습니다. 말씀을 깊이 묵상할 때 말씀 속에 담긴 지혜가 충만하게 됩니다. 성경은 우리가 말씀으로 충만할 때 곧 지혜가 충만해진다고 가르쳐 줍니다.

— 그리스도의 말씀이 너희 속에 풍성히 거하여 모든 지혜로 피차 가르치며 권면하고 시와 찬송과 신령한 노래를 부르며 감사하는 마음으로 하나님을 찬양하고 골 3:16

여기서 말씀으로 교제하는 공동체가 얼마나 중요한가를 보여 줍니다. 우리가 함께 말씀을 묵상할 때 그 말씀이 우리 안에 풍성히 거하게 됩니다. 하나님의 말씀이 풍성히 거할 때 우리는 모든 지혜로 충만하게 됩니다. 그때 모든 지혜로 피차 가르치며 권면하게 됩니다. 그리고 함께 신령한 노래를 부르며 감사하는 마음으로 하나님을 찬양하는 예배 공동체가 됩니다. 날마다 말씀을 묵상하십시오. 말씀 묵상 속에 지혜를 얻는 비밀이 담겨 있습니다.

> 내가 주의 법을 어찌 그리 사랑하는지요 내가 그것을 종일 작은 소리로 읊조리나이다 주의 계명들이 항상 나와 함께하므로 그것들이 나를 원수보다 지혜롭게 하나이다 내가 주의 증거들을 늘 읊조리므로 나의 명철함이 나의 모든 스승보다 나으며 주의 법도들을 지키므로 나의 명철함이 노인보다 나으니이다 시 119:97-100

셋째, 지혜로운 자와 동행함으로 지혜를 얻게 됩니다.

우리가 누구와 동행하느냐는 아주 중요합니다. 왜냐하면 우리가 동행하는 사람으로부터 영향을 받게 되기 때문입니다. 지혜로운 자와 동행할 때 우리는 지혜를 얻습니다. 미련한 자와 동행하게 되면 해를 받게 됩니다.

> 지혜로운 자와 동행하면 지혜를 얻고 미련한 자와 사귀면 해를 받느니라 잠 13:20

지혜로운 자는 지혜를 가르쳐 줍니다. 지혜의 본체이신 예수님은 제자들에게 지혜를 가르쳐 주셨습니다. 사도 바울도 그가 키우고 양육했던 제자들을 모든 지혜로 가르쳤습니다.

> 우리가 그를 전파하여 각 사람을 권하고 모든 지혜로 각 사람을 가르침은 각 사람을 그리스도 안에서 완전한 자로 세우려 함이니 골 1:28

넷째, 기도를 통해 지혜를 얻게 됩니다.

솔로몬이 지혜를 얻게 된 것은 그가 간구했기 때문입니다. 다니엘도 지혜가 필요할 때 하나님께 기도함으로 지혜를 얻었습니다. 야고보는 지혜가 부족한 사람은 하나님께 간구하라고 권면합니다.

> 너희 중에 누구든지 지혜가 부족하거든 모든 사람에게 후히 주시고 꾸짖지 아니하시는 하나님께 구하라 그리하면 주시리라 약 1:5

다섯째, 지혜를 실천하고 나눌 때 지혜를 얻게 됩니다.

예수님은 지혜로운 자는 배운 것을 실천하는 사람이라고 강조하셨습니다. 지식을 적용하는 것이 지혜인 것처럼, 지혜는 깨달은 것을 실천함으로 그 능력을 경험하게 됩니다. 예수님은 산상수훈의 교훈을 주신 후에 배운 것을 실천하는 사람이 지혜로운 사람이라고 말씀하셨습니다.

> 그러므로 누구든지 나의 이 말을 듣고 행하는 자는 그 집을 반석 위에 지은 지혜로운 사람 같으리니 마 7:24

지혜로운 사람은 실천을 통해 깨달은 지혜를 다른 사람과 나누는 중에 더욱 지혜로워집니다. 지혜란 실천을 통해 자신의 존재의 한 부분이 됩니다. 지혜는 나눔을 통해 더욱 풍성해집니다. 더욱 선명해집니다. 지혜는 나눔을 통해 놀라운 기쁨을 불러 옵니다.

하나님의 지혜는
창조와 구속에 집중되어 있습니다

하나님의 지혜는 무궁합니다. 하나님의 지혜는 풍성합니다. 하나님의 지혜는 다양합니다. 하지만 하나님의 모든 지혜와 각종 지혜는 창조와 구속에 집중되어 있습니다. 하나님의 능력에 대해서도 언급했지만, 하나님은 결코 그분의 지혜를 오용하거나 남용하지 않으십니다. 하나님은 그 지혜를 선한 목적에 집중해서 사용하십니다. 그리함으로 하나님의 영광을 드러내십니다. 하나님의 지혜는 하나님의 솜씨입니다. 하나님의 탁월함입니다. 하나님의 영광스러움입니다. 하나님의 지혜는 하나님의 아름다움을 드러내는 도구입니다.

하나님은 지혜로 모든 만물을 창조하셨습니다

우리는 하나님이 만드신 모든 만물을 통해 하나님의 지혜를 알 수 있습니다. 하나님의 지혜는 하나님의 솜씨와 관련되어 있습니다. 하나님의 질서와 조화와 관련되어 있습니다. 하나님의 아름다움과 관련되어 있습니다. 하나님의 공교함과 섬세함과 관련되어 있습니다. 하나님의 영화스러움과 위대함과 광대함과 관련되어 있습니다. 성경은 하나님 아버지께서 예수님을 통해 모든 만물을 만드셨다고 말씀합니다.

───── 그가 태초에 하나님과 함께 계셨고 만물이 그로 말미암아 지은 바 되었으

니 지은 것이 하나도 그가 없이는 된 것이 없느니라 요 1:2-3

만물이 그에게서 창조되되 하늘과 땅에서 보이는 것들과 보이지 않는 것들과 혹은 왕권들이나 주권들이나 통치자들이나 권세들이나 만물이 다 그로 말미암고 그를 위하여 창조되었고 또한 그가 만물보다 먼저 계시고 만물이 그 안에 함께 섰느니라 골 1:16-17

하나님이 예수님을 통해 천지를 창조하실 때 예수님은 지혜로 천지를 창조하셨습니다. 예수님이 지혜로 천지를 창조하신 모습이 잠언 8장에 나와 있습니다. 잠언은 지혜를 의인화하여 표현하고 있습니다. 곧 지혜가 예수님의 모습으로 나타납니다.

여호와께서 그 조화의 시작 곧 태초에 일하시기 전에 나를 가지셨으며 만세 전부터, 태초부터, 땅이 생기기 전부터 내가 세움을 받았나니 아직 바다가 생기지 아니하였고 큰 샘들이 있기 전에 내가 이미 났으며 산이 세워지기 전에, 언덕이 생기기 전에 내가 이미 났으니 하나님이 아직 땅도, 들도, 세상 진토의 근원도 짓지 아니하셨을 때에라 그가 하늘을 지으시며 궁창을 해면에 두르실 때에 내가 거기 있었고 그가 위로 구름 하늘을 견고하게 하시며 바다의 샘들을 힘 있게 하시며 바다의 한계를 정하여 물이 명령을 거스르지 못하게 하시며 또 땅의 기초를 정하실 때에 내가 그 곁에 있어서 창조자가 되어 날마다 그의 기뻐하신 바가 되었으며 항상 그 앞에서 즐거워하였으며 잠 8:22-30

하나님이 특별히 인간을 창조의 면류관으로 지으셨습니다.

하나님이 이르시되 우리의 형상을 따라 우리의 모양대로 우리가 사람을 만들고 그들로 바다의 물고기와 하늘의 새와 가축과 온 땅과 땅에 기는 모든 것을 다스리게 하자 하시고 하나님이 자기 형상 곧 하나님의 형상대로 사람을 창조하시되 남자와 여자를 창조하시고 창 1:26-27

하나님이 인간을 만드실 때는 모든 만물을 다스릴 수 있도록 지혜와 지식과 능력을 더해 주셨습니다. 무엇이든 다스리고 돌보기 위해서는 지혜와 지식이 필요합니다. 권세와 능력이 필요합니다. 하나님이 인간을 그토록 존귀하게 만드시고, 복을 주신 것을 보게 됩니다. 하나님은 인간을 만드실 때 심히 기묘하게 만드셨습니다. 신비롭게 만드셨습니다.

내가 주께 감사하옴은 나를 지으심이 심히 기묘하심이라 주께서 하시는 일이 기이함을 내 영혼이 잘 아나이다 시 139:14

문제는 아담과 하와의 범죄로 말미암아 인간이 타락하게 된 것입니다. 그 후에 하나님의 지혜는 모두 타락한 인간을 구속하는 데 집중하게 됩니다.

하나님은 지혜로 죄인 된 우리를 구속하셨습니다

사도 바울은 하나님의 지혜의 절정을 십자가에서 죽으시고 부활하신 예수 그리스도에게서 발견했습니다.

우리는 십자가에 못 박힌 그리스도를 전하니 유대인에게는 거리끼는 것이요 이방인에게는 미련한 것이로되 오직 부르심을 받은 자들에게는 유대인이나 헬라인이나 그리스도는 하나님의 능력이요 하나님의 지혜니라 고전 1:23-24

하나님은 공의로우신 분입니다. 그래서 죄를 벌하셔야 합니다. 죄인에게 죄의 심판과 형벌을 내리셔야 합니다. 하지만 하나님은 사랑의 하나님이십니다. 하나님은 죄를 미워하시지만 죄인을 사랑하시는 분입니다. 죄인을 향한 긍휼을 가지신 분입니다. 한량 없는 자비와 인애를 가지신 분입니다. 그런 까닭에 하나님은 고통스런 딜레마에 빠지실 수밖에 없습니다. 죄인을 벌하시면 긍휼이 없고 사랑이 없는 하나님이 되십니다. 반면에 죄를 벌하지 않으시면 공의롭지 못한 하나님이 되십니다. 하나님은 그 딜레마를 하나님의 지혜로 해결하셨습니다.

하나님이 가장 사랑하시는 독생자 예수님을 우리를 대신하여 죄로 삼으신 것입니다. 우리를 대신하여 십자가에서 죽게 하신 것입니다. 그리하심으로 하나님은 그분의 공의로 죄는 벌하시고, 그분의 사랑으로 죄인에게 은혜를 베푸셨습니다. 하나님의 지혜는 하나님의 공의와 사랑의 완전한 조화입니다. 그 아름다운 조화가 십자가에서 이루어진 것입니다. 하나님이 우리를 대신하여 예수님을 속죄물로 내어 주시고, 우리에게 예수님의 의를 전가시켜 주심으로 의롭다 하심을 얻게 하셨습니다. 예수님 안에 있는 모든 복을 우리에게 베풀어 주신 것입니다. 우리는 예수님을 믿

을 때 하나님께로부터 난 자가 됩니다. 예수님을 믿을 때 우리의
죄는 예수님께 전가되고, 예수님의 의는 우리에게 전가됩니다.

　우리가 예수님을 믿을 때 그의 신부가 되어 예수님께 속한 모
든 것이 우리의 것이 됩니다. 사도 바울은 이 비밀을 근원부터 살
펴 우리에게 다음과 같이 전해 줍니다.

───── 너희는 하나님으로부터 나서 그리스도 예수 안에 있고 예수는 하나님
　으로부터 나와서 우리에게 지혜와 의로움과 거룩함과 구원함이 되셨으
　니 고전 1:30

　우리가 받은 지혜와 의로움과 거룩함과 구원은 모두 그리스도
를 통해 온 것입니다. 사도 바울은 로마서 12장에서 다시 한 번 하
나님의 지혜를 경탄합니다. 그 지혜는 하나님이 이방인과 유대인
을 향한 구속의 섭리에 관한 지혜입니다. 사도 바울은 유대인들
이 예수님을 영접하지 않고 예수님을 십자가에 죽임으로 배척한
것을 보았습니다. 그런 까닭에 하나님이 이방인들로 하여금 예수
님을 믿고 구원을 받게 하신 것입니다. 사도 바울은 이방인으로
서 예수님을 믿고 구원을 얻은 사람들에게 뿌리를 잊지 말라고
부탁합니다. 이방인의 구원은 아브라함과 다윗의 후손으로 오신
그리스도를 통해 왔다는 것입니다. 그 뿌리, 그 원가지를 잊지 말
라고 부탁합니다. 아브라함과 그 후손이 뿌리에 속하고 원가지에
속하고 참감람나무에 속한다는 것입니다.

───── 제사하는 처음 익은 곡식 가루가 거룩한즉 떡덩이도 그러하고 뿌리가 거

록한즉 가지도 그러하니라 또한 가지 얼마가 꺾이었는데 돌감람나무인
네가 그들 중에 접붙임이 되어 참감람나무 뿌리의 진액을 함께 받는 자가
되었은즉 그 가지들을 향하여 자랑하지 말라 자랑할지라도 네가 뿌리를
보전하는 것이 아니요 뿌리가 너를 보전하는 것이니라 롬 11:16-18

우리 이방인들은 돌감람나무인데 하나님의 은혜로 참감람나
무에 접붙임을 받았다는 것입니다. 그러므로 교만하지 말라는 것
입니다. 또한 하나님은 유대인들로 하여금 이방인들의 구원을 보
고 시기 나게 함으로 언젠가는 하나님께 돌아오게 하겠다는 것입
니다. 구원받은 이방인의 수가 충만해질 때 유대인들이 다시 하
나님께로 돌아오게 될 것이라고 강조합니다. 하나님이 유대인들
을 아주 버리지 않으셨다는 것입니다.

형제들아 너희가 스스로 지혜 있다 하면서 이 신비를 너희가 모르기를 내
가 원하지 아니하노니 이 신비는 이방인의 충만한 수가 들어오기까지 이
스라엘의 더러는 우둔하게 된 것이라 그리하여 온 이스라엘이 구원을 받
으리라 기록된 바 구원자가 시온에서 오사 야곱에게서 경건하지 않은 것
을 돌이키시겠고 내가 그들의 죄를 없이 할 때에 그들에게 이루어질 내 언
약이 이것이라 함과 같으니라 롬 11:25-27

그리하심으로 하나님은 결국 이방인과 유대인 모두를 구원하
신다는 것입니다. 이것이 하나님의 뜻이요, 하나님의 의도요, 하
나님의 목적이요, 하나님의 경륜이요, 하나님의 섭리라는 것입니

다. 하나님의 지혜는 어떻게든지 한 사람이라도 더 구원하는 데 있습니다.

하나님의 지혜는
만민을 구원하는 데 있습니다

하나님의 지혜는 모든 고통스런 사건을 통해 구원을 이루시는 섭리 속에서 절정을 이루게 됩니다. 하나님이 요셉을 지혜롭게 하셨습니다. 요셉의 지혜는 어려운 환경에 적응하는 지혜였습니다. 미래를 준비하는 지혜였습니다. 탁월함에 이르는 실력을 쌓는 지혜였습니다. 위기를 관리하는 지혜였습니다. 문제를 해결하는 지혜였습니다. 인내하는 지혜였습니다. 유혹을 물리치는 지혜였습니다. 용서하는 지혜였습니다. 축복하는 지혜였습니다. 겸손한 지혜였습니다.

하나님이 그에게 지혜를 주심으로 이루신 것은 그가 국무총리가 된 것이 아닙니다. 하나님이 그를 통해서 이루신 것은 만민의 생명을 구원하는 것입니다.

───
당신들이 나를 이곳에 팔았다고 해서 근심하지 마소서 한탄하지 마소서

하나님이 생명을 구원하시려고 나를 당신들보다 먼저 보내셨나이다

창 45:5

하나님이 큰 구원으로 당신들의 생명을 보존하고 당신들의 후손을 세상에 두시려고 나를 당신들보다 먼저 보내셨나니 창 45:7

하나님의 모든 관심은 구속의 드라마에 있습니다. 하나님이 큰 구원을 이루시는 것입니다. 요셉이 보전했던 그의 형제들의 후손 가운데 유다 후손이 있습니다. 유다 후손을 통해 다윗이 그리고 예수님이 오셔서 큰 구원을 이루십니다. 바로 그 일을 이루시기 위해 요셉으로 하여금 형제들의 미움을 받게 하셨습니다. 시기의 대상이 되게 하셨습니다. 그리함으로 요셉은 애굽에 팔려 와서 고난을 통과했습니다. 하지만 요셉은 그 모든 고난을 통해 구원을 이루시는 하나님의 섭리의 지혜를 깨달았습니다.

그런즉 나를 이리로 보낸 이는 당신들이 아니요 하나님이시라 하나님이 나를 바로에게 아버지로 삼으시고 그 온 집의 주로 삼으시며 애굽 온 땅의 통치자로 삼으셨나이다 창 45:8

당신들은 나를 해하려 하였으나 하나님은 그것을 선으로 바꾸사 오늘과 같이 많은 백성의 생명을 구원하게 하시려 하셨나니 창 50:20

하나님이 다니엘에게 지혜를 주셨습니다. 하나님이 그에게 지혜를 주신 것은 세상에서 출세하라고 주신 것이 아닙니다. 국무총리가 되어 권세를 누리라는 것이 아닙니다. 하나님이 그에게 지혜를 주신 것은 장차 오실 예수 그리스도를 증거하기 위함입니다. 다니엘서의 절정은 하나님의 나라를 선포하는 것과 장차 오실 인자, 즉 그리스도를 증거하는 데 있습니다.

> 네 백성과 네 거룩한 성을 위하여 일흔 이레를 기한으로 정하였나니 허물
> 이 그치며 죄가 끝나며 죄악이 용서되며 영원한 의가 드러나며 환상과 예
> 언이 응하며 또 지극히 거룩한 이가 기름 부음을 받으리라   단 9:24

그러므로 지혜자 다니엘을 통해 주신 지혜자의 사명은 많은 사람들을 그리스도에게 인도하는 것입니다.

> 지혜 있는 자는 궁창의 빛과 같이 빛날 것이요 많은 사람을 옳은 데로 돌
> 아오게 한 자는 별과 같이 영원토록 빛나리라   단 12:3

하나님이 여호수아에게 지혜의 영을 부어 주심도 그를 통해 가나안 땅을 정복하게 하시려는 것입니다. 가나안 땅은 장차 오실 예수님이 태어나서 죽고 부활하실 땅입니다. 또한 가나안 땅은 천국의 모형입니다. 하나님이 브살렐과 오홀리압에게 지혜의 영을 부어 주셔서 성막을 짓게 하신 것은 장차 성막, 즉 성전으로 오실 예수님을 위해 그리하신 것입니다. 하나님의 모든 지혜는 한 분에게 초점을 맞추고 있습니다. 바로 예수 그리스도입니다. 예수님은 지혜로 천지를 창조하신 분입니다. 또한 지혜로 십자가에서 우리를 구원하신 분입니다. 그리함으로 예수님을 통해 창조와 구속의 사역이 이루어진 것입니다. 사도 바울은 그래서 하나님의 깊은 지혜와 풍성한 지혜를 찬양하면서 다시 근본으로 돌아갑니다.

———————— 이는 만물이 주에게서 나오고 주로 말미암고 주에게로 돌아감이라 그에게 영광이 세세에 있을지어다 아멘 롬 11:36

하나님의 지혜의 궁극적인 목적은 우리가 예수님의 형상을 닮아 하나님을 알고, 하나님을 즐거워하고, 하나님을 영화롭게 하는 것입니다. 하나님을 영원토록 즐거워하는 것입니다. 하나님의 참된 예배자가 되는 것입니다. 하나님의 찬송이 되는 것입니다.

———————— 하나님이 미리 아신 자들을 또한 그 아들의 형상을 본받게 하기 위하여 미리 정하셨으니 이는 그로 많은 형제 중에서 맏아들이 되게 하려 하심이니라 또 미리 정하신 그들을 또한 부르시고 부르신 그들을 또한 의롭다 하시고 의롭다 하신 그들을 또한 영화롭게 하셨느니라 롬 8:29-30

구약에서 가장 탁월한 지혜자로 솔로몬을 손꼽습니다. 하지만 솔로몬의 지혜는 거룩을 겸비하지 못한 지혜입니다. 그가 알고 있는 지식을 따라 행하지 못한 부족한 지혜였습니다. 결국 그는 하나님의 백성을 범죄하게 만들었습니다. 우상 숭배를 하게 만들었습니다. 나라가 나누어지게 만들었습니다. 예수님은 솔로몬보다 지혜로우신 분입니다. 더 탁월하신 왕입니다.

———————— 심판 때에 남방 여왕이 일어나 이 세대 사람을 정죄하리니 이는 그가 솔로몬의 지혜로운 말을 들으려고 땅 끝에서 왔음이거니와 솔로몬보다 더 큰 이가 여기 있느니라 마 12:42

세상의 지혜는 근시안적입니다. 시기와 질투와 다툼이 있습니다. 세상의 지혜는 얄팍합니다. 파괴적입니다. 남을 죽이고 자신이 잘되려고 합니다. 하지만 하나님의 지혜는 다릅니다.

오직 위로부터 난 지혜는 첫째 성결하고 다음에 화평하고 관용하고 양순하며 긍휼과 선한 열매가 가득하고 편견과 거짓이 없나니 화평하게 하는 자들은 화평으로 심어 의의 열매를 거두느니라 약 3:17-18

예수님의 지혜는 거룩했습니다. 화평하고 관용하고 양순했습니다. 긍휼과 선한 열매가 충만했습니다. 예수님의 지혜는 하나님을 경외하는 지혜였습니다. 또한 예수님은 우리를 하나님을 경외하는 백성으로 만드셨습니다. 예수님은 하나님과 원수 된 우리를 화목하게 하셨습니다. 둘을 하나로 만드셨습니다. 또한 우리를 예수님의 장성한 분량이 충만한 데까지 이루도록 키워 주십니다. 하나님의 지혜를 소중히 여기십시오. 늘 지혜를 구하십시오. 하나님을 경외하는 것이 지혜의 근본임을 잊지 마십시오.

"참된 지혜는 원천 되시는 하나님께 머무는 능력입니다."

거듭 하나님께로 돌아가십시오. 거듭 하나님께 머무십시오. 거듭 기본에 충실하십시오. 거듭 말씀으로 돌아가십시오. 거듭 근본을 다지십시오. 우리에게 주신 복을 영혼을 구원하는 일에 사용하십시오. 다니엘처럼 많은 사람들을 옳은 길, 즉 길 되신 예수님께 인도하십시오. 그때 우리는 하늘의 별처럼 빛나게 됩니다. 하나님은 모든 지혜를 이제 교회를 통해 알리기를 원하십니다.

───── 이는 이제 교회로 말미암아 하늘에 있는 통치자들과 권세들에게 하나님의 각종 지혜를 알게 하려 하심이니 엡 3:10

그리스도의 교회는 이토록 영광스럽습니다. 하나님은 이제 예수님의 신부된 교회를 통해 하나님의 각종 지혜를 알리길 원하십니다. 그러므로 우리는 성령님을 통해 예수님 안에서 하나님의 각종 지혜를 배워야 합니다. 각종 지혜로 충만해져야 합니다. 그 지혜를 따라 살아야 합니다. 또한 그 지혜를 모든 사람에게 나누어 주어야 합니다. 우리 모두 하나님의 은혜를 통해 지혜의 통로가 되기를 빕니다.

10.

긍휼의 하나님을 아는 지식

시 103:8-14

하나님은 긍휼이 풍성하신
하나님이십니다

하나님의 성품 가운데 우리가 가장 붙잡아야 할 성품이 있다면 긍휼입니다. 우리는 모두 연약합니다. 우리는 모두 죄인입니다. 우리는 쉽게 넘어집니다. 이 세상에 하나님의 긍휼이 필요 없는 사람은 없습니다. 만약에 하나님의 긍휼이 필요하지 않다고 생각하는 사람이 있다면 스스로 큰 착각을 하며 살고 있는 것입니다. 정말로 하나님을 만난 사람들은 한결같이 하나님의 긍휼을 찬양했습니다.

하나님의 성품에 대해 연구할수록 우리가 연구하려고 하는 하나님의 성품이 얼마나 광대한가를 깨닫게 됩니다. 우리가 그 광대하신 하나님의 성품을 총체적으로, 포괄적으로, 깊이 다루기에는 시간이 부족함을 느낍니다. 그런 까닭에 우리는 하나님의 성품의 혜택을 누렸던 한 사람이나 또는 몇 사람의 예를 통해 하나님의 성품을 배우는 것이 좋습니다. 하나님의 긍휼하심도 마찬가지입니다. 하나님의 긍휼하심을 경험했던 사람 중에 하나가 다윗

왕입니다. 다윗은 하나님의 긍휼을 경험한 후에 일평생 하나님의 긍휼을 찬양했습니다. 시편 103편은 다윗이 하나님의 긍휼을 경험한 다음에 하나님께 올려 드린 아름다운 시입니다. 그는 하나님의 긍휼이 풍성함을 찬양합니다.

여호와는 긍휼이 많으시고 은혜로우시며 노하기를 더디 하시고 인자하심이 풍부하시도다 시 103:8

다윗은 "여호와는 긍휼이 많으시다"고 찬양합니다. 하나님의 긍휼은 무궁하십니다. 풍성하십니다. 다윗은 한때 밧세바를 범한 사람입니다. 또한 그녀의 남편 우리아를 치졸한 방법으로 죽였던 사람입니다. 그는 그 죄를 은닉했습니다. 그의 죄를 왕의 권세로 정당화시켰습니다. 하나님이 다윗을 지켜보시던 어느 날, 그에게 나단 선지자를 보내어 그의 죄를 책망하셨습니다. 나단을 통해 하나님의 책망을 받은 다윗은 처절하게 무너졌습니다. 그리고 철저하게 회개합니다. 그때 그가 붙잡았던 것이 하나님의 긍휼입니다. 하나님의 인자하심입니다. 다윗이 하나님의 긍휼을 찬양할 때 늘 하나님의 은혜와 인자하심을 함께 찬양합니다.

하나님이여 주의 인자를 따라 내게 은혜를 베푸시며 주의 많은 긍휼을 따라 내 죄악을 지워 주소서 시 51:1

하나님의 인자하심과 하나님의 은혜와 하나님의 긍휼이 함께 역사합니다. 하지만 이 시간에는 하나님의 긍휼에 초점을 맞추었으면 합니다. 우리는 하나님의 성품을 연구할 때 그 성품이 어떤 성품인가를 먼저 이해해야 합니다. 또한 그 성품이 우리에게 어떤 혜택을 주는지를 배우고, 우리도 그 성품을 닮아가도록 해야 합니다.

하나님의 긍휼은 고통받는 자와 함께하시는 거룩한 성품입니다

하나님의 긍휼은 고통받는 자들을 위해 예비되어 있는 하나님의 성품입니다. 하나님의 긍휼은 아무 문제가 없고 풍족하고 부요하고 능력이 많은 사람에게 임하는 것이 아닙니다. 하나님의 긍휼은 죄를 짓고 고통스러워하는 사람에게 임했습니다. 하나님의 긍휼은 병든 자, 실패한 자, 가난한 자, 절망 중에 있는 자, 상처받은 자, 버림받은 자, 사단에게 공격을 받고 있는 자, 상실의 고통 중에 있는 자, 의심하는 자, 혼돈 속에 있는 자에게 임했습니다.

'긍휼'이란 단어는 히브리어로 '라함'(רחם, racham)입니다. 이 단어는 '어머니의 자궁'이라는 뜻을 내포하고 있습니다. 긍휼이란 단어의 뜻 속에는 자녀를 향한 어머니의 불쌍히 여기는 마음이 담겨 있습니다. '라함'의 복수명사는 '라하밈'입니다. 형용사는 '라훔'입니다. '긍휼'은 헬라어로 사용될 때 '창자가 끊어지는 듯

하다'라는 뜻을 가졌습니다. 긍휼이란 고통 중에 있는 사람을 마치 창자가 끊어지는 듯한 마음으로 함께 아파하는 것입니다. 그토록 불쌍히 여기는 것입니다.

하나님의 긍휼은 아주 강력한 감정입니다. 우리가 누군가를 긍휼히 여긴다는 것은 우리 내면에 강렬한 사랑의 감정이 생겨나는 것을 의미합니다. 하나님의 긍휼은 고통받는 자를 보시면서 아파하는 마음입니다. 또한 그를 외면하지 않고 그와 함께하는 성품입니다. 하나님의 긍휼은 고통받는 자와 함께 고통을 받으시는 것을 포함하고 있습니다. 또한 고통받는 자와 자신을 동일시하는 것을 포함하고 있습니다. 헨리 나우웬은 긍휼에 대해 다음과 같이 기록합니다.

> 긍휼을 뜻하는 영어 단어(compassion)는 라틴어 '파티'(pati)와 '쿰'(cum)에서 파생된 말이다. 이 두 단어를 합치면 '함께 고통받다'라는 의미가 된다. 긍휼은 우리에게 상처가 있는 곳으로 가라고, 고통이 있는 장소로 들어가라고, 깨어진 아픔과 두려움, 혼돈과 고뇌를 함께 나누라고 촉구한다. … 긍휼은 우리에게 연약한 사람들과 함께 연약해지고, 상처 입기 쉬운 자들과 함께 상처 입기 쉬운 자가 되며, 힘없는 자들과 함께 힘없는 자가 될 것을 요구한다. **헨리 나우웬 외, 《긍휼》, IVP, 18쪽**

긍휼이란 우리가 고통받는 사람의 마음속으로 들어가서 그의 입장에서 함께 고통을 느끼는 것입니다. 우리는 고통받는 사람들을 피하려고 합니다. 왜냐하면 고통받는 사람들을 대면하는 것이 고통스럽기 때문입니다. 하지만 긍휼은 우리를 고통받는 사람들에게로 이끕니다. 그들을 끌어안게 만듭니다. 그들과 더불어 아파하고, 함께 고통스러워하고, 함께 힘들어하게 합니다. 그들과 더불어 연약해집니다. 긍휼은 불쌍히 여기는 감정을 넘어서서 그들을 돕기 위해 행동하는 것을 포함합니다.

하나님은 정의로우신 분이요, 공의로우신 분입니다. 하지만 동시에 하나님은 긍휼이 풍성하신 분입니다. 하나님은 창세부터 지금까지 그 무궁한 긍휼하심으로 이 세상을 움직이고 계십니다. 죄인들을 돌보고 계십니다. 토저는 하나님의 긍휼하심에 대해 다음과 같이 기록하고 있습니다.

> 긍휼은 하나님의 한 속성이며, 적극적으로 하나님께 불쌍히 여기는 마음을 일으키는 그분의 품성의 내부에 있는 무한하고 다 써버릴 수 없는 무진장한 힘이다. A. W. 토저, 《하나님을 바로 알자》, 생명의말씀사, 142쪽

하나님은 우리를 불쌍히 여기십니다. 하나님의 긍휼은 에덴동산에서부터 시작되었습니다. 아담과 하와가 선악과를 따먹었을 때 그들은 마땅히 죽었어야 했습니다. 당장 심판과 저주와 정죄를 받았어야 했습니다. 그런데 하나님은 그들을 찾아가셨습니다. 그들의 수치를 가릴 수 있도록 가죽옷을 지어 입혀 주셨습니다.

여호와 하나님이 아담과 그의 아내를 위하여 가죽옷을 지어 입히시니라 창 3:21

하나님이 아담과 하와를 위해 가죽옷을 만드신 때 어린 양을 희생해서 만드셨습니다. 그들에게 베풀어 주신 긍휼은 장차 오실 어린양 예수 그리스도의 전주곡이었습니다. 우리는 하나님이 아담과 하와를 위해 만들어 주신 가죽옷을 통해 하나님의 구원 드라마의 예고편을 보게 됩니다.

하나님의 긍휼은 행동으로 나타납니다. 하나님이 독생자 예수님을 이 땅에 보내심으로 긍휼을 베푸셨습니다. 하나님의 긍휼은 예수님의 성육신을 통해 다시 깊어집니다. 말씀이신 예수님이 육신을 입으신 것은 고통받는 우리와 함께하시기 위해서입니다. 예수님이 우리와 같이 되심으로 우리의 모든 연약함을, 모든 고통을 경험적으로 아십니다. 사단의 유혹이 얼마나 집요하며, 죄의 유혹이 얼마나 강렬한가를 아십니다. 또한 죄로 인해, 사단의 공격으로 인해 인간이 얼마나 비참해지는지도 아십니다. 예수님은 죄를 범하지 않으셨지만 우리와 함께하심으로 죄가 얼마나 인간을 불행하게 만드는지를 직접 보고 아시게 된 것입니다.

예수님의 성육신은 죄로 인해 고통받는 우리를 용서하시고, 치유하시고, 회복하시고, 구원하시기 위함입니다. 하나님의 긍휼은 골고다 언덕에서 절정을 이룹니다. 예수님을 통해 보여 주신 하나님 아버지의 성품은 긍휼하심입니다. 예수님을 움직였던 가장 강력한 성품은 긍휼입니다. 예수님이 누군가를 향해 불쌍히 여기실 때마다 놀라운 일들이 이루어졌습니다. 죄인은 용서를 받고, 병은 치유되었습니다. 사단은 쫓겨났습니다.

하나님의 긍휼은 결코 연약하지 않습니다. 하나님의 긍휼은 고통을 품습니다. 상처를 대면하고 그 상처를 어루만져 줍니다. 하나님의 긍휼은 오히려 고통받는 자들을 위해 용맹을 발하십니다. 하나님의 긍휼은 사람들에게 고통을 주고, 사람들을 가난하게 만들고, 사람들을 비참하게 만드는 불의한 사람들과 맞대결을 하게 하십니다. 잘못된 조직이나 시스템과 맞대결을 하게 하십니다. 하나님의 긍휼은 죄로 고통받는 사람들에게 죄를 대면함으로 회개하게 만듭니다. 그리함으로 그들의 죄를 정결하게 하십니다.

하나님의 긍휼은 오래 참으심에 있습니다. 사도 바울은 하나님의 긍휼을 하나님의 오래 참으시는 사랑으로 표현하고 있습니다.

> 그러나 내가 긍휼을 입은 까닭은 예수 그리스도께서 내게 먼저 일체 오래 참으심을 보이사 후에 주를 믿어 영생 얻는 자들에게 본이 되게 하려 하심이라 딤전 1:16

긍휼히 여긴다는 것은 오래 참는다는 것입니다. 억지로 참는 것이 아닙니다. 사랑 때문에 오래 참는 것입니다.

긍휼의 길은 바로 인내의 길이다. 인내는 긍휼의 훈련이다. '긍휼'을 뜻하는 'compassion'이라는 단어를 'com-patience'로 읽을 수도 있다는 사실에서 이것은 더욱 분명해진다. 'passion'과 'patience'라는 단어는 둘 다 라틴어 '파티'(pati)에서 파생된 것으로 '파티'란 '고난'을 의미한다. 긍휼의 삶이란 다른 사람들과 함께 인내하며 사는 삶이라고 말할 수 있다. **헨리 나우웬 외, 《긍휼》, IVP, 149쪽**

"하나님의 긍휼은 고통받는 자와 함께하시는 것입니다."

"하나님의 긍휼은 고통받는 자와 함께 고통을 받으시는 것입니다."

하나님은 우리의 고통의 문제를 해결해 주십니다. 하지만 하나님의 긍휼의 극치는 고통받은 자와 더불어 고통을 받으신다는 것입니다. 예수님은 고통받는 자들과 함께 고통을 받으셨고, 그 고통은 십자가에서 절정을 이루었습니다.

하나님의 사랑의 신비는 그분이 우리의 고통을 없애 주신다는 것이 아니라, 그분이 무엇보다도 우리와 함께 고통을 나누기 원하신다는 것이다. 이러한 거룩한 결속 의지로부터 새로운 삶이 나온다. 인간의 고통에 대해서 예수님의 존재의 중심으로부터 마음이 움직이신다는 것, 이것이야말로 새로운 삶을 향한 움직임이다. **헨리 나우웬 외, 《긍휼》, IVP, 37쪽**

"하나님의 긍휼은 고통받는 자의 마음을 이해하시는
공감 능력입니다."

우리가 고통을 받을 때 우리에게 가장 위로가 되는 사람은 우리의 고통을 공감해 주는 사람입니다. 고통받는 사람에게 충고는 위로가 되지 않습니다. 공감이 위로가 됩니다. 드라마 〈다모〉에 나오는 대사가 수많은 사람의 마음에 감동을 주었습니다.

"아프냐? 나도 아프다."

공감은 소통의 열쇠입니다. 공감은 관계를 맺는 예술입니다. 공감은 차가운 마음을 녹이는 따뜻함입니다. 공감은 닫힌 마음을 열게 합니다. 공감은 친밀한 사랑의 비밀입니다.

공감은 상상력을 발휘해 다른 사람의 처지에 서 보고, 다른 사람의 느낌과 시각을 이해하며, 그렇게 이해한 내용을 활용해 당신의 행동지침으로 삼는 기술이다. 로먼 크르즈나릭, 《공감하는 능력》, 더퀘스트, 13쪽

"하나님의 긍휼은 고통받는 자를 적극적으로 돕는 거룩한 행동입니다."
"하나님의 긍휼은 오래 참으시는 사랑입니다."

하나님은 긍휼을 통해
우리를 사랑하십니다

하나님은 긍휼을 통해 우리에게 은혜를 베푸십니다. 우리에게 사랑을 베푸십니다. 우리를 축복해 주십니다.

하나님은 풍성한 긍휼을 통해 우리를 구원하십니다

사도 바울은 하나님이 풍성하신 긍휼로 우리를 구원하셨다고 강조합니다. 하나님의 긍휼 없이 구원받은 영혼은 존재하지 않습니다. 오직 하나님의 긍휼로 우리는 거듭났고, 영생에 이르게 되었습니다.

> 우리를 구원하시되 우리가 행한 바 의로운 행위로 말미암지 아니하고 오직 그의 긍휼하심을 따라 중생의 씻음과 성령의 새롭게 하심으로 하셨나니 딛 3:5
>
> 긍휼이 풍성하신 하나님이 우리를 사랑하신 그 큰 사랑을 인하여 허물로 죽은 우리를 그리스도와 함께 살리셨고 (너희는 은혜로 구원을 받은 것이라) 엡 2:4-5

사도 베드로도 이 점을 강조합니다. 하나님은 그분의 풍성하신 긍휼로 예수님을 죽은 자 가운데서 부활하게 하심으로 우리를 거듭나게 하셨습니다.

> 우리 주 예수 그리스도의 아버지 하나님을 찬송하리로다 그의 많으신 긍

홀대로 예수 그리스도를 죽은 자 가운데서 부활하게 하심으로 말미암아 우리를 거듭나게 하사 산 소망이 있게 하시며 벧전 1:3

하나님은 풍성한 긍휼로 병든 자를 치유해 주십니다

예수님이 이 땅에 계실 때 수많은 병든 자를 고쳐 주셨습니다. 그때마다 반복해서 등장하는 단어가 '긍휼', '불쌍히 여기심'이라는 단어입니다. 또한 병든 자들이 예수님께 찾아와 불쌍히 여겨 달라고 간구했습니다. 병든 자녀를 둔 아버지와 어머니가 예수님께 찾아와 "불쌍히 여기소서"라고 간구했습니다.

가나안 여자 하나가 그 지경에서 나와서 소리 질러 이르되 주 다윗의 자손이여 나를 불쌍히 여기소서 내 딸이 흉악하게 귀신 들렸나이다 하되

마 15:22

하나님은 병든 사람들을 불쌍히 여기십니다. 귀신 들린 사람들을 불쌍히 여기십니다. 거라사의 광인은 군대 귀신 들렸던 사람입니다. 예수님이 그를 불쌍히 여기셔서 그를 찾아가십니다. 그 사람 안에 있던 군대 귀신을 쫓아내 주십니다. 그는 고침받은 후에 예수님을 따르기 원했습니다. 예수님은 그에게 집으로 돌아가 예수님이 그를 불쌍히 여기신 것을 가족에게 알리라고 말씀했습니다(막 5:19). 한 나병환자가 예수님께 와서 꿇어 엎드려 그의 병을 고쳐 주실 것을 간구했습니다. 예수님이 그를 불쌍히 여기사 그를 깨끗하게 해주십니다.

예수께서 불쌍히 여기사 손을 내밀어 그에게 대시며 이르시되 내가 원하
노니 깨끗함을 받으라 하시니 곧 나병이 그 사람에게서 떠나가고 깨끗하
여진지라 막 1:41-42

예수님의 긍휼은 적극적입니다. 마음으로만 불쌍히 여기신 것
이 아닙니다. 손을 내밀어 나병을 정결하게 해주셨습니다. 그 당
시 나병환자들은 불결하기 때문에 아무도 접촉하려 하지 않았습
니다. 또한 나병환자를 만지면 나병에 걸린다고 생각했기 때문에
아무도 나병환자를 접촉하지 않았습니다. 그들은 가족에게서 버
림받았습니다. 공동체로부터 버림받았습니다. 예수님은 버림받은
그들을 긍휼히 여기시고, 그들의 병을 고쳐 주심으로 다시 가족
에게 돌아가도록 도와주셨습니다.

하나님은 풍성한 긍휼로 기적을 베풀어 주십니다

예수님이 오병이어와 칠병이어로 수많은 사람들을 먹이실 때
그 출발은 긍휼에 있었습니다. 예수님의 긍휼이 수많은 무리를
가르치셨고, 그들의 병을 고치셨고, 배고픈 그들을 먹이셨습니다
(막 6:34).

예수께서 나오사 큰 무리를 보시고 불쌍히 여기사 그중에 있는 병자를 고
쳐 주시니라 마 14:14

예수께서 제자들을 불러 이르시되 내가 무리를 불쌍히 여기노라 그들이
나와 함께 있은 지 이미 사흘이매 먹을 것이 없도다 길에서 기진할까 하여

굶겨 보내지 못하겠노라 ··· 떡 일곱 개와 그 생선을 가지사 축사하시고 떼어 제자들에게 주시니 제자들이 무리에게 주매 다 배불리 먹고 남은 조각을 일곱 광주리에 차게 거두었으며 마 15:32-37

하나님은 풍성한 긍휼로 용서해 주십니다

하나님의 풍성한 긍휼은 죄인을 향해 열려 있습니다. 하나님의 긍휼은 스스로 의롭다 생각하는 사람에게 나타나지 않습니다. 교만한 사람에게 나타나지 않습니다. 하나님의 긍휼은 철저히 자신의 죄를 깨닫고 하나님께 나아오는 사람에게 열려 있습니다. 하나님의 공의는 죄를 미워합니다. 반면에 하나님의 사랑은 죄인을 긍휼히 여깁니다.

우리는 모두 죄인입니다. 하지만 어떤 사람은 이 사실을 인정하려 하지 않습니다. 자신의 죄에 직면하려고 하지 않습니다. 가장 무서운 죄는 스스로를 하나님처럼 생각하는 것입니다. 무엇이든 행해도 괜찮다고 생각하는 것입니다. 자신이 짓는 모든 죄는 정당하다고 생각하는 것입니다. 그런 마음을 품고 있으면 하나님의 긍휼이 역사할 수 없습니다.

시편 103편에서 다윗은 하나님의 풍성한 긍휼을 찬양합니다. 그 찬양 속에는 하나님의 인내하심과 하나님의 용서가 담겨 있습니다.

여호와는 긍휼이 많으시고 은혜로우시며 노하기를 더디 하시고 인자하심이 풍부하시도다 시 103:8

우리의 죄를 따라 우리를 처벌하지는 아니하시며 우리의 죄악을 따라 우리에게 그대로 갚지는 아니하셨으니   시 103:10

이 말씀 속에 긍휼의 뜻이 나옵니다. '긍휼이란 마땅히 베풀어야 할 것을 베풀지 않는 것입니다.' 하나님이 마땅히 베풀어야 할 죄악의 형벌을 베풀지 않고 은혜를 베푸시는 것이 긍휼입니다. 다윗은 우리아를 죽였습니다. 그렇다면 마땅히 그도 죽었어야 합니다. 그런데 하나님이 어느 정도의 채찍으로 그를 아프게 하셨지만 그를 죽이지는 않으셨습니다. 그의 왕관을 벗기지도 않으셨습니다. 그가 회개했을 때 밧세바 사이에 태어난 아이는 데려가셨지만, 두 사람 사이에 태어난 두 번째 아들인 솔로몬은 왕으로 세워 주셨습니다. 하나님의 긍휼의 절정은 우리가 받아야 할 형벌을 독생하신 예수님이 대신 받게 하신 것입니다. 하나님은 다윗을 긍휼히 여기셔서 그의 죄를 용서하신 후에 그 죄를 멀리 옮겨 주셨습니다.

동이 서에서 먼 것같이 우리의 죄과를 우리에게서 멀리 옮기셨으며
시 103:12

아버지가 자식을 긍휼히 여김같이 여호와께서는 자기를 경외하는 자를 긍휼히 여기시나니   시 103:13

다윗은 하나님의 긍휼이 무엇인지를 경험한 사람입니다. 하나님은 그를 은혜로 선택하셔서 왕으로 삼으셨습니다. 그는 하나님

의 은혜를 경험했습니다. 하지만 그가 왕이 된 어느 날 죄 속으로 빠져 들어갔습니다. 하나님의 은혜를 잠시 망각하고 밧세바를 그의 침실로 데려왔습니다. 충직한 군사였던 우리아의 아내였습니다. 결혼한 여인을 침실로 끌어들였습니다. 그는 그것을 죄로 생각하지 않았습니다. 사랑으로 생각했습니다. 죄는 언제나 우리의 생각을 왜곡시킵니다. 양심을 마비시킵니다. 지각을 무디게 합니다. 눈을 어둡게 만듭니다. 간음죄를 지으면서 그는 간음죄를 짓는다고 생각하지 않았습니다. 밧세바에게 사랑을 베푼다고 생각했습니다. 왕으로서 성은을 입게 한다고 생각했습니다.

다윗이 그의 죄를 은닉하기 위해 우리아를 전쟁터에서 불러들여 그의 아내와 동침하게 만들려고 했습니다. 하지만 우리아는 충성된 사람이었습니다. 다른 병사들이 전쟁터에서 고생하고 있는데 자신만 집에 가서 아내와 동침한다는 것은 있을 수 없다고 생각해 집에 가지 않았습니다. 그것을 안 다윗은 우리아를 전쟁터의 최전선에 보내어 죽게 만듭니다. 그때 다윗은 스스로를 죄인이거나 연약한 인간으로 생각하지 않았습니다. 그는 스스로를 왕으로 생각했습니다. 왕인 까닭에 무엇이든 해도 된다고 생각했습니다. 그런 권한이 있다고 생각했습니다. 인간이 권력을 갖게 되면 이런 무서운 생각을 하게 됩니다.

하나님은 다윗을 지켜보셨습니다. 하나님의 긍휼은 그가 죄를 지은 후에 겉으로는 멀쩡해 보이지만 속으로는 고통을 받고 있는 것을 보셨습니다. 어느 순간부터 죄책감에 시달리는 것을 보셨습니다. 하지만 그는 여전히 죄를 은폐하길 원했습니다. 죄가 드러날까 봐 두려워했습니다. 그는 어느 순간부터 아주 작은 인간이 되고 말았습니다. 아주 속 좁은 인간이 되고 말았습니다. 죄는 인간을 언제나 작게 만듭니다. 어리석게 만듭니다. 비겁하게 만듭니다. 하나님은 다윗을 사랑하셨습니다. 그래서 그에게 나단을 보내어 그의 죄를 깨우치십니다. 아주 조심스럽게 깨우치십니다.

"하나님의 긍휼은 죄를 대면하게 하십니다."

"하나님의 긍휼은 잘못된 것을 바로잡기 위해 맞대결을 하게 하십니다."

"하나님의 긍휼은 지혜롭게 죄를 깨우치십니다."

나단이 다윗에게 가서 그의 죄를 깨우치도록 하기 위해 놀라운 이야기를 들려줍니다.

여호와께서 나단을 다윗에게 보내시니 그가 다윗에게 가서 그에게 이르되 한 성읍에 두 사람이 있는데 한 사람은 부하고 한 사람은 가난하니 그 부한 사람은 양과 소가 심히 많으나 가난한 사람은 아무것도 없고 자기가 사서 기르는 작은 암양 새끼 한 마리뿐이라 그 암양 새끼는 그와 그의 자식과 함께 자라며 그가 먹는 것을 먹으며 그의 잔으로 마시며 그의 품에 누우므로 그에게는 딸처럼 되었거늘 어떤 행인이 그 부자에게 오매 부자가 자기에게 온 행인을 위하여 자기의 양과 소를 아껴 잡지 아니하고 가난

한 사람의 양 새끼를 빼앗아다가 자기에게 온 사람을 위하여 잡았나이다
하니 삼하 12:1-4

이 이야기 속에는 긍휼을 베풀 줄 모르는 부자 이야기가 담겨
있습니다. 동정심이라고는 눈곱만큼도 없는 부자 이야기를 담고
있습니다. 다윗이 분노합니다. 다윗은 긍휼이 많은 사람이었습니
다. 동정심이 많은 사람이었습니다. 사울의 손자 므비보셋은 장애
인이었습니다. 그에게 긍휼을 베풀고 자신의 식탁에서 함께 음식
을 먹게 한 사람입니다. 그런데 다윗이 밧세바를 범한 순간 그의
긍휼과 동정심은 사라졌습니다. 다윗이 그런 긍휼이 없는 사람은
마땅히 죽어야 한다고 말합니다.

다윗이 그 사람으로 말미암아 노하여 나단에게 이르되 여호와의 살아 계
심을 두고 맹세하노니 이 일을 행한 그 사람은 마땅히 죽을 자라 그가 불
쌍히 여기지 아니하고 이런 일을 행하였으니 그 양 새끼를 네 배나 갚아
주어야 하리라 한지라 삼하 12:5-6

그때 나단이 다윗에게 말합니다.

당신이 그 사람이라 삼하 12:7

하나님이 나단을 통해 다윗을 책망하십니다. 하나님이 은혜를
베풀어 그를 왕으로 세웠는데, 어떻게 우리아를 죽이고 밧세바를
빼앗아 자신의 아내로 삼을 수 있느냐고 책망합니다. 하나님의

궁휼은 죄를 직면하게 합니다. 다윗이 나단의 책망을 듣고 회개합니다.

> 다윗이 나단에게 이르되 내가 여호와께 죄를 범하였노라 삼하 12:13상

다윗이 자신의 죄를 인정하고, 회개합니다. 그의 회개가 짧은 문장으로 등장하지만 시편을 보면 그의 회개가 매우 진지했음을 알 수 있습니다. 다윗의 회개를 보고 나단이 하나님의 용서를 전해 줍니다.

> 나단이 다윗에게 말하되 여호와께서도 당신의 죄를 사하셨나니 당신이 죽지 아니하려니와 삼하 12:13하

하나님의 궁휼은 우리 안에 있는 죄를 드러내어 죄를 없이 하는 것입니다. 왜냐하면 죄는 우리를 작게 만들기 때문입니다. 죄는 우리를 무력하게 만들고, 모든 가능성을 소멸시킵니다. 다윗이 회개하는 중에 쓴 시가 시편 51편입니다.

> 하나님이여 주의 인자를 따라 내게 은혜를 베푸시며 주의 많은 궁휼을 따라 내 죄악을 지워 주소서 나의 죄악을 말갛게 씻으시며 나의 죄를 깨끗이 제하소서 무릇 나는 내 죄과를 아오니 내 죄가 항상 내 앞에 있나이다 시 51:1-3
>
> 주의 얼굴을 내 죄에서 돌이키시고 내 모든 죄악을 지워 주소서 시 51:9
>
> 하나님이여 나의 구원의 하나님이여 피 흘린 죄에서 나를 건지소서 내 혀가 주의 의를 높이 노래하리이다 시 51:14

그는 죄를 지은 후부터 구원의 즐거움을 상실했습니다. 그는 잠깐의 쾌락 후에 엄청난 고통을 경험했습니다. 무엇보다 구원의 즐거움과 예배의 즐거움을 상실했습니다. 그래서 그는 회개하면서 구원의 즐거움을 회복시켜 달라고 간구합니다.

— 주의 구원의 즐거움을 내게 회복시켜 주시고 자원하는 심령을 주사 나를 붙드소서 시 51:12

하나님이 다윗에게 풍성한 긍휼을 베푸셔서 그를 용서하십니다. 다윗의 이야기의 핵심은 그가 얼마나 졸렬하게 죄를 지었느냐가 아닙니다. 하나님이 그를 어떻게 용서하셨는가입니다. 다윗의 이야기 속에 놀라운 복음이 담겨 있습니다. 다윗의 이야기 속에 예수님의 이야기가 담겨 있습니다. 우리는 다윗의 이야기 속에서 우리를 봅니다. 우리 죄를 봅니다. 또한 다윗의 이야기 속에서 예수님을 만납니다. 예수님의 복음을 듣습니다.

우리는 죄가 드러나는 것을 두려워합니다. 죄가 드러날 때 부끄러워합니다. 하지만 그것은 잘못된 생각입니다. 죄가 드러나지 않고 감추어져 있는 것이 더 두려운 일입니다. 그것이 더 위험한 일입니다. 왜냐하면 죄는 폭탄 같아서 언젠가는 더 무서운 힘으로 우리 인생을 파괴하기 때문입니다. 우리의 죄는 드러내고 회개함으로 해결됩니다. 또한 우리는 더욱 하나님께 존귀하게 쓰임 받게 됩니다. 정죄를 받는 것이 아니라 구원을 받게 됩니다.

회개를 통해 우리는 수치를 당하는 것이 아니라 존귀한 대우를 받는다. 정죄를 당하는 것이 아니라 구원을 받는다. 유진 피터슨, 《다윗: 현실에 뿌리박은 영성》, IVP, 221쪽

죄는 우리를 작게 만듭니다. 반면에 회개는 우리를 존귀하게 만듭니다. 우리 안에 잠재된 놀라운 가능성을 극대화시켜 줍니다. 모든 새로운 가능성을 향해 문을 열어 줍니다. 우리가 죄를 회개하고 용서를 받았다면 이제 하나님의 긍휼과 그 크신 사랑에 집중해야 합니다. 인간은 타락한 까닭에 다른 사람의 죄에 관심이 많습니다. 또한 심지어는 흥미를 느낍니다. 죄에 대한 소식을 전하기도 합니다. 하지만 그것은 우리에게 결코 즐거움을 주지 못합니다. 우리를 좌절하게 만듭니다. 우리가 진정으로 관심을 가져야 할 것은 하나님의 용서입니다. 하나님의 용서의 이야기입니다. 하나님이 베푸신 큰 긍휼과 은혜에 대한 이야기입니다.

다윗의 죄가 아무리 극악무도하다 해도, 하나님의 은혜는 그것을 훨씬 넘어선다. 다윗의 죄는 결코 작지 않고 또 작게 여겨서도 안 되지만, 하나님의 구원에 비하면 새 발의 피에 지나지 않는다. 자신이 범한 죄 문제에 계속 골몰하는 태도는 옳지 못하다. 중요한 것은 우리의 죄가 아니라 우리의 죄에 대해 하나님이 하신 일이다. 우리의 죄는 흥미로울 것이 없다. 우리가 흥미를 가져야 할 것은 우리의 죄에 대해 하나님이 하신 일이다. 유진 피터슨, 《다윗: 현실에 뿌리박은 영성》, IVP, 221쪽

하나님의 긍휼을 통해
다른 사람에게 긍휼을 베푸십시오

우리가 긍휼을 베풀기 위해서는 먼저 하나님의 긍휼을 경험해야 합니다. 하나님의 긍휼을 경험한 사람은 하나님의 긍휼을 찬양합니다. 하나님의 긍휼을 베풀게 됩니다. 사도 바울이 디모데에게 쓴 편지에서 하나님의 은혜와 긍휼과 평강이 함께하기를 기도합니다.

믿음 안에서 참 아들 된 디모데에게 편지하노니 하나님 아버지와 그리스도 예수 우리 주께로부터 은혜와 긍휼과 평강이 네게 있을지어다 _딤전 1:2_

그가 이렇게 긍휼을 강조하는 까닭은 그가 하나님의 긍휼을 힘입었기 때문입니다.

내가 전에는 비방자요 박해자요 폭행자였으나 도리어 긍휼을 입은 것은 내가 믿지 아니할 때에 알지 못하고 행하였음이라 _딤전 1:13_

그는 한때 비방자였습니다. 박해자였습니다. 폭행자였습니다.

그는 스데반을 죽음으로 몰아넣은 사람이었습니다. 그런데 하나님이 그에게 긍휼을 베풀어 그의 죄를 용서하시고 그에게 직분을 맡기셨습니다. 그를 사도로 세우신 것입니다.

나를 능하게 하신 그리스도 예수 우리 주께 내가 감사함은 나를 충성되이 여겨 내게 직분을 맡기심이니 딤전 1:12

하나님이 그의 죄만 보신 것이 아닙니다. 하나님이 그 안에 있는 놀라운 잠재력, 아름다움을 보신 것입니다. 충성됨을 보신 것입니다. 하나님의 긍휼의 눈은 우리 안에 있는 아름다움을 보면서 그 아름다움을 드러내 주십니다. 하나님의 긍휼의 눈은 정죄하는 눈이 아닙니다. 예수님이 산상수훈에서 팔복을 말씀하십니다. 그중에 하나가 긍휼의 복입니다. 저는 예수님의 팔복 중에 하나인 긍휼의 복이 의와 청결 사이에 있다는 것이 너무나 놀랍습니다.

의에 주리고 목마른 자는 복이 있나니 그들이 배부를 것임이요 마 5:6

긍휼히 여기는 자는 복이 있나니 그들이 긍휼히 여김을 받을 것임이요 마 5:7

마음이 청결한 자는 복이 있나니 그들이 하나님을 볼 것임이요 마 5:8

의로움만 강조하다 보면 긍휼히 여기는 마음을 상실하게 됩니다. 하나님의 의에 주리고 목마른 것은 좋은 일입니다. 하지만 동시에 긍휼이 필요합니다. 정의와 긍휼이 함께 동행할 때 정의와 긍휼이 균형을 이루게 됩니다. 마음이 청결함으로 하나님을 보는 사람들은 사람들을 만날 때 그들 안에 있는 것들을 선명하게 보게 됩니다. 그러면 우리는 다른 사람을 긍휼히 대하기보다는 그를 정죄하게 되고 비판하게 됩니다. 그런 까닭에 주님은 청결한 눈을 가지기 전에 긍휼의 눈을 먼저 가지라고 말씀하십니다. 긍휼을 겸비한 청결만이 우리를 안식하게 만듭니다. 하나님의 긍휼은 결코 우리의 죄만 보는 것이 아닙니다. 하나님의 긍휼은 우리의 죄를 용서하고, 없이한 후에 우리 안에 숨어 있는 아름다움을 보십니다. 바로 그것이 진정한 긍휼의 눈입니다. 죄 문제는 하나님이 해결해 주십니다. 용서는 하나님께로부터 오는 것입니다. 우리는 사람들을 바라볼 때 긍휼의 눈으로 바라보아야 합니다.

긍휼의 눈은 사람들을 연약한 모습 그대로 바라보며 사랑하는 것입니다. 사람들을 모두 긍휼히 여기는 것입니다. 장애인들을 위해 일평생 헌신한 장 바니에는 장애인들 속에 있는 아름다움을 보았습니다. 그들이 하나님의 사랑받는 존재가 됨을 보았습니다. 그런 까닭에 그는 긍휼의 사역자가 될 수 있었습니다. 장 바니에는 장애우들이 고통 중에 있을 때 그들과 함께 있어 주라고 권면합니다.

그런 순간에 가장 중요한 일은 그들과 함께 있어 주는 것입니다. 있는 모습 그대로 그들을 받아 주고 그들 자신이 되는 것을 허용하는 것입니다.

그들은 있는 모습 그대로 받아들여지고 그들 속에 상처와 고통이 있음에도 그들이 사랑받을 수 있음을 아는 것이 그들에게 중요합니다. 장 바니에, 《희망의 공동체》, 두란노, 34쪽

또한 그는 공동체를 형성하는 가장 중요한 힘은 용서에 있다고 강조합니다.

우리는 모두 상처 입은 자들입니다. 그래서 의식적으로나 무의식적으로 우리는 서로 상처를 입힐 수 있고 또 입힙니다. 서로를 돌보는 공동체의 중심에는 서로에 대한 용서가 있습니다. … 우리는 성장하고 예수님처럼 되기를 갈망하기 때문에 서로를 용서합니다. 장 바니에, 《희망의 공동체》, 두란노, 71쪽

긍휼이 가득한 공동체는 서로의 다른 점을 아름답게 여깁니다. 다른 것을 틀렸다고 하지 않습니다. 서로의 차이를 존중하면서 아름다운 공동체가 형성됩니다. 긍휼의 공동체가 형성됩니다.

우리는 모두 서로 너무나 다릅니다. 그렇지만 우리는 모두 오케스트라의 심포니와 같습니다. 우리 모두 모여 아름다운 꽃다발을 이룹니다. 그렇지만 이 말은 우리 모두 차이를 사랑하고 그 차이를 위협이 아니라 보석으로 보아야 함을 의미합니다. 공동체는 서로의 차이를 존중하고 사랑하는 것입니다. 장 바니에, 《희망의 공동체》, 두란노, 78쪽

긍휼히 여김을 받았다면 우리는 긍휼히 여길 줄 알아야 합니다. 긍휼히 여기는 자가 복이 있습니다. 예수님은 우리가 죄인을 긍휼히 여기는 하나님의 사랑을 알고 실천하길 원하십니다. 예수님은 마태복음 18장에서 만 달란트 빚진 자와 백 데나리온 빚진 자의 이야기를 비유로 말씀하셨습니다. 어떤 종이 주인에게 만 달란트 빚을 졌습니다. 그가 아무리 노력해도 도저히 갚을 수 없는 빚을 언젠가는 갚을 것처럼 주인에게 애걸합니다. 그때 주인이 불쌍히 여겨 그의 빚을 탕감해 주었습니다. 그런데 만 달란트의 탕감을 받은 사람이 자신에게 백 데나리온 빚을 진 사람을 탕감해 주지 않고 옥에 가두었습니다. 불쌍히 여김을 받은 후에 불쌍히 여기지 않은 그 종을 본 주인은 노하며 그를 감옥에 집어넣었습니다(마 18:32-35).

우리는 하나님의 풍성한 긍휼을 받았습니다. 이제 우리도 긍휼을 베풀어야 합니다. 긍휼을 베풀기 위해서 우리는 우리가 받은 긍휼을 잊지 말아야 합니다. 우리가 받은 용서를 잊지 말아야 합니다. 아무도 함부로 정죄하거나 판단해서는 안 됩니다. 어떤 사람이 지은 죄를 우리가 지은 죄보다 더 크게 여겨서는 안 됩니다. 긍휼의 사람이 되기 위해서는 용서의 사람이 되어야 합니다. 예수님처럼 기도의 사람이 되어야 합니다. 예수님의 긍휼은 먼저 예수님의 간절한 중보기도에서 시작되었습니다. 긍휼은 생각이나 마음에만 머물러서는 안 됩니다. 선한 사마리아인처럼 강도 만난 사람을 행동으로 도울 수 있어야 합니다.

하나님의 긍휼은 지금도 우리 가운데 역사합니다. 우리는 하나님의 긍휼이 날마다 필요한 사람들입니다. 그런 까닭에 날마다 은혜의 보좌 앞에 나아가서 긍휼하심을 받고 때를 따라 도와주시는 은혜를 구해야 합니다.

그러므로 우리는 긍휼하심을 받고 때를 따라 돕는 은혜를 얻기 위하여 은혜의 보좌 앞에 담대히 나아갈 것이니라 히 4:16

하나님의 긍휼을 받은 우리가 사람들에게 베풀 수 있는 가장 소중한 긍휼은 그들을 하나님께 인도하는 것입니다. 영혼 구원과 선교보다 더 큰 긍휼은 없습니다. 물론 어려운 이웃에게 음식을 나누어 주고, 옷을 나누어 주는 것도 소중한 긍휼입니다. 정말 필요합니다. 하지만 가장 큰 긍휼은 그들이 죄 용서함을 받고 구원을 받아 영원한 복락을 누리도록 도와주는 것입니다. 하나님의 긍휼처럼 좋은 것은 없습니다. 은혜 없이 살 수 없는 것처럼 긍휼 없이 살 수 없습니다. 하나님의 긍휼을 받는 우리는 이제 만나는 사람들을 긍휼히 여기는 사람들이 되어 이 세상을 아름답게 만들어야 합니다. 그것이 우리 그리스도인의 소명입니다.

11.

은혜의 하나님을 아는 지식

엡 1:3-7

은혜의 하나님을 아는 지식은
보석 중의 보석과 같습니다

죄인에게 필요한 것은 하나님의 은혜입니다. 우리 모두는 죄인입니다. 자주 부르는 찬양에 나오는 가사처럼 우리가 죄인인 까닭에 은혜 아니면 살아갈 수 없습니다. 우리 모두는 연약합니다. 우리는 날마다 실수하며 살아갑니다. 하나님의 은혜는 죄인에게 임하는 은혜입니다. 부족한 사람, 문제가 있는 사람, 모자람 때문에 아쉬워하는 사람에게 하나님의 은혜가 임합니다. 스스로 아무 자격이 없다고 하는 사람에게 하나님의 은혜가 임합니다. 완벽하다고 느끼는 사람에게는 하나님의 은혜가 임하지 않습니다. 스스로 의롭다고 생각하는 사람에게는 하나님의 은혜가 임하지 않습니다. 찰스 스펄전은 예수님은 의로운 자를 부르러 오신 것이 아니라 죄인을 부르러 오셨다는 사실을 강조합니다.

하나님의 구원은 구원받을 자격이 없고, 구원에 대해 아무 준비도 갖추지 못한 사람에게 이루어진다는 사실이다. 성경의 진리가 이와 같다는 것은 참으로 합당하다. 왜냐하면 자신의 의가 없는 자들에게만 하나님으로부터 의롭다 함을 받을 필요가 있기 때문이다. … 자신을 의롭다고 여기는 사람들에게 줄 복음이란 없다. … 예수 그리스도는 의로운 자를 부르러 오시지 않았다. 찰스 스펄전, 《은혜 위에 은혜》, 생명의말씀사, 18쪽

예수님은 잃어버린 자, 즉 죄인에게 은혜를 베푸시기 위해 이 땅에 오셨습니다. 이것이 하나님의 은혜의 역설입니다. 은혜의 신비입니다. 하나님의 은혜는 흉악한 죄인 위에 임할 때 더욱 영광스럽습니다. 그런 까닭에 사도 바울은 하나님의 은혜와 긍휼을 찬양할 때 자신을 죄인 중의 괴수라고 고백했습니다. 또한 폭행자라고 고백했습니다.

> …그리스도 예수께서 죄인을 구원하시려고 세상에 임하셨다 하였도다 죄인 중에 내가 괴수니라 딤전 1:15하
>
> 내가 전에는 비방자요 박해자요 폭행자였으나 도리어 긍휼을 입은 것은… 딤전 1:13상

사도 바울이 스스로를 죄인 중의 괴수라고 고백했다면 이 세상에 의인은 아무도 없습니다. 모든 사람에게 하나님의 은혜가 필요합니다. 그런 까닭에 하나님의 지식 가운데 하나님의 은혜를 아는 지식만큼 소중한 지식은 없습니다. 태어나서 죽을 때까지만 필요한 것이 아닙니다. 하나님의 은혜는 영원히 필요합니다. 은혜를 한마디로 정의하기 어렵지만, 정의해야 한다면 다음과 같이

정의할 수 있습니다.

> "은혜란 받을 자격이 전혀 없는 사람에게
> 값없이 거저 베푸시는 하나님의 호의입니다."

사도 바울이 기록한 에베소서를 중심으로 은혜의 하나님에 대한 지식을 공부해 보겠습니다.

하나님의 은혜는 예수 그리스도를 통해 그를 믿는 사람에게 부어집니다

사도 바울은 하나님의 은혜를 가장 깊이 이해한 사람 중의 한 사람입니다. 하나님의 은혜를 지식적으로만 깨달은 것이 아니라 그의 삶 속에서 경험한 사람입니다. 그런 까닭에 그는 하나님의 은혜를 찬양했습니다. 하나님의 은혜의 복음을 전했습니다. 하나님의 은혜를 성도들에게 빌었습니다.

하나님 우리 아버지와 주 예수 그리스도로부터 은혜와 평강이 너희에게 있을지어다 엡 1:2

그는 하나님 아버지와 주 예수 그리스도로부터 임하는 은혜와 평강을 에베소 교회 성도들에게 빌고 있습니다. 은혜와 평강은 함께 동행합니다. 은혜 뒤에 평강이 따라옵니다. 은혜가 없이는 평강도 없습니다. 우리는 하나님의 은혜를 받을 때 평강을 누릴 수 있습니다. 죄인에게는 평강이 있을 수 없습니다. 두려움과 불안만 있을 뿐입니다. 그런데 하나님의 은혜로 죄인이 용서를 받을 때 두려움과 불안은 사라지고 평강이 임하게 됩니다. 사도 바울이 하나님의 은혜의 영광을 찬송하면서 하나님이 누구를 통해 은혜를 베푸시는지를 밝히고 있습니다. 그분은 하나님이 사랑하시는 자, 즉 예수 그리스도입니다. 하나님은 예수 그리스도 안에서, 예수 그리스도를 통해서 우리에게 은혜를 베푸십니다.

———————— 이는 그가 사랑하시는 자 안에서 우리에게 거저 주시는 바 그의 은혜의 영광을 찬송하게 하려는 것이라   엡 1:6

이 말씀 속에서 하나님의 은혜가 누구를 통해서 오는지 알 수 있습니다. 하나님의 은혜는 오직 하나님이 사랑하시는 자, 독생하신 예수 그리스도를 통해 임합니다. 새번역성경을 참고하면 조금 더 이해가 쉽습니다.

———————— 그래서 하나님이 하나님의 사랑하시는 아들 안에서 우리에게 거저 주신 하나님의 영광스러운 은혜를 찬미하게 하셨습니다   엡 1:6, 새번역

왜 하나님이 우리에게 은혜를 베푸실 때 예수님 안에서, 예수님을 통해 베풀어 주시는 것일까요? 그 이유는 하나님이 창세전부터 오직 예수 그리스도를 통해 은혜를 베풀기로 작정하신 까닭

입니다. 요한복음을 보면 예수님 안에 은혜와 진리가 충만하다는 사실을 강조하고 있습니다.

> 말씀이 육신이 되어 우리 가운데 거하시매 우리가 그의 영광을 보니 아버지의 독생자의 영광이요 은혜와 진리가 충만하더라 요 1:14

제자들이 한 것은 은혜와 진리가 충만하신 예수님을 통해 은혜를 충만히 받은 것입니다.

> 우리가 다 그의 충만한 데서 받으니 은혜 위에 은혜러라 요 1:16

우리가 은혜를 받기 위해서는 은혜를 충만히 소유한 분께 나아가야 합니다. 예수님 안에는 은혜가 충만했습니다. 예수님은 은혜의 원천입니다. 예수님은 은혜의 본체입니다. 율법이 모세로 말미암아 왔다면 은혜와 진리는 예수 그리스도로 말미암아 왔습니다.

> 율법은 모세로 말미암아 주어진 것이요 은혜와 진리는 예수 그리스도로 말미암아 온 것이라 요 1:17

하나님은 모세를 통해 율법을 주셨습니다. 그것은 하나님이 모세를 선택하셔서 모세를 통해 우리에게 율법을 주시기로 작정하신 것입니다. 어떤 사람이 "왜 모세를 통해 율법을 주셨습니까?"라고 따지면 할 말이 없습니다. 그것은 하나님의 선택과 주권에 속한 것입니다. 하나님이 모세를 통해 율법을 주신 것처럼, 예수님을 통해 은혜를 우리에게 부어 주시기로 작정하셨습니다. 여기서 우리는 중요한 질문을 할 수 있습니다. 예수님이 이 땅에 오신 것은 2천 년 전의 사건입니다. 그렇다면 예수님 이전의 사람들은 누구를 통해 은혜를 받았습니까? 분명히 예수님이 오시기 전에도 하나님은 은혜를 베푸셨습니다. 하나님은 노아에게 은혜를 베푸셨습니다.

———— 그러나 노아는 여호와께 은혜를 입었더라 창 6:8

하나님은 노아 외에도 구약의 수많은 사람에게 은혜를 베푸셨습니다. 아브라함에게 은혜를 베푸셨습니다. 모세에게는 율법을 주셨지만 모세가 율법을 통해 구원을 받은 것이 아니라, 하나님의 은혜를 통해 구원을 받은 것임을 알 수 있습니다.

———— 여호와께서 모세에게 이르시되 네가 말하는 이 일도 내가 하리니 너는 내 목전에 은총을 입었고 내가 이름으로도 너를 앎이니라 출 33:17

하나님은 모세에게만 은총을 베푸신 것이 아니라 목이 뻣뻣한 이스라엘 백성에게도 은총을 베푸셨습니다.

———— 이르되 주여 내가 주께 은총을 입었거든 원하건대 주는 우리와 동행하옵소서 이는 목이 뻣뻣한 백성이니이다 우리의 악과 죄를 사하시고 우리를 주의 기업으로 삼으소서 출 34:9

구약에서 하나님의 은혜를 입은 사람들 중 시아버지와 동침한 다말이라는 여인이 있습니다. 가나안 사람이면서 기생이었던 라

합이라는 여인이 있습니다. 젊은 나이에 과부가 되었다가 보아스와 결혼한 모압 여인 룻이 있습니다. 다윗과 동침한 여인 밧세바가 있습니다. 다윗도 죄인이었고, 밧세바도 죄인이었습니다. 예수님의 족보에 들어가 있는 인물들 가운데 하나님의 은혜를 입지 않은 사람이 없습니다. 우리가 구약을 자세히 읽어 보면 구약 전체에 하나님의 풍성한 은혜가 충만한 강물처럼 흐르고 있는 것을 보게 됩니다. 거대한 강물처럼 흐르고 있는 것을 보게 됩니다. 하나님의 은혜는 영원 전부터 준비되어 있었습니다. 그 은혜가 십자가 위에서 드러났습니다.

> 은혜는 멀리 거슬러 올라가 하나님의 마음속에서, 그분의 거룩한 존재의 두렵고 이해할 수 없는 심연 속에서 일어난다. 그러나 은혜가 사람들에게 흘러오는 도관은 십자가에 못 박혀 죽으셨다가 부활하신 예수 그리스도이다. A. W. 토저, 《하나님을 바로 알자》, 생명의말씀사, 147쪽

> 은혜는 영원한 아들 예수 그리스도를 통해 영원 전부터 왔으며, 갈보리의 십자가 위에서 피와 눈물과 땀과 죽음을 통해 드러났다. 은혜는 창세로부터 언제나 활동해 왔다. A. W. 토저, 《GOD 갓·하나님》, 규장, 185쪽

하나님의 은혜는 영원 전부터 성삼위 하나님과 더불어 함께 했습니다. 하나님 아버지는 하나님의 은혜를 부어 주는 통로로서 그의 사랑하시는 자, 독생자 예수 그리스도를 선택하신 것입니

다. 오직 예수 그리스도를 통해, 오직 예수 그리스도 안에서 하나님의 은혜를 부어 주시기로 작정하신 것입니다. 그런 까닭에 구약의 성도이든, 신약의 성도이든 모두 예수 그리스도를 통해 하나님의 은혜를 받게 됩니다. 구약의 성도들은 장차 오실 예수 그리스도를 바라보며 은혜를 받았습니다. 신약의 성도들은 십자가에 죽으시고 부활하신 예수 그리스도를 바라보며 은혜를 받습니다. 구약의 성도들은 앞을 바라보며, 신약의 성도들, 즉 우리는 뒤를 돌아보며 그 은혜를 받고 누립니다. 뒤를 돌아본다는 것은 십자가를 돌아본다는 것입니다.

> 이 측량할 수 없는 하나님의 은혜를 알기 원하는가? … 그렇다면 십자가의 그늘 밑으로 들어가라. 우리는 하나님의 은혜의 문을 활짝 열어 놓으신 곳으로 가야 한다. 인류는 십자가를 내다보거나 아니면 뒤돌아보아야 한다. A. W. 토저, 《GOD 갓·하나님》, 규장, 192쪽

하나님이 예수 그리스도를 통해 우리에게 은혜를 베풀 수 있는 까닭은 예수님만이 우리를 대신해서 죽으실 수 있기 때문입니다. 우리의 죄를 대신해서 죽으실 수 있는 분은 죄 없으신 하나님의 아들, 예수님밖에 없습니다. 죄인은 죄인을 구원할 수 없습니다. 죄인은 죄인에게 은혜를 베풀 수 없습니다. 오직 죄 없으신 분만이 은혜를 베풀 수 있습니다. 오직 죄인에게 은혜를 베풀기로 자원한 분만이 은혜를 베풀 수 있습니다. 그분은 예수 그리스도

입니다. 예수 그리스도는 은혜로우신 하나님입니다. 그런 까닭에 영원 전부터 계획하신 은혜를 신구약의 모든 믿는 자에게 베푸실 수 있습니다.

본성이 은혜로우신 하나님은 모든 사람에게 은혜를 베푸십니다. 하나님은 선악과를 따먹은 아담에게나, 동생을 죽인 가인에게도 어느 정도 은혜를 베푸셨습니다. 심지어는 유대인을 육백만이나 학살하게 만든 히틀러에게도 어느 정도 은혜를 베푸셨습니다. 만약에 그들이 하나님의 은혜를 받지 못했다면 그들은 잠시도 살아 있지 못했을 것입니다. 하나님이 모든 사람에게 해를 비추어 주시고, 비를 내려 주시는 것과 같이 어느 정도의 은혜는 베푸십니다. 하지만 하나님의 구원의 은혜는 예수님께 나아와 예수님을 믿는 사람에게만 베풀어 주십니다.

예수님 안에서 구원을 받게 되는 은혜가 가장 소중한 까닭은 바로 그 순간 풍성한 은혜의 집 문으로 들어갈 수 있기 때문입니다. 그 문에 들어가는 순간, 말할 수 없는 놀라운 은혜가 기다리고 있음을 경험하게 됩니다. 사도 바울은 그런 면에서 하나님은 그리스도 안에서 하늘에 속한 모든 신령한 복을 허락해 주신다고 강조합니다.

찬송하리로다 하나님 곧 우리 주 예수 그리스도의 아버지께서 그리스도 안에서 하늘에 속한 모든 신령한 복을 우리에게 주시되 엡 1:3

하나님은 창세전에 그리스도 안에서 우리를 택하셨습니다. 또한 우리를 하나님 앞에서 그리스도를 통해 거룩하고 흠이 없게 만들어 가십니다. 하나님의 은혜가 그리스도 안에서 창세전부터 시작되었다는 것은 정말 놀라운 사실입니다.

———— 곧 창세전에 그리스도 안에서 우리를 택하사 우리로 사랑 안에서 그 앞에 거룩하고 흠이 없게 하시려고 엡 1:4

하나님이 그 기쁘신 뜻대로 우리를 예정하사 예수 그리스도로 말미암아 하나님의 자녀가 되게 하셨습니다. 마귀의 자녀가 아니라 하나님의 자녀가 되게 하신 것입니다. 하나님의 자녀가 되는 순간, 하나님 아버지의 부요하심이 곧 우리의 부요하심이 됩니다.

———— 그 기쁘신 뜻대로 우리를 예정하사 예수 그리스도로 말미암아 자기의 아들들이 되게 하셨으니 엡 1:5

이 모든 은혜가 하나님의 사랑하시는 자 안에서 우리에게 거저 주신 바 된 것입니다. 우리가 값을 지불한 것이 아닙니다. 전적으로 값없이 우리에게 주신 것입니다.

———— 이는 그가 사랑하시는 자 안에서 우리에게 거저 주시는 바 그의 은혜의 영광을 찬송하게 하려는 것이라 엡 1:6

하나님이 그리스도 안에서 베푸신 은혜의 풍성함은 그의 피로 말미암아 이루신 것입니다.

———— 우리는 그리스도 안에서 그의 은혜의 풍성함을 따라 그의 피로 말미암아

예수님의 피는 하나님의 아들의 피입니다. 즉 하나님의 피입니다. 그런 까닭에 우리의 모든 죄를 속량할 수 있습니다. 우리의 모든 죄를 용서하고 도말할 수 있습니다. 주님의 보혈로 죄인의 죄는 사라지고 그의 피로 의롭다 하심을 받게 됩니다. 그러므로 예수님의 몸에서 흘러나온 피가 은혜의 피인 것입니다. 예수님은 은혜의 원천입니다. 예수님의 보혈은 은혜의 샘에서 흘러나온 은혜의 도구입니다.

하나님의 은혜는 예수 그리스도를 통해 다양하게 우리에게 임합니다

하나님의 은혜는 지극히 풍성합니다. 하나님의 은혜는 충만합니다. 부요합니다. 하나님의 은혜는 다양합니다. 하나님의 은혜는 영광스럽습니다. 하나님은 그리스도 예수 안에서 그의 은혜의 지극히 풍성함을 나타내기 원하십니다.

이는 그리스도 예수 안에서 우리에게 자비하심으로써 그 은혜의 지극히 풍성함을 오는 여러 세대에 나타내려 하심이라 엡 2:7

하나님이 우리에게 베풀어 주시는 지극히 풍성한 은혜는 어떤 은혜일까요? 하나님의 은혜는 무한하고, 방대하고, 깊어서 짧은 시간에 다 설명할 수 없습니다. 그런 까닭에 아주 핵심 되는 하나님의 은혜를 나누고 싶습니다.

하나님의 은혜는 죄인을 구원하시는 은혜입니다

예수님이 이 땅에 오신 가장 중요한 이유는 우리를 죄 가운데 구원하기 위해서입니다. 우리가 구원받은 것은 오직 예수 그리스도의 은혜입니다.

> 허물로 죽은 우리를 그리스도와 함께 살리셨고 (너희는 은혜로 구원을 받은 것이라) 엡 2:5
>
> 너희는 그 은혜에 의하여 믿음으로 말미암아 구원을 받았으니 이것은 너희에게서 난 것이 아니요 하나님의 선물이라 엡 2:8

은혜라는 뜻은 선물이라는 뜻입니다. 우리가 받은 구원도 선물입니다. 선물이란 선물을 주시는 분이 값없이, 조건 없이 거저 주시는 것입니다. 우리가 구원을 얻기 위해 한 것이 아무것도 없습니다. 구원을 주시는 예수 그리스도께 나아간 것뿐입니다. 예수 그리스도를 믿은 것뿐입니다.

하나님의 은혜는 죄인을 의롭다 하시는 은혜입니다

우리는 죄인입니다. 우리가 지은 죄에 대한 형벌을 받아야 합니다. 그런데 하나님이 우리 죄를 예수님께 전가시키셨습니다. 우리가 받아야 할 형벌을 예수님이 대신 받으셨습니다. 하나님의 은혜는 여기서 멈추지 않습니다. 하나님의 은혜는 죄인을 용서하실 뿐만 아니라 죄인을 의롭다 선언하십니다. 그 이유는 죄인의 죄를 예수님이 모두 대신 담당하신 까닭입니다. 또한 예수님 안에 있는 의를 우리에게 전가시켜 주신 까닭입니다.

우리로 그의 은혜를 힘입어 의롭다 하심을 얻어 영생의 소망을 따라 상속자가 되게 하려 하심이라 딛 3:7

그리스도 예수 안에 있는 속량으로 말미암아 하나님의 은혜로 값없이 의롭다 하심을 얻은 자 되었느니라 롬 3:24

하나님의 은혜는 나쁜 것을 좋은 것으로 대체해 주시는 은혜입니다

하나님의 은혜 가운데 대체의 은혜가 있습니다. 교환의 은혜가 있습니다. 나쁜 것을 좋은 것으로 대체해 주시는 은혜가 있습니다. 보통 것을 더 좋은 것, 최상의 것으로 교체해 주시는 은혜가 있습니다. 예수님의 십자가는 나쁜 것을 좋은 것으로 대체해 주시는 장소입니다. 예수님은 우리에게 있는 나쁜 것을 가져가지고 대신 좋은 것을 허락해 주십니다.

그가 찔림은 우리의 허물 때문이요 그가 상함은 우리의 죄악 때문이라 그가 징계를 받으므로 우리는 평화를 누리고 그가 채찍에 맞으므로 우리는 나음을 받았도다 사 53:5

무릇 시온에서 슬퍼하는 자에게 화관을 주어 그 재를 대신하며 기쁨의 기름으로 그 슬픔을 대신하며 찬송의 옷으로 그 근심을 대신하시고 그들이

의의 나무 곧 여호와께서 심으신 그 영광을 나타낼 자라 일컬음을 받게 하
려 하심이라 사 61:3

하나님의 은혜는 때를 따라 돕는 은혜입니다

우리는 태어나서 하나님의 나라에 갈 때까지 영원토록 하나님
의 은혜가 필요합니다. 하나님의 은혜 없이 산 적이 없습니다. 하
지만 하나님의 은혜가 특별히 더 필요한 때가 있습니다. 하나님의
은혜가 더 필요한 때에 우리는 은혜의 보좌로 나아가 간구해야 합
니다. 그때 하나님은 때를 따라 돕는 은혜를 베풀어 주십니다.

그러므로 우리는 긍휼하심을 받고 때를 따라 돕는 은혜를 얻기 위하여 은
혜의 보좌 앞에 담대히 나아갈 것이니라 히 4:16

특별히 위기의 때, 고난의 때, 역경의 때, 슬픔의 때, 병들었을
때, 실패했을 때, 소중한 사람이나 소중한 것을 잃어버린 상실의
때에 하나님의 특별한 은혜가 필요합니다. 또한 인생의 중요한
기로에 섰을 때, 중요한 선택을 해야 할 때 하나님의 특별한 은혜
가 필요합니다.

하나님을 경외하는 사람을 위해 쌓아 두신 은혜가 있습니다

하나님의 은혜는 값없이, 조건 없이 찾아옵니다. 그래서 은혜
입니다. 그런데 그 놀라운 은혜를 받은 후에 그 은혜를 잘 가꾸고
키우는 사람이 있는 반면, 그 은혜를 귀중히 여기지 않고 소멸시

켜 버리는 사람도 있습니다. 하나님은 그분을 경외하는 사람에게 갈수록 더 놀라운 은혜를 부어 주시는 것을 봅니다.

주를 두려워하는 자를 위하여 쌓아 두신 은혜 곧 주께 피하는 자를 위하여 인생 앞에 베푸신 은혜가 어찌 그리 큰지요 시 31:19

하나님을 경외하는 사람들은 겸손한 사람들입니다. 하나님은 교만한 사람을 싫어하십니다. 하나님은 겸손한 사람에게 더욱 큰 은혜를 베풀어 주십니다.

진실로 그는 거만한 자를 비웃으시며 겸손한 자에게 은혜를 베푸시나 니 잠 3:34

그러나 더욱 큰 은혜를 주시나니 그러므로 일렀으되 하나님이 교만한 자를 물리치시고 겸손한 자에게 은혜를 주신다 하였느니라 약 4:6

하나님의 은혜 가운데 거절하심으로 더 좋은 것을 주시는 은혜가 있습니다. 사도 바울은 그를 괴롭히는 육체의 가시를 거두어 주시도록 세 번 간구했습니다. 하지만 하나님은 그의 간구를 거절하셨습니다. 그 이유는 더 좋은 것을 주시기 위해서입니다. 그의 연약함을 통해 더욱 그리스도의 능력이 임하게 하신 것입니다(고후 12:7-10). 하나님은 문을 열기도 하시고, 닫기도 하십니다.

…거룩하고 진실하사 다윗의 열쇠를 가지신 이 곧 열면 닫을 사람이 없고 닫으면 열 사람이 없는 그가 이르시되 볼지어다 내가 네 앞에 열린 문을 두었으되 능히 닫을 사람이 없으리라… 계 3:7-8

하나님은 어떤 문을 닫으심으로 우리에게 더욱 좋은 문을 열어 주십니다. 어떤 것은 실패하게 하십니다. 그리하심으로 더욱 놀라운 복을 내려 주십니다. 하나님의 은혜가 역사하기 시작하면 우리의 실패가 축복이 되는 일이 전개됩니다. 우리가 닫힌 문 때문에 고통스러워할 때 새로운 문이 열리는 것을 경험하게 됩니다. 사도 바울이 소아시아에 복음을 전하려고 할 때 그의 문을 닫으셨습니다. 그 대신 마게도냐, 즉 유럽을 향한 선교의 문을 열어 주셨습니다. 사도 바울이 닫힌 문 때문에 괴로워하지 않고 열린 문으로 들어섰을 때 놀라운 일들이 그 앞에 전개되는 것을 경험하게 됩니다. 워싱턴 D.C.에서 목회하고 있는 마크 배터슨은 첫 번째 교회 개척에 실패함으로 새롭게 열린 문을 통해 받게 된 하나님의 은혜를 간증합니다.

우리는 시카고를 떠날 생각이 전혀 없었지만 우리에게 실패보다 더 빨리 문이 닫히는 것은 없다. 첫 번째 교회 실패가 그런 것이다. 사실 그런 문은 꽝 닫힌다. 그래서 손가락이 문에 찍힐 때도 있다.

지금 돌이켜보면 그 실패는 우리가 있어야 할 곳으로 하나님이 인도하시는 유일한 길이었다. 그분의 은혜는 부족하지 않았다. 하나님은 내 인생에서 여러 문을 열어 주셨다. 나는 그 닫힌 문도 열린 문만큼 감사하게 여긴다. 닫힌 문 덕분에 열린 문을 발견하게 되었다. 일은 그렇게 풀린다. 마크 배터슨, 《하나님을 듣다》, 두란노, 150쪽 그에게 열린 문은 워싱턴 D.C.에서 새롭게 개척하는 것이었습니다. 그가 하나님이 새롭게 열어 주신 문으로 들어갔을 때 그에게 놀라운 은혜가 임했습니다. 19명으로 시작한 내셔널커뮤니티교회가 현재는 8개 지역에서 예배를 드리는 멀티 캠퍼스 교회로 성장했습니다. 한번은 그들이 사용하던 극장 건물이 갑자기 폐쇄된다는 소식을 전화로 듣게 되었습니다. 한참 교회가 성장하고 있을 때 들은 소식이라 큰 충격에 빠졌습니다. 그런데 하나님은 그 문을 닫으심으로 더욱 놀라운 은혜를 베푸셨습니다.

나는 문이 닫히는 것을 보고 비통했다. 솔직히 말해서 좋은 시절은 끝났다고 생각했다. 하지만 하나님이 그 문을 닫으시지 않았다면 우리는 건물을 구입할 생각을 하지 못했을 것이다. 문이 닫힌 덕분에 현재 우리는 5천만 달러에 달하는 부동산 여섯 개를 보유하고 있다. 하나님은 인간의 생각을 능가하신다. 그분은 인간의 자원도 능가하신다!

우리는 기도가 이루어진 일뿐 아니라 이루어지지 않은 일에도 감사하듯이 훗날 문이 열린 일뿐 아니라 문이 닫힌 일에도 감사할 것이다. 우리는 눈앞에서 문이 꽝 닫히면 기분이 나쁘다. 우리는 그 이유를 모를 때가 많다. 하지만 닫힌 문이 선행적 은총이다. 마크 배터슨, 《하나님을 듣다》, 두란노, 150쪽

하나님의 은혜 가운데 사람을 통해 베풀어 주시는 은혜가 있습니다

하나님의 은혜는 풍성해서 무지개처럼 다양한 빛깔로 임합니다. 또한 다양한 방법과 다양한 통로를 통해 임합니다. 우리가 사

람을 소중히 여겨야 하는 까닭은 하나님이 사람을 통해 우리에게 은혜를 베푸시기 때문입니다. 하나님이 직접 하실 수 있는 일도 사람을 통해서 일하시는 것을 보게 됩니다. 하나님이 요셉에게 큰 은혜를 베푸셨습니다. 그 은혜가 사람들을 통해 임하는 것을 보게 됩니다. 애굽에 갔을 때 보디발이 그에게 은혜를 베풀었습니다. 감옥에서는 간수장이 그에게 은혜를 베풀었습니다. 나중에는 바로 왕이 그에게 은혜를 베풀었습니다. 하나님이 요셉을 축복하시기 위해 그들을 사용하신 것입니다.

요셉이 그의 주인에게 은혜를 입어 섬기매 그가 요셉을 가정 총무로 삼고 자기의 소유를 다 그의 손에 위탁하니 창 39:4

여호와께서 요셉과 함께하시고 그에게 인자를 더하사 간수장에게 은혜를 받게 하시매 창 39:21

하나님이 젊은 나이에 과부가 된 룻에게 은혜를 베푸실 때 기생 라합의 아들 보아스를 통해 은혜를 베푸십니다. 모압 여인이었던 룻이 보아스를 만났을 때 그에게 은혜 입기를 원했습니다.

룻이 이르되 내 주여 내가 당신께 은혜 입기를 원하나이다 나는 당신의 하녀 중의 하나와도 같지 못하오나 당신이 이 하녀를 위로하시고 마음을 기쁘게 하는 말씀을 하셨나이다 하니라 룻 2:13

하나님은 룻에게 은혜를 베푸시기 위해 보아스를 예비하셨습니다. 그리하심으로 룻은 예수님의 족보에 들어가는 은혜를 입었습니다.

하나님의 은혜는 작은 씨앗이 풍성한 열매를 맺게 하시는 은혜입니다

하나님의 은혜는 작은 씨앗 속에 역사하십니다. 그것이 하나님 나라의 비밀입니다. 겨자씨에 하나님의 은혜가 임할 때 커서 나무가 되어 새들이 깃들입니다. 우리는 작은 씨앗을 심을 때 하나님의 은혜를 구해야 합니다. 우리가 하나님의 은혜를 믿고 작은 씨앗을 심을 때 풍성한 열매를 맺게 되는 것을 경험하게 됩니다. 때로는 우리가 전혀 기대할 수 없었던 일들이 하나님의 은혜로 전개되는 것을 보게 됩니다. 특별히 영혼을 구원하는 선교는 작은 씨앗을 심는 것과 같습니다. 마크 배터슨은 《올인》이라는 책에서 작은 씨앗을 통해 풍성한 열매를 맺게 하시는 하나님의 은혜에 대해 다음과 같이 기록하고 있습니다.

약 100년 전, 스웨덴 스톡홀름에 있는 필라델피아교회에서는 두 쌍의 부부를 아프리카 콩고의 선교사로 파송했다. 데이비드 플러드와 스베아 플러드, 조엘 에릭슨과 버서 에릭슨 부부는 정글을 헤치고 들어가 원주민 마을에 선교 본부를 세웠다. 그러나 사역 첫 해, 4명의 선교사는 단 1명의 회심자도 얻지 못했다. 원주민들이 자기 부족의 신들이 화를 낼까 무서워 복음을 거부했기 때문이다. 그럼에도 불구하고 스베아는 매일 그녀의 집 뒷문으로 신선한 달걀을 배달해 주는 다섯 살짜리 원주민 꼬마에게 예수님의 사랑을 전했다.

스베아는 콩고에 도착하고 얼마 지나지 않아 임신했지만 임신 기간 내내 말라리아와 싸우며 병상에서 지냈다. 결국 1923년 4월 13일, 그녀는 '아이나'라고 이름 지은 예쁜 딸아이를 출산하고 17일 뒤에 세상을 떠나고 말았다. 그녀의 남편 데이비드 플러드는 마을 전경이 보이는 산중턱에 아내를 묻고 슬픔에 젖었다. 곧이어 그의 마음에 하나님에 대한 원망이 홍수처럼 밀어닥쳤다. 그는 갓난아기인 아이나를 에릭슨 부부에게 맡기고 스웨덴으로 돌아갔다. 자신에게 남은 것은 처절히 깨어진 꿈과 찢긴 가슴뿐이라는 생각으로 그는 여생을 술로 슬픔을 달래며 보낼 작정이었다. 오죽하면 자기 앞에서 하나님 이름도 꺼내지 말라고 주변 사람들에게 경고했겠는가.

에릭슨 부부는 아이나가 아장아장 걸을 때까지 아이나를 잘 키웠다. 그러나 이들이 어느 날 갑자기 사흘 간격으로 세상을 떠나고 말았다. 원주민들이 독살한 것이다. 그 후 아이나는 미국인 선교사 부부 아서 버그와 안나 버그에게 보내졌다. 그들은 입양한 딸 이름을 아그네스라고 지었고 애칭으로 애기(Aggie)라 불렀다.

얼마의 시간이 지난 뒤, 버그 부부는 사우스다코타의 어느 교파에서 목회하기 위해 애기를 데리고 미국으로 돌아왔다. 애기는 고등학교를 졸업한 후 미네소타 주 미니애폴리스에 위치한 노스 센트럴 성경대학에 들어갔고, 거기에서 동기생인 듀이 허스트를 만나 결혼했다. 가정을 꾸린 두 사람은 목회자로 사역하면서 몇몇 교회들을 섬겼으며, 훗날 애기의 남편 듀이 허스트는 노스 센트럴 성경대학의 학장이 되었다.

대학 측에서는 애기와 듀이 부부의 25주년 결혼기념일을 축하하며 스웨덴 여행이라는 특별 선물을 주었다. 그러나 애기에게 이 여행의 유일한 목적은 50년 전 자기를 버린 친아버지를 찾는 것이었다. 그들은 닷새 동안 아무 단서도 없이 스톡홀름을 샅샅이 뒤졌다. 마침내 미국으로 돌아가기 전날 그들은 아버지의 소식을 듣게 되었고 금방이라도 쓰러질 것 같은 건물 3층으로 향했다. 그곳에는 간 기능이 다 망가져 죽어가고 있는 애기의 친아버지 데이비드 플러드가 누워 있었다.

"아버지, 제가 아이나예요!"

데이비드는 생전에 들어보리라고는 꿈에도 예상치 못했던 말이었다. 그는 회한이 가득한 말 한마디를 했다.

"너를 버리려고 했던 건 아니었다!"

부녀는 서로 부둥켜안았다. 딸을 버린 아버지의 마음과 아버지에게 버림받은 딸의 마음에 50년간 남은 상처가 치유되는 순간이었다. 그날 아버지와 딸은 화해했고, 그 아버지는 하늘에 계신 자신의 아버지와 영원히 화해했다. 그다음 날 스톡홀름을 떠나 시애틀에 도착한 그녀는 아버지가 세상을 떠났다는 소식을 들었다.

그로부터 5년 뒤, 애기와 듀이 부부는 영국 런던에서 열린 세계오순절총회에 참석했다. 그곳 로열 프린스 앨버트 홀에는 세계 각국에서 1만 명의 대표들이 모였는데, 특히 총회 첫날 밤 연사로 나선 사람들 중에 아프리카 자이레 공화국(1971년부터 1997년까지 '콩고'를 '자이레'라고 했음) 오순절교회의 감독 '루히기타 은다고라'도 포함되어 있었다. '애기'는 '루히기타'가 그녀의 부모가 반세기 전에 선교사로 사역했던 지역(콩고) 출신이라는 것에 주목했다.

루히기타의 연설이 끝난 뒤 애기는 통역관을 통해서 그와 이야기를 나누었다. 자신이 태어난 마을을 아느냐는 그녀의 질문에 그는 자신이 그곳에서 성장했다고 대답했다. 그녀는 플러드라는 이름의 선교사 부부를 아느냐고 다시 질문했다. 그러자 그가 다음과 같이 대답했다.

"알다마다요. 제가 매일 아침 스베아 플러드 선교사님의 집 뒷문에 달걀 바구니를 배달했는걸요. 선교사님은 제게 예수님에 대해 말씀해 주시곤 했죠. 스베아 선교사님이 아프리카 전역에서 저를 제외한 다른 개종자를 또 얻으셨는지 모르겠네요!"

그는 다시 덧붙여서 말했다.

"안타깝게도 스베아 선교사님은 제가 예수님을 영접한 직후에 세상을 떠나셨고 남편 분은 고국으로 돌아가셨습니다. 그분에게 아이나라는 이름의 아기가 하나 있었는데, 그 아이가 어떻게 되었는지 늘 궁금했어요."

애기는 자신이 바로 그 아이나라고 밝혔다. 그러자 루히기타가 흐느끼기 시작했다. 두 사람은 태어나자마다 생이별을 한 오누이처럼 부둥켜안고 울었다.

잠시 후에 루히기타가 말했다.

"몇 개월 전에 당신 어머니 묘소에 꽃을 바치고 왔습니다. 당신 어머니의 고결한 죽음이 우리 수많은 아프리카 사람을 살렸습니다. 자이레 공화국의 수백 개의 교회들과 수십만 신자들을 대신해서 감사드립니다."

마크 배터슨, 《올인》, 규장, 198-202쪽

데이비드와 스베아 선교사 부부는 콩고의 원주민 마을에서 한 사람의 회심자도 얻지 못했습니다. 그런 까닭에 그들은 그들의 사역이 헛된 것이었다고 생각했을지 모릅니다. 그런데 하나님은 스베아가 어린 소년에게 사랑으로 뿌린 복음의 씨앗을 통해 풍성한 영혼 구원의 열매를 맺게 하셨습니다. 그러므로 우리는 선한 씨앗을 심을 때 낙심하지 말아야 합니다.

—— 우리가 선을 행하되 낙심하지 말지니 포기하지 아니하면 때가 이르매 거두리라 갈 6:9

과거에 받은 은혜에 대한 감사가
장래의 은혜에 대한 확신으로 연결됩니다

하나님의 은혜는 풍성합니다. 우리가 할 일은 하나님께 나아가
서 그 풍성한 은혜를 받는 것입니다. 제자들이 한 일은 예수님께
나아가서 은혜를 받은 것입니다.

— 우리가 다 그의 충만한 데서 받으니 은혜 위에 은혜러라   요 1:16

우리가 해야 할 일은 그냥 받는 것입니다. 거저 주시는 은혜를
믿음으로 받는 것입니다. 위대한 사역을 통해 하나님께 영광을
올려드린 인물들의 특징은 먼저 잘 받는 것입니다. 노력하거나
쟁취하는 것이 아니라 하나님이 예비해 주신 은혜를 잘 받는 것
입니다. 예수님은 제자들에게 그들이 예수님께 받은 것을 전하라
고 말씀하셨습니다. 사도 바울도 자신이 받은 것을 전했다고 말
씀합니다(고전 15:3). 예수님은 제자들에게 성령 충만을 받으라고
말씀하셨습니다. 우리가 할 일은 하나님의 은혜를 믿음으로 받는
것입니다. 받는 것을 부끄러워하지 마십시오. 우리가 소유하고 있

는 모든 것은 하나님께 받은 것입니다. 엘리사는 엘리야를 통해 갑절의 영감을 받았습니다. 우리가 받지 않은 것은 줄 수 없습니다. 하나님의 은혜를 받으십시오. 그 은혜를 누리십시오. 그리고 그 은혜를 나누십시오. 제자들처럼 충만히 받으십시오.

당신이 아직 충만한 은혜를 받지 못했다면 다른 사람에게 은혜를 베풀기는 어렵다. 은혜를 경험해 본 적이 없다면 사랑을 베풀기도 어렵다. 은혜를 경험해 본 적이 없는데 은혜를 베풀려고 하는 것은, 외국어를 접해 본 적이 없는데 외국어를 말하려고 하는 것과 같다. 마른 우물에서 물을 끌어 올리려고 하는 것과 같다. 불가능한 일이다. 게리 채프먼 & 크리스 패브리, 《게리 채프먼의 하나님의 놀라운 은혜》, 글샘, 161쪽

하나님의 은혜는 한순간에 끝나는 것이 아닙니다. 하나님의 은혜는 무한합니다. 하나님의 은혜는 영원합니다. 우리는 미래에 대한 걱정을 가지고 살아갑니다. 하지만 하나님이 우리를 위해 예비하신 장래의 은혜를 믿는다면 미래에 대한 걱정 없이 살 수 있습니다. 지금까지 은혜를 베푸신 하나님은 우리의 장래를 위해 놀라운 은혜를 쌓아 두고 계십니다. 우리의 장래를 위해 쌓아 두신 하나님의 은혜를 확신하기 위해서는 과거에 받은 은혜를 돌아볼 필요가 있습니다. 무엇보다 그 은혜에 감사해야 합니다. 그때 우리는 하나님이 우리를 위해 예비하신 장래의 은혜에 대한 확신을 갖게 됩니다.

진정한 감사는 과거에 받은 은혜를 돌아보면서 하나님의 은혜의 풍성함을 크게 기뻐하는 것이다. 이렇게 과거의 은혜를 소중히 하면서, 감사는 우리 마음을 장래의 은혜를 의지하는 쪽으로 기울어지게 한다. … 하나님께서는 믿음을 통해 장래의 은혜를 부어 주실 것이므로, 감사는 그 속에 내재된 기쁨의 충동을 장래의 은혜에 대한 믿음으로 밀어 넣는다. 존 파이퍼,《장래의 은혜》, 좋은씨앗, 50쪽

하나님은 우리의 장래에 은혜를 베푸실 것을 약속하셨습니다.

… 배에서 태어남으로부터 내게 안겼고 태에서 남으로부터 내게 업힌 너희여 너희가 노년에 이르기까지 내가 그리하겠고 백발이 되기까지 내가 너희를 품을 것이라 내가 지었은즉 내가 업을 것이요 내가 품고 구하여 내리라 사 46:3-4

우리의 과거는 이미 지나갔습니다. 우리 앞에 남아 있는 삶은 미래에 전개될 삶입니다. 그러므로 우리는 장래에 베풀어 주실 하나님의 은혜에 대한 확신과 기대 속에 살아야 합니다. 하나님이 우리의 장래를 위해 약속하신 모든 것은 예수 그리스도 안에서 "예"가 됩니다.

하나님의 약속은 얼마든지 그리스도 안에서 예가 되니 그런즉 그로 말미암아 우리가 아멘 하여 하나님께 영광을 돌리게 되느니라 고후 1:20

우리가 기도하는 것은 하나님이 약속하신 장래의 은혜에 대한

반응입니다. 기도는 약속에 대한 반응입니다. 우리가 기도하는 것은 약속하신 분을 알고, 약속하신 내용을 확신하기 때문입니다. 무엇보다 우리는 하나님이 장래에 모든 것을 합력하여 선을 이루어 주실 것을 믿습니다.

우리가 알거니와 하나님을 사랑하는 자 곧 그의 뜻대로 부르심을 입은 자들에게는 모든 것이 합력하여 선을 이루느니라 롬 8:28

이 말씀을 주신 하나님은 그분의 아들 예수님과 함께 모든 것을 우리에게 주신다고 약속하셨습니다.

자기 아들을 아끼지 아니하시고 우리 모든 사람을 위하여 내주신 이가 어찌 그 아들과 함께 모든 것을 우리에게 주시지 아니하겠느냐 롬 8:32

우리는 과거 십자가에서 우리를 위해 베푸신 하나님의'은혜를 믿습니다. 그 은혜로 하나님의 자녀가 되었습니다. 과거의 은혜에 감사하며 살고 있는 우리는 하나님이 우리의 장래에 베풀어 주실 은혜를 믿습니다. 또한 지금 우리가 어떤 상황에 처해 있든지, 하나님이 예수 그리스도 안에서 모든 것을 합력하여 선을 이루어 주실 것을 믿습니다. 바로 그것이 장래의 은혜입니다. 하나님은 모든 것을 섭리하십니다. 우리의 성공과 실패를, 우리의 승리와 패배를, 성취와 상실을, 건강과 병약함을 모두 섭리하십니다. 은혜가 아니면 살아갈 수 없습니다. 하나님의 은혜만이 우리를 지탱시켜 줍니다. 하나님의 은혜가 우리를 보호해 줍니다. 하나님의 은혜가 우리를 마침내 천국까지 인도해 줄 것입니다.

하나님의 은혜를 받은 우리는 이제 그 은혜를 나누어야 합니다. 은혜의 복음을 모든 족속에게 전해야 합니다. 우리가 받은 다양한 은혜를 나누어야 합니다. 우리가 존재하는 이유 중에 하나가 바로 하나님께 받은 복음을 전하기 위해서입니다. 하나님의 은혜를 풍성히 받아 나누는 우리 모두가 되기를 바랍니다.

12

거룩하신 하나님을 아는 지식

사 6:1-8

하나님이 영의 눈을 열어 주실 때
거룩하신 하나님을 보게 됩니다

이사야서 6장은 이사야가 거룩하신 하나님을 뵙는 장면입니다. 이사야가 거룩하신 하나님을 만난 후에 자신의 진정한 모습을 보게 됩니다. 자신이 얼마나 부정한지를 보게 됩니다. 만남이 중요한 까닭은 만남을 통해 자신을 발견할 수 있기 때문입니다. 더 놀라운 사실은 이사야가 하나님의 사명을 받게 된 것입니다. 짧은 한 장이지만 거룩하신 하나님의 놀라운 스토리가 담겨 있습니다. 이사야는 언제 거룩하신 하나님을 만나게 되었습니까?

웃시야 왕이 죽던 해에 내가 본즉 주께서 높이 들린 보좌에 앉으셨는데 그의 옷자락은 성전에 가득하였고 사 6:1

이사야는 웃시야 왕이 죽던 해에 주님이 높이 들린 보좌에 앉으신 것을 보았습니다. 그분의 옷자락이 성전에 가득한 것을 보았습니다. 놀라운 광경입니다. 언제 우리의 영의 눈이 열릴까요? 바로 고난의 때입니다. 상실의 때입니다. 웃시야 왕이 죽은 것은 유다 백성에게 아주 충격적인 사건입니다. 그 이유는 웃시야 왕의 때에 나라가 아주 부강했기 때문입니다. 언제나 그렇듯이 강력한 왕이 죽으면 그 충격은 매우 큽니다.

우리가 성경에서 알 수 있는 것처럼 웃시야는 왕이 되어 하나님 보시기에 정직하게 행했습니다. 그가 하나님을 찾을 동안에 하나님은 그를 형통하게 하셨습니다(대하 26:4-5). 또한 하나님이 도와주심으로 전쟁에 나갈 때마다 승리했습니다. 하나님이 기이한 도움을 주심으로 강성한 왕이 되었습니다. 문제는 그가 강성해지자 그 마음이 교만해졌다는 것입니다. 그리함으로 제사장만 할 수 있는 분향을 직접 하려고 하는 중에 나병에 걸리게 됩니다 (대하 26:19).

우리는 강성해질 때 늘 조심해야 합니다. 교만을 경계해야 합니다. 해서는 안 될 일을 하지 않도록 조심해야 합니다. 경계를 지키는 것이 지혜입니다. 결국 그는 나병으로 죽게 됩니다. 그의 행적에 대해 기록한 사람이 이사야입니다(대하 26:22).

하나님은 웃시야가 죽었을 때 이사야의 눈을 열어 줍니다. 민족적으로 고난의 때에 이사야의 눈이 열렸습니다. 고난의 때는 신비롭게도 고통의 때이면서 축복의 때입니다. 고난 때문에 거룩하신 하나님을 뵙고, 그 하나님을 만날 수 있다면 고난은 변장된 축복입니다. 이사야의 눈이 열렸을 때 거룩하신 하나님을 보게 됩니다. 우리가 볼 수 있는 것 가운데 하나님의 영광을 보는 것보다 더 복된 것은 없습니다.

하나님은
거룩하신 하나님이십니다

이사야가 높이 들린 보좌에 앉으신 하나님을 바라보고 있습니다. 스랍들이 하나님을 모시고 서 있습니다. 스랍들은 천사들을 의미합니다. 하나님을 모시고 있는 스랍들이 각기 여섯 날개를 가졌습니다. 그 둘로는 자기의 얼굴을 가리었습니다. 그 둘로는 자기의 발을 가리었습니다. 오직 두 개의 날개로 날고 있습니다.

스랍들이 모시고 섰는데 각기 여섯 날개가 있어 그 둘로는 자기의 얼굴을 가리었고 그 둘로는 자기의 발을 가리었고 그 둘로는 날며   사 6:2

천사들이 감히 거룩하신 하나님 앞에 자신들의 얼굴과 발을 드러내지 못하고 있습니다. 그들이 하나님을 찬양합니다. 하나님의 거룩하심을 찬양합니다. 하나님의 영광이 온 땅에 충만함을 찬양합니다.

서로 불러 이르되 거룩하다 거룩하다 거룩하다 만군의 여호와여 그의 영광이 온 땅에 충만하도다 하더라   사 6:3

성경에 나타난 하나님의 성품 가운데 세 번을 반복하며 찬양하는 성품은 유일하게 하나님의 거룩하심입니다. 이 사실은 요한계시록에서 반복됩니다.

네 생물은 각각 여섯 날개를 가졌고 그 안과 주위에는 눈들이 가득하더

라 그들이 밤낮 쉬지 않고 이르기를 거룩하다 거룩하다 거룩하다 주 하나
님 곧 전능하신 이여 전에도 계셨고 이제도 계시고 장차 오실 이시라 하
고   계 4:8

하나님의 거룩하심은 모든 피조물과 구별되는 분임을 보여 줍
니다.

"거룩이란 구별됨을 의미합니다."

무엇이든 구별하면 거룩해집니다. 특히 하나님이 특별한 목적
을 위해 구별할 경우 거룩해집니다. 시간이든, 장소든, 물건이든,
짐승이든, 사람이든 거룩해집니다. 하지만 모든 것들과 비교할 수
없는 구별됨이 바로 하나님의 거룩함에 있습니다.

성경에서 하나님을 가리켜 "거룩하시다"라고 할 때 거기에는 그분이 피
조물과 구별되는 초월적인 존재라는 의미가 담겨 있다. R. C. 스프롤, 《하나님
의 거룩하심》, 지평서원, 52-53쪽

하나님의 거룩은 하나님의 다른 성품과 속성과 관련이 있습니
다. 그런 까닭에 하나님의 거룩한 성품은 참으로 특별한 성품입
니다.

'거룩하다'는 말은 하나님의 모든 속성과 관련된다. 하나님의 사랑은 거룩한 사랑이고, 그분의 의는 거룩한 의이며, 그분의 자비는 거룩한 자비이고, 그분의 지식은 거룩한 지식이며, 그분의 영은 거룩한 영이다. R. C. 스프롤, 《하나님의 거룩하심》, 지평서원, 54-55쪽

하나님의 말씀도 거룩한 말씀입니다. 거룩의 개념은 구별됨에 있으면서 동시에 정결함에 있습니다. 우리는 누구나 거룩하면 도덕적인 거룩, 정결, 순결을 생각합니다. 하나님은 완전히 거룩하시고, 완전히 정결하십니다. 완전히 순결하십니다. 인간이 거룩을 추구한다 할지라도 하나님과 같은 거룩에 이를 수 없습니다. 하나님은 그 본질이 거룩하시고, 또한 총체적으로 거룩하십니다.

"거룩이란 정결함을 의미합니다."

성경은 하나님과, 하나님과 관련된 속성에 대해 언급할 때 거룩이란 단어를 사용합니다.

이스라엘의 찬송 중에 계시는 주여 주는 거룩하시니이다   시 22:3

하나님은 거룩하시기 때문에 하나님과 접촉하면 거룩해집니다. 하나님은 거룩의 원천이시기에 하나님께 나아가 그분의 생수를 마시면 거룩해집니다. 정결해집니다. 반면에 사탄과 귀신과 마귀에 대해 언급할 때 따라오는 것은 더러움입니다. 성경은 특별

히 귀신에 대해 언급할 때마다 "더러운 귀신"이라고 부릅니다.

───── 이는 예수께서 이미 그에게 이르시기를 더러운 귀신아 그 사람에게서 나
오라 하셨음이라 막 5:8

요한계시록은 귀신을 더러운 영이라고 부릅니다.

───── …귀신의 처소와 각종 더러운 영이 모이는 곳과 각종 더럽고 가증한 새들
이 모이는 곳이 되었도다 계 18:2하

귀신이 역사하면 더러운 일들이 벌어집니다. 더러움은 더러움
을 낳습니다. 더러움은 더러움을 불러옵니다. 더러운 귀신과 접촉
하면 더럽게 됩니다. 더러운 귀신과 접촉하면 부패하게 됩니다.
타락하게 됩니다. 더럽고 음란한 일이 벌어집니다(겔 24:13상). 귀신
은 흉악합니다. 귀신이 역사하면 거칠어집니다. 사나워집니다. 흉
악해집니다. 가나안 여자가 예수님께 나아와 흉악하게 귀신 들린
딸을 고쳐 달라고 간구합니다.

───── 가나안 여자 하나가 그 지경에서 나와서 소리 질러 이르되 주 다윗의 자손
이여 나를 불쌍히 여기소서 내 딸이 흉악하게 귀신 들렸나이다 하되
마 15:22

예수님이 더러운 귀신과 흉악한 귀신을 쫓아내 주실 때 사람
은 건강해집니다. 정상적이 됩니다. 거룩이란 단어의 뿌리 속에는
'건강, 건전'이란 의미가 담겨 있습니다. 거룩은 건강하며, 거룩은

건전한 것입니다. 거룩은 우주적 건강과 관련되어 있습니다. 거룩한 가정은 건강한 가정입니다. 거룩한 사회는 건강한 사회입니다. 거룩한 교회는 건강한 교회입니다. 그런 까닭에 우리는 거룩을 갈망해야 합니다.

> 하나님께서는 거룩하시며, 또 성결을 그분의 우주의 건강에 꼭 필요한 도덕적인 조건이 되게 하셨다. … 어떤 것이든 성결한 것은 건강하다. 악은 결국 사망으로 끝날 수밖에 없는 도덕적인 병이다. A. W. 토저, 《하나님을 바로 알자》, 생명의말씀사, 167쪽

> 그분의 우주에 대한 하나님의 첫 관심은 건강, 즉 성결이기 때문에, 이것에 반하는 것은 무엇이든 필연적으로 그분의 영원한 불쾌를 산다. A. W. 토저, 《하나님을 바로 알자》, 생명의말씀사, 168쪽

우리는 하나님의 거룩하신 성품과 만날 때 두 가지 감정, 즉 두 가지 반응을 보입니다. 우리 안에는 거룩에 대한 갈망이 있습니다. 반면에 거룩에 대한 두려움과 불편함이 있습니다. 그런 까닭에 빛이신 예수님이 오셨을 때 사람들은 빛으로 오신 예수님을 좋아하지 않았습니다. 오히려 빛보다 어둠을 더 사랑했습니다(요 3:19). 어떤 분이 남긴 말이 가슴 깊이 다가왔습니다.

"어릴 적에 우리는 어둠을 두려워했습니다. 하지만 어른이 된 후에는 어

둠보다 빛을 더 두려워합니다."

어른들은 자신의 어두운 것들이 드러나는 것을 두려워합니다. 그래서 빛을 두려워하는 것입니다. 하지만 우리 인간의 깊은 내면 속에는 거룩을 향한 갈망이 있다는 사실을 기억해야 합니다. 우리는 하나님의 형상을 따라 지음을 받았습니다. 하나님의 형상은 하나님의 성품을 의미합니다. 우리는 하나님의 성품 가운데 하나인 거룩한 성품을 따라 지음을 받았습니다. 비록 죄 때문에 그 성품이 가려지고 말았지만 우리 내면 깊은 곳에 거룩을 향한 갈망이 있습니다. 하나님은 우리에게 계속해서 거룩하라고 권면하십니다.

─────── 기록되었으되 내가 거룩하니 너희도 거룩할지어다 하셨느니라 **벧전 1:16**

하나님의 거룩은 그의 영광으로 나타납니다.
─────── 서로 불러 이르되 거룩하다 거룩하다 거룩하다 만군의 여호와여 그의 영광이 온 땅에 충만하도다 하더라 이같이 화답하는 자의 소리로 말미암아 문지방의 터가 요동하며 성전에 연기가 충만한지라 **사 6:3-4**

이사야는 하나님의 거룩하심과 함께 하나님의 영광이 온 땅에 충만한 것을 보았습니다. 또한 성전에 충만한 것을 보았습니다. 구약에서 하나님의 영광은 주로 성전에 충만한 구름과 연기로 나타난 것을 볼 수 있습니다.

"거룩은 영광입니다."

더러운 것은 영광스럽지 않습니다. 영광은 곧 아름다움을 의미합니다. 거룩은 영광스럽고, 영화스럽고, 아름답습니다. 거룩은 찬란한 빛과 같습니다.

"거룩은 아름답습니다."

우리가 하나님의 거룩에 매료되는 까닭은 거룩이 영광스럽고 아름답기 때문입니다. 우리는 경건한 사람이나 거룩을 추구하는 성스러운 사람을 만나면 신비로운 매력을 느낍니다. 그것은 거룩한 아름다움을 드러내고 있는 까닭입니다.

거룩하신 하나님은
우리를 거룩하게 하시는 분입니다

이사야가 거룩하신 하나님을 만났을 때 경험한 것은 두려움이었습니다. "거룩, 거룩, 거룩"으로 서로 화답하는 천사의 소리 때문에 문지방의 터가 요동했습니다. 그 순간 자신이 얼마나 부정한 사람인지를 보게 됩니다. 우리가 빛 가운데 서면 우리 자신의 적나라한 모습이 드러나게 됩니다. 거울 앞에 서면 우리의 진면

모를 보게 됩니다. 이사야가 그런 경험을 하고 있습니다.

> 그때에 내가 말하되 화로다 나여 망하게 되었도다 나는 입술이 부정한 사람이요 나는 입술이 부정한 백성 중에 거주하면서 만군의 여호와이신 왕을 뵈었음이로다 하였더라   사 6:5

그는 자신이 부정한 사람이라고 고백합니다. 또한 부정한 백성 중에 거주한다고 고백합니다. 거룩은 죄에 대한 고백, 즉 회개를 통해 경험하게 됩니다. 그는 자신의 모습을 보면서 "화로다 나여 망하게 되었도다"라고 탄식합니다. 그는 웃시야 왕이 살아 있는 동안 그를 바라보았습니다. 이제 웃시야 왕이 죽자 하늘의 왕, 만군의 여호와이신 왕을 만나게 되었습니다. 웃시야 왕은 전쟁을 잘하는 왕이었습니다. 그런데 이사야는 만군의 여호와이신 왕을 만나게 되었습니다. 만군의 여호와는 전쟁에 능하신 하나님이심을 드러내는 이름입니다. 전쟁에 능하신 하나님은 거룩하신 분입니다.

특별히 자신을 입술이 부정한 사람이라고 강조합니다. 왜 그는 입술이 부정하다고 했을까요? 인간의 모든 죄가 입술에서 나오기 때문입니다. 이사야서 1-5장은 이스라엘 백성의 죄에 대해 기록하고 있습니다. 하나님의 백성이 얼마나 타락했는지, 얼마나 부패했는지를 기록하고 있습니다. 특별히 이사야서 5장에서는 그들이 입술로 지은 죄에 대해 기록하고 있습니다.

> 악을 선하다 하며 선을 악하다 하며   사 5:20상

이는 입술로 지을 수 있는 무서운 죄입니다. 악을 선하다 하고 선을 악하다 말하고 있습니다. 또한 뇌물을 받고 악인을 의롭다고 말해 줍니다.

그들은 뇌물로 말미암아 악인을 의롭다 하고 의인에게서 그 공의를 빼앗는도다 사 5:23

하나님이 그들의 죄악 때문에 그들의 뿌리가 썩어 부패했다고 말씀하십니다. 불꽃이 그루터기를 삼키는 것처럼 모든 것이 황폐하게 될 것을 말씀하십니다. 그 이유는 거룩하신 하나님의 말씀을 버린 까닭입니다(사 5:24). 하나님의 말씀을 버리고, 그 말씀을 멸시하면 타락하게 됩니다. 영혼이 병들게 됩니다. 모든 것이 황폐하게 됩니다. 뿌리가 썩으면 더 이상 열매를 맺을 수 없습니다. 나무는 더 이상 쓸모없는 나무가 되어 버립니다. 죄와 더러움이 이토록 무서운 것입니다. 그 중심에 바로 입술의 죄가 있습니다. 하나님이 이사야의 입을 깨끗하게 해주십니다. 그의 악을 제해 주시고, 죄를 용서해 주십니다.

그때에 그 스랍 중의 하나가 부젓가락으로 제단에서 집은 바 핀 숯을 손에 가지고 내게로 날아와서 그것을 내 입술에 대며 이르되 보라 이것이 네 입에 닿았으니 네 악이 제하여졌고 네 죄가 사하여졌느니라 하더라 사 6:6-7

이 말씀에서 주의해야 할 것은 이사야가 자신의 부정함을 스스로 깨끗하게 할 수 없었다는 것입니다. 하나님이 천사를 통해 제단의 숯불로 그의 부정함을 정결하게 해주신 것입니다. 곧 그를 거룩하게 하는 은혜가 외부에서 임한 것입니다. 이 점을 주의 깊게 묵상해야 합니다. 우리가 부정해지고, 죄를 범하면 우리 스스로 정결하게 할 수 없습니다. 오직 하나님의 은혜와 도우심을 통해 정결하게 됩니다. 천사가 이사야의 입술에 아무 숯불이나 댄 것이 아닙니다. 제단의 숯불입니다. 성전 제단의 숯불은 하늘에서 임한 불로 시작된 것입니다. 그런 까닭에 우리의 정결함은 하늘에서 임하는 불로 가능해집니다.

하나님은 거룩하시고 거룩하게 하시는 분입니다. 귀신은 더럽고 더럽히는 영입니다. 성경은 하나님이 우리를 거룩하게 하시는 분임을 강조합니다.

> 거룩하게 하시는 이와 거룩하게 함을 입은 자들이 다 한 근원에서 난지라… 히 2:11상
>
> …너희를 거룩하게 하는 나 여호와는 거룩함이니라 레 21:8하

하나님은 거룩하게 하시는 분이며, 우리는 예수님을 통해 거룩하게 함을 입은 자들입니다. 우리가 거룩하게 되는 것은 하나님의 은혜입니다. 수동태이면서 또한 능동태입니다. 우리가 거룩함을 입은 것은 수동태입니다. 동시에 우리가 회개하고, 거룩을 추구하고, 거룩을 갈망하고, 거룩한 삶을 살아내는 것은 능동태입니다. 이 모든 과정이 성화의 과정입니다. 모든 것이 하나님의 은혜인 것처럼, 거룩도 하나님의 은혜로 주어집니다. 우리가 어떻게

거룩해질 수 있을까요? 우리를 거룩하게 하시는 은혜의 도구는 무엇일까요?

첫째, 하나님의 구별된 선택을 통해 거룩하게 됩니다.

거룩은 구별됨에 있습니다. 구별됨이란 선택을 의미합니다. 하나님이 무엇이든지 구별해서 따로 떼어놓을 때 거룩해집니다. 하나님이 무엇이든 구별하면 거룩해집니다. 하나님이 창조하신 후에 일곱째 날을 구별하여 거룩하게 하셨습니다. 모든 날 가운데 안식일을 구별하여 거룩하게 하셨습니다. 지금은 주님이 부활하신 주일을 구별하여 지키고 있습니다. 하나님이 예루살렘을 하나님이 거하시는 성산으로 구별하셨습니다. 그래서 거룩한 성이 되었습니다. 하나님이 모든 책 가운데 성경을 구별하셨습니다. 그래서 성경은 거룩한 책이 되었습니다.

구약에서 하나님이 모든 민족 가운데 이스라엘을 구별해서 선택하셨습니다. 그래서 이스라엘 백성이 거룩한 백성이 되었습니다. 신약에 와서는 예수님을 믿는 사람들을 선택하여 거룩한 백성으로 삼으셨습니다. 그래서 우리는 성도가 되었습니다.

> 곧 창세전에 그리스도 안에서 우리를 택하사 우리로 사랑 안에서 그 앞에 거룩하고 흠이 없게 하시려고 엡 1:4
>
> 고린도에 있는 하나님의 교회 곧 그리스도 예수 안에서 거룩하여지고 성도라 부르심을 받은 자들과   고전 1:2상

둘째, 예수님의 거룩하심을 힘입어 거룩하게 됩니다.

예수님은 우리의 더러움을 모두 가져가시고 그 대신 예수님의 거룩하심을 우리에게 부어 주셨습니다. 우리의 불의를 모두 가져가시고 그 대신 예수님의 의를 우리에게 전가시켜 주셨습니다.

너희는 하나님으로부터 나서 그리스도 예수 안에 있고 예수는 하나님 으로부터 나와서 우리에게 지혜와 의로움과 거룩함과 구원함이 되셨으 니 고전 1:30

셋째, 말씀을 통해 거룩하게 됩니다.

하나님의 말씀은 거룩한 말씀입니다. 거룩한 말씀과 접촉하게 되면 거룩해집니다. 거룩한 말씀이 우리 안에서 역사하게 되면 점점 더 거룩하게 됩니다. 거룩한 말씀이 죄를 깨닫게 하고 회개하도록 도와줍니다. 거룩한 말씀이 죄를 죽이고, 유혹을 물리치게 합니다.

너희는 내가 일러준 말로 이미 깨끗하여졌으니 요 15:3

이는 곧 물로 씻어 말씀으로 깨끗하게 하사 거룩하게 하시고 자기 앞에 영 광스러운 교회로 세우사 티나 주름 잡힌 것이나 이런 것들이 없이 거룩하 고 흠이 없게 하려 하심이라 엡 5:26-27

넷째, 성령님을 통해 거룩하게 됩니다.

성령님은 거룩한 영이십니다. 성령님은 거룩하게 하시는 영이십니다. 성령님과 접촉하면 우리는 거룩하게 됩니다.

…하나님이 처음부터 너희를 택하사 성령의 거룩하게 하심과 진리를 믿음으로 구원을 받게 하심이니 살후 2:13하

성령님은 죄를 깨닫게 하시고, 회개하게 하십니다. 성령님은 우리를 진리 되신 예수님께로 인도해 주십니다. 우리는 성령님을 통해 예수님을 바라보게 됩니다. 그리함으로 거룩하신 예수님의 모습을 닮아가게 됩니다.

우리가 다 수건을 벗은 얼굴로 거울을 보는 것같이 주의 영광을 보매 그와 같은 형상으로 변화하여 영광에서 영광에 이르니 곧 주의 영으로 말미암음이니라 고후 3:18

다섯째, 예수님의 보혈로 거룩하게 됩니다.

우리를 정결하게 하는 것은 예수님의 보혈입니다. 하나님이 우리 죄를 정결하게 하는 은혜의 방편으로 선택하신 것이 보혈입니다.

그가 빛 가운데 계신 것같이 우리도 빛 가운데 행하면 우리가 서로 사귐이 있고 그 아들 예수의 피가 우리를 모든 죄에서 깨끗하게 하실 것이요 요일 1:7

만일 우리가 우리 죄를 자백하면 그는 미쁘시고 의로우사 우리 죄를 사하시며 우리를 모든 불의에서 깨끗하게 하실 것이요 요일 1:9

여섯째, 예수님에 대한 사랑과 재림의 소망을 통해 거룩하게 됩니다.

우리는 사랑하는 대상을 만나면 자신을 깨끗하게 합니다. 샤워도 자주 하고, 냄새가 나지 않도록 향수를 뿌리기도 합니다. 사랑하는 사람을 위해 더러운 것을 정결하게 하고, 더러운 냄새를 제거하는 것입니다. 사랑은 정말 대단한 힘입니다. 우리가 예수님을 사랑하면 사랑할수록 우리 자신을 거룩하게 만듭니다. 예수님과 친밀한 사랑의 사귐 속으로 들어갈 때 더욱 거룩해집니다.

"거룩한 사랑의 사귐 속에 들어가면 더욱 거룩을 추구하게 됩니다."

초대 교회 성도들은 예수님의 재림을 소망했습니다. 예수님의 재림을 고대했습니다. 핍박과 학대를 받으며 살아가는 성도들에게 예수님의 다시 오심은 거룩한 소망이었습니다. 바로 그 소망이 자신들을 더러움에서 지킬 수 있었습니다. 또한 자기를 깨끗하게 할 수 있었습니다.

사랑하는 자들아 우리가 지금은 하나님의 자녀라 장래에 어떻게 될지는 아직 나타나지 아니하였으나 그가 나타나시면 우리가 그와 같을 줄을 아는 것은 그의 참모습 그대로 볼 것이기 때문이니 주를 향하여 이 소망을 가진 자마다 그의 깨끗하심과 같이 자기를 깨끗하게 하느니라 요일 3:2-3

일곱째, 고난을 통해 거룩하게 됩니다.

하나님이 우리를 거룩하게 하시는 은총의 방편 중의 하나는 고난입니다. 우리가 별로 좋아하지 않지만 고난은 우리를 거룩하게 하시는 은총의 도구입니다. 그런 까닭에 고난은 지나고 보면 축복입니다.

고난당하기 전에는 내가 그릇 행하였더니 이제는 주의 말씀을 지키나이다 시 119:67

그리스도께서 이미 육체의 고난을 받으셨으니 너희도 같은 마음으로 갑옷을 삼으라 이는 육체의 고난을 받은 자는 죄를 그쳤음이니 벧전 4:1

고난은 풀무와 같습니다. 가마와 같습니다. 더러운 것을 녹게 만들어 정결하게 합니다. 더러운 불순물을 제거하여 빛나고 아름답게 만들어 줍니다. 쓸 만한 그릇이 되게 합니다.

가마가 빈 후에는 숯불 위에 놓아 뜨겁게 하며 그 가마의 놋을 달궈서 그 속에 더러운 것을 녹게 하며 녹이 소멸되게 하라 겔 24:11

하나님이 우리를 구원하심으로 모든 죄에서, 모든 더러운 데서 구원하신 것입니다.

내가 너희를 모든 더러운 데에서 구원하고 곡식이 풍성하게 하여 기근이 너희에게 닥치지 아니하게 할 것이며 겔 36:29

더러운 것은 좋은 것이 아닙니다. 더러우면 불쾌합니다. 더러우면 불편합니다. 더러우면 움츠리게 됩니다. 더러우면 자신감을 상실하게 됩니다. 더러우면 아름답지 않습니다. 더러우면 매력을 상실하게 됩니다. 사람들은 아름다움에 이끌립니다. 더러우면 멀리하게 됩니다. 더러운 것을 좋아한다면 더러운 귀신의 지배 아래 살아가는 것입니다. 더러우면 어둡습니다. 하나님은 우리를 더러운 데서 구원하셔서 거룩함으로 덧입혀 주십니다.

하나님이 우리를 거룩하게 하심은 거룩의 길로 인도하시기 위함입니다. 거룩의 대로 속으로 인도하기 원하시기 때문입니다.

——— 거기에 대로가 있어 그 길을 거룩한 길이라 일컫는 바 되리니… 오직 구속
함을 입은 자들을 위하여 있게 될 것이라… 사 35:8

하나님은 우리를 거룩하게 하심으로
사명을 맡기십니다

하나님은 이사야에게 사명을 맡기시기 전에 먼저 그를 정결하게 하십니다. 특별히 그의 입술을 정결하게 하신 까닭은 그의 입술로 하나님의 말씀을 대언해야 하기 때문입니다. 이사야는 정결함을 받은 후에 주님의 음성을 듣게 됩니다.

——— 내가 또 주의 목소리를 들으니 주께서 이르시되 내가 누구를 보내며 누가
우리를 위하여 갈꼬 하시니 그때에 내가 이르되 내가 여기 있나이다 나를
보내소서 하였더니 사 6:8

여기서 하나님은 "내가 누구를 보내며 누가 우리를 위하여 갈

꼬"라고 말씀하십니다. 여기서 우리는 하나님이 삼위일체 하나님
이심을 엿볼 수 있습니다. 하나님이 "우리"라는 표현을 사용하고
계십니다. 하나님은 우리를 부르시는 분입니다. 또한 우리를 보내
시는 분입니다. 사명이란 보냄을 받는다는 것을 의미합니다. 하나
님이 명하신 일을 위해 보냄을 받는 것입니다. 하나님이 맡기신
심부름을 완수하는 것이 사명입니다. 하나님의 사명을 완수하는
것은 하나님께 쓰임받는 것을 의미합니다. 하나님은 우리를 사용
하시기 위해 정결하게 하십니다. 더러운 그릇은 사용하지 못합니
다. 더러운 그릇을 사용하기 위해서는 먼저 그 그릇을 깨끗하게
씻어야 합니다.

——— 그러므로 누구든지 이런 것에서 자기를 깨끗하게 하면 귀히 쓰는 그릇
이 되어 거룩하고 주인의 쓰심에 합당하며 모든 선한 일에 준비함이 되리
라 딤후 2:21

우리는 모두 더러운 그릇과 같습니다. 이사야도 더러운 그릇과
같았습니다. 이사야는 우리의 의는 모두 더러운 옷과 같다고 고
백합니다.

——— 무릇 우리는 다 부정한 자 같아서 우리의 의는 다 더러운 옷 같으며…
사 64:6상

하나님이 친히 우리의 더러운 옷을 벗기시고, 거룩의 옷과 의
의 옷을 입혀 주심으로 우리에게 사명을 맡기십니다. 모든 것이

하나님에 의해 시작되어 하나님에 의해 이루어집니다. 그러므로 모든 영광은 하나님이 받으셔야 합니다. 우리가 거룩을 추구하고 있다면 그것은 은혜입니다. 거룩을 갈망하고 있다면 그것은 은혜입니다. 우리가 거룩하신 하나님 앞에 쓰임받고 있다면 그것은 하나님의 은혜입니다.

예수님은 거룩한 그루터기이시며
거룩한 씨가 되십니다

하나님이 이사야에게 사명을 맡기시면서 이해하기 어려운 말씀을 하십니다. 그것은 그가 만나게 될 백성들이 완악해서 그가 전하는 말씀을 잘 받지 않을 것이라는 것입니다. 이사야서 1-5장에서 만나는 이스라엘 백성의 모습은 완악한 모습입니다. 듣지도 못하고, 깨닫지도 못합니다. 하나님은 이사야에게 바로 그 사람들에게 나아가라고 말씀하십니다. 마음이 둔한 백성의 마음을 더욱 둔하게 하라고 말씀하십니다(사 6:9-10).

이사야가 안타까운 마음으로 언제까지 그렇게 해야 되는지 여쭙습니다. 하나님은 이스라엘 백성을 멀리 옮기셔서 이스라엘 땅이 황폐할 때까지 그리하라고 말씀하십니다(사 6:11-12). 결국 이스라엘 백성은 바벨론에 포로로 끌려갑니다. 하지만 하나님은 그들 가운데 그루터기와 거룩한 씨를 남겨 두겠다고 말씀하십니다.

> 그중에 십분의 일이 아직 남아 있을지라도 이것도 황폐하게 될 것이나 밤나무와 상수리나무가 베임을 당하여도 그 그루터기는 남아 있는 것같이

이것이 하나님의 은혜입니다. 하나님이 그루터기와 거룩한 씨를 남겨 주신 것입니다. 보통 황폐한 땅에도 십분의 일은 남아 있는데, 그 십분의 일까지 모두 황폐하게 될 것이라고 말씀하십니다. 하지만 하나님은 그루터기를 남겨 두시고, 거룩한 씨를 남겨 두시겠다고 말씀하십니다. 그 거룩한 씨가 무엇을 의미할까요? 누구를 의미할까요? 이사야서 7장을 보면 거룩한 씨가 등장합니다.

그러므로 주께서 친히 징조를 너희에게 주실 것이라 보라 처녀가 잉태하여 아들을 낳을 것이요 그의 이름을 임마누엘이라 하리라 사 7:14

이사야서 11장에서는 거룩한 그루터기, 거룩한 씨가 누구인지 더 선명해집니다.

이새의 줄기에서 한 싹이 나며 그 뿌리에서 한 가지가 나서 결실할 것이요 그의 위에 여호와의 영 곧 지혜와 총명의 영이요 모략과 재능의 영이요 지식과 여호와를 경외하는 영이 강림하시리니 사 11:1-2

신약에 와서 이 말씀의 정체가 선명하게 드러납니다. 처녀가 잉태하여 낳는 아들은 예수 그리스도입니다. 그의 이름은 임마누엘입니다.

처녀가 잉태하여 아들을 낳을 것이요 그의 이름은 임마누엘이라 하리라

거룩한 씨가 되시는 예수님이 오셔서 우리를 더러운 죄에서
구원해 주셨습니다. 예수님이 임마누엘로 오신 것입니다.

"임마누엘이란 하나님이 우리와 함께 계시다는 뜻입니다."

예수님은 거룩한 씨로 오셔서 우리를 거룩하게 해주십니다. 유
진 피터슨은 거룩한 그루터기가 예수님께 와서 판명되었다는 사
실을 다음과 같이 밝힙니다.

말씀이 결국 어떻게 판명되었는지 우리는 알고 있다. 한마디로 예수다. 그
래서 우리는 기쁨과 감사의 목소리로 거룩한 주님을 찬송한다. 아무리 큰
소리로, 아무리 기쁘게 찬송해도 충분하지 않지만 그러는 동안 그루터기
와의 접촉을 끊으면 안 된다. 유진 피터슨,《거룩한 그루터기》, 포이에마, 145쪽

우리는 거룩한 그루터기이신 예수님 때문에 거룩함을 입게 되
었습니다. 예수님을 믿음으로 죄 사함을 받고 거룩하게 되어 유
쾌함에 이르게 되었습니다.

그러므로 너희가 회개하고 돌이켜 너희 죄 없이 함을 받으라 이같이 하면
유쾌하게 되는 날이 주 앞으로부터 이를 것이요 행 3:19, 개역한글

더러움은 불쾌함입니다. 거룩은 유쾌함입니다. 우리는 날마다 어느 정도의 거룩을 추구합니다. 더러운 옷을 갈아입고, 더러운 옷을 빨아 입는 것은 거룩을 추구하는 것입니다. 날마다 세수를 하고 손을 자주 씻고, 샤워를 하는 것도 거룩을 추구하는 것입니다. 마음이 더러워지면 우리는 회개합니다. 그리함으로 마음을 닦아 거룩하게 합니다. 우리는 날마다의 삶 속에서 거룩과 유쾌함을 추구합니다. 거룩을 통해 우리는 자신을 아름답게 가꿉니다.

하나님은 우리를 계속해서 거룩하게 하심으로 우리를 사용하십니다. 조금 더럽다고 옷을 버리지 않습니다. 그릇을 버리지 않습니다. 우리는 옷을 깨끗하게 세탁하고, 그릇은 깨끗하게 씻어 사용합니다. 하나님은 우리를 날마다 정결하게 하심으로 더욱 요긴하게 사용하십니다. 거룩처럼 즐거운 것은 없습니다. 거룩처럼 우리에게 자신감과 확신을 주는 것은 없습니다. 조나단 에드워즈의 거룩에 대한 설교 한 부분을 다시 인용해 보겠습니다.

거룩은 가장 아름답고 사랑스러운 것입니다. 사람들은 어릴 때부터 거룩을 우울하고, 까다롭고, 불쾌하고, 재미없는 것으로 생각하는 경향이 있습니다. 그러나 거룩은 달콤하고 아주 사랑스러운 것입니다. 거룩은 다른 모든 아름다움보다 월등하게 탁월한 최고의 아름다움이며 사랑스러움입니다. 거룩은 신적인 아름다움으로 사람의 영혼을 지상에 있는 다른 어떤 것보다 더욱 순수하고 천상에 속한 것으로 만들어 줍니다. 조나단 에드워즈, 《조나단 에드워즈 대표설교선집》, 부흥과개혁사, 76쪽 거룩은 하나님이 우리를 불편하게 하시려고 요구하시는 것이 아닙니다. 우리의 행복을 위해, 우리의 건강을 위해 요구하시고 권면하시는 것입니다. 거룩은 큰 즐거움을 선물해 줍니다. 거룩 속에는 절제가 담겨 있습니다. 절제할 줄 아는 사람은 하나님이 예비해 주신 모든 즐거움을 배가시킬 줄 압니다. 하나님은 우리에게 식욕과 성욕과 성취욕을 주셨습니다. 그 욕망 자체가 잘못된 것이 아닙니다. 문제는 그 욕망을 욕심으로, 탐욕으로, 죄악으로 악용하는 것입니다. 무절제하게 쾌락을 추구하는 것입니다. 하지만 그런 식의 쾌락 추구는 불쾌함과 죄책감과 공허함을 낳습니다. 하지만 절제된 욕망을 통해 식욕과 성욕과 성취욕은 참된 즐거움을 제공해 줍니다. 유진 피터슨은 거룩의 경험은 가장 매력적이고 강렬한 경험이라고 말합니다.

> 거룩함은 우리가 순전한 삶, 곧 거리를 둔 채 바라보고 즐기는 인생이 아니라 직접 맛보는 진정한 삶에서 얻을 수 있는 가장 매력적이고 강렬한 경험이다. **유진 피터슨, 《거룩한 그루터기》, 포이에마, 137쪽**

우리가 하나님을 영원토록 신뢰할 수 있는 것은 하나님이 더러운 분이 아니시기 때문입니다. 하나님은 거룩하신 분입니다. 우리를 거룩하게 하시는 분입니다. 거룩을 통해 우리를 유익하게 하시고, 유쾌하게 하시는 분입니다. 거룩을 통해 우리에게 사명을 맡기시고, 요긴하게 사용하시는 분입니다. 하나님의 거룩 안에서 거룩을 추구하는 중에 거룩한 기쁨을 충만히 누리기를 빕니다.
거룩하신 예수님을 점점 더 닮아가는 축복을 누리기를 빕니다.

13.

복 주시는 하나님을 아는 지식

민 6:22-27

하나님은 복 주시는
하나님이십니다

    하나님을 아는 지식 가운데 복 주시는 하나님을 아는 지식은 우리에게 소망을 줍니다. 복은 좋은 것입니다. 복은 좋은 것을 불러옵니다. 복은 좋은 것을 더욱 좋게 만들어 줍니다. 더욱 좋은 것을 최상의 것으로 만들어 줍니다. 복은 힘든 상황을 변화시킵니다. 역경을 역전의 상황으로 변화시킵니다. 부모들은 자신보다 자녀가 하나님의 풍성한 복을 받기 원합니다. 때로는 자기가 특별히 사랑하는 자녀가 복을 받는 일에 놀라우리만큼 집착하는 것을 봅니다.

    창세기 27장을 보면 리브가가 둘째 아들인 야곱으로 하여금 에서가 받아야 할 아버지의 축복기도를 대신 받게 합니다. 그 이유는 리브가가 쌍둥이를 잉태했을 때 하나님이 큰 자가 작은 자를 섬길 것을 말씀해 주신 까닭입니다. 즉 에서가 야곱을 섬길 것을 말씀해 주신 까닭입니다(창 25:22-23). 하지만 야곱은 아버지를 속이고, 형이 받아야 할 축복기도를 대신 받는 것을 두려워합니다.

아버지를 속인 사실이 들통 나면 복은 고사하고 저주를 받게 될 것이라고 말합니다(창 27:12). 그때 리브가가 아주 놀라운 말을 합니다.

> …내 아들아 너의 저주는 내게로 돌리리니 내 말만 따르고… 창 27:13

자신은 저주를 받아도 좋으니 아들에게 축복기도를 받으라고 말합니다. 물론 리브가의 방법은 잘못된 것입니다. 야곱이 아버지를 속여서 아버지의 축복기도를 받은 것도 잘못된 것입니다. 하지만 이 이야기 속에 담긴 숨은 메시지가 있습니다. 그것은 축복기도의 중요성입니다. 축복기도의 능력입니다. 그들은 축복기도가 바로 미래를 향한 예언임을 믿었습니다. 축복기도는 반드시 성취된다는 것을 알고 있었습니다. 그런 까닭에 아버지의 축복기도를 받는 것을 목숨을 내걸 만큼 소중히 여겼던 것입니다.

민수기 6장에서 하나님은 모세와 아론에게 그분이 선택하신 히브리 백성에게 복을 빌어 주라고 명하고 계십니다. 또한 축복기도의 내용까지 알려 주십니다.

> 여호와께서 모세에게 말씀하여 이르시되 아론과 그의 아들들에게 말하여 이르기를 너희는 이스라엘 자손을 위하여 이렇게 축복하여 이르되 여호와는 네게 복을 주시고 너를 지키시기를 원하며 여호와는 그의 얼굴을 네게 비추사 은혜 베푸시기를 원하며 여호와는 그 얼굴을 네게로 향하여 드사 평강 주시기를 원하노라 할지니라 하라 그들은 이같이 내 이름으로 이스라엘 자손에게 축복할지니 내가 그들에게 복을 주리라 민 6:22-27

특별히 하나님이 자기 백성에게 축복기도를 통해 복을 베풀어 주신다고 말씀하십니다. 하나님은 친히 축복하시기도 하지만 그 당시 제사장들을 통해 하나님의 이름으로 축복을 베풀어 주시겠다고 말씀하셨습니다. 이 민수기 6장의 축복은 창세기 12장에서 하나님이 아브라함에게 베풀어 주신 복들과 관련되어 있습니다. 왜냐하면 이 축복은 아브라함과 그의 후손에게 약속하신 축복이기 때문입니다.

여기서 우리는 중요한 질문들을 하게 됩니다. "복이란 무엇인가? 누가 복을 주시는 분인가? 하나님은 누구를 통해 복을 주시는 것일까? 왜 하나님은 복을 주시는 것일까? 왜 복을 받았다는 사람들에게 고난과 시련이 찾아오는 것일까? 복은 어떤 능력을 가지고 있는 것일까? 복은 어떤 사람에게 더욱 풍성히 임하는 것일까? 저주란 무엇이며, 저주는 어떤 사람에게 임하는 것일까? 저주의 문제를 어떻게 해결할 수 있을까? 누가 저주의 문제를 해결해 주셨는가?"

하나님의 복은
하나님의 풍성한 생명입니다

민수기 6장의 복을 조금 더 추적하면 창세기 1장에서 시작된 하나님의 축복과 관련되어 있음을 알게 됩니다. 아주 중요한 진리는 '하나님은 복을 주시는 하나님이시라'는 사실입니다. 복을 주시기를 기뻐하신다는 사실입니다. 또한 하나님의 축복의 언약은 반드시 성취된다는 사실입니다. 하나님은 창세기 1장에서 만드신 모든 피조물에게 복을 주십니다. 복을 주시며 하시는 말씀은 "생육하고 번성하여 충만하라"는 것입니다(창 1:21-22). 하나님의 복은 하나님의 생명의 흐름입니다. 하나님의 생명에 접촉하면 생육하고 번성하는 일이 벌어집니다. 충만하게 되는 역사가 나타납니다. 반면에 하나님의 생명이 단절되면 모든 것이 황폐해집니다.

하나님은 특별히 하나님의 형상을 따라 만든 사람에게는 복을 주시되, 특별한 사명까지 맡기십니다.

하나님이 그들에게 복을 주시며 하나님이 그들에게 이르시되 생육하고 번성하여 땅에 충만하라, 땅을 정복하라, 바다의 물고기와 하늘의 새와 땅에 움직이는 모든 생물을 다스리라 하시니라 창 1:28

하나님은 다른 피조물과 다르게 사람은 하나님의 형상을 따라 만드셨습니다. 이 사실은 하나님이 사람을 만드실 때부터 특별한 복을 베푸셨다는 것을 알 수 있습니다. 하나님이 사람을 만드신 목적 중에 하나는 하나님이 만드신 모든 것을 다스리게 하기 위해서입니다. 하나님이 사람에게 베풀어 주신 복은 다스림의 복입니다. 다스린다는 것은 대단히 놀라운 복입니다. 또한 엄청난 사명입니다.

"하나님이 복을 주시는 이유는 사명을 맡기기 위해서입니다."

하나님은 아담과 하와에게 모든 만물을 다스리는 권세를 주셨습니다. 이 권세는 하나님의 마음을 가지고 모든 만물을 돌보라는 것입니다. 하나님이 주신 권세는 파괴하는 권세가 아닙니다. 돌보는 권세입니다. 하나님이 맡기신 것들을 관리하고, 키우고, 세우는 것입니다. 또한 하나님이 그들에게 복을 주실 때 생육하게 됩니다. 번성하게 됩니다. 땅에 충만하게 됩니다. 하나님은 거기서 멈추지 않으십니다. 땅을 정복하라고 말씀하십니다. 그리함으로 모든 생물을 다스리라고 말씀하십니다.

우리 인간은 생물과 아주 다른 존재로 부름을 받았습니다. 모든 생물을 다스리는 존재로 부름을 받았습니다. 하나님은 바로 그 사명을 완수하도록 하시기 위해 복을 베풀어 주신 것입니다. 여기서 우리는 복이라는 단어에 대해 살펴볼 필요가 있습니다. 구약신학자인 앨런 로스는 《창조와 축복》이라는 책에서 축복이라는 단어를 다음과 같이 설명합니다.

> 바락(ברך, barak)이란 말은 "축복하다, 부유하게 하다"란 의미다. 창세기 안에서 사용된 이 낱말의 연구는 축복을 주는 것이 땅의 풍성한 산물과 삶의 풍성한 산물 모두를 포함하는 번성을 주는 것임을 보여 준다. 하나님의 축복의 선물은 약속된 것을 얻을 수 있는 능력 주심(empowerment)을 포함했다. 앨런 로스, 《창조와 축복》, 디모데, 92쪽

하나님의 복은 하나님의 풍성한 생명입니다. 하나님의 복이 임하면 번영하게 됩니다. 잘 되게 됩니다. 형통하게 됩니다. 복은 보이지 않지만, 복이 임한 결과를 보게 됩니다. 복은 모든 생명에 스며들어 놀라운 결과를 만들어 냅니다. 하나님의 복이 역사하게 되면 아주 불리한 환경에서도 번영하는 것을 보게 됩니다. 창세기 26장을 보면 이삭이 흉년을 만납니다. 그때 하나님이 그에게 애굽으로 내려가지 말고 하나님이 지시하시는 땅으로 가라고 명하십니다. 이삭이 블레셋 땅인 그랄에 머물게 됩니다. 남의 땅에 내려갔습니다. 그런데 하나님이 그 땅에 내려간 이삭에게 복을 주십니다. 그 결과를 보십시오.

이삭이 땅에서 농사하여 그 해에 백 배나 얻었고 여호와께서 복을 주시므로 그 사람이 창대하고 왕성하여 마침내 거부가 되어 양과 소가 떼를 이루고 종이 심히 많으므로 블레셋 사람이 그를 시기하여 창 26:12-14

흉년의 때에 남의 땅에 내려가서 농사를 지었는데 풍성한 열매를 맺게 됩니다. 하나님이 복을 주시니까 창대하게 됩니다. 왕성하게 됩니다. 거부가 됩니다. 블레셋 사람의 시기의 대상이 됩니다.

"하나님의 복을 풍성히 받게 되면 시기를 받게 됩니다."

축복과 함께 우리가 이해해야 할 단어가 있습니다. 그것은 저주입니다. 축복은 하나님이 주시는 것이지만 축복을 주신 분에 대한 믿음과 순종이 함께해야 합니다. 그것이 성경의 가르침입니다.

"축복이란 단어 속에는 '무릎 꿇다'라는 뜻이 담겨 있습니다."

하나님의 복을 받는 사람은 무릎을 꿇는 자세를 가지고 살아야 합니다. 그것은 하나님의 말씀에 대한 신뢰입니다. 하나님의 말씀에 대한 순종입니다. 하나님 앞에서의 겸손입니다. 하나님께 무릎을 꿇고 기도하는 삶입니다. 무릎을 꿇고 경배를 드리는 삶입니다. 그때 하나님의 축복이 풍성히 임하게 됩니다. 그런데 아담과 하와는 하나님의 말씀을 신뢰하지 않았고, 하나님의 말씀에 순종하지 않았습니다. 하나님의 말씀에 불순종함으로 저주를 불러왔습니다. 그토록 아름답고 풍성한 에덴동산에 '저주'라는 단어가 등장합니다. 그것은 아담과 하와를 범죄하게 한 뱀에게 내린 저주입니다.

여호와 하나님이 뱀에게 이르시되 네가 이렇게 하였으니 네가 모든 가축과 들의 모든 짐승보다 더욱 저주를 받아 배로 다니고 살아 있는 동안 흙을 먹을지니라 창 3:14

저주란 무엇을 의미할까요? 앨런 로스는 다음과 같이 설명합니다.

저주의 개념은 일반적으로 "금지 혹은 장애물을 부과하다. 움직이거나 다른 일을 할 수 있는 능력을 못 쓰게 만들다"를 의미하는 아라르(arar)란 동사와 함께 표현되었다. … 창세기의 저주는 축복의 땅에서나 혹은 심지어 축복받은 자로부터의 분리나 소외를 포함했다. 앨런 로스, 《창조와 축복》, 디모데, 93쪽

저주는 단절을 의미합니다. 하나님의 복과의 단절, 즉 하나님의 생명과의 단절입니다. 인생의 문제는 공급의 문제입니다. 하나님의 풍성한 생명과 단절되는 순간, 모든 것은 황폐하게 됩니다. 저주가 임하면 쓸 만한 것들이 쓸모없게 됩니다. 전기가 단절되면 모든 전자 기구는 쓸모없게 됩니다. 연결은 축복이지만 단절은 저주입니다. 죄를 범한 아담은 에덴동산에서 추방을 당합니다. 가인은 동생 아벨을 죽임으로 그의 인생을 황폐하게 만듭니다.

하나님의 말씀에 불순종하거나 가인처럼 형제를 죽이는 생명 파괴는 악한 일이었습니다. 그 악한 행동이 저주를 불러왔습니다. 예수님이 이 땅에 오신 것은 저주를 거두시고, 상실한 하나님의 복을 회복시키시기 위함입니다. 심지어 예수님이 대신 저주를 받으시고 우리에게 풍성한 복을 허락해 주셨습니다.

그리스도께서 우리를 위하여 저주를 받은 바 되사 율법의 저주에서 우리를 속량하셨으니 기록된 바 나무에 달린 자마다 저주 아래에 있는 자라 하였음이라 갈 3:13

하나님은 선택을 통해
복을 베풀어 주십니다

하나님은 은혜롭고 자비로우십니다. 그래서 만인에게 복을 베풀어 주기를 원하십니다. 하지만 어떤 복은 특별한 사람을 선택하심으로, 또 특별한 민족을 선택하심으로 주십니다.

> "복은 선택받은 사람이나 민족 속에 역사하시는
> 하나님의 은혜의 능력입니다."

하나님은 아담의 범죄로 말미암은 저주의 문제를 해결하시기 위해 아브라함을 선택하셨습니다. 하나님은 아브라함의 후손을 통해 저주의 문제를 해결하시고, 인류를 구원하시는 계획을 세우셨습니다. 그것은 하나님의 구속 드라마입니다. 하나님이 아브라함을 선택하신 이유는 바로 구속 드라마를 위한 것입니다. 하나님의 복이 선택받은 아브라함의 생애와 후손 속에 계속해서 능력으로 역사하는 것을 보게 됩니다.

여호와께서 아브람에게 이르시되 너는 너의 고향과 친척과 아버지의 집을 떠나 내가 네게 보여 줄 땅으로 가라 창 12:1

하나님이 갈대아 우르에 있었던 아브라함을 선택하셔서 가나안 땅으로 가라고 명하십니다. 그 이유는 가나안 땅에서 하나님의 구속 드라마가 전개되는 까닭입니다. 가나안 땅에 예수님이 태어나실 베들레헴이 있고, 예수님이 우리 인류를 구속하기 위해 죽으실 예루살렘이 있기 때문입니다. 하나님이 아브라함을 선택하신 후에 그에게 복을 주십니다.

내가 너로 큰 민족을 이루고 네게 복을 주어 네 이름을 창대하게 하리니 너는 복이 될지라 창 12:2

하나님이 그에게 복을 주어 그의 후손으로 큰 민족을 이루고, 그의 이름을 창대하게 해주시겠다고 말씀하십니다. 구약에서의 복은 땅과 관련되어 있습니다. 또한 후손의 번영과 관련되어 있습니다. 하나님은 거듭해서 그의 후손이 번성하고 또 번성할 것을 약속하십니다. 땅의 티끌처럼(창 13:16), 하늘의 별처럼(창 15:5), 바닷가의 모래처럼(창 22:17) 번성할 것을 말씀하십니다. 여기서 다시 한 번 축복은 사명과 관련되어 있음을 발견하게 됩니다.

너는 복이 될지라 창 12:2하

너는 복의 근원이 될지라 창 12:2하, 개역한글

하나님은 아브라함에게 복을 주시면서 모든 민족의 복의 통로, 복의 근원이 되라고 말씀하십니다. 복은 머물러서는 안 되며, 복은 흘러내려 보내야 합니다. 복은 나눠야 합니다.

너를 축복하는 자에게는 내가 복을 내리고 너를 저주하는 자에게는 내가 저주하리니 땅의 모든 족속이 너를 인하여 복을 얻을 것이라 하신지라 창 12:3

하나님이 그를 철저히 보호해 줄 것을 약속하십니다. 그를 축복하는 자에게 복을 내리시고, 그를 저주하는 자를 저주하시겠다는 것입니다. 그리함으로 땅의 모든 족속이 그로 인해 복을 얻게 될 것이라는 약속의 말씀입니다. 축복은 언제나 선교적 사명과 밀접한 관련이 있습니다.

이 구절은 복과 저주가 함께 언급된다. 복은 죄로 인한 저주를 반전시킨다. 복은 창조의 풍요로움을 회복시킨다. 아브라함은 복의 수여자가 되고, 또한 복의 중재자가 된다. 마이클 고힌, 《열방에 빛을》, 복 있는 사람, 86쪽

폴 피어슨은 하나님이 아브라함을 선택하시고 복을 주신 사건 속에 하나님의 선교 전략이 담겨 있다고 주장합니다. 하나님이 아브라함에게 복을 주신 것은 하나님의 선교를 이루기 위한 수단이라는 것입니다.

하나님은 아브라함을 부르셨다(창 12:1-3). 하나님은 아브라함과 사라가 큰 나라를 이루고 열국의 아비와 어미가 될 것이라고 약속하셨다. 이것은 … 땅에 있는 모든 가족이 아브라함의 자손들을 통하여 복을 받는 것이었다. 폴 피어슨, 《기독교선교운동사》, CLC, 51쪽

마이클 고힌은 복은 창조 세계에 부어 주신 모든 선을 회복하며 또한 관계를 회복한다고 주장합니다.

복은 하나님께서 태초에 창조세계에 풍성히 부어 주신 모든 선을 회복한다(창 1:22, 28 참조). 나아가 하나님과의 관계, 사람들 간의 관계, 그리고 인간 이외의 피조물의 관계 속에서 인간의 번영을 위한 하나님의 뒤이은 구속사역을 예견한다. 마이클 고힌, 《열방에 빛을》, 복 있는 사람, 86쪽

하나님의 복은 관계 회복입니다. 하나님의 복은 사명입니다. 무엇보다 하나님의 복은 선교적 삶을 위한 부르심입니다. 하나님은 아브라함과 이스라엘 민족만 선택하신 것이 아닙니다. 하나님은 이방인도 선택하셔서 복을 주심으로 선교 역사에 동참하게 하셨습니다. 지금도 그 일은 계속되고 있습니다. 하나님의 복을 받은 사람은 복의 통로가 되어야 합니다.

하나님이 아브라함과 맺은 언약은 축복의 언약입니다. 이 언약은 하나님의 무조건적인 사랑에 의해 시작된 언약입니다. 하지만 아브라함이 하나님의 말씀에 순종할 때 놀라운 능력을 발휘하게 됩니다.

믿음으로 아브라함은 부르심을 받았을 때에 순종하여 장래의 유업으로 받을 땅에 나아갈새 갈 바를 알지 못하고 나아갔으며 히 11:8

"하나님의 복은 믿는 자와 순종하는 자에게
더욱 풍성하게 임하게 됩니다."

아브라함의 순종은 이삭을 모리아 산에서 번제로 하나님께 드

릴 때 절정을 이룹니다. 하나님은 아브라함에게 그의 아들 이삭을 모리아 산에서 번제로 드리라고 말씀하십니다. 아브라함은 이해할 수 없는 하나님의 명령에 순종합니다. 하나님을 사랑했기 때문입니다. 하나님을 신뢰했기 때문입니다. 하나님의 부활의 능력을 믿었기 때문입니다. 하나님을 경외했기 때문입니다. 그가 순종했을 때 하나님은 그에게 복에 복을 더해 주십니다.

> 이르시되 여호와께서 이르시기를 내가 나를 가리켜 맹세하노니 네가 이같이 행하여 네 아들 네 독자도 아끼지 아니하였은즉 내가 네게 큰 복을 주고 네 씨가 크게 번성하여 하늘의 별과 같고 바닷가의 모래와 같게 하리니 네 씨가 그 대적의 성문을 차지하리라 또 네 씨로 말미암아 천하 만민이 복을 받으리니 이는 네가 나의 말을 준행하였음이니라 하셨다 하니라 창 22:16-18

이 축복의 말씀은 그의 아들 이삭에게 임했습니다. 또한 이삭은 이 축복의 말씀을 그의 아들 야곱에게 부어 주었습니다. 하나님의 구속 드라마는 아브라함, 이삭, 그리고 야곱으로 이어졌습니다. 리브가가 그토록 야곱이 아버지 이삭의 축복기도를 받기 원했던 까닭은 하나님의 구속 드라마를 엿보았기 때문입니다. 야곱은 복을 받아 열두 아들을 낳았습니다. 그 열두 아들 가운데 요셉이 있었습니다. 애굽에서 국무총리가 된 요셉이 그의 형제들의 생명을 보존했습니다. 그의 형제들 가운데 유다가 있었습니다. 그리고 유다의 후손으로 다윗이 태어났고, 유다의 후손으로 예수님이 태어나셨습니다. 예수님이 오심으로 전 인류가 저주에서 자유하게 되고, 복을 누리게 된 것입니다.

하나님의 복은
고난을 역전시킬 수 있는 능력입니다

하나님의 복에 대한 말씀을 듣게 되면 우리 마음속에 의심이 생깁니다. 의문이 생깁니다. 질문이 생깁니다. 그것은 고난에 대한 질문입니다. 왜 하나님은 복을 베풀어 주신 백성에게 고난을 허락하시는가에 대한 질문입니다. 왜 하나님을 잘 믿는 백성들에게 시련과 역경이 찾아오는가에 대한 질문입니다.

이삭의 축복기도를 받은 야곱에게 찾아온 것은 고난이었습니다. 사랑하는 부모님과 생이별하는 고난이었습니다. 나그네가 되어 삼촌 라반의 집에서 말할 수 없는 수고를 하며 살아가야 했습니다. 에서와 아버지 이삭을 속였던 그는 자신보다 한 수 높은 삼촌 라반을 만나 그의 속임수에 빠져 고통을 받게 됩니다. 하지만 하나님은 바로 그 고난을 통해 놀라운 일을 전개해 나가십니다. 이것이 고난의 신비입니다.

"하나님은 고난을 통해 우리를 더욱 축복하십니다."

야곱은 라헬과 결혼하기 원했습니다. 그래서 7년 동안 품삯을 받지 않고 일했습니다. 그런데 첫날밤 그 장막에 들어온 신부는 라헬이 아니라 레아였습니다. 삼촌 라반이 속인 것입니다. 그런데 바로 그 레아를 통해 유다가 태어납니다(창 29:35).

야곱의 아들 요셉의 이야기는 언제 들어도 좋습니다. 왜냐하면 요셉의 인생은 역전 드라마이기 때문입니다. 하나님은 요셉을 통해 놀라운 일을 이루시기 위해 그에게 꿈을 주어 그를 축복하십니다. 하지만 그가 경험한 것은 형제들의 시기와 질투였습니다. 형제들에게 버림을 받았습니다. 그는 아버지와 그의 친동생 베냐민과 생이별을 했습니다. 그는 13년 동안 종살이를 합니다. 그중에 2년 동안은 옥살이를 합니다. 그의 형제들은 그에게 악을 행했습니다. 하지만 하나님의 복은 요셉을 보호했습니다. 요셉을 고난 중에 번성하게 했습니다. 하나님의 복은 요셉을 지혜롭고 명철하게 만들었습니다.

하나님의 복을 받은 요셉은 만민의 생명을 구원하는 복의 통로가 되었습니다. 그 당시 요셉은 선교 사명을 이룬 대표적인 인물입니다. 그는 풍성한 복을 받아 만민을 복되게 했습니다. 또한 그를 미워하고 팔아 버린 형제들을 용서하고 축복했습니다. 그들의 후손의 생명을 보존했습니다. 하나님의 복은 이토록 강렬한 능력입니다. 어떤 죄도, 어떤 악도 감히 하나님의 복을 이길 수가 없습니다. 결국 요셉은 놀라운 고백을 합니다.

> 당신들은 나를 해하려 하였으나 하나님은 그것을 선으로 바꾸사 오늘과 같이 많은 백성의 생명을 구원하게 하시려 하셨나니 창 50:20

"하나님의 복은 악을 선으로 바꾸는 능력입니다."

앨런 로스는 이 사실을 다음과 같이 설명하고 있습니다.

> 요셉은 자기 형제들이 자기에게 행한 일이 악을 도모한 것이었지만, 그 '악'이 사실은 하나님의 선한 계획의 일부였다고 설명한다. 여기서 우리는 하나님의 변치 않는 축복의 계획이, 창조의 처음에 그랬던 것처럼 결국 악을 무찌르고 그 악을 선으로 바꿀 수 있음을 보게 된다. 앨런 로스, 《창조와 축복》, 디모데, 96쪽

여기서 하나님의 복을 받은 우리는 어떤 고난의 상황에서도 하나님을 신뢰해야 함을 배우게 됩니다. 우리는 알지 못하지만 하나님께서 고난 중에도 보이지 않는 손길로 섭리하고 계심을 믿어야 합니다.

닉 부이치치의 부모님은 아주 신실한 그리스도인들입니다. 그런데 그의 아들 닉 부이치치는 장애인으로 태어났습니다. 그것도 두 팔과 두 다리가 없는 장애인으로 태어났습니다. 그것은 세상 사람들이 볼 때는 재앙이라고 불릴 정도의 고난입니다. 한 팔이

아닌 두 팔입니다. 게다가 두 다리도 없습니다. 하지만 닉 부이치치의 부모님은 하나님을 신뢰했습니다. 하나님의 축복의 언약을 믿었습니다. 그 결과는 참으로 놀라운 것이었습니다. 닉 부이치치는 지금 가장 영향력 있는 전도자가 되었습니다. 저술가가 되었습니다. 결혼해서 네 명의 자녀를 낳았습니다. 그는 복음을 전하는 전도자가 되었습니다. 하나님의 소망을 전파하는 전도자가 되었습니다. 그의 글은 힘이 있습니다. 왜냐하면 고난을 통과한 글이기 때문입니다. 그는 어떤 상황에 처한다 할지라도 하나님께 소망을 갖고 하나님을 신뢰하라고 권면합니다.

사노라면 장밋빛 꿈이 잔인한 현실에 부딪혀 산산이 부서질 때가 있다. 끝이 나지 않을 것 같은 암담한 현실이 우리를 짓누른다. 그때 우리의 꺼져 가는 소망을 지킬 수 있는 유일한 길은 하나님을 신뢰하고 의지하는 것이다. 하나님의 선하신 마음을 신뢰하고, 소망을 품으며, 최악의 상황에 맞닥뜨릴지라도 최상의 날을 맞을 준비를 갖추기 위해 최선을 다하라. 천 번을 넘어져도 다시 일어나 주님을 붙들라. 닉 부이치치, 《닉 부이치치의 삶은 여전히 아름답다》, 두란노, 102쪽

끝이 나지 않을 것 같은 암담한 현실 속에서 소망을 지킨다는 것은 쉬운 일이 아닙니다. 그래도 소망을 가져야 합니다. 그는 다음과 같이 외칩니다.

"숨이 붙어 있다면 소망은 있다." - 닉 부이치치

그는 모든 고난은 반드시 끝이 있다고 말합니다.

왜 고난이 있을까? 햇볕만 있다면 우리 인생은 사막이 될 것이다. 우리 인생은 고난이 있는 것이 당연한데도 이 고난의 파워는 강력하다. 우리의 가족을, 경제를, 신체를, 공동체를 온통 흔들어 버린다. 비통하고 어쩔 줄 모르고 모든 것을 잃어버리게 한다. 그런데 이 고난을 견디다 보면, 우리는 서로를 깊이 의지하고, 서로를 위해 기도하며, 서로를 격려하게 된다. 곁에 있는 이들의 소중함을 깨닫는다. 그리고 또 하나, 모든 고난은 반드시 끝이 있음을 알게 된다. 닉 부이치치, 《닉 부이치치의 삶은 여전히 아름답다》, 두란노, 111쪽

두 팔과 두 다리가 없이 태어난 닉 부이치치가 이런 고백을 한다면 우리는 그의 말에 귀를 기울여야 합니다. 하나님은 우리가 어떤 상황에서도 복을 받아 누리기 원하십니다(신 6:24). 또한 하나님이 우리에게 고난을 허락하신 까닭은 우리를 겸손하게 만들어 풍성한 복을 주시기 위함입니다.

——— 네 조상들도 알지 못하던 만나를 광야에서 네게 먹이셨나니 이는 다 너를 낮추시며 너를 시험하사 마침내 네게 복을 주려 하심이었느니라   신 8:16

하나님의 복은
예수님을 통해 우리에게 주어집니다

예수님이 오신 이유는 복을 주시기 위해서입니다. 예수님은 복음을 전해 주시기 위해 오셨습니다. 예수님이 오셔서 제일 먼저 선포하신 것이 하나님의 복음입니다.

— 요한이 잡힌 후 예수께서 갈릴리에 오셔서 하나님의 복음을 전파하여 이르시되 때가 찼고 하나님의 나라가 가까이 왔으니 회개하고 복음을 믿으라 하시더라 막 1:14-15

복음은 곧 예수 그리스도입니다. 예수님이 오셔서 십자가에 죽으시고 부활하심으로 우리를 모든 죄에서 건져 내셨습니다. 모든 불의에서 건져 내셨습니다. 예수님이 우리 대신 저주와 심판과 형벌을 받으신 것입니다. 그리하심으로 우리에게 복을 부어 주신 것입니다. 복 가운데 복인 성령님을 보내 주신 것입니다.

우리는 예수님을 믿음으로 아브라함의 후손이 되었습니다(갈 3:7). 믿음이 있는 우리는 아브라함과 함께 복을 받게 되었습니다.

— 그러므로 믿음으로 말미암은 자는 믿음이 있는 아브라함과 함께 복을 받느니라 갈 3:9

우리는 복을 받기 위해 예수님 안에서 선택을 받았습니다. 하나님이 우리를 선택하심은 복을 베푸시기 위함입니다.

찬송하리로다 하나님 곧 우리 주 예수 그리스도의 아버지께서 그리스도 안에서 하늘에 속한 모든 신령한 복을 우리에게 주시되 곧 창세전에 그리스도 안에서 우리를 택하사 우리로 사랑 안에서 그 앞에 거룩하고 흠이 없게 하시려고 엡 1:3-4

하나님이 예수님 안에서 예비하신 축복은 구약의 눈에 보이는 축복보다 더 소중합니다. 예수님을 통해 주시는 복은 하늘에 속한 모든 신령한 복입니다. 무엇보다 예수님의 성품을 닮게 되는 성품의 복입니다. 예수님이 말씀하신 팔복을 보십시오.

심령이 가난한 자는 복이 있나니 천국이 그들의 것임이요 애통하는 자는 복이 있나니 그들이 위로를 받을 것임이요 온유한 자는 복이 있나니 그들이 땅을 기업으로 받을 것임이요 의에 주리고 목마른 자는 복이 있나니 그들이 배부를 것임이요 긍휼히 여기는 자는 복이 있나니 그들이 긍휼히 여김을 받을 것임이요 마음이 청결한 자는 복이 있나니 그들이 하나님을 볼 것임이요 화평하게 하는 자는 복이 있나니 그들이 하나님의 아들이라 일컬음을 받을 것임이요 의를 위하여 박해를 받은 자는 복이 있나니 천국이 그들의 것임이라 마 5:3-10

하나님이 모세와 아론에게 베풀도록 말씀하신 축복이 예수님 안에서 다 이루어집니다.

첫째, 예수님 안에서 우리에게 복을 주시고 영원토록 지켜 주십니다.

─── 여호와는 네게 복을 주시고 너를 지키시기를 원하며 민 6:24

예수님은 어느 누구도 하나님의 손에서 빼앗아 갈 자가 없다고 말씀하십니다.

─── 내가 그들에게 영생을 주노니 영원히 멸망하지 아니할 것이요 또 그들을 내 손에서 빼앗을 자가 없느니라 그들을 주신 내 아버지는 만물보다 크시매 아무도 아버지 손에서 빼앗을 수 없느니라 요 10:28-29

둘째, 예수님을 통해 은혜를 베풀어 주십니다.

─── 여호와는 그의 얼굴을 네게 비추사 은혜 베푸시기를 원하며 민 6:25

예수님 안에는 은혜와 진리가 충만합니다.

─── 말씀이 육신이 되어 우리 가운데 거하시매 우리가 그의 영광을 보니 아버지의 독생자의 영광이요 은혜와 진리가 충만하더라 요 1:14

셋째, 예수님을 통해 평강을 베풀어 주십니다.

─── 여호와는 그 얼굴을 네게로 향하여 드사 평강 주시기를 원하노라 할지니라 하라 민 6:26

예수님은 평강의 왕입니다(사 9:6). 예수님은 평강을 주시는 분입니다. 평강을 누리게 하시는 분입니다.

─── 그리스도의 평강이 너희 마음을 주장하게 하라 너희는 평강을 위하여 한

몸으로 부르심을 받았나니 너희는 또한 감사하는 자가 되라   골 3:15

넷째, 예수님의 얼굴빛을 통해 우리를 축복하십니다.

———— 여호와는 그의 얼굴을 네게 비추사 … 여호와는 그 얼굴을 네게로 향하여

드사… 민 6:25-26

구약의 성도들은 하나님의 얼굴빛 안에서 행했습니다(시 89:15).

하나님의 얼굴을 항상 구했습니다(시 105:4). 하나님의 얼굴빛을 성

소에 비추어 주시길 간구했습니다(단 9:17). 하나님의 얼굴을 뵙는

것을 최고의 축복으로 여겼습니다(시 17:15). 하나님의 얼굴빛을 비

추어 구원의 은혜를 베풀어 주시길 간구했습니다(시 80:3). 구약의

성도들이 그토록 사모했던 하나님의 얼굴이 예수님을 통해 드러

났습니다. 신약의 성도들은 예수님의 얼굴을 통해 하나님의 영광

을 아는 빛을 받게 된 것입니다.

———— 어두운 데에 빛이 비치라 말씀하셨던 그 하나님께서 예수 그리스도의 얼

굴에 있는 하나님의 영광을 아는 빛을 우리 마음에 비추셨느니라   고후 4:6

또한 예수님의 얼굴을 바라보는 중에 예수님의 형상을 닮아가

는 복을 누리게 되었습니다.

———— 우리가 다 수건을 벗은 얼굴로 거울을 보는 것같이 주의 영광을 보매 그와

같은 형상으로 변화하여 영광에서 영광에 이르니 곧 주의 영으로 말미암

음이니라   고후 3:18

하나님의 복을 나누어 주는
복의 통로가 되십시오

우리는 하나님의 복을 받은 사람들입니다. 복을 받은 우리는 복을 나누어 주어야 합니다. 우리가 복음을 전한다는 것은 하나님의 복을 나누어 주는 것입니다. 우리가 나누어 주는 복은 일시적인 복이 아닙니다. 세상 사람들이 사모하고 갈망하는 복이 아닙니다. 일시적이고 환경적인 복도 포함되어 있지만, 궁극적인 하나님의 복은 영원한 복입니다. 영생의 복입니다. 하나님의 나라를 유업으로 받는 복입니다.

우리의 언어는 축복의 언어가 되어야 합니다. 성경은 욕을 하거나 저주를 하지 말고 복을 빌어 주라고 권면합니다. 그 이유는 우리가 복을 유업으로 받도록 부름을 받은 까닭입니다.

악을 악으로, 욕을 욕으로 갚지 말고 도리어 복을 빌라 이를 위하여 너희가 부르심을 받았으니 이는 복을 이어받게 하려 하심이라 벧전 3:9

구약 시대에는 제사장들이 복을 빌어 주었습니다. 신약 시대에 와서는 우리 모두가 예수님 안에서 왕 같은 제사장이 되었습니다. 그러므로 우리는 피차 복을 빌어 줄 수 있습니다. 축복의 언어는 놀라운 능력이 있습니다. 부모가 자녀를 축복할 때 그 축복은 자녀를 위한 예언과 같습니다. 이삭이 야곱에게 베풀어 준 축복은 그대로 이루어졌습니다. 이삭의 축복은 야곱에게, 또 그의 열두 아들에게, 결국은 유다의 지파로 오신 예수님께 이르렀습니다. 예수님은 복의 원천이 되셔서 우리를 복되게 하십니다.

축복이란 단어 속에는 '좋은 말을 해주다'라는 뜻이 담겨 있습니다. 축복이란 단어의 어원 속에는 '조사'(eulogy)란 뜻이 담겨 있습니다. 우리는 장례식에 가면 조사를 듣게 됩니다. 조사를 들어보면 그 사람의 좋은 점들을 이야기합니다. 좋은 성품, 이룬 업적, 베풀어 준 사랑, 고인이 남기고 간 정신적, 영적 유산에 대해 이야기합니다. 바로 그런 축복의 언어를 살아 있는 동안 많이 하십시오. 자녀들에게 축복기도를 해줄 때는 그들을 관찰하는 중에 그들 안에 있는 잠재력을 따라 축복해 주십시오. 그들 안에 있는 재능과 은사와 기질을 따라 축복해 주십시오. 성경에 담긴 부모가 자녀를 축복하는 언어들은 자녀들을 잘 관찰하는 중에 베푼 언어임을 알게 됩니다.

축복의 언어는 우리가 복을 빌어 주는 대상에게 복을 줄 뿐만 아니라 우리 자신에게도 복을 가져오는 것을 봅니다. 이삭이 야곱에게 복을 빌어 줍니다. 야곱이 그의 자녀들에게 복을 빌어 줍니다. 그 복이 결국 부모를 복되게 합니다. 우리가 아름다운 미래를 꿈꾼다면 우리의 자녀들과 만나는 사람들에게 복을 빌어 주어야 합니다. 악한 말을 그치고, 악에서 떠나 복을 빌어 주고 화평을 구해야 합니다.

───── 그러므로 생명을 사랑하고 좋은 날 보기를 원하는 자는 혀를 금하여 악한 말을 그치며 그 입술로 거짓을 말하지 말고 악에서 떠나 선을 행하고 화평을 구하며 그것을 따르라 벧전 3:10-11

예수님은 우리를 저주하는 사람에게까지 축복해 주라고 말씀합니다. 그리함으로 축복을 심으라고 말씀합니다.

───── 너희를 저주하는 자를 위하여 축복하며 너희를 모욕하는 자를 위하여 기도하라 눅 6:28

하나님의 복은 저주를 이겨 냅니다. 예수님의 복은 저주를 이겨 낸 복입니다. 예수님이 저주를 대신 받음으로 우리에게 베푸신 복입니다. 축복은 사명입니다. 복은 나눌수록 더 커지고, 늘어나고, 풍성해집니다. 작은 복처럼 느껴지지만, 믿음과 순종과 나눔을 통해 점점 더 커지는 것을 보게 됩니다. 이것이 하나님의 축복의 원리입니다.

───── 주라 그리하면 너희에게 줄 것이니 곧 후히 되어 누르고 흔들어 넘치도록 하여 너희에게 안겨 주리라 너희가 헤아리는 그 헤아림으로 너희도 헤아림을 도로 받을 것이니라 눅 6:38

결국은 이 복된 진리를 깨닫는 것이 복입니다. 깨닫지 못하면 회개하지 못합니다. 복의 원천 되시는 하나님께 나아가지 못합니다. 깨닫지 못하면 고침받지 못합니다. 깨닫지 못하면 풍성한 열매를 맺지 못합니다. 깨달아야 하나님을 믿습니다. 깨달아야 하나님을 의지합니다. 깨달아야 고난 중에 인내합니다. 깨달아야 하나님의 말씀에 순종합니다. 깨달아야 욕을 욕으로 갚지 않고, 악을 악으로 갚지 않으며 도리어 복을 빕니다. 그래서 예수님이 마음의 옥토를 '깨닫는 마음'이라고 말씀하신 것입니다.

> 좋은 땅에 뿌려졌다는 것은 말씀을 듣고 깨닫는 자니 결실하여 어떤 것은 백 배, 어떤 것은 육십 배, 어떤 것은 삼십 배가 되느니라 하시더라 마 13:23

깨달을 때 우리가 온 천하에서 열매를 맺게 됩니다.

> 이 복음이 이미 너희에게 이르매 너희가 듣고 참으로 하나님의 은혜를 깨달은 날부터 너희 중에서와 같이 또한 온 천하에서도 열매를 맺어 자라는도다 골 1:6

하나님의 복이 더해지면 놀라운 일들이 벌어집니다. 숫자를 초월한 기적을 경험하게 됩니다. 오병이어의 기적을 생각해 보십시오. 보리떡 다섯 개와 물고기 두 마리를 합하면 7이라는 숫자가 나옵니다. 반면에 보리떡 다섯 개와 물고기 두 마리에 예수님의 축사가 더해지는 순간, 7이라는 숫자가 아니라 5,000명이라는 숫자와 열두 광주리라는 숫자로 바뀝니다. 이것은 더하기 정도가 아니라 곱하기가 됩니다. 덧셈이 아니라 곱셈이 된 것입니다. 축복기도와 감사기도는 문제를 기적으로 바꾸는 능력입니다. 역경을 역전시키는 능력입니다.

하나님은 복을 주시는 분입니다. 하나님은 복의 원천이십니다. 하나님은 영생 복락을 주시는 분입니다. 하나님을 모신 사람은 가장 복된 사람입니다. 왜냐하면 모든 복의 원천을 모신 까닭입니다. 그러므로 예수님을 믿고 그를 영접한 사람은 복된 사람입니다. 예수님을 영접한 순간, 성부 하나님과 성령 하나님이 우리 안에 함께 거하시기 때문입니다.

성경은 복으로 시작해서 복으로 끝을 맺습니다. 예수님은 복음 전파로 공생애를 시작하셨습니다. 그리고 복을 빌어 주심으로 승천하셨습니다(눅 24:50-51). 요한계시록에도 일곱 가지 복이 나옵니다. 에서처럼 하나님의 복을 소홀히 하지 마십시오. 리브가와 야곱처럼 하나님의 복을 소중히 여기십시오. 그리고 부디 복의 통로가 되어 열방을 복되게 하십시오.

14

언약을 지키시는 하나님을 아는 지식

창 15:1-11, 17-18

하나님의 축복은
하나님의 언약 속에 담겨 있습니다

하나님은 아브라함을 부르셔서 그에게 복을 주십니다. 하나님
이 말씀하신 복은 하나님이 장차 그와 그의 후손이 누릴 수 있는
축복의 약속입니다. 특별히 하나님이 아브라함과 맺은 약속은 우
리에게 아주 중요합니다. 그 이유는 우리도 축복의 약속을 아브
라함과 함께 누리고 있기 때문입니다. 하나님이 아브라함을 부르
셨을 때 주셨던 약속을 다시 한 번 살펴보십시오. 정말 놀라운 약
속들로 가득 차 있습니다.

> 여호와께서 아브람에게 이르시되 너는 너의 고향과 친척과 아버지의 집
> 을 떠나 내가 네게 보여 줄 땅으로 가라 내가 너로 큰 민족을 이루고 네게
> 복을 주어 네 이름을 창대하게 하리니 너는 복이 될지라 너를 축복하는 자
> 에게는 내가 복을 내리고 너를 저주하는 자에게는 내가 저주하리니 땅의
> 모든 족속이 너로 말미암아 복을 얻을 것이라 하신지라 창 12:1-3

시드니 그레이다누스는 이 말씀 속에 하나님의 일곱 가지 약

속이 담겨 있다고 주장합니다.

> 하나님은 아브라함에게 우리가 잘 알고 있는 그 일곱 가지 약속을 해주시
> 면서 동기를 부여하신다. "① 내가 너로 큰 민족을 이루고, ② 네게 복을
> 주어, ③ 네 이름을 창대케 하리니, ④ 너는 복이 될지라, ⑤ 너를 축복하는
> 자에게는 내가 복을 내리고, ⑥ 너를 저주하는 자에게는 내가 저주하리니,
> ⑦ 땅의 모든 족속이 너로 말미암아 복을 얻을 것이라." … '일곱'이라는 수
> 는 완전과 성취의 상징이다. 하나님께서 아브람에게 주신 언약은 완전하
> 다는 것이다. 시드니 그레이다누스, 《창세기 프리칭 예수》, CLC, 237쪽

이 약속은 복된 약속입니다. 이 약속의 온전한 성취는 예수님
을 통해 이루어집니다. 약속의 범위는 모든 인류를 포함하고 있
습니다. 온 우주를 포함하고 있습니다. 영원한 미래를 포함하고
있습니다. 그런 까닭에 이 약속은 정말 엄청난 약속입니다. 아브
라함은 이 약속이 얼마나 위대한지 잘 알지 못했을 것입니다. 하
지만 그는 이 약속이 그에게 축복이 되는 것을 알았습니다. 그래
서 그는 약속의 말씀을 따라 하란을 떠나 가나안 땅을 향해 갔습
니다(창 12:4).

우리는 하나님이 아브라함과 맺은 언약에 대해 공부하면서 다
음과 같은 질문을 하게 됩니다. "하나님의 언약이 의미하는 것이
무엇일까요? 하나님은 언약을 언제 그리고 어떻게 지키셨을까
요? 언약을 믿는다는 것이 우리에게 왜 중요할까요? 하나님의 언

약을 받은 사람은 어떤 자세로 살아야 할까요?" 이런 질문들을 품고 말씀에 집중하면 좋을 것입니다.

하나님은
언약을 지키시는 분입니다

우리는 하나님의 언약을 이야기하기 전에 언약을 주시는 하나님에 대해 살펴보아야 합니다. 언약의 내용이 아무리 좋아도, 그 언약을 주신 분이 그 언약을 지키지 않는다면, 언약의 내용을 알 필요도 없습니다. 성경은 하나님이 약속을 반드시 지키는 분이라고 강조합니다.

> 그런즉 너는 알라 오직 네 하나님 여호와는 하나님이시요 신실하신 하나님이시라 그를 사랑하고 그의 계명을 지키는 자에게는 천 대까지 그의 언약을 이행하시며 인애를 베푸시되 신 7:9

하나님은 언약을 이행하시는 분입니다. 하나님이 언약을 이행하시는 분임을 세 가지 면에서 알 수 있습니다.

하나님은 언약을 지키시는 신실한 분입니다

약속을 지키기 위해서는 가장 먼저 필요한 것이 신실한 성품입니다. 누구든지 약속을 지키기 위해서는 신실해야 합니다. 문제는 인간의 신실함에는 한계가 있다는 데 있습니다. 사람은 약속을 하지만 그 약속을 지키지 못할 때가 많습니다. 반면에 하나님은 약속을 하시면 반드시 지키십니다. 하나님은 거짓말을 하는 분이 아니십니다.

> 하나님은 사람이 아니시니 거짓말을 하지 않으시고 인생이 아니시니 후회가 없으시도다 어찌 그 말씀하신 바를 행하지 않으시며 하신 말씀을 실행하지 않으시랴 민 23:19

하나님은 말씀하신 바를 반드시 실행하시는 분입니다. 하나님은 신실하시기에 우리가 신뢰할 수 있습니다. 신실하다는 말은 미쁘다는 말로 대신할 수 있습니다. 성경은 하나님의 미쁘심을 강조합니다.

> 우리는 미쁨이 없을지라도 주는 항상 미쁘시니 자기를 부인하실 수 없으시리라 딤후 2:13

하나님은 그분의 약속을 지키시는 데 신실하실 뿐만 아니라 약속의 대상을 사랑하는 데 신실하십니다. 아브라함을 부르시고, 우리를 부르신 하나님은 우리를 향한 하나님의 뜻을 반드시 이루십니다.

> 너희를 부르시는 이는 미쁘시니 그가 또한 이루시리라 살전 5:24

우리가 약속하신 하나님이 미쁘신 것을 알 때 우리는 흔들리지 않는 확신으로 굳게 설 수 있습니다(히 10:23). 우리가 하나님의 약속을 받은 후에 그 약속의 성취를 믿을 수 있는 것은 하나님의 신실하신 성품 때문입니다.

하나님은 약속하신 것을 지킬 수 있는 능력을 갖고 계십니다

약속한 것을 지키기 위해서는 신실한 성품과 함께 능력을 소유해야 합니다. 아무리 약속을 지키고 싶어도 능력이 없으면 약속을 지킬 수 없습니다. 하나님은 전능하신 분입니다. 하나님께 불가능한 일은 없습니다.

> 하나님의 약속은 언제나 신뢰할 만한데, 이는 전능하신 하나님의 능력과 신실하신 성품에 기초하여 나온 것이기 때문입니다. 토머스 이클리, 《약속을 주장하는 기도》, 네비게이토, 13쪽

아브라함은 하나님의 신실하심과 하나님의 전능하심을 믿었습니다. 그런 까닭에 그가 백 세가 되었고, 그의 아내 사라가 구십 세가 되었을 때도 하나님이 약속하신 아들을 주실 것을 믿었습니다.

> 그가 백 세나 되어 자기 몸이 죽은 것 같고 사라의 태가 죽은 것 같음을 알고도 믿음이 약하여지지 아니하고 믿음이 없어 하나님의 약속을 의심하지 않고 믿음으로 견고하여져서 하나님께 영광을 돌리며 약속하신 그것을 또한 능히 이루실 줄을 확신하였으니 롬 4:19-21

우리가 약속을 주신 하나님을 신뢰할 때 하나님의 약속에 깊은 관심을 갖게 됩니다. 또한 그 약속이 우리의 삶 속에 성취될 것을 믿게 됩니다.

하나님은 약속 성취의 때를 분별하는 지혜를 갖고 계십니다

하나님의 약속의 성취는 점진적입니다. 오직 하나님만이 아브라함과 맺은 약속을 언제 성취하실 것인지 아십니다. 하나님은 그의 나이 백 세가 되었을 때 아들을 주셨습니다. 또한 하나님이 약속하신 아브라함의 언약은 그의 씨로 오신 예수님을 통해 궁극적으로 성취됩니다. 사도 바울은 바로 그때를 설명하면서, 때가 찼다는 표현을 쓰고 있습니다.

때가 차매 하나님이 그 아들을 보내사 여자에게서 나게 하시고 율법 아래에 나게 하신 것은 갈 4:4

"때가 차매"라는 말씀에서 "차매"는 헬라어로 '플레로마'(πλήρωμα, pleroma)인데, 이는 충만함을 의미합니다. 완전한 때를 의미합니다. 조금 더 설명하면 여인이 아이를 잉태한 후에 10개월이 되어 해산할 때가 된 것을 의미합니다. 어머니의 태 안에 아이가 충분히 성장해서 이제 출산할 때가 된 것을 의미합니다. 설익은 것이 아니라 무르익은 때입니다. 하나님은 바로 그때를 아시는 분입니다. 우리는 언약의 하나님을 신뢰할 수 있습니다. 그 이유는 하나님의 신실하신 성품 때문입니다. 또한 그분의 능력과 지혜 때문입니다.

하나님의 언약과 성취 사이에는
기다림이 있습니다

하나님의 약속은 바로 성취되는 것이 아닙니다. 오랜 기다림을 통해 성취됩니다. 그런 까닭에 약속을 받은 사람은 조급해서는 안 됩니다. 하나님의 약속은 그 약속을 받는 순간에는 불가능하게 느껴집니다. 그런 까닭에 약속을 받은 자에게 요구되는 것은 그 약속이 성취될 것을 믿는 것입니다. 약속을 받은 사람은 하나님의 약속이 반드시 성취될 것을 믿어야 합니다.

하나님이 아브라함을 부르실 때 그의 나이는 75세였습니다. 그당시 아브라함과 사라 사이에는 아들이 없었습니다. 그런데 큰민족을 이루어 주시겠다고 약속하셨습니다. 하지만 아브라함이약속을 받은 후에 여러 번 의심의 순간을 맞이하게 됩니다. 약속의 성취가 지체될 때 그는 조카 롯을 그의 후사로 생각했습니다. 하지만 창세기 13장에서 하나님은 아브라함과 롯이 헤어지게 하셨습니다. 창세기 15장에서 아브라함은 그의 종 엘리에셀을 그의후사로 생각했습니다. 그때 하나님께서 창세기 12장의 약속을 상기시켜 주시면서 아브라함의 몸에서 태어날 자가 그의 후사가 될것이라고 말씀합니다.

이후에 여호와의 말씀이 환상 중에 아브람에게 임하여 이르시되 아브람 아 두려워하지 말라 나는 네 방패요 너의 지극히 큰 상급이니라 아브람이 이르되 주 여호와여 무엇을 내게 주시려 하나이까 나는 자식이 없사오니 나의 상속자는 이 다메섹 사람 엘리에셀이니이다 아브람이 또 이르되 주 께서 내게 씨를 주지 아니하셨으니 내 집에서 길린 자가 내 상속자가 될 것이니이다 여호와의 말씀이 그에게 임하여 이르시되 그 사람이 네 상속 자가 아니라 네 몸에서 날 자가 네 상속자가 되리라 하시고 그를 이끌고 밖으로 나가 이르시되 하늘을 우러러 뭇별을 셀 수 있나 보라 또 그에게 이르시되 네 자손이 이와 같으리라   창 15:1-5

하나님의 약속은 믿을 수 없을 만큼 큽니다. 지금 아들이 없는 아브라함에게 장차 하늘의 별처럼 자손이 많게 될 것이라고 말씀 합니다. 하나님의 약속의 크기는 하나님의 크기와 같습니다. 우리 인간의 생각으로는 다 헤아릴 수 없습니다. 문제는 우리가 하나 님의 약속을 믿느냐, 아니면 의심하고 배척하느냐에 있습니다. 성 경은 아브라함이 하나님을 믿었다고 말씀합니다. 하나님이 이를 그의 의로 여기셨습니다.

아브람이 여호와를 믿으니 여호와께서 이를 그의 의로 여기시고   창 15:6

하나님이 아브라함을 의롭다 여기신 시점이 아주 중요합니다. 그 시점이 아브라함이 이삭을 낳을 때가 아닙니다. 또한 아브라 함이 할례를 행할 때도 아닙니다. 하나님이 그를 의롭다고 하신 때는 그가 언약의 하나님을 믿을 때입니다.

하나님의 약속이 창세기 15장 사건 후에 당장 이루어지지 않습니다. 창세기 17장에서 아브라함의 나이가 99세가 되고 사라의 나이 90세가 되었을 때 이루어집니다. 약속을 받은 사람들에게 중요한 것은 약속을 신뢰하는 것입니다. 그다음에 중요한 것은 그 약속을 믿고 인내하는 것입니다. 그 사이에 필요한 것이 기도입니다. 하나님의 사람들은 기도할 때 꼭 하나님의 약속을 기억하며 기도했습니다. 하나님께 약속을 기억해 달라고 부탁하며 기도했습니다. 느헤미야가 기도할 때 하나님이 모세와 맺은 언약의 말씀을 붙잡고 기도합니다.

옛적에 주께서 주의 종 모세에게 명령하여 이르시되 만일 너희가 범죄하면 내가 너희를 여러 나라 가운데에 흩을 것이요 만일 내게로 돌아와 내 계명을 지켜 행하면 너희 쫓긴 자가 하늘 끝에 있을지라도 내가 거기서부터 그들을 모아 내 이름을 두려고 택한 곳에 돌아오게 하리라 하신 말씀을 이제 청하건대 기억하옵소서 느 1:8-9

가장 탁월한 기도는 하나님의 약속을 붙잡고 하는 기도입니다. 예수님도 기도할 때 말씀과 더불어 기도할 것을 명하셨습니다.

너희가 내 안에 거하고 내 말이 너희 안에 거하면 무엇이든지 원하는 대로 구하라 그리하면 이루리라 요 15:7

여기서 우리는 하나님의 약속을 붙잡고 기도하는 것의 중요성을 배웁니다. 또한 그 약속이 성취되기까지 인내로 기다리는 것의 중요성을 배웁니다. 성경은 아브라함의 믿음이 인내하는 믿음이었다고 강조합니다.

> 이르시되 내가 반드시 너에게 복 주고 복 주며 너를 번성하게 하고 번성하게 하리라 하셨더니 그가 이같이 오래 참아 약속을 받았느니라 히 6:14-15
> 너희에게 인내가 필요함은 너희가 하나님의 뜻을 행한 후에 약속하신 것을 받기 위함이라 히 10:36

하나님의 언약은 성스러운 희생을 통해 성취됩니다

하나님이 아브라함에게 그의 후손을 하늘의 별처럼 많게 하시겠다고 말씀하신 후에 이번에는 그에게 땅을 주실 것을 다시 약속하십니다. 하나님의 특성 중에 하나는 거룩한 집요함입니다. 지금 아브라함이 하나님을 붙잡은 것이 아니라 하나님이 아브라함을 붙잡으신 것입니다. 우리가 하나님을 붙잡은 것이 아니라 하나님이 우리를 붙잡으신 것입니다.

하나님이 친히 아브라함에게 거듭 찾아오셔서 반복하여 그분의 약속을 말씀하십니다. 하나님이 창세기 12장에서 아브라함에게 말씀하신 7가지 약속은 크게 두 가지 약속으로 압축됩니다. 후손과 땅에 대한 약속입니다. 하나님이 이 약속을 창세기 13장,

15장, 17장, 22장에서 거듭 말씀하십니다. 또한 이 약속을 성경 전체를 통해 반복해서 말씀하십니다. 이 말씀이 점진적으로 성취됩니다.

─── 또 그에게 이르시되 나는 이 땅을 네게 주어 소유를 삼게 하려고 너를 갈대아인의 우르에서 이끌어 낸 여호와니라 창 15:7

이 약속도 놀라운 약속입니다. 지금 아브라함이 소유한 땅이 하나도 없습니다. 그런데 하나님은 창세기 13장에서 그가 동서남북으로 바라본 모든 땅을 그와 그 후손에게 주시겠다고 말씀하십니다.

─── 롯이 아브람을 떠난 후에 여호와께서 아브람에게 이르시되 너는 눈을 들어 너 있는 곳에서 북쪽과 남쪽 그리고 동쪽과 서쪽을 바라보라 보이는 땅을 내가 너와 네 자손에게 주리니 영원히 이르리라 창 13:14-15

"하나님은 먼저 보게 하시고 소유하게 하십니다."
"우리는 바라보는 것을 얻게 됩니다."
"우리는 바라보는 곳을 향해 가게 됩니다."
"우리는 바라보는 대상을 닮게 됩니다."

하나님의 약속은 그 약속을 받을 때 잘 믿어지지 않습니다. 큰 꿈과 같습니다. 큰 꿈을 우리 가슴에 품을 때 그 꿈의 성취가 잘 믿어지지 않습니다. 왜냐하면 꿈이 커서 우리의 현실과 너무 동

떨어져 있기 때문입니다. 하지만 그 놀라운 약속을 믿는 자와 큰 꿈의 성취를 믿는 자는 복이 있습니다. 그 약속을 따라 순종하고 인내하는 자는 복이 있습니다. 아브라함은 의심 속에도 그 약속을 지금 믿고 있습니다. 아니, 믿으려고 몸부림치고 있습니다. 아브라함이 이번에는 하나님께 아주 중요한 질문을 합니다.

> 그가 이르되 주 여호와여 내가 이 땅을 소유로 받을 것을 무엇으로 알리이까 창 15:8

하나님께 보증을 요구합니다. 땅을 소유로 받을 것을 어떻게 알 수 있는지 보증을 보여 달라는 것입니다. 조금 더 구체적으로 언약의 표징을 달라는 것입니다. 그때 하나님이 아브라함과 언약을 맺습니다. 이 언약은 아주 중요한 언약입니다.

> 여호와께서 그에게 이르시되 나를 위하여 삼 년 된 암소와 삼 년 된 암염소와 삼 년 된 숫양과 산비둘기와 집비둘기 새끼를 가져올지니라 아브람이 그 모든 것을 가져다가 그 중간을 쪼개고 그 쪼갠 것을 마주 대하여 놓고 그 새는 쪼개지 아니하였으며 솔개가 그 사체 위에 내릴 때에는 아브람이 쫓았더라 창 15:9-11

이 사건은 언약이 무엇인가를 보여 주는 아주 중요한 사건입니다. 이것은 고대 근동 지방에서 나라 간에, 또는 사람 간에 언약을 체결할 때 볼 수 있는 모습입니다. 삼 년 된 암소와 암염소와 숫양의 중간을 쪼개었습니다. 그 쪼갠 것을 마주 대하여 놓았습니다. 이 과정에서 엄청난 피가 쏟아졌습니다. 이 짐승의 중간을 쪼갠 사건 후에 언약이란 단어가 나왔습니다.

그날에 여호와께서 아브람과 더불어 언약을 세워 이르시되 내가 이 땅을 애굽 강에서부터 그 큰 강 유브라데까지 네 자손에게 주노니 창 15:18

언약이란 단어의 뜻 속에 복음의 드라마가 담겨 있습니다. 언약의 비밀은 예수님의 십자가에서 구체적으로 드러납니다.

'언약'은 히브리어로 '베리트'(בְּרִית, beriyth)입니다. 이 단어의 뿌리는 '자르다', '쪼개다'에서 왔습니다. 이 언약이란 단어는 하나님과 사람의 언약, 부족 간의 언약, 나라 간의 언약, 개인 약속, 충성 서약 그리고 결혼 서약(말 2:14)과 관련이 있습니다.

고대 근방의 언약은, 언약을 맺는 쌍방이 짐승을 죽여 쪼갠 후에 그 사이를 서로 지나가면서 체결됩니다. 둘 중 하나가 언약을 어기면 쪼개진 짐승처럼 죽임을 당할 것이라는 것을 의미합니다. 짐승을 쪼개기 위해 피를 흘린 것처럼 피를 흘려 죽임을 당하게 될 것이라는 것입니다. 서로 언약을 지키면 복을 받지만 언약을 어기면 언약을 어긴 측이 저주를 받게 될 것이라는 뜻입니다. 그런 까닭에 언약은 신중했습니다. 언약 의식은 진지했습니다. 그 이유는 언약은 축복과 저주, 삶과 죽음의 문제인 까닭입니다.

하나님과 아브라함이 언약을 맺는 중에 아브라함에게 깊은 잠이 임합니다. 그리고 큰 흑암과 두려움이 임합니다. 하나님은 아브라함에게 그의 후손이 이방에서 객이 되어 사백 년을 섬기다가 다시 가나안 땅으로 돌아올 것에 대해 말씀하십니다(창 15:13-16).
이 말씀을 하신 후에 해가 져서 어두울 때 연기 나는 화로가 보이
면서 타는 횃불이 쪼갠 고기 사이로 지나갑니다.

> 해가 져서 어두울 때에 연기 나는 화로가 보이며 타는 횃불이 쪼갠 고기
> 사이로 지나더라 창 15:17

이 말씀은 아주 중요합니다. 이 말씀 속에 연기 나는 화로가 등
장합니다. 구약성경에서 연기는 하나님의 임재를 의미합니다. 또
한 횃불도 하나님의 임재를 의미합니다. 지금 하나님이 친히 쪼
갠 고기 사이로 지나가십니다. 그 쪼갠 고기 사이에는 피가 흐릅
니다. 하나님이 친히 피 흘린 고기 사이로 지나가십니다. 그런데
아브라함은 쪼갠 고기 사이로 지나가지 않습니다. 이 일이 그가
깊이 잠든 사이에 이루어집니다.

하나님이 홀로 쪼갠 고기 사이로 지나가신 이유는 아브라함이
하나님과의 언약을 온전히 지킬 수 없음을 알았기 때문입니다.
우리가 아는 것처럼 아브라함은 살기 위해 사라를 자기 누이라
고 거짓말을 합니다. 하나님의 약속의 때를 기다리지 못하고, 여
종 하갈을 통해 이스마엘을 낳습니다. 그런 까닭에 하나님이 홀
로 쪼갠 고기 사이로 지나가셨습니다. 그렇다면 아브라함이 언약
을 어길 경우에 누가 죽어야 합니까? 하나님이 대신 죽으셔야 합
니다. 바로 이것이 창세기 15장에 나오는 언약의 스토리입니다.

우리 인간이 죄를 범하고 하나님과의 언약을 어겼습니다. 불

순종했습니다. 하나님을 거역했습니다. 그런데 하나님이 친히 독생자 예수님을 희생하심으로 우리를 구원하신 것입니다. 예수님이 우리를 대신하여 십자가에서 피 흘리셨습니다. 짐승이 쪼개진 것처럼 친히 쪼개지셨습니다. 저주를 받으셨습니다. 그리고 우리에게는 축복을 선물해 주셨습니다. 그런 까닭에 하나님의 언약은 은혜의 언약입니다. 피의 언약입니다.

옛 언약인 율법도 사실은 은혜의 언약입니다. 그 이유는 율법도 피로 세운 언약인 까닭입니다. 출애굽기 24장에서 하나님의 율법을 받은 모세가 히브리 백성과 맺은 언약은 피의 언약입니다. 모세가 청년들을 보내어 하나님께 소로 번제와 화목제를 드리게 한 후 그 피를 반은 여러 양푼에 담고 반은 제단에 뿌립니다(출 24:5-6).

모세가 언약서를 가져다가 백성에게 낭독하니 그들이 하나님의 모든 말씀을 준행하겠다고 약속합니다(출 24:7). 하지만 하나님은 그들이 하나님의 모든 말씀을 지킬 수 없음을 아십니다. 그래서 모세가 남은 피를 백성에게 뿌립니다. 그리고 이 언약은 하나님이 피로 세우신 언약이라고 말합니다.

> 모세가 그 피를 가지고 백성에게 뿌리며 이르되 이는 여호와께서 이 모든 말씀에 대하여 너희와 세우신 언약의 피니라 출 24:8

이 피의 언약은 예수님이 이 땅에 오셔서 십자가에 죽으시고, 그의 몸과 피를 우리에게 주심으로 성취됩니다. 하나님이 모세와 맺은 언약이 옛 언약이라면 하나님이 예수님을 통해 우리와 맺은 언약이 새 언약입니다. 두 언약 모두, 사실은 피의 언약입니다. 옛 언약이 율법의 언약이라면 새 언약은 복음의 언약입니다. 하나님이 아브라함과 맺은 언약은 율법의 언약 이전에 주신 언약인 까닭에 복음의 언약과 바로 연결됩니다. 하지만 이 모든 언약은 은혜의 언약 아래 있으며, 이 모든 언약은 점진적으로 성취되는 것을 봅니다. 예수님이 십자가를 지시기 전에 마지막 성찬에서 주신 말씀이 새 언약의 말씀입니다.

저녁 먹은 후에 잔도 그와 같이 하여 이르시되 이 잔은 내 피로 세우는 새 언약이니 곧 너희를 위하여 붓는 것이라 눅 22:20

예수님의 피는 영원한 언약의 피입니다(히 13:20).

하나님은
언약의 보증을 주시는 분입니다

하나님이 창세기 17장에서 다시 아브라함에게 나타나십니다. 그리고 하나님의 약속을 확인해 주십니다.

아브람이 구십구 세 때에 여호와께서 아브람에게 나타나서 그에게 이르시되 나는 전능한 하나님이라 너는 내 앞에서 행하여 완전하라 내가 내 언약을 나와 너 사이에 두어 너를 크게 번성하게 하리라 하시니 창 17:1-2

하나님이 아브라함에게 언약을 상기시켜 주시기 전에 하나님이 전능하신 하나님이라고 말씀하십니다. 전능하신 하나님은 "엘 사다이"입니다. 이 이름은 하나님은 전능하시다는 것을 의미할 뿐 아니라 풍성하시다는 것을 의미합니다. 전능하신 하나님, 풍성하신 하나님이 아브라함의 자손을 크게 번성하게 하실 것을 약속하십니다. 이 약속을 다시 살펴보십시오.

내 언약을 나와 너 사이에 두어 너를 크게 번성하게 하리라 창 17:2

하나님이 아담과 맺은 언약이나 노아와 맺은 언약과 조금 다릅니다. 아담과 노아에게는 "생육하고 번성하여 땅에 충만하라"는 말씀을 주십니다. 그런데 아브라함과 맺은 언약은 하나님이 친히 모든 것을 이루어 주시겠다는 것입니다. 하나님이 친히 아브라함에게 땅을 주시고, 하나님이 친히 아브라함에게 큰 민족을 이루게 하십니다. 하나님이 친히 "내가 너를 크게 번성하게 하리라"고 말씀하십니다. 그 약속을 조금 더 설명해 주십니다.

내가 너로 심히 번성하게 하리니 내가 네게서 민족들이 나게 하며 왕들이 네게로부터 나오리라 창 17:6

아직 사라의 몸에서 나온 아들이 없는데 그를 심히 번성하게 하며, 그에게서 민족들이 나올 것이라고 말씀하십니다. 더욱 놀라운 사실은 왕들이 그에게서 나온다는 것입니다. 이 말씀은 왕 중의 왕이신 예수님이 태어나심으로 성취됩니다. 하나님이 이 언약을 맺으실 때 이를 영원한 언약이라고 말씀하십니다.

내가 내 언약을 나와 너 및 네 대대 후손 사이에 세워서 영원한 언약을 삼고 너와 네 후손의 하나님이 되리라 창 17:7

그리고 다시 가나안 땅을 영원한 기업으로 주시겠다고 말씀하십니다.

내가 너와 네 후손에게 네가 거류하는 이 땅 곧 가나안 온 땅을 주어 영원한 기업이 되게 하고 나는 그들의 하나님이 되리라 창 17:8

이 말씀 후에 하나님이 아브라함에게 그분의 언약을 지킬 것을 명하십니다. 그 언약은 할례 언약입니다.

너희 중 남자는 다 할례를 받으라 이것이 나와 너희와 너희 후손 사이에 지킬 내 언약이니라 창 17:10

이 할례 언약이 하나님과 아브라함 사이의 언약의 표징이 됩니다.

너희는 포피를 베어라 이것이 나와 너희 사이의 언약의 표징이니라 창 17:11

하나님과 아브라함과 그의 후손이 언약의 표징으로 받은 것이 할례입니다. 하나님의 언약을 늘 기억하도록 그들의 몸에 언약의 표징을 새긴 것입니다. 여기서 이 언약을 주신 때를 숙고해야 합니다. 아브라함이 의롭다 함을 받은 것은 할례 이전입니다. 할례가 그의 의로움의 조건이 아닙니다. 창세기 15장 6절을 보면 아브라함이 하나님을 믿을 때 의롭다 함을 받았습니다. 의롭다 함을 받은 것이 먼저입니다. 그리고 그 표징으로 할례를 받게 됩니다. 할례가 먼저가 아닙니다. 이 할례 언약은 신약에 와서 세례로 연결됩니다.

우리는 세례를 통해 구원을 받지 않습니다. 우리가 받은 구원은 예수님을 믿음으로 인한 것이며, 의롭다 함을 받습니다. 세례는 우리가 구원받고 의롭다 함을 받은 것에 대한 표징입니다. 공개적으로 사람들에게 알리는 것입니다.

우리가 언약을 맺을 때 주고받는 것이 언약의 증표입니다. 언약의 관계를 가장 잘 보여 주는 것 중에 하나가 남자와 여자가 결혼하는 것입니다. 결혼은 언약을 통해 성사됩니다. 결혼반지를 통해 증표를 삼습니다. 결혼반지를 주고받는 것은 결혼 증표입니다. 신약에 와서 하나님이 우리의 구원과 우리에게 약속하신 기업의 증표로 주신 것이 성령님의 인치심, 성령님의 보증입니다.

그 안에서 너희도 진리의 말씀 곧 너희의 구원의 복음을 듣고 그 안에서 또한 믿어 약속의 성령으로 인치심을 받았으니 엡 1:13

그가 또한 우리에게 인치시고 보증으로 우리 마음에 성령을 주셨느니라 고후 1:22

하나님은 예수님을 통해
은혜의 언약을 성취하셨습니다

하나님이 아브라함과 맺은 언약의 성취는 예수님을 통해 이루어졌습니다. 사도 바울은 이 사실을 강조합니다.

이 약속들은 아브라함과 그 자손에게 말씀하신 것인데 여럿을 가리켜 그 자손들이라 하지 아니하시고 오직 한 사람을 가리켜 네 자손이라 하셨으니 곧 그리스도라 갈 3:16

예수님 안에서 성취된 아브라함의 언약의 특징을 몇 가지로 압축할 수 있습니다.

첫째, 예수님이 십자가에서 피 흘려 죽으심으로 우리 대신 저주를 받으셨습니다.

고대 근동에서는 언약을 맺은 다음에 나무를 심었습니다. 나무를 심은 후에 짐승의 피를 흘려 그 나무에 뿌렸습니다. 창세기 21장에서 아브라함과 블레셋 사람 아비멜렉이 언약을 맺습니다. 그때 아브라함이 에셀 나무를 심습니다.

아브라함은 브엘세바에 에셀 나무를 심고 거기서 영원하신 여호와의 이름을 불렀으며 창 21:33

짐 갈로우는《언약》이란 그의 책에서 고대 부족의 풍습을 다음과 같이 기록하고 있습니다.

고대 부족들이 나무 심기로 언약을 세운다는 것은 흥미롭다. 더욱더 우리의 주위를 끌게 하는 것은, 몇몇 문화들이 그들의 나무 심기 언약을 맺는 의식의 일부분으로서 피로 얼룩진 '불같은 십자가'로 의식을 행해왔다는 사실이다. … 그 나무가 양의 목에서 흘러나온 피로 흠뻑 젖게 되었다는 사실이 중요하다. … 이러한 고대 의식에 내재된 상징은 하나님의 어린양의 피로 얼룩진 갈보리, 그 피로 흠뻑 적신 나무와 유사하다는 점에서 심오하다. 짐 갈로우,《언약》, 토기장이, 107쪽

둘째, 예수님은 언약의 음식으로 자신의 몸을 내어 주셨습니다.

구약성경을 자세히 살펴보면 언약을 맺은 후에는 음식을 함께 나누는 것이 나옵니다. 창세기 26장을 보면 이삭과 아비멜렉이 서로 맹세하여 계약을 맺습니다. 그 후에 함께 음식을 나눕니다(창 26:30-31).

예수님이 언약의 성취로 우리에게 주신 음식은 예수님 자신의 살과 피입니다. 이것은 정말 놀라운 언약의 음식입니다. 예수님이 십자가를 지시기 전날 밤에 제자들과 함께 나눈 것이 바로 언약

의 음식입니다. 예수님은 제자들과 우리에게 언약의 음식으로 예수님의 살과 피를 주셨습니다. 사도 요한은 예수님이 자신의 살과 피를 친히 주신 말씀을 다음과 같이 기록했습니다.

> 내 살을 먹고 내 피를 마시는 자는 영생을 가졌고 마지막 날에 내가 그를 다시 살리리니 내 살은 참된 양식이요 내 피는 참된 음료로다   요 6:54-55

셋째, 예수님이 친히 육체를 쪼개어 주심으로 새 길을 열어 주셨습니다.

하나님과 아브라함이 언약을 맺을 때 짐승들이 반으로 쪼개어졌습니다. 그들의 몸이 찢어진 것입니다. 쪼갬이 없이는 언약도 없습니다. 예수님은 친히 십자가에서 그의 육체를 쪼개어 주셨습니다. 이 사실은 성소와 지성소 사이의 휘장이 찢어짐을 통해 드러납니다. 예수님이 십자가에 돌아가실 때 성소 휘장이 위로부터 아래로 찢어져 둘이 됩니다.

> 이에 성소 휘장이 위로부터 아래까지 찢어져 둘이 되고…   마 27:51

이 사건은 언약의 성취입니다. 히브리서는 휘장이 위로부터 아래까지 찢어짐으로 예수님의 피를 힘입어 누구든지 지성소에 들어갈 수 있는 길이 열렸다고 말합니다. 그 휘장은 바로 예수님의 육체라고 증거합니다.

> 그러므로 형제들아 우리가 예수의 피를 힘입어 성소에 들어갈 담력을 얻었나니 그 길은 우리를 위하여 휘장 가운데로 열어 놓으신 새로운 살 길이요 휘장은 곧 그의 육체니라   히 10:19-20

구약 시대의 성도들이 결코 들어갈 수 없는 곳이 지성소였습니다. 지성소 안에 있는 은혜의 보좌는 오직 대제사장만이 일 년에 한 번 피를 가지고 들어갈 수 있었습니다. 이제는 예수님의 피를 가지고 언제든지 은혜의 보좌 앞에 나아갈 수 있게 되었습니다. 예수님이 친히 자신의 몸을 쪼개어 주시고, 피를 흘려 주심으로 우리는 놀라운 은택을 입게 되었습니다.

넷째, 예수님을 통해 이방인도 복음과 약속의 성령님을 받게 되었습니다.

사도 바울은 예수님 안에서 아브라함의 복이 이방인에게 임했다고 말씀합니다. 그 복 중의 복은 성령님의 약속을 받는 것입니다.

이는 그리스도 예수 안에서 아브라함의 복이 이방인에게 미치게 하고 또 우리로 하여금 믿음으로 말미암아 성령의 약속을 받게 하려 함이라

갈 3:14

또한 이방인들이 예수님 안에서 상속자가 된 것입니다. 하나님의 약속에 참여한 자가 된 것입니다(엡 3:6). 말씀의 결론은 이것입니다. 예수님의 이름으로 하나님의 모든 약속은 우리의 소유가 된다는 것입니다.

하나님의 약속은 얼마든지 그리스도 안에서 예가 되니 그런즉 그로 말미암아 우리가 아멘 하여 하나님께 영광을 돌리게 되느니라   고후 1:20

하나님의 약속은 예수님 안에서, 예수님을 통해 성취되었습니다. 그런 까닭에 모든 하나님의 약속은 예수님 안에서 "예"가 됩니다. 하나님의 약속을 붙잡고 예수님의 이름으로 기도할 때 우리의 것이 됩니다. 하나님의 언약 안에 모든 복이 담겨 있습니다. 하나님은 그 언약을 예수님을 통해 반드시 신실하게 지키십니다. 놀라운 능력과 지혜로 그 언약을 지키십니다.

이제 우리가 할 일은 그 언약을 믿고 언약의 성취를 누리는 것입니다. 예수님의 이름으로 기도함으로써 그 언약의 혜택을 누리는 것입니다. 또한 언약의 복음을 모든 민족에게 나누는 것입니다. 그리함으로 모든 열방이 축복의 언약, 은혜의 언약에 참여하게 하는 것입니다. 우리가 할 일은 언약의 약속을 믿는 것입니다. 약속을 붙잡고 기도할 때 조급해하지 않는 것입니다. 인내함으로 오래 참아 축복의 약속을 받는 것입니다. 그 축복을 모든 사람과 나누는 것입니다. 언약의 하나님을 믿는 모든 이에게 언약 성취의 축복을 누리는 은혜가 함께하기를 빕니다.

사랑의 하나님을 아는 지식

엡 3:16-19

하나님은
사랑이십니다

우리의 삶을 풍성하게 해주는 지식은 하나님의 사랑에 대한 지식입니다. 하나님을 믿는 것과 하나님의 사랑을 아는 것은 서로 연결되어 있습니다. 우리가 하나님을 믿을 때 하나님의 사랑을 알게 됩니다. 우리가 하나님을 믿는다는 것은 하나님의 능력만 믿는 것이 아닙니다. 하나님의 사랑을 믿는 것입니다. 성경은 하나님이 사랑이시라는 점을 분명히 밝히고 있습니다.

하나님이 우리를 사랑하시는 사랑을 우리가 알고 믿었노니 하나님은 사랑이시라 요일 4:16상

우리는 하나님의 사랑보다 하나님의 능력을 더 갈망할 때가 많습니다. 마치 자녀들이 아버지의 사랑보다 아버지의 돈이 더 좋은 것과 같습니다. 누가복음에 나오는 탕자가 아버지께 요구했던 것은 아버지의 재산이었습니다. 하지만 그가 나중에 정작 필요했던 것은 아버지의 사랑이었습니다. 그는 돈의 부요를 원했지

만 아버지는 그에게 사랑의 부요가 더 필요한 것을 알았습니다. 물론 돈과 능력을 과소평가하는 것은 아닙니다. 돈이 가치 있게 쓰이면 죽어가는 사람을 살릴 수도 있습니다. 하지만 돈을 잘못 사용하게 되면 파괴적인 결과를 가져오는 것을 봅니다. 우리에게는 재물이나 힘보다 더 소중한 것이 있음을 기억해야 합니다. 그것은 하나님의 사랑입니다.

탕자를 참으로 자유하게 한 것은 돈이 아니라 아버지의 사랑이었습니다. 그를 참으로 부요하게 한 것은 아버지의 사랑이었습니다. 그를 기다리는 사랑, 그를 끝까지 품어 주는 사랑, 그에게 거듭 기회를 주는 사랑이었습니다. 그를 결코 버리지 않고 사랑하는, 그런 사랑이었습니다. 아버지는 탕자를 사랑한 까닭에 엄청난 재물을 내어 주었습니다. 그 이유는 돈보다 아들이 더 소중하기 때문입니다.

사도 바울은 에베소서에서 하나님의 사랑을 찬양합니다. 하나님의 사랑의 부요함을 노래합니다. 에베소서에 나오는 하나님의 사랑은 사도 바울이 알고 경험한 것입니다. 그가 깨달은 하나님의 사랑에 대한 지식은 정말 방대합니다. 넓고 깊습니다. 정말 아름답습니다. 하지만 우리는 사도 바울이 찬양하는 하나님의 사랑의 메시지를 접하면서 몇 가지 질문을 던지지 않을 수 없습니다. 그 이유는 우리가 유한한 인간이기 때문입니다.

사도 바울이 찬양하고 있는 하나님의 사랑은 어떤 사랑일까요? 사도 바울이 에베소서를 기록할 때 그는 로마 옥중에 있었습니다. 하나님의 사랑은 어떤 사랑이기에 그가 감옥에 갇혀 있도록 허락하신 것일까요? 그는 결혼을 하지 않은 채 혼자 외롭게 살았습니다. 그는 고난의 사람이었습니다. 매를 수없이 맞았습니다. 동족에게 버림을 받았습니다. 육체의 가시로 고통을 받았습니다. 평생 동안 고통을 끌어안고 살았습니다. 그럼에도 그는 한량없는 하나님의 큰 사랑을 찬양하고 있습니다.

하나님의 사랑을 받은 그리스도인들 가운데 많은 사람이 고난 중에 있습니다. 힘든 병으로 고통을 받고 있습니다. 실패와 좌절을 경험하고 있습니다. 배신을 당하고 버림을 받고 있습니다. 파산을 하기도 하고, 파산의 위기에 처해 있기도 합니다. 이런 고통 중에 있는 사람을 향해 우리는 하나님의 사랑에 대해 무엇을 말할 수 있을까요? 이런 질문에 모두 답할 수는 없지만 이런 질문을 품고 말씀을 들여다보면 좋겠습니다. "고난과 고통 중에도 하나님의 사랑의 풍요함 속에 살았던 사도 바울이 깨달았던 사랑의 진리는 무엇일까요?"

하나님의 사랑은
예수님을 영접할 때 깨달을 수 있습니다

에베소서 3장 16-19절은 사도 바울의 기도입니다. 사도 바울은 에베소 성도들이 그리스도의 영광의 풍성함을 따라 그의 성령으로 말미암아 속사람이 능력으로 강건하게 되기를 원했습니다.

───── 그의 영광의 풍성함을 따라 그의 성령으로 말미암아 너희 속사람을 능력

으로 강건하게 하시오며 엡 3:16

세상 사람들은 외모에 관심이 많습니다. 눈에 보이는 것에 관심이 많습니다. 그 당시 바리새인들은 겉은 화려했습니다. 하지만 속은 더러운 것으로 가득 차 있었습니다. 예수님이 그들을 향해 하신 책망을 들어보십시오.

───── 화 있을진저 외식하는 서기관들과 바리새인들이여 잔과 대접의 겉은 깨

끗이 하되 그 안에는 탐욕과 방탕으로 가득하게 하는도다 마 23:25

…겉으로는 아름답게 보이나 그 안에는 죽은 사람의 뼈와 모든 더러운 것

이 가득하도다 마 23:27하

사도 바울은 우리 속에 그리스도의 형상이 이루어지길 원했습니다.

───── 나의 자녀들아 너희 속에 그리스도의 형상을 이루기까지 다시 너희를 위

하여 해산하는 수고를 하노니 갈 4:19

기독교는 외적 종교가 아닙니다. 기독교는 내면을 가꾸는 참된 진리를 선포합니다. 하나님의 관심은 우리 속사람에 있습니다. 우리 마음에 있습니다. 우리 영혼에 있습니다. 사도 바울은 성도들의 마음에 먼저 그리스도께서 거하시길 간구했습니다.

사도 바울은 왜 하나님의 사랑을 이야기하기 전에 예수님이 그들 마음에 거하시길 기도했을까요? 기독교 신앙은 예수님을 믿고 그를 영접함으로 시작되기 때문입니다. 사도 바울은 골로새서에서 영적 성숙의 단계를 보여 줄 때 가장 먼저 예수님을 영접할 것을 강조합니다.

골로새서 2장 6-7절 말씀은 신앙 성숙의 과정을 설명해 줍니다. 저는 이 두 말씀을 통해《자람의 법칙》이라는 책을 출판했습니다. 자람의 법칙의 시작은 예수 그리스도를 주로 영접하는 것입니다. 예수님을 우리 마음속에 받아들이는 것입니다. 예수님을 영접할 때 예수님의 생명이 우리 안에 들어오게 됩니다. 예수님의 생명은 하나님의 생명입니다. 영원한 생명입니다. 예수님의 생명은 사랑의 생명입니다.

예수님의 생명이 우리 안에 들어올 때 그 고귀한 생명이 자라는 것을 경험하게 됩니다. 생명이 없는데 어떻게 자랄 수 있겠습니까? 어머니의 태 안에 아이가 잉태되지 않는데 어떻게 아이가 자랄 수 있겠습니까? 가상 임신이라는 것이 있습니다. 임신이 되지 않았는데 상상 속에서 임신을 하고, 임신한 것처럼 착각하는 것입니다.

하나님의 생명이 우리 안에 들어와 우리가 거듭날 때 우리는 영적으로 성장하게 됩니다. 또한 비로소 하나님의 사랑을 알게 됩니다. 하나님의 사랑의 DNA를 받게 됩니다. 왜 우리가 하나님의 사랑의 생명을 받는 것이 중요할까요?

첫째는 우리가 하나님의 사랑을 받아 누리기 위함입니다.

무엇보다 우리가 하나님의 사랑을 받은 자녀로 태어난 것을 깨닫기 위함입니다. 우리가 예수님을 믿는 순간 우리는 흑암의 권세에서 벗어나 사랑의 아들의 나라로 옮겨가게 됩니다.

그가 우리를 흑암의 권세에서 건져 내사 그의 사랑의 아들의 나라로 옮기셨으니   골 1:13

둘째는 우리가 하나님의 사랑으로 사랑하기 위해서입니다.

우리는 사랑만 받는 자녀가 아니라 사랑하는 자녀로 부름을 받았습니다. 예수님을 모시고 예수님의 사랑을 경험할 때 우리는 또 다른 사람을 사랑할 수 있습니다. 사랑의 생명을 받은 사람은 그 사랑의 생명을 드러냅니다. 그 사랑의 생명을 점점 닮아가게 됩니다.

우리는 그리스도의 사랑의 터 위에
신앙의 집을 세웁니다

사도 바울은 그리스도의 사랑 가운데서 뿌리가 박히고 터가 굳어져야 한다고 가르칩니다. 여기서 우리는 두 가지 그림을 볼 수 있습니다. 하나는 나무입니다. 또 다른 하나는 집입니다.

―――― 너희가 사랑 가운데서 뿌리가 박히고 터가 굳어져서   엡 3:17하

뿌리가 박힌다는 것은 나무의 이미지입니다. 터가 굳어진다는 것은 건물의 이미지입니다. 중요한 것은 둘 다 사랑 가운데서 뿌리가 박히고 터가 굳어지는 것입니다.

사랑의 토양에 신앙의 뿌리를 내리십시오

나무는 어디에 심느냐에 따라 미래가 결정됩니다. 좋은 땅에 심어질 때 풍성한 열매를 맺게 됩니다. 좋은 땅에 심는다 할지라도 뿌리를 깊이 내려야 합니다.

"뿌리 깊은 나무는 흔들리지 않습니다."

뿌리의 깊이와 넓이가 나무의 높이와 넓이를 결정합니다. 나무에게 가장 중요한 것은 눈에 보이지 않는 뿌리입니다. 뿌리가 튼튼해야 합니다. 뿌리를 깊이 내려야 하고, 뿌리가 널리 퍼져 있을

때 나무는 견고하게 됩니다. 뿌리의 역할은 지탱과 저장과 공급입니다. 우리는 견고한 뿌리와 같은 하나님의 사랑으로 지탱하고, 하나님의 사랑을 공급받음으로 성장하게 됩니다.

아주 오랜 나무의 특징은 뿌리가 깊다는 것입니다. 뿌리가 깊을 때 땅속 깊은 곳에 있는 생수를 끌어올릴 수 있습니다. 뿌리가 깊을 때 가뭄을 견뎌 낼 수 있습니다. 뿌리가 깊을 때 폭풍우를 견뎌 낼 수 있습니다. 거센 폭풍우가 내리칠 때 뿌리가 얕은 나무는 뿌리째 뽑히고 맙니다.

중요한 것은 토양입니다. 여기서 사도 바울이 말하는 토양은 하나님의 사랑입니다. 비옥한 토양에서 자라는 나무는 풍성한 열매를 맺습니다. 흙은 나무에게 자양분을 공급해 줍니다. 생명을 풍성하게 해줍니다. 힘을 북돋워 줍니다. 그런 면에서 우리 영혼을 건강하게 하고, 풍성한 생명을 누리도록 도와주는 것은 하나님의 사랑입니다. 우리 영혼은 하나님의 사랑을 지속적으로 공급받을 때 흔들리지 않습니다. 우리 영혼은 하나님의 사랑을 통해 풍성한 생명을 누릴 수 있습니다.

반석 되신 그리스도의 사랑 위에 집을 건축하십시오

———— 너희가 사랑 가운데서 … 터가 굳어져서   엡 3:17하

집을 지을 때 가장 중요한 것은 기초입니다. 터가 굳어진다는 것은 든든한 기초 위에 건물을 세운다는 것을 의미합니다. 로스

앤젤레스는 지진 위험 지대입니다. 그런 까닭에 높은 건물을 세우지 못합니다. 건물을 높이 세우려면 지반이 든든해야 합니다. 건물을 높이 세우려면 아래로 깊이 파내려가야 합니다. 깊이 판후에 기초를 든든히 해야 높은 건물을 올릴 수 있습니다.

"기초의 깊이가 건물의 높이를 결정합니다."

뉴욕 맨해튼에는 높은 건물이 여럿 있습니다. 그 이유는 맨해튼의 지반이 암반이기 때문입니다. 성경은 예수님이 반석임을 증거합니다. 성경은 예수님이 견고한 터라고 말씀합니다.

이 닦아 둔 것 외에 능히 다른 터를 닦아 둘 자가 없으니 이 터는 곧 예수 그리스도라 고전 3:11

견고한 반석 되시는 예수님 위에 집을 건축할 때 흔들리지 않게 됩니다. 예수님은 반석 위에 집을 짓는 사람은 지혜롭다고 말씀합니다(마 7:24-25). 반면에 모래 위에 집을 짓는 사람은 어리석다고 말씀합니다(마 7:26-27). 기초가 든든한 집은 신뢰할 수 있습니다. 의지할 수 있습니다. 왜냐하면 안전하기 때문입니다. 우리가 신뢰할 수 있는 것은 하나님의 사랑입니다. 우리가 하나님의 능력을 신뢰할 수 있지만 더욱 중요한 것은 하나님의 사랑을 신뢰하는 것입니다.

물론 능력이 중요하지만, 능력이 신뢰의 온전한 요소가 될 수는 없습니다. 마귀도 능력을 행하는 것을 보십시오. 능력만 좇아가는 것은 위험합니다. 가장 안전한 것은 사랑입니다. 하나님의 사랑으로 우리는 하나님을 영원히 신뢰할 수 있습니다. 물론 하나님의 능력은 신뢰할 수 있습니다. 제가 강조하고 싶은 것은 능력보다 사랑이 참된 신뢰의 요소가 된다는 점입니다. 저는 부모님들 가운데 능력이 꽤 있는 분들을 보았습니다. 명성이 높은 분들도 만나 보았습니다. 하지만 그분들 가운데 인격이 결여된 분들을 보았습니다. 힘을 가지고 자녀들을 조종하고 학대하는 것을 보았습니다. 반면에 능력이 부족해도 성숙한 사랑으로 자녀를 양육하는 부모의 자녀들은 안전하게 성장하는 것을 봅니다.

지식에 넘치는 그리스도의 사랑을 아는 것이 지혜입니다

사도 바울은 성도들이 지식에 넘치는 그리스도의 사랑을 알도록 중보기도를 드리고 있습니다.

능히 모든 성도와 함께 지식에 넘치는 그리스도의 사랑을 알고 엡 3:18

사도 바울은 지식을 아주 소중히 여긴 사도입니다. 하지만 사랑을 겸비하지 않은 지식은 위험하게 생각했습니다. 잘못된 지식은 사람을 교만하게 만든다는 사실을 알았기 때문입니다.

사도 바울은 자신이 모든 지식을 안다 할지라도 사랑이 없으
면 아무것도 아니라고 말합니다.

——— …모든 지식을 알고 또 산을 옮길 만한 모든 믿음이 있을지라도 사랑이 없
으면 내가 아무것도 아니요   고전 13:2하

중요한 것은 사랑을 겸비한 지식입니다. 그리스도의 사랑에 대
한 지식입니다. 사랑에는 지식이 필요합니다. 누군가를 사랑하
기 위해서는 그를 알아야 합니다. 아는 것만큼 사랑할 수 있습니
다. 또한 사랑하는 것만큼 알 수 있습니다. 우리는 사랑할 때 상대
방을 잘 알게 됩니다. 이해하게 됩니다. 또한 잘 알수록 책임 있는
사랑, 지혜로운 사랑을 베풀 수가 있습니다. 사도 바울이 깨달은
하나님의 지식은 차원이 높습니다. 또한 그 깊이 또한 깊고 깊습
니다. 사도 바울은 하나님의 사랑의 너비와 길이와 높이와 깊이
를 깨달을 때 하나님의 모든 충만하심으로 충만하게 될 줄 알았
습니다.

——— 그 너비와 길이와 높이와 깊이가 어떠함을 깨달아 하나님의 모든 충만하
신 것으로 너희에게 충만하게 하시기를 구하노라   엡 3:19

하나님의 사랑의 너비를 깨달으십시오 : 만민을 위한 풍성한 사랑
하나님의 사랑의 너비는 하나님의 품을 의미합니다. 하나님의

사랑의 품은 넓습니다. 하나님의 사랑은 만민을 위한 풍성한 사랑입니다. 하나님은 모든 사람을 사랑하시고 모든 사람을 구원하길 원하십니다. 하나님이 품지 못할 죄인은 없습니다. 하나님의 사랑이 감당할 수 없는 죄인은 없습니다. 하나님의 사랑은 만민을 위한 것입니다. 하나님은 아브라함의 씨로 말미암아 천하 만민이 복을 받기 원하십니다.

———— 또 네 씨로 말미암아 천하 만민이 복을 받으리니 이는 네가 나의 말을 준행하였음이니라 하셨다 하니라 창 22:18

예수님은 제자들에게 온 천하에 다니며 만민에게 복음을 전하라고 명하셨습니다(막 16:15). 하나님은 각 나라와 족속과 백성을 구원하셨습니다(계 7:9). 하나님은 유대인만 구원하신 것이 아닙니다. 하나님의 사랑은 만민을 위한 것입니다.

하나님의 사랑의 너비는 하나님의 사랑의 풍성함과 부요함과 관련되어 있습니다. 하나님의 사랑은 무한합니다. 반면에 인간의 사랑은 유한합니다. 인간의 사랑은 제한되어 있습니다. 하지만 하나님의 사랑은 아무리 베풀어도 부족함이 없습니다. 하나님의 사랑의 풍성한 품을 보여 준 말씀이 이사야서 66장 11-12절 말씀입니다.

———— 너희가 젖을 빠는 것같이 그 위로하는 품에서 만족하겠고 젖을 넉넉히 빤 것같이 그 영광의 풍성함으로 말미암아 즐거워하리라 여호와께서 이와 같이 말씀하시되 보라 내가 그에게 평강을 강같이, 그에게 뭇 나라의 영광

을 넘치는 시내같이 주리니 너희가 그 성읍의 젖을 빨 것이며 너희가 옆에

안기며 그 무릎에서 놀 것이라   사 66:11-12

이 말씀의 성읍은 예루살렘입니다. 하지만 이 말씀의 포괄적인
뜻은 하나님의 성산에서 하나님이 베푸시는 사랑의 부요함을 의
미합니다. 하나님의 사랑이 차고 흘러넘치는 것을 의미합니다. 하
나님의 사랑은 작은 사랑이 아닙니다. 아주 큰 사랑입니다.

───── 긍휼이 풍성하신 하나님이 우리를 사랑하신 그 큰 사랑을 인하여   엡 2:4

하나님의 사랑의 길이를 깨달으십시오 : 영원한 사랑

하나님의 사랑의 길이는 영원합니다. 사도 바울이 이해한 하
나님의 사랑의 길이는 창세전부터 시작된 영원한 사랑입니다. 우
리가 경험한 것처럼 인간의 사랑은 영원하지 못합니다. 충동적일
때가 많습니다. 변덕스럽기까지 합니다. 감정적으로 너무 요동합
니다. 하지만 하나님의 사랑은 창세전에서 시작된 사랑입니다.

───── 곧 창세전에 그리스도 안에서 우리를 택하사 우리로 사랑 안에서 그 앞에

거룩하고 흠이 없게 하시려고   엡 1:4

하나님의 사랑은 영원합니다.

───── …내가 영원한 사랑으로 너를 사랑하기에 인자함으로 너를 이끌었다 하

였노라   렘 31:3

하나님은 우리를 영원한 사랑으로 이끌어 주십니다. 하나님의 사랑은 끝까지 베풀어 주시는 사랑입니다. 예수님은 제자들을 사랑하시되 끝까지 사랑하셨습니다.

───── 유월절 전에 예수께서 자기가 세상을 떠나 아버지께로 돌아가실 때가 이른 줄 아시고 세상에 있는 자기 사람들을 사랑하시되 끝까지 사랑하시니라   요 13:1

하나님은 우리를 결코 버리지 않으시고, 우리를 결코 떠나지 않으십니다. 하나님의 사랑은 오래 참으시는 사랑입니다. 사도 바울은 오래 참으시는 하나님의 사랑을 경험했습니다.

───── 그러나 내가 긍휼을 입은 까닭은 예수 그리스도께서 내게 먼저 일체 오래 참으심을 보이사 후에 주를 믿어 영생 얻는 자들에게 본이 되게 하려 하심이라   딤전 1:16

하나님의 사랑은 오래 참는 사랑입니다. 어떤 고통도 견디는 사랑입니다. 사도 바울은 고린도전서 13장 사랑장에서 사랑의 알파와 오메가를 오래 참고 모든 것을 견디는 것으로 정의하고 있습니다.

───── 사랑은 오래 참고 … 모든 것을 견디느니라   고전 13:4, 7

앤 보스캠프는 모든 것을 견디는 사랑을 지붕에 비유했습니다. 너무 아름다운 비유입니다.

사랑은 모든 것을 견디지 않나? '견디다'의 헬라어 원어는 스테고(stago) 인데, 직역하면 초가지붕이라는 뜻이다. 사랑은 지붕이다.

사랑은 모든 것을 견딘다. 비바람을 견디는 지붕처럼, 몰아치는 태풍의 무게와 혹독한 열기를 견디는 지붕처럼, 사랑은 견딘다. 물을 쏟아낸 버킷이 머리 위에서 태풍의 충격을 흡수할 지붕이 되는 것처럼, 당신도 타인의 짐을 짊어지기 위해 자신을 빈 그릇으로 내어 줄 수 있다.

참사랑은 지붕이다. 참사랑은 당신을 은신처로 만든다. 참사랑은 당신을 안전한 장소로 만든다. 참사랑은 당신을 안전하게 만든다. **앤 보스캠프,《난 더 이상 상처에 속지 않는다》, 사랑플러스, 182쪽**

모든 것이 다 사라져도, 끝까지 남아 있는 것이 하나님의 사랑입니다.

───── 사랑은 언제까지나 떨어지지 아니하되 예언도 폐하고 방언도 그치고 지식도 폐하리라 고전 13:8

하나님의 사랑의 높이를 깨달으십시오 : 거룩한 사랑

사도 바울이 생각했던 하나님의 사랑의 높이는 무엇일까요? 하나님의 사랑의 높이는 그 사랑의 고상함을 의미합니다. 무엇보다 그 사랑의 거룩함을 의미합니다. 마귀의 영향을 받은 인간의 사랑은 낮은 차원에 머물 때가 많습니다. 마귀는 더럽고 음란합니다. 반면에 성령님을 통해 우리에게 부어 주시는 하나님의 사랑은 정결하고 거룩합니다. 하나님이 우리에게 베푸신 사랑은 더러운 사랑이 아니라 거룩한 사랑입니다.

하나님의 사랑의 극치는 연합에 있습니다. 성부와 성자와 성령님의 연합 속에서 우리는 하나님의 사랑의 아름다움을 깨닫습니다. 하나님이 사람을 남자와 여자로 창조하신 후에 그들이 하나 되게 하셨습니다. 영혼이 하나 되고, 마음이 하나 되고, 몸이 하나 되기 원하셨습니다.

부부가 하나 됨을 경험하는 부부생활은 거룩한 것이며, 기쁨을 주는 것이며, 아름다운 것입니다. 그런데 더러운 마귀는 성을 저급하고 음란하고 추하게 만들었습니다. 결혼이라는 울타리 안에서 부부가 나누는 사랑은 거룩한 것입니다. 예수님은 우리를 신부로 삼으셨습니다. 예수님과의 연합은 부부됨의 연합과 같은 성스러운 연합입니다.

하나님은 우리를 더러움이 아니라 고상한 사랑으로 이끄십니다. 거룩한 사랑으로 이끄십니다. 하나님이 우리를 구원하신 것은 그리스도 안에서 하늘에 앉도록 하기 위해서입니다.

———— 허물로 죽은 우리를 그리스도와 함께 살리셨고 (너희는 은혜로 구원을 받은 것이라) 또 함께 일으키사 그리스도 예수 안에서 함께 하늘에 앉히시니 엡 2:5-6

본질상 우리는 허물로 죽은 존재입니다. 죄로 인해 멸망을 받을 수밖에 없는 존재입니다. 탐욕과 음욕이 가득한 존재입니다. 그런데 하나님이 우리를 구원하신 후에 그리스도 예수 안에서 하늘에 앉히셨습니다. 거룩하신 성삼위 하나님과 교제할 수 있도록 우리를 구원하셨습니다. 거룩하신 예수님의 신부가 됨으로 예수님의 거룩함을 전수받게 하셨습니다. 우리는 우리와 연합한 사람과 모든 것을 공유하게 됩니다. 우리는 신랑 되신 예수님과 연합함으로 예수님의 지혜와 의로움과 거룩함을 공유하게 되었습니다(고전 1:30). 이것은 정말로 놀라운 사랑입니다.

하나님의 사랑은 우리를 거룩이라는 높은 차원으로 이끌어 주신 사랑입니다. 우리를 있는 모습 그대로 품으실 뿐만 아니라 우리를 거룩하게 만드신 것입니다. 거룩하게 만들어 가시면서 사랑하시는 것입니다.

── … 우리로 사랑 안에서 그 앞에 거룩하고 흠이 없게 하시려고 엡 1:4

자기 앞에 영광스러운 교회로 세우사 티나 주름 잡힌 것이나 이런 것들이 없이 거룩하고 흠이 없게 하려 하심이라 엡 5:27

우리는 육신의 몸을 입고 태어난 까닭에 몸으로 사랑을 나누는 에로스의 사랑이 필요합니다. 우리는 에로스의 사랑으로 육체적인 매력을 느낍니다. 또한 에로스의 사랑을 통해 자녀가 태어납니다. 하지만 에로스의 사랑만으로는 결코 만족할 수 없습니다. 그 이유는 에로스의 사랑은 유한하기 때문입니다. 쉽게 변질될 수 있기 때문입니다. 우리에게는 친구 간의 우정을 나누는 필리아의 사랑도 필요합니다. 예수님은 우리를 친구로 삼으셨습니다.

"에로스는 인간의 몸뚱이를 드러내지만, 우정은 인간의 됨됨이를 드러낸다." -C. S. 루이스

에로스는 뜨거운 사랑입니다. 우정은 잔잔한 사랑입니다. 젊은 이의 사랑은 뜨겁습니다. 강렬합니다. 하지만 어른들의 무르익은 사랑은 고요합니다. 성스럽습니다. 영광스럽습니다.

"아주 젊은 사람들의 사랑은 감동적이다. 나이가 지긋한 사람들 간의 사랑은 영광스럽다." -팜 브라운

하나님의 사랑은 거룩합니다. 아름답습니다. 영광스럽습니다. 하나님의 사랑은 아가페의 사랑입니다. 우리를 차원 높은 사랑으로 이끌어 주는 사랑은 아가페의 사랑입니다.

하나님의 사랑의 깊이를 깨달으십시오 : 자신을 내어 주는 사랑

사도 바울은 사랑의 깊이를 깨달으라고 권면합니다. 하나님의 사랑은 깊이 있는 사랑입니다. 하나님의 깊이 있는 사랑은 가장 소중한 것을 내어 주는 사랑입니다.

깊은 사랑은 희생하는 사랑입니다. 하나님 아버지는 우리를 사랑하신 까닭에 독생자 예수님을 내어 주셨습니다. 예수님은 우리를 사랑하신 까닭에 우리를 위해 자신을 희생하셨습니다. 여기서

우리는 깊이 있는 사랑에는 희생이 따른다는 것을 알게 됩니다. 깊이 있는 사랑에는 고통이 따른다는 것을 알게 됩니다. 상처를 주고받을 수 있다는 것을 알게 됩니다. 사도 바울은 에베소서 5장에서 남편들에게 아내를 사랑할 때 예수님이 자신을 내어 주신 것처럼 사랑하라고 권면합니다.

남편들아 아내 사랑하기를 그리스도께서 교회를 사랑하시고 그 교회를 위하여 자신을 주심같이 하라 엡 5:25

사랑한다는 것은 빼앗는 것이 아니라 주는 것입니다. 용서도 주는 것입니다. 영어로 주는 것은 'give'입니다. 용서는 'forgive'입니다. 용서라는 영어 단어 안에 'give'가 담겨 있습니다. 하나님의 깊은 사랑을 우리가 어찌 이해할 수 있겠습니까? 다만 우리가 성경에 나타난 하나님의 깊은 사랑의 이야기를 통해서 알 수 있습니다.

깊은 사랑은 감정을 초월한 사랑입니다. 깊은 사랑은 감정적이라기보다 의지적입니다. 에로스의 사랑은 감정적입니다. 충동적입니다. 하지만 아가페의 사랑은 감정을 초월한 사랑입니다. 우리는 사랑의 감정을 무시해서는 안 됩니다. 감정은 하나님의 선물입니다. 사랑의 감정이 충만해지면 우리는 새로운 세계 속에 들어가는 것을 느낍니다. 사랑의 감정이 풍성해지면 모든 어려움을 극복해 냅니다. 하지만 사랑이 감정에만 머물게 되면 진정한 사랑이 아닙니다. 왜냐하면 감정은 쉽게 사라지기 때문입니다. 또한 감정은 쉽게 변질되기 때문입니다. 감정은 중요하지만 변덕스러운 까닭에 신뢰하기가 어렵습니다.

깊은 사랑은 의지적입니다. 책임을 지는 것입니다. 행동하는 것입니다. 감정과 상관없이 베풀고 소중한 것을 내어 주고 양육하는 것입니다.

> 진정한 사랑은 감정적이기보다는 의지적인 것이다. 참으로 사랑하는 사람은 사랑하고자 하는 의지를 지녔기 때문이다. 이러한 사람은, 사랑하는 느낌이 없어도 사랑하고자 하는 의지와 행동은 있을 수 있으며, 있는 그대로 실천할 것이다. 사랑하는 사람은 사랑의 느낌으로 행동하는 것을 때로는 억제할 수도 있어야 한다. 스캇 펙,《아직도 가야 할 길》, 열음사, 129쪽

마지막 문장이 놀랍습니다. "사랑하는 사람은 사랑의 느낌으로 행동하는 것을 때로는 억제할 수도 있어야 한다." 우리는 기분에 따라, 느낌에 따라 사랑을 표현하고 행동한 후에 책임을 지지 않을 때가 많습니다. 그런 사랑은 깊이 있는 사랑이 아닙니다. 깊이 있는 사랑 속에는 절제하는 지혜가 있습니다.

깊은 사랑은 원하는 것보다 필요한 것을 주는 사랑입니다. 진정으로 유익한 것을 주는 것입니다. 사도행전 3장에 나오는 걸인은 태어나서 한 번도 걸어본 적이 없는 장애인이었습니다. 그는

장애를 가진 까닭에 한 번도 성전에 들어가 본 적이 없습니다. 성전에서 드리는 예배에 참석하지 못했습니다. 그가 성전 미문에서 구걸하는 중에 베드로와 요한을 만났을 때 돈을 구했습니다. 하지만 베드로와 요한은 그에게 필요한 것은 돈보다 걷는 것임을 알았습니다. 그에게 필요한 것은 돈보다 하나님을 만나게 해주는 것임을 알았습니다.

베드로가 이르되 은과 금은 내게 없거니와 내게 있는 이것을 네게 주노니 나사렛 예수 그리스도의 이름으로 일어나 걸으라 하고 오른손을 잡아 일으키니 발과 발목이 곧 힘을 얻고 뛰어 서서 걸으며 그들과 함께 성전으로 들어가면서 걷기도 하고 뛰기도 하며 하나님을 찬송하니 행 3:6-8

한 번도 걷지 못했던 그가 걷고 있습니다. 뛰기도 합니다. 더욱 놀라운 것은 성전에 들어가서 하나님을 찬송한 것입니다. 결국 그는 영생을 선물로 받았습니다. 그가 원하는 것보다 그에게 필요한 것을 받았습니다. 그에게 필요한 것을 받음으로 그가 원하는 것들은 자연스럽게 받아 누리게 되었습니다. 하나님을 만난 그의 인생은 더 이상 구걸할 필요가 없었을 것입니다.

깊은 사랑은 거절을 통해 더욱 좋은 것을 주는 사랑입니다. 사도 바울은 육체의 가시로 고통을 받았습니다. 하나님께 육체의 가시를 거두어 주시도록 세 번이나 간구했습니다. 하지만 하나님은 그의 간구를 거절하셨습니다. 그 이유는 그가 연약할 때 그리스도의 능력이 더욱 머물기 때문입니다. 또한 그가 연약함으로 겸손을 유지할 수 있기 때문입니다(고후 12:7-10). 우리를 가장 파괴시키는 것은 교만입니다. 그런 까닭에 우리가 교만하지 않고 겸손하도록 도와주는 것은 좋은 것입니다. 사도 바울은 연약함 때문에 겸손하게 되었습니다. 연약함 때문에 그리스도의 능력을 경험하게 되었습니다. 연약함 때문에 하나님의 놀라운 계시를 받고도 교만해지지 않을 수 있었습니다.

깊은 사랑은 기도응답을 지체하심으로 성숙하게 하는 사랑입니다. 예수님은 나사로가 병들었다는 소식을 들으셨을 때 계시던 곳에 이틀을 더 유하셨습니다(요 11:6). 왜 지체하셨을까요? 왜 기도응답을 바로 하지 않으셨을까요? 하나님의 사랑 가운데 지체하시는 사랑이 있습니다. 예수님은 나사로의 병을 고쳐 주시는 것보다 죽은 나사로를 다시 살리는 기적을 베풀기를 원하셨습니다. 예수님은 더욱 크고 위대하고 아름다운 일을 계획하셨던 것입니다.

하나님은 요셉을 사랑하셨습니다. 요셉에게 큰 꿈을 주셨습니다. 하지만 하나님은 그 꿈을 성취하기 전에 13년 동안 고통을 통과하게 하셨습니다. 그리함으로 그의 영적 근육을 키우셨습니다. 다윗도 마찬가지입니다. 사울 왕의 추적을 받으면서 광야와 굴에서 보낸 세월이 거의 13년입니다. 왜 그토록 지체하시는 것일까요? 그리함으로 그들을 성숙하게 하신 것입니다. 어떤 어려움도 견뎌 낼 수 있는 근육을 키우신 것입니다. 하나님의 사랑은 주시는 사랑이지만 지혜롭게 주시고, 지혜롭게 베푸시는 사랑입니다. 적합한 때를 따라 응답하시는 사랑입니다.

깊은 사랑은 모든 것을 합력하여 선을 이루는 사랑입니다. 사도 바울의 생애와 하나님의 사람들의 생애를 연구해 보면 하나님은 모든 것을 합력하여 선을 이루신다는 사실을 깨닫게 됩니다. 그 모든 것 속에는 우리의 실수와 실패와 원수들의 악행까지 포함되어 있습니다. 모든 것 속에는 우리의 질병과 갈등과 상처가 담겨 있습니다. 사도 바울은 이 모든 것을 합력하여 선을 이루신다고 강조합니다.

— 우리가 알거니와 하나님을 사랑하는 자 곧 그의 뜻대로 부르심을 입은 자들에게는 모든 것이 합력하여 선을 이루느니라 롬 8:28

이 말씀에 익숙해지다 보면 이 말씀의 깊은 맛을 잊을 수가 있습니다. 이 말씀은 하나님의 사랑의 깊이를 보여 주는 보배 같은 말씀입니다. 하나님은 우리의 상처도 선용하십니다. 로마서 11장을 보면 접붙임의 은혜가 나옵니다.

— 또한 가지 얼마가 꺾이었는데 돌감람나무인 네가 그들 중에 접붙임이 되어 참감람나무 뿌리의 진액을 함께 받는 자가 되었은즉 롬 11:17

우리는 예수님께 접붙임을 받은 사람들입니다. 접붙임은 연합을 의미합니다. 연합을 통해 예수님께로부터 모든 것을 공급받는 것입니다. 그리함으로 새로운 열매를 맺게 되는 것입니다. 조니 에릭슨 타다는 접붙임을 위해서는 상처가 필요하다고 가르쳐 줍니다.

> 알다시피 접붙이는 것은 나무와 나뭇가지에 상처를 내지 않으면 불가능한 일이다. 만일 그 수술을 할 때 나무와 인터뷰를 할 수 있었다면, 중심부가 잘리고 낯선 접가지를 자기 살 속으로 받아들여야 한다는 사실이 달갑지만은 않았을 것 같다. 하지만 나중에 여름이 되어 새 가지에 풍성한 열매들이 주렁주렁 열리면 곧 생각이 바뀔 것이다. 조니 에릭슨 타다, 《조니 에릭슨 타다의 희망 노트》, 두란노, 122쪽

상처가 없이는 접붙임이 없습니다. 예수님의 상처와 우리의 상처가 만날 때 접붙임이 있게 됩니다. 그때 우리는 예수님의 상처를 통해 흘러나오는 생명의 보혈, 생명의 생수를 공급받게 됩니다. 접붙임을 받기 위해서는 상처를 내야 합니다. 접붙임은 상처와 상처를 연합하는 것입니다. 그리함으로 서로 연결되고, 서로 연합하게 됩니다. 서로 교통하게 됩니다.

> "사랑한다는 건 그 자체로 상처받기를 허락하는 것이다. 뭘 사랑하든 분명 가슴이 미어질 것이며, 심지어 부서질 수도 있다." -C. S. 루이스

하나님의 충만한 사랑은
부서짐을 통해 주어집니다

사도 바울이 증거하는 하나님의 사랑은 충만한 사랑입니다. 하나님은 모든 충만하신 것으로 우리에게 충만하게 해주시길 원하십니다. 어떻게 충만한 사랑을 경험할 수 있을까요? 어떻게 충만한 사랑이 우리에게 주어지는 것일까요? 그것은 부서짐을 통해서만이 가능합니다.

부서짐과 충만함은 서로 연결되어 있습니다. 부서짐이 없이는 충만함이 없습니다. 씨앗을 보십시오. 씨앗이 풍성한 열매를 맺기 위해서는 그 껍질이 부서져야 합니다. 오병이어의 기적을 생각해 보십시오. 예수님이 오병이어를 통해 수많은 사람들을 먹이실 때 먼저 하신 일은 떡을 들어 축사하신 후에 나누신 것입니다. 떡을 쪼개어 나누실 때 떡은 부서졌습니다. 그 부서짐을 통해 떡은 풍성해졌습니다.

예수님은 십자가에서 부서지셨습니다. 예수님의 손이 못에 박혔습니다. 그때 뼈가 으스러졌습니다. 뼈가 부서졌습니다. 발이 대못에 박혔습니다. 발의 뼈가 으스러졌습니다. 예수님이 부서지 셨습니다. 옆구리는 창에 찔렸습니다. 큰 상처가 나면서 피와 물 이 쏟아졌습니다(요 19:34). 충만한 생명은 부서짐과 찢어짐을 통해 임하게 됩니다. 어머니의 태에 잉태한 아이가 태어나기 위해서는 양수가 터져야 합니다. 그 과정에서 부서짐과 찢어짐을 경험합니 다. 하지만 그 결과로 아이가 태어납니다. 그 고통을 통해 큰 기쁨 이 임합니다. 이것이 사랑의 신비입니다. 사랑의 큰 고통을 통해 큰 환희가 임합니다. 고통이 클수록 기쁨도 큽니다. 풍성함은 자 신을 내어 주고, 하나님께 자신을 드릴 때 임합니다.

그리스도께서 너희를 사랑하신 것같이 너희도 사랑 가운데서 행하라 그 는 우리를 위하여 자신을 버리사 향기로운 제물과 희생제물로 하나님께 드리셨느니라 엡 5:2

사랑은 내어 줌입니다. 나눔입니다. 드림입니다. 그곳이 십자 가입니다. 우리는 십자가를 사랑합니다. 그 이유는 하나님의 사랑 의 현장인 까닭입니다. 말로만 사랑하신 것이 아닙니다. 희생으로 사랑하셨습니다. 나눔은 풍성함에 이르는 길입니다. 부서짐은 풍 성함 속으로 들어가는 길입니다.

하나님이 세상을 이처럼 사랑하사…주셨으니. 'Giving'보다 더 위력적인 단어가 또 있을까? Thanksgiving(감사), Forgiving(용서) Care-giving(돌봄), Life-giving(생명 살리기). 인생살이에서 중요한 모든 것은 결국 'giving'으

로 수렴된다. 앤 보스캠프, 《난 더 이상 상처에 속지 않는다》, 사랑플러스, 101쪽

나눔은 상실이 아닙니다. 나눔은 오히려 풍성함으로 들어가는 길입니다. 나누는 것이 진정 소유하는 것입니다. 부서지는 것을 두려워하지 마십시오. 상처가 없으면 접붙임이 없습니다. 상처받는 것, 부서지는 것, 깨어지는 것을 두려워하지 마십시오. 그것이 깊은 사랑에 이르는 길입니다. 하나님은 우리의 모든 상처와 아픔을 통해 선을 이루십니다. 어떤 것도 하나님의 사랑에서 우리를 끊을 수 없습니다.

누가 우리를 그리스도의 사랑에서 끊으리요 환난이나 곤고나 박해나 기근이나 적신이나 위험이나 칼이랴 롬 8:35

높음이나 깊음이나 다른 어떤 피조물이라도 우리를 우리 주 그리스도 예수 안에 있는 하나님의 사랑에서 끊을 수 없으리라 롬 8:39

사도 바울은 그리스도의 사랑이 그를 강권한다고 고백합니다(고후 5:14). 그를 움직이는 가장 강력한 힘은 그리스도의 사랑이었습니다. 그를 견디게 하고, 이기게 하는 능력은 사랑의 능력이었습니다. 하나님의 사랑이 그를 연약한 중에 강하게 했습니다. 슬픔 중에도 기뻐하게 만들었습니다. 가난한 중에도 부요하게 했습니다. 감옥에서도 자유하게 만들었습니다. 어느 누구도 그를 하나님의 사랑에서 끊을 수 없었습니다. 하나님의 사랑은 우리를 자유하게 합니다. 우리를 부요하게 합니다. 충만하게 합니다. 하나

님의 사랑은 우리가 원수까지 사랑할 수 있는 힘을 제공해 줍니다. 하나님의 사랑으로 사랑하십시오. 늘 성령님과 동행하십시오. 왜냐하면 성령님이 하나님의 사랑을 우리에게 부어 주시기 때문입니다(롬 5:5).

가장 외롭고, 가장 소외되고, 가장 힘들어 하는 사람에게 관심을 갖도록 하십시오. 그 사람의 필요를 채워 주십시오. 나누고 주되 지혜롭게 주십시오. 인내하면서 주십시오. 원하는 것보다 필요한 것을 주십시오. 무엇보다 예수님의 복음과 예수 그리스도를 전해 주십시오. 사랑의 생명 되시는 예수님을 모시도록 도와주십시오.

우리는 하나님의 사랑 안에서 가장 안전합니다. 하나님의 사랑 안에서 가장 부요합니다. 하나님의 사랑 안에서 영원한 복락을 누리게 됩니다. 하나님의 사랑 안에서 모든 상처와 부서짐이 축복이 됩니다. 풍성함에 이르는 재료가 됩니다. 하나님의 사랑을 통해 성숙한 사랑을 베풀 수 있습니다. 하나님의 사랑은 영원합니다. 영원한 사랑으로 영원한 복락을 누리기를 빕니다.

16

영광스러운 하나님을 아는 지식

시 8:1-9

하나님의 영광을 경험하면
영원히 잊지 못합니다

　미국에 온 지 얼마 되지 않았을 때 그랜드 캐니언을 방문하게 되었습니다. 저는 그랜드 캐니언에서 하나님의 영광을 보았습니다. 그 광대함, 그 아름다움, 그 깊음과 넓음에 큰 감동을 받았습니다. 정말 경이로운 풍경이었습니다. 하나님의 영광을 보면서 두렵기까지 했습니다. 하나님의 영광을 본 경험은 잊을 수가 없습니다. 그랜드 캐니언 속에 드러난 하나님의 영광이 그토록 아름답다면 그랜드 캐니언을 만드신 하나님의 영광은 그와 비교할 수 없을 것입니다.

　다윗은 시편 8편에서 하나님의 영광을 찬양하고 있습니다. 그는 하나님의 영광이 하늘을 덮은 것을 보았습니다.

여호와 우리 주여 주의 이름이 온 땅에 어찌 그리 아름다운지요 주의 영광이 하늘을 덮었나이다　시 8:1

　그는 하나님의 영광을 보았습니다. 하나님의 영광은 하나님의 아름다움을 의미합니다. 다윗은 하나님의 영광을 본 것으로 만족하지 않았습니다. 하나님의 영광을 즐거워했습니다. 하나님의 영광을 음미했습니다. 하나님의 영광을 시로 기록했습니다. 그런 다음 그 영광을 찬양했습니다.

구약성경에서 다윗처럼 하나님의 영광에 관심을 갖고, 그 영광을 시로 표현한 사람은 없습니다. 그러니 하나님께서 다윗을 사랑하실 수밖에 없습니다. 왜냐하면 다윗처럼 하나님의 영광을 알아본 사람이 없었기 때문입니다. 하나님의 영광을 인정하는 사람이 없었기 때문입니다. 물론 모세도 하나님의 영광을 보았고, 이사야도 하나님의 영광을 보았습니다. 에스겔도 그분의 영광을 보았습니다. 하지만 다윗처럼 하나님의 영광을 다각적으로 본 사람은 없습니다. 무엇보다 그가 예수 그리스도의 구속의 영광을 함께 보았다는 것입니다. 예수님의 죽으심과 부활과 재림의 영광을 미리 본 것입니다.

다윗이 하나님의 영광을 볼 수 있었던 것은 하나님의 은혜입니다. 성령님이 그와 함께하신 까닭입니다. 눈이 가리면 하나님의 영광을 볼 수 없습니다. 관심을 갖지 않으면 하나님의 영광을 볼 수 없습니다. 또한 하나님이 그분의 영광을 아는 빛을 마음에 비추어 주셔야 합니다.

───── …하나님의 영광을 아는 빛을 우리 마음에 비추셨느니라 고후 4:6하

우리는 하나님의 영광을 아는 빛을 갈망해야 합니다. 그 빛이

계속해서 우리 마음을 비추어 주시길 갈망해야 합니다. 그때 우리가 하나님의 영광을 보고, 그 영광을 즐거워할 수 있기 때문입니다. 하나님께 온전히 영광을 돌릴 수 있기 때문입니다. 시편 8편을 통해 배울 수 있는 하나님의 영광은 어떤 영광일까요?

하나님은
영광의 하나님이십니다

성경은 하나님이 영광의 하나님이심을 증거합니다. 다윗은 시편 29편에서 하나님을 영광의 하나님이라고 찬양합니다.

> …영광의 하나님이 우렛소리를 내시니 여호와는 많은 물 위에 계시도다 시 29:3

성부와 성자와 성령 하나님은 영광의 하나님이십니다. 성삼위 하나님 모두 영광스러운 하나님이십니다. 그 영광을 함께 공유하고, 함께 즐거워하십니다. 그 영광 가운데 함께 교제하시고, 그 영광 가운데 함께 일하십니다.

하나님 아버지는 영광의 아버지이십니다

> …영광의 아버지께서 지혜와 계시의 영을 너희에게 주사 하나님을 알게 하시고 엡 1:17

성삼위 하나님 가운데 하나님 아버지가 영광스러운 분이십니다. 하나님 아버지가 영광스러운 분임을 기억해야 합니다. 왜냐하면 하나님 아버지로부터 독생하신 아들이 나온 까닭입니다. 하나님 아버지는 독생하신 아들을 낳으셨습니다. 하나님 아버지가 영광스러운 까닭에 그 아버지로부터 나온 아들 되신 예수님도 영광스럽습니다.

하나님의 아들 예수님은 영광의 그리스도이십니다
—————— …우리가 그의 영광을 보니 아버지의 독생자의 영광이요… 요 1:14

사도들이 본 것은 아버지의 독생자의 영광입니다. 그들은 예수님을 보았습니다. 예수님과 함께 지냈습니다. 그들이 예수님과 함께 지내면서 예수님의 영광을 보았습니다. 그 영광은 아버지의 독생자의 영광이었습니다. 예수님은 하나님입니다. 하나님의 아들입니다. 예수님은 하나님 아버지의 영광의 광채이십니다. 예수님은 그 본체의 형상이십니다.

—————— 이는 하나님의 영광의 광채시요 그 본체의 형상이시라… 히 1:3상

사단은 할 수만 있으면 사람들의 눈을 어둡게 만들어서 예수님의 영광을 보지 못하게 합니다. 그 이유는 그리스도는 하나님의 본체의 형상인 까닭입니다(고후 4:4). 이 세상의 신은 그리스도의 영광의 복음을 보지 못하게 합니다. 복음은 예수님입니다. 복

음 속에 예수님의 영광의 광채가 빛납니다. 예수님은 하나님 아버지의 형상의 본체이십니다.

성령님은 영광의 영이십니다

—— …영광의 영 곧 하나님의 영이 너희 위에 계심이라 벧전 4:14

사도 베드로는 성령님을 영광의 영이라고 증거합니다. 하나님 아버지가 영광스럽고, 하나님의 아들 독생자 예수님이 영광스럽다면 성령님 또한 영광의 영이신 것은 당연합니다. 성령님은 계시의 빛을 통해 사람들이 하나님 아버지와 예수 그리스도의 영광을 보게 하십니다. 성령님은 하나님 아버지와 독생하신 예수 그리스도의 영광을 드러내 보여 주시는 분입니다.

영광의 성삼위 하나님께서 우리를 영원한 영광 속으로 들어가게 하십니다

—— 모든 은혜의 하나님 곧 그리스도 안에서 너희를 부르사 자기의 영원한 영광에 들어가게 하신 이가… 벧전 5:10상

하나님의 영광은 영원합니다. 하나님은 자신의 영광을 드러내실 뿐만 아니라 그 영광을 나누어 주기를 원하십니다. 예수님은 자신의 영광을 제자들에게 나누어 주셨습니다.

—— 내게 주신 영광을 내가 그들에게 주었사오니 이는 우리가 하나가 된 것같이 그들도 하나가 되게 하려 함이니이다 요 17:22

하나님의 기쁨은 자신의 영광을 나누어 주시는 것입니다. 또한 하나님의 영원한 영광 안으로 우리를 초대하시는 것입니다. 하나님의 영원한 영광 안에서 영원한 기쁨을 누리기를 원하십니다. 하나님은 참으로 관대하신 분입니다. 참으로 너그러우신 분입니다. 우리와 같은 죄인들을 예수 그리스도의 피로 정결하게 하시고, 또한 예수님의 의를 덧입혀 주심으로 그분의 영광 안으로 들어가게 하셨습니다.

하나님의 영광은 창조의 영광입니다

다윗은 하나님이 만드신 창조물 속에서 하나님의 영광을 보았습니다. 그는 하나님의 솜씨 속에 담긴 하나님의 영광을 보았습니다.

주의 손가락으로 만드신 주의 하늘과 주께서 베풀어 두신 달과 별들을 내가 보오니 시 8:3

그는 하늘을 바라보았습니다. 하늘의 달과 별들을 보았습니다. 그는 하늘의 달과 별들을 통해 하나님의 영광을 보았습니다.

하늘이 하나님의 영광을 선포하고 궁창이 그의 손으로 하신 일을 나타내는도다 시 19:1

그는 하늘이 하나님의 영광을 선포하는 것을 들었습니다. 궁창이 하나님의 손으로 하신 일을 나타내는 것을 보았습니다. 그는 남이 듣지 못하는 소리를 들었습니다. 날이 날에게 말하고, 밤이 밤에게 지식을 전하는 소리를 들었습니다.

—— 날은 날에게 말하고 밤은 밤에게 지식을 전하니 시 19:2

다윗의 언어가 심상치가 않습니다. 우리가 잘 이해할 수 없는 언어를 가지고 우리를 찾아왔습니다. 언어도 없고, 들리는 소리도 없는데 그 소리가 온 땅에 통한다고 찬양합니다.

—— 언어도 없고 말씀도 없으며 들리는 소리도 없으나 그의 소리가 온 땅에 통하고 그의 말씀이 세상 끝까지 이르도다 하나님이 해를 위하여 하늘에 장막을 베푸셨도다 시 19:3-4

이것은 신비의 언어입니다. 상상을 초월한 언어요, 또한 놀라운 상상력을 동원한 언어입니다. 소리가 없는 언어요, 소리가 없는 말입니다. 침묵의 언어요, 고요함의 언어입니다. 땅 끝까지 통하는 언어입니다. 하나님이 해를 위하여 하늘에 장막을 베푸셨다고 노래합니다. 해를 묵상하다가 해가 마치 신방에서 나오는 신랑과 같다고 노래합니다. 또한 그의 길을 달리기 기뻐하는 장사와 같다고 노래합니다.

—— 해는 그의 신방에서 나오는 신랑과 같고 그의 길을 달리기 기뻐하는 장사 같아서 시 19:5

물론 이것은 시적 표현입니다. 은유가 있고 비유가 담겨 있습니다. 다윗은 태양의 열기가 하늘 이 끝에서 하늘 저 끝까지 운행 한다고 노래합니다. 해의 열기를 피할 자가 없다고 찬양합니다.

———— 하늘 이 끝에서 나와서 하늘 저 끝까지 운행함이여 그의 열기에서 피할 자 가 없도다 시 19:6

어떻게 이렇게 아름다운 시를 쓸 수 있을까요? 어떻게 이토록 깊이 있는 시를 쓸 수 있을까요? 어떻게 이토록 창조의 아름다움을 묘사할 수 있을까요? 그것은 다윗이 묵상의 사람이기 때문입니다.

———— 나의 반석이시요 나의 구속자이신 여호와여 내 입의 말과 마음의 묵상이 주님 앞에 열납되기를 원하나이다 시 19:14

저는 다윗이 어떻게 이토록 하나님의 영광을 바라볼 수 있을 까를 생각해 보았습니다. 이것은 그가 아버지와 형제들의 멸시와 무시를 당한 까닭입니다. 다윗은 이새의 여덟 번째 아들입니다. 사무엘이 이새의 집을 방문했을 때 이새는 다윗을 제외한 모든 아들을 그에게 보여 주었습니다. 사무엘이 이새의 아들들을 보고 그중에 기름 부을 자를 찾았지만 하나님이 모두 거절하셨습니다. 사무엘이 이새에게 다른 아들이 있느냐고 물었을 때 그는 다윗의 이름조차 말하지 않았습니다. 막내가 하나 있는데 양치는 일을 맡겼다고 했습니다.

———— 이새가 이르되 아직 막내가 남았는데 그는 양을 지키나이다 삼상 16:11

"막내"라는 말은 히브리어로 '카탄'(קָטָן, qatan)입니다. 그 뜻은 '작음, 중요하지 않음, 별 의미가 없음'입니다. 그 당시 이새의 아들 가운데 가장 보잘것없는 아들이 다윗이었습니다. 그래서 중요한 손님인 사무엘이 왔을 때 그로 하여금 양을 치게 했습니다. 그 당시 양치는 일은 가장 별 볼일 없게 여겨지는 아들의 몫이었습니다. 다윗은 아버지께 인정받지 못했습니다. 형제들에게도 인정받지 못했습니다.

다윗은 양을 칠 때 외로웠습니다. 서러웠습니다. 그는 왕따를 당했습니다. 그는 고립의 고통 속에 살았습니다. 그런데 바로 그 외로움, 서러움, 왕따, 고립이 그로 하여금 하나님의 영광을 보게 했습니다. 집 안에서 편안하게 지내는 그의 형제들은 하나님의 영광을 볼 수 없었습니다. 하지만 광야에서 양을 치며 밤을 지새웠던 다윗은 하늘의 달과 별을 통해 하나님의 영광을 보았습니다. 하늘의 태양을 통해 하나님의 영광을 보았습니다.

깊은 밤에 다윗은 고요함 속에서 신비로운 언어와 접했습니다. 밤이 밤에게 지식을 전하는 소리를 들었습니다. 그 지식은 하나님에 대한 지식이었습니다. 날이 날에게 하는 말을 들었습니다. 오직 고요함 중에만 들을 수 있는 말이었습니다.

하나님의 영광을 발견하는 비밀이 있습니다. 그것은 외로움입니다. 가난함입니다. 이것이 신비입니다. 필립 얀시가 쓴 《내 눈이 주의 영광을 보네》는 하나님의 영광을 볼 수 있는 경이로움에 관한 책입니다. 그는 그 책에서 키르케고르가 쓴 예화를 소개해 줍니다. 그 예화는 마차에 탄 부자의 예화입니다.

> 부자는 불 켜진 마차 안에 앉아 있고, 마부는 차가운 바깥바람을 쐬며 말
> 을 몰고 있다. 부자는 불빛 아래 앉아 있었기 때문에 바깥에 펼쳐진 별들
> 의 전경, 마부가 놓칠래야 놓칠 수 없었던 그 영광스러운 광경을 보지 못
> 했다. 필립 얀시, 《내 눈이 주의 영광을 보네》, 좋은씨앗, 30-31쪽, 재인용

부자는 불 켜진 마차 안에 앉아 있습니다. 가난한 마부는 차가
운 밤에 바깥바람을 쐬며 말을 몰고 있습니다. 부자는 마차 안에
편히 있기 때문에 바깥에 펼쳐진 별들의 광경을 보지 못합니다.
하지만 가난한 마부는 하늘의 별들의 아름다운 전경을 보면서 마
차를 몰고 갑니다. 부자는 그의 부요 때문에 하나님의 영광의 부
요를 보지 못합니다. 반면에 마부는 가난한 까닭에 하나님의 영
광의 부요를 바라보며 즐거워합니다. 놀라운 비유입니다.

다윗은 가난했습니다. 멸시와 천대를 받았습니다. 그런 고난의
경험이 그로 하여금 하나님의 영광을 보게 했습니다. 그의 아픈
상처가 그를 시인이 되게 만들었습니다. 수금을 타는 연주자가
되게 만들었습니다. 대부분의 시는 시인의 상처를 재료로 합니다.
다윗의 시도 예외가 아닙니다. 그는 상처를 통해 하나님의 영광
을 보았습니다. 그 영광을 찬양했습니다.

그는 가난 속에서 하나님의 부요를, 그의 작음 속에서 하나님
의 광대함을 보았습니다. 그는 지금처럼 우주에 대한 지식을 갖

지 못했습니다. 그럼에도 하나님의 광대하심의 영광을 보았습니다. 존 엘드리지가 쓴 《산을 옮기는 기도》를 읽다가 하나님이 만드신 자연의 광대함을 새삼 깨닫게 되었습니다.

> 지구에 존재하는 모든 생명체는 태양에 의존한다. 천공에 달려 있는 이 원자로는 표면 온도가 5,500도에 이른다. 태양은 지구 100만 개 이상을 합쳐 놓은 것보다 더 크다. 그 중핵에서는 원자 융합에 의해 수소가 헬륨으로 바뀌면서 측량이 어려운 에너지가 쏟아져 나온다. 태양 섬광 하나는 화산 1000만 개가 폭발하는 것보다 더 큰 에너지를 방출한다.
> 이 사실을 기억하라. 은하계 하나에는 온갖 크기의 별들이 천 억 개 이상 있다. 그리고 우주에는 수천 억 개 정도의 은하계가 있다. 이것은, 하나님께서 우리가 보는 것과 같은 태양을 수천 억의 천 억 개 정도 만드셨다는 뜻이다. 오늘부터 세기 시작해도 죽을 때까지 못 센다. 하나님께서는 이 태양들에 매순간 에너지를 공급하신다. **존 엘드리지, 《산을 옮기는 기도》, 넥서스 CROSS, 55쪽**

하나님이 만드신 창조의 세계는 우리가 감히 상상할 수 없을 정도로 광대합니다. 여기서 우리는 하나님의 영광에 대한 그 뜻을 살펴볼 필요가 있습니다. 목회자면서 신학자 가운데 하나님의 영광에 깊은 관심을 갖고 연구한 사람은 조나단 에드워즈입니다. 그는 하나님의 영광의 의미를 다음과 같이 기록하고 있습니다.

히브리 단어 '카보드'는 영어성경에서 '영광'으로 번역되는 말로서 구약성경에서 가장 일반적으로 사용되는 단어다. … '카보드 kavod'는 무거움, 위대함, 풍부함을 의미한다. 조나단 에드워즈, 존 파이퍼, 《하나님의 열심》, 부흥과개혁사, 325쪽

우리는 자연을 통해 하나님의 영광을 봅니다. 하나님의 영광의 무게를 느낍니다. 하나님의 영광은 경박하지 않습니다. 하나님의 영광은 결코 경박한 가벼움이 아닙니다. 하나님의 영광의 무게 속에는 무한한 유쾌함이 담겨 있습니다. 경박하지 않지만 유쾌합니다. 기쁨으로 충만합니다. 조나단 에드워즈 다음으로 하나님의 영광에 관심을 가진 목회자는 존 파이퍼입니다. 그는 하나님의 영광에 대해 다음과 같이 표현합니다.

하나님의 영광은 하나님의 거룩하심이 찬란하게 비치는 것입니다. … 그 영광은 우리에게 아름답고 웅대하게 보입니다. 그것은 무한한 고귀함과 무한한 위대성을 담고 있습니다. 따라서 우리는 하나님의 영광을 '하나님의 다면적인 완전하심의 아름다움과 위대함'으로 정의할 수 있습니다. 존 파이퍼, 《최고의 기쁨을 맛보라》, 좋은씨앗, 133쪽

하나님의 영광은 아름답습니다. 하나님의 영광은 하나님의 솜씨를 의미합니다. 하나님의 솜씨는 하나님의 탁월함입니다. 우리는 탁월한 작품을 볼 때 경탄합니다. 그 속에 영광이 깃들여 있기

때문입니다. 하나님의 영광은 찬란합니다. 웅대합니다. 광대합니다. 위대합니다. 우리는 우주 속에서 하나님이 얼마나 크신 분인가를 깨닫게 됩니다. 얼마나 광대하신 분이며 엄위하신 분인가를 깨닫게 됩니다.

하나님의 영광은
구속의 영광입니다

다윗이 경험한 하나님의 영광은 하나님의 광대하심과 함께 하나님의 섬세함입니다. 인간을 향한 하나님의 관심입니다. 하나님의 영광은 하나님의 섬세한 사랑 속에 있습니다. 자신을 희생하는 사랑 속에 있습니다. 하나님은 모든 우주와 자연과 함께 인간을 만드셨습니다. 모든 창조물의 영광으로 인간을 만드셨습니다. 다윗의 감격은 그 광대하신 하나님이 인간을 생각하는 것입니다. 그를 돌보시는 것입니다.

사람이 무엇이기에 주께서 그를 생각하시며 인자가 무엇이기에 주께서 그를 돌보시나이까 시 8:4

다윗은 하나님이 자신을 생각하시고 돌보시는 것을 경험했습니다. 사무엘이 그의 집을 방문했을 때 하나님이 양치는 그를 생각하시고, 그에게 기름 부으신 것을 기억했습니다. 아버지의 양을 칠 때 하나님이 그를 돌보아 주심을 경험했습니다. 그는 아버지의 양을 지키기 위해 사자와 곰과 싸워야 했습니다. 그런데 하나님이 그에게 능력과 지혜를 주셔서 사자와 곰을 이기게 하셨습니다. 다윗은 경탄하고 있습니다. 하늘과 땅을 만드신 하나님, 태양과 달과 별을 만드신 하나님이 그를 생각하신 것입니다. 그를 돌보아 주신 것입니다. 목동이었던 그를 왕으로 세워 주신 것입니다.

다윗은 하나님이 인간을 하나님보다 조금 못하게 하시고 영화와 존귀로 관을 씌우신 것을 보았습니다. 인간은 정말 대단한 존재로 지음을 받았습니다. 하나님의 형상을 힘입었습니다. 하나님의 영광의 광채를 힘입었습니다. 하나님이 그의 손으로 만드신 것을 다스리게 하셨습니다. 모든 만물을 그의 발아래 두셨습니다.

그를 하나님보다 조금 못하게 하시고 영화와 존귀로 관을 씌우셨나이다 주의 손으로 만드신 것을 다스리게 하시고 만물을 그의 발아래 두셨으니 곧 모든 소와 양과 들짐승이며 공중의 새와 바다의 물고기와 바닷길에 다니는 것이니이다 시 8:5-8

비극은 이토록 놀랍게 지음받은 인간이 타락한 것입니다. 아담이 죄를 지음으로 그 모든 영광을 상실한 것입니다. 아담과 하와는 하나님의 영광을 알고 누리고 드러내도록 지음을 받았습니다. 하지만 아담과 하와는 범죄했습니다. 죄는 모든 영광을 어둡게 만들었습니다. 죄는 거룩을 떠나게 만들었습니다. 죄는 추함을 선택하고, 타락을 선택하게 만들었습니다. 타락은 떨어짐입니다. 하나님의 영광에 이를 수 있는 인간이 죄를 지음으로 그 영광스런 자리에서 추락한 것입니다. 타락, 추락은 참으로 슬픈 경험입니다. 하나님이 씌워 준 영화와 존귀를 죄와 바꾼 것입니다.

하나님은 그분의 영광을 사람을 통해 드러내길 원하셨습니다. 이 세상은 하나님의 영광을 위해 창조되었습니다. 하나님의 형상을 따라 지음받은 인간이 창조 세계를 다스리는 일을 통해 하나님의 영광이 드러나길 원하셨습니다. 그를 위해 하나님은 사람에게 영화와 존귀의 관을 씌워 주셨습니다. 그런데 인간이 범죄함으로 그 놀라운 위치를 상실했습니다. 그 죄가 우주에 영향을 미쳤습니다.

"죄는 우주적 반역이다." -R.C. 스프롤

인간의 죄로 인해 모든 질서가 무너졌습니다. 평강이 깨어졌습니다. 모든 것이 서로 불화하게 되었습니다. 아담과 하와는 서로를 탓하며 불화하는 존재가 되었습니다. 아담이 범죄한 이후로 이 모든 것을 회복시킬 계획을 세우셨습니다. 그것이 구속의 드라마입니다. 다윗은 성령님의 영감을 받아 오늘 '인자'에 대해 이야기합니다.

인자가 무엇이기에 주께서 그를 돌보시나이까 시 8:4

그 인자가 와서 하나님의 대적을 물리치시고, 원수와 보복자들을 잠잠하게 하실 것을 암시하고 있습니다. 그 인자는 처녀의 몸에서 어린아이로 태어나 인류를 구원할 것임을 암시하고 있습니다.

— 주의 대적으로 말미암아 어린아이들과 젖먹이들의 입으로 권능을 세우심이여 이는 원수들과 보복자들을 잠잠하게 하려 하심이니이다 시 8:2

예수님이 오셔서 십자가에 죽으시고 부활하심으로 주의 손으로 만드신 것을 다스리시고, 만물이 그의 발아래 복종하게 되는 역사가 나타납니다. 히브리서 2장 6-8절을 보십시오. 이 말씀 속에 담긴 시편 8편을 주목해 보십시오.

— 그러나 누구인가가 어디에서 증언하여 이르되 사람이 무엇이기에 주께서 그를 생각하시며 인자가 무엇이기에 주께서 그를 돌보시나이까 그를 잠시 동안 천사보다 못하게 하시며 영광과 존귀로 관을 씌우시며 만물을 그 발아래에 복종하게 하셨느니라 하였으니 만물로 그에게 복종하게 하셨은즉 복종하지 않은 것이 하나도 없어야 하겠으나 지금 우리가 만물이 아직 그에게 복종하고 있는 것을 보지 못하고 히 2:6-8

이 말씀을 보면 아직 만물이 그 발아래로 복종하게 되지 않았습니다. 하지만 히브리서 2장 9절에서 이 말씀이 성취되는 것을 보게 됩니다.

— 오직 우리가 천사들보다 잠시 동안 못하게 하심을 입은 자 곧 죽음의 고난 받으심으로 말미암아 영광과 존귀로 관을 쓰신 예수를 보니 이를 행하심은 하나님의 은혜로 말미암아 모든 사람을 위하여 죽음을 맛보려 하심이

예수님이 죽음의 고난을 통해 영광과 존귀로 관을 쓰셨습니다. 모든 사람을 위해 죽음을 맛보셨습니다. 그리하심으로 타락한 인간들을 구원하셨습니다. 그리하심으로 타락한 인간들이 회복되어 하나님의 영광에 들어가게 된 것입니다. 예수님의 고난을 통하여 온전하게 되는 은혜가 나타났습니다.

그러므로 만물이 그를 위하고 또한 그로 말미암은 이가 많은 아들들을 이끌어 영광에 들어가게 하시는 일에 그들의 구원의 창시자를 고난을 통하여 온전하게 하심이 합당하도다 히 2:10

아담의 범죄로 인해 우리는 하나님이 우리에게 부여해 주신 만물을 다스리는 권세를 상실했습니다. 하지만 마지막 아담이신 예수님이 오셔서 그 권세를 다시 회복시켜 주셨습니다. 예수님은 모든 만물을 위에서 통치하고 계십니다. 모든 만물은 마지막 아담이신 예수님의 발아래 있습니다.

또 만물을 그의 발아래에 복종하게 하시고 그를 만물 위에 교회의 머리로 삼으셨느니라 엡 1:22

예수님이 오셔서 하나님을 대적하는 모든 통치와 권세와 능력을 멸하셨습니다. 모든 원수는 예수님의 발아래에 있습니다(고전 15:24-26). 이 놀라운 모습을 미리 보여 준 인물이 다윗입니다.

예수님의 십자가의 영광을 증거했습니다

시편 22편은 예수님의 십자가에서 하나님 아버지의 버림받는 모습을 기록하고 있습니다. 시편 22편을 읽으면 마치 우리가 십자가의 현장에 가 있는 것 같습니다.

> 내 하나님이여 내 하나님이여 어찌 나를 버리셨나이까 어찌 나를 멀리하여 돕지 아니하시오며 내 신음 소리를 듣지 아니하시나이까 시 22:1
>
> 개들이 나를 에워쌌으며 악한 무리가 나를 둘러 내 수족을 찔렀나이다 내가 내 모든 뼈를 셀 수 있나이다 그들이 나를 주목하여 보고 내 겉옷을 나누며 속옷을 제비 뽑나이다 시 22:16-18

예수님은 십자가를 영광이라고 말씀하십니다. 예수님은 고난의 십자가를 통과하심으로 영광에 이르셨습니다.

예수님의 부활의 영광을 증거했습니다

다윗은 예수님의 십자가의 죽음만 예언한 것이 아닙니다. 예수님의 부활도 예언했습니다. 사도들이 예수님의 부활을 증거할 때 인용했던 말씀이 시편 16편 8-11절입니다.

> 다윗이 그를 가리켜 이르되 내가 항상 내 앞에 계신 주를 뵈었음이여 나로 요동하지 않게 하기 위하여 그가 내 우편에 계시도다 그러므로 내 마음이 기뻐하였고 내 혀도 즐거워하였으며 육체도 희망에 거하리니 이는 내 영혼을 음부에 버리지 아니하시며 주의 거룩한 자로 썩음을 당하지 않게 하실 것임이로다 주께서 생명의 길을 내게 보이셨으니 주 앞에서 내게 기쁨

특별히 시편 16편 10절의 마지막 부분인 "거룩한 자를 멸망시키지 않으실 것"을 "거룩한 자로 썩음을 당하지 않게 하실 것"으로 인용함으로써 부활을 증거하고 있습니다. 정말로 놀라운 예언입니다.

예수님의 재림의 영광을 증거했습니다

다윗은 예수님의 십자가의 죽음과 부활과 함께 장차 오실 예수님을 증거하고 있습니다. 예수님의 초림의 모습은 고난받으시는 모습입니다. 하지만 예수님의 재림의 모습은 영광의 왕이십니다.

문들아 너희 머리를 들지어다 영원한 문들아 들릴지어다 영광의 왕이 들어가시리로다 영광의 왕이 누구시냐 강하고 능한 여호와시요 전쟁에 능한 여호와시로다 시 24:7-8

선한 목자 되신 예수님의 영광을 증거했습니다

성경에서 강조하는 것은 하나님께서 독생하신 아들을 통해 우리를 영광 가운데 들어가게 하시는 것입니다. 영광의 집으로 인도하시는 것입니다. 시편 23편은 하나님이 우리의 목자 되시는 것을 찬양합니다. 선한 목자 되신 예수님은 평생 동안 우리를 인도해 주십니다. 푸른 풀밭으로, 쉴 만한 물가로 인도해 주십니다. 또한 우리를 여호와의 집에 영원히 살도록 인도해 주십니다.

예수님은 우리를 위해 처소를 예비하러 가신다고 말씀하십니다. 또한 처소를 예비하신 후에는 다시 오셔서 우리를 예수님이 거하시는 곳으로 데려가신다고 말씀하십니다(요 14:2-3). 마치 유대 풍습과 비슷합니다. 유대 풍습을 보면, 신랑이 신부와 약혼한 후 거처할 집을 마련하기 위해 약혼녀를 잠시 떠납니다. 그 후에 신랑은 신부를 위해 거처할 집을 준비합니다. 집이 준비되면 신랑이 신부에게 다시 와서 신부를 데리고 함께 거할 처소로 갑니다. 신랑 되시는 예수님이 신부 된 우리를 위해 거처를 마련하시고, 그 거처로 우리를 인도하시기 위해 다시 오십니다.

다윗이 노래한 여호와의 집이 바로 예수님이 말씀하신 아버지의 집입니다. 아버지의 집은 영화롭습니다. 영광의 하나님이 거하시는 곳은 영광스럽습니다. 하나님은 예수 그리스도를 통해 우리를 구원하시고, 우리를 그 영광의 집으로 초대하십니다. 영광을 바라보는 정도가 아니라 영광 속으로 들어가게 하십니다(히 2:10, 벧전 5:10). 하나님은 우리를 영광 가운데로 초청하십니다. 또한 우리가 그 영광을 즐거워하며, 그 영광을 누리기를 원하십니다. 우리가 그 영광의 광채를 힘입기를 원하십니다.

하나님의 영광을 맛보아 알고, 하나님께 영광을 돌리십시오

예수님이 오셨을 때 사람들은 세상의 영광을 하나님의 영광보다 좋아했습니다. 사람의 영광을 하나님의 영광보다 더 사랑했습니다(요 12:43). 하나님의 형상을 따라 지음받은 우리는 하나님의 영광을 사랑하고, 그 영광을 찬양할 때 가장 큰 행복을 누립니다. 모든 영광을 하나님께 돌릴 때 가장 큰 기쁨을 누립니다.

하나님께 돌려야 할 영광을 스스로 취하면 불행해집니다. 하나님께 돌려야 할 영광을 스스로 취하면 패망하게 됩니다. 사도행전 12장을 보면 헤롯 왕이 멋있게 연설을 합니다. 사람들이 신의 소리라고 아첨했습니다. 그 소리를 들었을 때 그는 그들의 아첨을 거절하고 하나님께 영광을 돌려야 했습니다. 그런데 그가 하나님께 영광을 돌리지 않았고, 결국 죽임을 당하게 됩니다(행 12:23).

우리는 무슨 일을 이루었든지 하나님께 영광을 돌려야 합니다(시 115:1). 하나님의 영광은 하나님의 임재의 영광입니다. 가장 큰 슬픔은 하나님의 임재를 상실하는 것입니다. 하나님의 영광이 떠나는 것입니다. 가장 큰 기쁨은 하나님의 임재입니다. 하나님의 영광을 바라보며 즐거워하는 것입니다. 우리는 발광체가 아닙니다. 스스로 빛을 만들고, 스스로 빛을 발하는 존재가 아닙니다. 우리는 반사체입니다. 빛을 받아 그 빛을 반사하는 반사체입니다. 그러므로 우리는 영광스런 하나님의 얼굴을 바라볼 때 그 영광의 광채를 받게 됩니다.

그들이 주를 앙망하고 광채를 내었으니 그들의 얼굴은 부끄럽지 아니하리로다 시 34:5

우리가 다 수건을 벗은 얼굴로 거울을 보는 것같이 주의 영광을 보매 그와 같은 형상으로 변화하여 영광에서 영광에 이르니 곧 주의 영으로 말미암음이니라 고후 3:18

C. S. 루이스는 모든 인간은 불멸의 소름 끼치는 존재가 될 수도 있고, 영원한 광채가 될 수도 있다고 말합니다.

우리가 농담을 주고받고, 같이 일하고, 결혼하고, 무시하고, 이용해 먹는 사람들은 불멸의 존재들입니다. 불멸의 소름 끼치는 존재가 되거나 영원한 광채가 될 이들입니다. C. S. 루이스, 《영광의 무게》, 홍성사, 33-34쪽

예수님을 믿고 죄 사함을 받으면 우리는 영원한 광채가 됩니다. 반면에 예수님을 믿지 않고 죄 가운데 살면 마귀의 노예가 됩니다. 불멸의 소름 끼치는 존재가 되어 영원한 형벌 속으로 들어

가게 됩니다. 예수님을 믿는 것보다 위대한 일은 없습니다. 예수님을 믿는 것보다 복된 일은 없습니다. 예수님을 믿는 것이 가장 위대한 일이며, 가장 복된 일이며, 가장 영광스러운 일입니다. 예수님을 믿을 때 우리는 예수님의 영광에 이르게 됩니다. 예수님과 더불어 만물을 통치하는 위치에 오르게 됩니다.

우리는 다양한 방법으로 하나님께 영광을 돌릴 수 있습니다. 성경을 자세히 읽으면서 하나님께 영광을 돌리는 법을 찾아내어 그분께 영광을 돌리십시오.

하나님이 맡기신 일을 이루어 하나님께 영광을 돌리십시오.

— 아버지께서 내게 하라고 주신 일을 내가 이루어 아버지를 이 세상에서 영화롭게 하였사오니 요 17:4

하나님의 이름을 찬양함으로 하나님께 영광을 돌리십시오.

— 여호와 우리 주여 주의 이름이 온 땅에 어찌 그리 아름다운지요 시 8:9

하나님께 기도함으로 하나님께 영광을 돌리십시오.

— 너희가 내 이름으로 무엇을 구하든지 내가 행하리니 이는 아버지로 하여금 아들로 말미암아 영광을 받으시게 하려 함이라 요 14:13

많은 열매를 맺음으로 하나님께 영광을 돌리십시오.

— 너희가 열매를 많이 맺으면 내 아버지께서 영광을 받으실 것이요 너희는

내 제자가 되리라 요 15:8

착한 일을 행함으로 하나님께 영광을 돌리십시오.

───── 이같이 너희 빛이 사람 앞에 비치게 하여 그들로 너희 착한 행실을 보고

하늘에 계신 너희 아버지께 영광을 돌리게 하라 마 5:16

하나님의 약속을 신뢰함으로 하나님께 영광을 돌리십시오.

───── 하나님의 약속은 얼마든지 그리스도 안에서 예가 되니 그런즉 그로 말미

암아 우리가 아멘 하여 하나님께 영광을 돌리게 되느니라 고후 1:20

우리 몸으로 하나님께 영광을 돌리십시오.

───── 값으로 산 것이 되었으니 그런즉 너희 몸으로 하나님께 영광을 돌리라

고전 6:20

감사의 제사를 드림으로 하나님께 영광을 돌리십시오.

───── 감사로 제사를 드리는 자가 나를 영화롭게 하나니 그의 행위를 옳게 하는

자에게 내가 하나님의 구원을 보이리라 시 50:23

무엇을 하든지 하나님의 영광을 위해 하십시오.

───── 그런즉 너희가 먹든지 마시든지 무엇을 하든지 다 하나님의 영광을 위하

여 하라 고전 10:31

하나님의 영광을 갈망하십시오. 하나님의 영광을 바라보십시오. 영광의 광채이신 예수님을 바라보십시오. 하나님의 영광 속으로 들어가십시오. 하나님의 영광의 광채를 받아 하나님의 영광을 드러내십시오. 하나님의 영광을 드러내는 것을 최상의 영광으로 여기십시오. 하나님께서 우리 각자에게 맡기신 일을 이루어 하나님께 영광을 돌리도록 합시다. 예수님은 고난을 통해 영광에 이르셨습니다. 우리도 하나님 나라의 상속자로서 고난을 받는 것은 당연한 일입니다. 고난 없는 영광은 없습니다.

자녀이면 또한 상속자 곧 하나님의 상속자요 그리스도와 함께한 상속자니 우리가 그와 함께 영광을 받기 위하여 고난도 함께 받아야 할 것이니라 롬 8:17

저는 그랜드 캐니언을 바라보면서 하나님의 영광을 보았습니다. 하나님의 아름다움을 보았습니다. 몇 년 후에 헨리 나우웬의 글을 읽게 되었습니다. 그는 그랜드 캐니언의 영광을 상처의 영광이라고 말했습니다. 땅이 상처를 입었습니다. 큰 상처를 입었습니다. 그 상처가 넓고 깊었습니다. 상처의 크기가 영광의 크기를 결정했습니다. 상처가 큰 만큼 큰 영광을 드러냈습니다. 다윗은 아버지와 형제들에게 버림받은 상처를 통해 하늘과 땅에 깃든 하나님의 영광을 바라보았습니다. 이것이 고난의 신비입니다.

가난 때문에, 고난 때문에 너무 마음 아파하지 마십시오. 상처 때문에 너무 고통스러워하지 마십시오. 바로 그 가난과 고난과 상처로 인해 우리는 하나님의 영광을 바라보게 됩니다. 하나님의 영광을 바라보는 눈이 열리게 됩니다. 바로 그 고난을 통해 하나님의 영광을 힘입게 됩니다. 예수님은 십자가의 고난을 통해 부활의 영광을 누리셨습니다. 또한 우리를 그 영광 가운데 들어가게 하십니다. 우리가 누리게 될 영광이 아직 기다리고 있습니다. 우리가 할 일은 매일의 삶 속에서 하나님의 영광을 드러내는 것입니다. 하나님께 모든 영광을 올려 드립니다.

17.

아름다우신 하나님을 아는 지식

시 27:4

하나님은
아름다우신 분입니다

    영광과 아름다움은 연결되어 있습니다. 하나님의 영광과 하나님의 아름다움이 연결되어 있습니다. 하나님의 영광은 아름답습니다. 또한 아름다운 것은 영화롭습니다. 이사야는 하나님의 영광과 하나님의 아름다움을 함께 기록하고 있습니다.

> 무성하게 피어 기쁜 노래로 즐거워하며 레바논의 영광과 갈멜과 사론의 아름다움을 얻을 것이라 그것들이 여호와의 영광 곧 우리 하나님의 아름다움을 보리로다 _사 35:2_

    다윗은 하나님의 영광을 보았습니다. 시편 8편에서 하나님의 영광을 찬양했습니다. 이제 다윗은 하나님의 아름다움을 바라보며 찬양하고 있습니다.

> 내가 여호와께 바라는 한 가지 일 그것을 구하리니 곧 내가 내 평생에 여호와의 집에 살면서 여호와의 아름다움을 바라보며 그의 성전에서 사모하는 그것이라 _시 27:4_

이 짧은 한 절의 시편 말씀은 수많은 사람이 애송하는 시입니다. 다윗이 선택한 한 가지 일, 그가 하나님께 바라는 한 가지 일은 다윗의 우선순위를 보여 줍니다. 다윗의 가치관을 보여 줍니다. 무엇보다 다윗의 신앙관을 보여 줍니다. 그가 선택한 한 가지 일은 하나님의 집에 살면서 하나님의 아름다움을 바라보는 것입니다. 또한 성전에서 하나님을 사모하는 것입니다.

다윗이 하나님의 아름다움을 바라보았다고 할 때 그 아름다움은 어떤 것일까요? 그것은 하나님의 성품과 지혜와 능력의 아름다움입니다.

우리 내면에는 모두 아름다움에 대한 갈망이 있습니다. 아름다움에 빠져드는 갈망과 함께 아름다워지고 싶은 갈망이 있습니다. 그 이유는 아름다움을 만드신 하나님의 형상을 따라 지음을 받았기 때문입니다. 우리는 아름다운 것을 보면 그 아름다움에 이끌리게 됩니다. 이끌림이 바로 매력입니다. 아름다움 앞에 우리 눈이 머물게 됩니다. 아름다운 광경을 잊지 못합니다. 우리는 아름다운 사람, 아름다운 자연, 아름다운 꽃, 아름다운 예술을 접하게 될 때 마음에서 일어나는 감동과 울림을 경험하게 됩니다. 아름다운 스토리를 들을 때, 아름다운 음악을 들을 때 우리의 마음이 치유되고, 감동의 눈물이 흘러내리는 것을 보게 됩니다.

아름다움은 우리 삶을 풍성하게 하는 하나님의 아이디어입니다. 아름다움을 만드신 하나님의 아름다움은 원초적인 아름다움입니다. 근원적인 아름다움입니다. 하나님이 만드신 자연이나 사람의 아름다움은 그런 면에서 2차적인 아름다움입니다. 저는 다윗이 노래한 하나님의 아름다움에 대한 말씀을 깊이 묵상하면서 내면 깊은 곳에 감추인 아름다움의 샘이 열리는 경험을 했습니다.

하나님의 아름다움을 묵상하는 것 자체가 축복입니다. 우리는 누구를 묵상하고, 무엇을 묵상하느냐에 따라 영혼의 색깔이 달라지는 것을 경험합니다. 우리 영혼의 색깔과 무늬는 우리가 묵상하는 대상에 의해 영향을 받습니다.

시편 27편 4절의 말씀을 깊이 깨닫기 위해서는 시편 27편 전체를 함께 묵상해야 합니다. 또한 이 시를 기록한 다윗의 생애와 더불어 묵상해야 합니다. 다윗이 증거한 그리스도의 생애와 더불어 묵상해야 합니다. 그때 우리는 시편 27편 4절의 하나님의 아름다움을 깊이 이해할 수 있습니다.

하나님의 아름다움은
역경을 극복하게 하는 능력입니다

시편 27편은 전체가 14절로 되어 있습니다. 시편 27편의 내용을 자세히 살펴보면 결코 낭만적인 상황이 아닙니다. 다윗의 주위에 그를 죽이려고 하는 악인들과 원수들이 있습니다.

> 악인들이 내 살을 먹으려고 내게로 왔으나 나의 대적들, 나의 원수들인 그들은 실족하여 넘어졌도다 시 27:2

악인 몇 사람이 아닙니다. 마치 군대가 그를 대적하고 괴롭히는 것 같은 느낌입니다.

───── 군대가 나를 대적하여 진 칠지라도 내 마음이 두렵지 아니하며 전쟁이 일어나 나를 치려 할지라도 나는 여전히 태연하리로다   시 27:3

그는 6절에서 그의 원수에 대해 말합니다. 11절에도 "원수"를 언급합니다. 12절에서는 "대적"과 "위증자"와 "악을 토하는 자"에 대해 언급합니다.

───── 내 생명을 내 대적에게 맡기지 마소서 위증자와 악을 토하는 자가 일어나 나를 치려 함이니이다   시 27:12

이런 역경 중에도 그는 두려워하지 않는다고 선언합니다. 무서워하지 않는다고 선포합니다.

───── 여호와는 나의 빛이요 나의 구원이시니 내가 누구를 두려워하리요 여호와는 내 생명의 능력이시니 내가 누구를 무서워하리요   시 27:1

그가 두려워하지 않는다고 말하는 것을 보면 그가 두려워한 것이 분명합니다. 그가 아무도 무서워하지 않는다고 말하는 것을 보면 그는 무서워한 것이 분명합니다. 그런데 다윗은 군대가 그를 치려고 진을 칠지라도 여전히 태연하다고 고백합니다. 그는 확신에 차 있습니다. 그는 담대합니다. 무엇이 그를 이토록 담대하게 만들었을까요? 그 비밀은 그가 하나님의 성전에서 하나님의 아름다움을 바라본 것에 있습니다. 다윗은 하나님의 아름다움과 함께 하나님의 성전의 아름다움을 경험한 사람입니다. 구약 시대의 성도들은 하나님의 성전을 사모했습니다. 하나님의 성전의 아름다움을 찬양했습니다.

주께서 택하시고 가까이 오게 하사 주의 뜰에 살게 하신 사람은 복이 있나이다 우리가 주의 집 곧 주의 성전의 아름다움으로 만족하리이다 시 65:4

존귀와 위엄이 그의 앞에 있으며 능력과 아름다움이 그의 성소에 있도다 시 96:6

다윗 당시에는 성전이 건축되지 않았습니다. 그 당시에는 성막이 있었습니다. 성막에서 가장 소중히 여겼던 것은 하나님의 궤입니다. 하나님의 궤는 하나님의 임재를 의미합니다. 하나님의 임재가 있는 곳에 하나님의 영광이 함께했습니다. 하나님의 영광이 함께하는 곳에 하나님의 아름다움이 함께했습니다. 특별히 지성소는 은밀한 장소였습니다. 하나님은 바로 그 은밀한 장소에 임하셨고, 그 가운데 하나님의 영광과 아름다움을 드러내 주셨습니다.

다윗의 피난처는 성전이었습니다. 다윗의 피난처는 하나님의 집이었습니다. 그를 안전하게 지켜준 곳은 하나님의 집입니다. 바로 그곳을 다윗은 초막이라고 부릅니다. 장막이라고 부릅니다. 또한 높은 바위라고 부릅니다. 그를 지켜 주고, 보호해 주는 곳입니다. 가장 안전한 곳입니다.

여호와께서 환난 날에 나를 그의 초막 속에 비밀히 지키시고 그의 장막 은

밀한 곳에 나를 숨기시며 높은 바위 위에 두시리로다   시 27:5

우리는 인생 여정에서 반드시 환난 날을 만나게 됩니다. 다윗은 수많은 환난 날을 경험했습니다. 특별히 사울 왕의 추적을 받아 광야와 사막과 굴에 유리하던 때는 환난의 날이었습니다. 그런데 하나님이 그를 초막 속에 비밀히 지켜 주셨습니다. 장막 은밀한 곳에 숨겨 주셨습니다. 높은 바위는 요새를 의미합니다. 대적이 결코 공격할 수 없는 절벽 위에 위치한 요새를 의미합니다. 하나님이 다윗의 요새가 되셨습니다. 그래서 그는 흔들리지 않을 수 있었습니다.

오직 그만이 나의 반석이시요 나의 구원이시요 나의 요새이시니 내가 크게 흔들리지 아니하리로다   시 62:2

가장 중요한 것은 시선입니다. 우리의 시선이 누구에게 머물며, 어디에 머무느냐에 따라 우리의 생각이 변화됩니다. 우리의 감정이 변화됩니다. 우리의 영혼이 영향을 받습니다. 다윗은 정녕 현실을 무시하지 않았습니다. 그는 환난 중에 있습니다. 대적과 원수와 위증자들과 악한 자들이 그를 괴롭힙니다. 하지만 그는 그의 눈길을 하나님께 두었습니다. 시편 27편을 읽고 묵상하는 중에 "여호와"라는 하나님의 이름이 열네 번 반복되는 것을 봅니다. 다윗의 생각은 하나님께 사로잡혀 있습니다. 그런 까닭에 그는 모든 두려움을 떨쳐 버릴 수 있었습니다. 하나님의 아름다움은 하나님의 선하심과 인자하심과 능력과 관련되어 있습니다.

구약 시대의 성도들은 하나님의 얼굴을 직접 보지 못했습니다. 하나님의 얼굴이란 하나님의 아름다움을 의미합니다. 하나님의 아름다움이란 하나님의 성품, 즉 하나님의 미덕을 의미합니다. 또한 하나님의 구원과 능력을 의미합니다. 그런 까닭에 다윗은 하나님을 찬양할 때 다음과 같이 찬양합니다. "여호와는 나의 빛이요." "나의 구원이요." "내 생명의 능력이요."

하나님은 빛이십니다. 하나님은 빛의 원천이십니다. 하나님이 제일 먼저 창조하신 것이 빛입니다. 태양과 달과 별을 만드시기 전에 빛을 만드셨습니다. 빛이 없으면 생명도 없습니다. 빛이 없으면 능력도 없습니다. 어두우면 어떤 것도 볼 수 없습니다. 어떤 능력도 행할 수 없습니다.

아름다움을 감지하지 위해서는 빛이 필요합니다. 성막과 성전 안은 아주 깜깜했습니다. 오직 금 촛대에서 흘러나오는 빛이 모든 것을 밝혀 주었습니다. 금 촛대의 빛은 성령님의 빛을 의미합니다. 우리가 하나님의 아름다움을 보기 위해서는 성령님의 빛이 필요합니다. 우리 눈은 죄로 어두워졌습니다. 그런 까닭에 성령님이 오셔서 하나님의 빛을 밝혀 주셔야만 하나님의 아름다운 영광을 볼 수 있습니다. 이 빛은 나중에 예수 그리스도의 얼굴에 있는 하나님의 영광을 비추어 주었습니다.

───── 어두운 데에 빛이 비치라 말씀하셨던 그 하나님께서 예수 그리스도의 얼굴에 있는 하나님의 영광을 아는 빛을 우리 마음에 비추셨느니라 고후 4:6

빛은 어둠을 밝혀 줄 뿐만 아니라 아름다움을 더해 줍니다. 사진과 그림과 모든 예술품은 빛과 관련되어 있습니다. 언제, 어디서, 어느 위치에서 빛을 받느냐에 따라 아름다움을 드러내는 그 자태가 달라집니다. 해가 떠오를 때의 아름다움과 해가 질 때의 아름다움은 다릅니다. 호숫가에 어떤 빛이 임하느냐에 따라 아름다움이 다릅니다. 사진의 아름다움은 빛과 아주 밀접한 관계가 있습니다. 빛이 임하면 먼지도 아름다운 빛을 발하는 것을 봅니다.

빛으로 임하신 하나님은 구원의 능력입니다. 안타깝지만 무능한 것은 아름답지 않습니다. 아름다움은 탁월함과 능력의 조화입니다. 하나님의 아름다움은 하나님의 능력을 통해 더욱 드러나게 됩니다. 인생은 어렵습니다. 광야와 같습니다. 환난과 역경이 늘 가까이에 있습니다. 그 환난과 역경을 이겨 낼 수 있는 힘은 하나님의 성전에서 하나님의 아름다움을 바라보는 것입니다. 하나님을 앙망하는 것입니다. 그때 하늘로부터 임하는 능력을 받게 됩니다. 고요함을 경험하게 됩니다.

다윗에게 있어서 성전의 아름다움이라면, 지금 우리에게 있어서는 교회의 아름다움입니다. 성전 되시는 예수 그리스도의 아름다움입니다. 교회의 머리 되시는 예수 그리스도의 아름다움입니다. 우리의 피난처는 예수 그리스도의 교회입니다. 주님의 교회는 음부의 권세가 이기지 못합니다(마 16:18).

하나님의 아름다움을 바라보며
하나님을 예배하십시오

다윗은 환난 중에 하나님의 아름다움을 바라보며 하나님을 예배하고 있습니다. 시편 27편 4절에서 다윗의 중심을 볼 수 있습니다.

내가 여호와께 바라는 한 가지 일 그것을 구하리니 곧 내가 내 평생에 여호와의 집에 살면서 여호와의 아름다움을 바라보며 그의 성전에서 사모하는 그것이라 시 27:4

다윗은 하나님께 한 가지 일을 구하고 있습니다. 만일 하나님께 한 가지 일을 구한다면 무엇을 구하시겠습니까? 모든 것을 다 내려놓고 한 가지만 구한다면 무엇을 구하시겠습니까? 이 질문은 아주 중요한 질문입니다. 이 질문은 우리가 무엇을 가장 소중히 여기며, 누구를 가장 존귀하게 여기는가에 대한 질문입니다. 이것은 또한 지혜에 속한 질문입니다. 가장 중요한 한 가지 일을 선택하기 위해서는 분별할 줄 알아야 합니다. 다윗은 왜 하나님께 바라는 한 가지를 구했을까요? 그 한 가지 속에 모든 것이 다 들어 있는 까닭입니다.

다윗은 하나님께 간구했습니다. 그는 평생에 하나님의 집에 살기를 원했습니다. 여기서 산다는 표현은 오랫동안 거하는 것을 의미합니다. 그는 일평생 동안 하나님의 집에 살기를 원했습니다.

잠깐 머무는 것이 아닙니다. 오랫동안 거하는 것입니다. 조금 더 깊이 들어가면 영원토록 거하는 것입니다. 그 이유는 하나님의 집에 하나님이 계시기 때문입니다. 하나님의 집에 거한다는 것은 하나님과 한 가족이 되었다는 것을 의미합니다. 하나님의 집에는 하나님의 아름다움이 있습니다.

다윗은 하나님의 아름다움을 바라보고 있습니다. "바라보며"는 히브리어로 '하자'(חָזָה, chazah)입니다. 이 단어는 그냥 보는 것이 아닙니다. 앙망하는 것입니다. 응시하는 것입니다. 숙고하며 바라보는 것입니다. 깊은 관심과 애정을 갖고 하나님의 아름다움에 시선을 고정시키는 것을 의미합니다. 그냥 보는 것이 아니라 경이로움과 기쁨과 흥분된 마음으로 뚫어지게 바라보는 것을 의미합니다. 경험적으로 보는 것입니다. 유진 피터슨은 메시지성경에서 이 말씀을 다음과 같이 번역했습니다.

———— 하나님께 구하는 것은 오직 한 가지. 내 평생 그분의 집에서 그분과 함께 살며, 그분의 아름다우심 묵상하고 그분의 발치에서 전심으로 배우는 것. 시 27:4, 메시지

그는 이 말씀의 마지막 부분을 "그분의 아름다우심 묵상하고 그분의 발치에서 전심으로 배우는 것"이라고 번역했습니다. 그분의 발치에서 전심으로 무엇을 배워야 할까요? 하나님을 배워야 합니다. 하나님의 아름다움을 배워야 합니다. 저는 '아름다우신 하나님'이란 제목으로 말씀을 묵상하면서 하나님의 아름다움

에 대해 많은 것을 배우게 되었습니다. 하나님의 아름다움은 배운 것만큼 감지할 수 있습니다. 배운 것만큼 볼 수 있습니다. 배운 것만큼 아름다움을 누릴 수 있습니다. 또한 배운 것만큼 아름다움을 표현할 수 있습니다. 다윗이 하나님의 아름다움을 언어로 표현할 수 있게 된 것은 아름다움에 대해 배운 까닭입니다. 전심으로 배운다는 것은 주의력을 집중한다는 것을 의미합니다. 아름다움은 우리의 관심과 주의력을 통해 감지됩니다.

다윗은 아름다우신 하나님을 바라보며 그 하나님을 사모하고 있습니다. 하나님을 갈망하고 있습니다. 우리 인간은 자신이 사랑하고 갈망하는 대상에 의해 만들어집니다. 다윗은 하나님을 사랑하고 하나님을 갈망하고 있습니다.

하나님의 아름다움은 하나님의 거룩과 관련되어 있습니다. 거룩한 것만이 아름답고 영화롭습니다. 더러운 것, 또는 지저분한 것은 아름다울 수가 없습니다. 거룩한 것, 성스러운 것이 아름답습니다. 그런 까닭에 예배하는 사람은 거룩한 옷을 입고 예배해야 합니다.

여호와께 그의 이름에 합당한 영광을 돌리며 거룩한 옷을 입고 여호와께 예배할지어다 시 29:2

거룩처럼 하나님의 아름다움은 하나님과 관련된 모든 것들과 연결되어 있습니다. 하나님은 아름다우십니다. 때문에 하나님과 관련된 모든 것이 아름답습니다. 하나님의 이름도 아름답습니다.

하나님의 이름에 합당한 영광을 돌리기 위해서는 하나님의 이름의 아름다움을 찬양해야 합니다. 시편 29편 2절에는 거룩한 옷을 입고 하나님께 예배하라고 찬양합니다. "거룩한 옷"을 KJV 성경에서는 "거룩의 아름다움"(the beauty of holiness)으로 번역했습니다. 아름다움은 거룩한 것이며, 거룩한 것은 아름답습니다.

유진 피터슨의 마지막 책이라고 불리는 《물총새에 불이 붙듯》에는 시편 29편에 관한 설교 한 편이 담겨 있습니다. 제목은 "거룩의 아름다움으로"입니다. 그는 아름다움과 거룩이 본질적으로 같은 것이라고 표현합니다. 또한 아름다움과 거룩을 경험할 때 우리는 예배로 반응할 수밖에 없다고 말합니다.

> 아름다움과 거룩은 본질적으로 같은 것의 겉과 안입니다. 그것은 바로 풍성하고 활기찬 삶, 하나님이 창조하시고 복 주신 삶, 지금 여기에서의 삶입니다. 우리가 보는 것과 보지 못하는 모든 것 사이의 복잡한 연결들을 잠시 들여다볼 때, 성경은 그것을 "하늘과 땅"이라는 은유로 표현합니다. 우리 안에 그리고 우리 주변에 생명의 맥박과 도약을 느낄 때, 우리의 자발적인 반응은 예배입니다. 유진 피터슨, 《물총새에 불이 붙듯,》 복 있는 사람, 153쪽

아름다움과 거룩을 하늘과 땅의 만남이라고 말합니다. 그는 아

름다움과 거룩은 늘 부족하다고 말합니다. 아름다움은 문화에서 장식품으로 축소되고, '예쁘다', '괜찮다' 정도의 밋밋한 말이 되고 말았다고 한탄합니다(같은 책, 153쪽). 그는 아름다움은 축소될 수 없다고 강조합니다. 그의 주장처럼 하나님의 아름다움은 원초적입니다. 본질적입니다. 모든 것의 근원입니다. 하나님은 아름다우신 분일 뿐만 아니라 하나님과 접촉하면 모든 것이 아름다워집니다. 마치 하나님의 거룩과 접촉하는 것이 모두 거룩해지는 것과 같습니다. 하나님은 모든 것을 아름답게 만드시는 분입니다.

여기서 우리는 하나님의 아름다움과 피조물의 아름다움, 즉 세상의 아름다움을 조금 구분할 줄 알아야 합니다. 하나님의 아름다움은 일차적입니다. 하나님의 아름다움은 하나님의 미덕과 관련되어 있습니다. 하나님의 아름다움은 어떤 존재와도 비교할 수 없는 아름다움입니다.

하나님은 무한히 가장 크신 존재이듯이, 무한히 가장 아름답고 탁월한 분이시다. 그리고 전체 창조물을 통틀어 발견되는 그 모든 아름다움은 무한히 충만한 광채와 영광을 지니신 그 존재가 발산하는 빛의 반사일 뿐이다. 하나님이 지니신 미덕의 크기와 미덕을 지니신 하나님의 존재의 크기를 고려해 볼 때, 하나님의 아름다움은 모든 다른 존재의 아름다움보다 무한히 더 가치가 있다. **조나단 에드워즈, 《참된 미덕의 본질》, 부흥과개혁사, 40쪽**

조나단 에드워즈는 하나님의 아름다운 미덕이 원초적이라면 다른 아름다움은 하나님의 아름다움에서 파생된 아름다움이라고 말합니다. 또한 근원적 아름다움의 형상이라고 말합니다.

> "이차적인 아름다움은 영적이고 근원적인 아름다움의 형상이다."
>
> 조나단 에드워즈, 《참된 미덕의 본질》, 부흥과개혁사, 60쪽

우리 인간은 하나님이 만드신 피조물입니다. 우리는 아름다움의 원천 되시는 하나님과 연합할 때 최상의 아름다움을 경험하게 됩니다. 하나님이 만드신 자연과 인간들은 하나님의 아름다움을 힘입은 까닭에 아름답습니다. 하지만 그 아름다움은 영원하지 않습니다. 세월이 조금만 흘러도 퇴색하게 됩니다.

사람의 진정한 아름다움은 외적인 데만 있는 것이 아닙니다. 성경에서 말하는 진정한 아름다움은 내적인 데 있습니다. 또한 그 성품과 신앙에 있습니다. 압살롬은 외모로 흠이 없을 만큼 아름다웠습니다(삼하 14:25). 하지만 어느 누구도 그가 아름다운 사람이었다고 생각하지 않습니다. 외모가 아름다운 여인은 매혹적입니다. 수많은 남자들이 그 매혹 앞에 무릎을 꿇습니다. 하지만 성경은 아름다운 성품이 겸비되지 않은 외적인 아름다움은 헛된 것이며 오히려 추하다고 말합니다.

아름다운 여인이 삼가지 아니하는 것은 마치 돼지 코에 금 고리 같으니라 잠 11:22

고운 것도 거짓되고 아름다운 것도 헛되나 오직 여호와를 경외하는 여자

성경에서 말하는 진정한 아름다움은 성품에 있습니다. 경건함에 있습니다. 또한 영원한 것에 집중되어 있습니다. 하나님이 아름다운 까닭에 하나님의 말씀이 아름답습니다. 하나님의 말씀이 아름다운 까닭은 하나님의 말씀이 영원하기 때문입니다.

그러므로 모든 육체는 풀과 같고 그 모든 영광은 풀의 꽃과 같으니 풀은 마르고 꽃은 떨어지되 오직 주의 말씀은 세세토록 있도다 하였으니 너희에게 전한 복음이 곧 이 말씀이니라 벧전 1:24-25

하나님의 아름다움은
예수 그리스도를 통해 드러납니다

다윗은 하나님의 아름다움을 보았습니다. 그가 보았던 아름다움은 하나님의 성품입니다. 선하심과 인자하심과 의로우심입니다. 예수님의 아름다움은 어린양 예수님의 아름다움입니다.

"모든 아름다움의 중심은 그리스도이시다." -A. W. 토저

예수님은 아름다움의 본체입니다. 아름다운 소식의 본체입니다. 아름다운 소식처럼 좋은 것이 없습니다. 아름다운 소식은 우

리에게 기쁨을 선물해 줍니다. 아름다운 소식은 우리를 소생시켜 줍니다. 아름다운 소식은 복음입니다. 복된 소식입니다. 길한 소식입니다. 이사야는 아름다운 소식에 대해 기록했습니다. 아름다운 소식은 좋은 소식이며 또한 복된 소식입니다.

> 아름다운 소식을 시온에 전하는 자여 너는 높은 산에 오르라 아름다운 소식을 예루살렘에 전하는 자여 너는 힘써 소리를 높이라… 사 40:9상
> 볼지어다 아름다운 소식을 알리고 화평을 전하는 자의 발이 산 위에 있도다… 나 1:15상

성령님의 기름 부으심을 받으시는 예수님이 오셔서 하시는 일은 가난한 자에게 아름다운 소식을 전하는 일입니다. 아름다운 소식을 통해 전 인류를 복되게 하는 것입니다.

> 주 여호와의 영이 내게 내리셨으니 이는 여호와께서 내게 기름을 부으사 가난한 자에게 아름다운 소식을 전하게 하려 하심이라 나를 보내사 마음이 상한 자를 고치며 포로된 자에게 자유를, 갇힌 자에게 놓임을 선포하며 사 61:1

아름다운 소식을 주시는 분은 누구일까요? 어린양 예수님입니다. 예수님이 아름다운 소식입니다.

'아름다움'이란 단어를 연구하는 중에 그 단어 속에 담긴 놀라운 비밀을 발견할 수 있었습니다. 아름다움은 한자로 '미'(美)입니다. '미국'(美國)이라는 나라를 표기하는 한자가 아름다울 미(美)입

니다. 또한 아름다움을 연구하는 학문은 '미학'(美學)입니다. 모든 예술에 관한 연구는 미학이라고 해도 과언이 아닙니다. 저는 지금 하나님의 미학에 대해 말씀을 드리고 있습니다. 하나님은 예술가이십니다. 모든 예술의 근원이 되시는 분이 하나님이십니다.

참으로 놀라운 것은 '아름다움'이란 한자 '미'(美) 속에 '양'(羊)이라는 한자가 담겨 있다는 사실입니다. 한자를 자세히 살펴보면 하나님이 한자(漢字)를 만든 사람들에게 놀라운 계시를 주신 것 같다는 생각을 하게 됩니다.

> 아름다움이라는 한문은 미(美)입니다.
> 아름다울 미(美)는 두 개의 한자로 되어 있습니다.
> 양(羊)과 대(大)입니다. '양'과 '대'가 합해서 된 문자가
> 아름다울 미입니다. 羊 + 大 = 美

어린양이 없이는 아름다움이란 존재할 수 없습니다. 어린양 예수님을 만나고, 예수님을 믿고, 예수님과 연합할 때 우리는 아름다움을 깨닫게 됩니다. 아름다움 속으로 들어가게 됩니다. 아름다움의 광채를 받게 됩니다. 우석영 작가는 《낱말의 우주》라는 책에서 아름다움이란 낱말을 한자의 양과 관련시켜 풀었습니다.

> 양(羊)은 물론 양(羊)이다. 우리 모두는 이것을 알고 있다. 그러나 왜 양
> (羊)이 양인가? … 고대 중국에서 양은 좋은 것, 상서로운 것의 대표 상징

이었던 것이다. 왜 양이 이러한 것을 상징하게 되었을까? 양은 상제에게 바치는 제물로 쓰일 만큼 깨끗한 영물(靈物)이라고 인지되었던 탓일까?

우석영, 《낱말의 우주》, 궁리, 448쪽

양은 상제에게 바치는 제물이었습니다. 가장 높은 분, 가장 존귀한 분에게 바친 제물이었습니다. 성경에서 어린 양은 하나님께 바치는 제물입니다. 그는 양이 상서로운 것의 대표 상징이라고 말합니다.

"상서롭다 : 복되고 길한 일이 일어날 조짐이 있다.
유의어 – 길하다. 좋다." –표준국어대사전

'양'을 한자로 '상서로울 양'이라고도 합니다. 사실 우리에게 복을 가져다 주신 분은 어린양 예수님입니다. 그러므로 어린양이신 예수님이 아름다우신 분입니다. 복음이 곧 아름다운 소식입니다. 우석영 작가는 한자 '양'이 들어가는 두 단어와 아름다움을 연결시킵니다. 먼저 선(善)이라는 단어입니다.

선한 것이 아름답습니다

악한 것은 아름답지 않습니다. 오직 선한 것, 오직 착한 것이 아름답습니다. 선한 사람을 만나거나 선행의 이야기를 들을 때 감동을 받습니다.

선(善)은 양(羊)과 언(言)이 함께 만난 합성어입니다.

예수님은 선한 분은 오직 하나님 한 분이라고 강조합니다.

—— 하나님 한 분 외에는 선한 이가 없느니라 눅 18:19하

오직 하나님의 선하심만이 아름답습니다. 다윗은 하나님의 선하심을 늘 찬양합니다.

—— 내가 산 자들의 땅에서 여호와의 선하심을 보게 될 줄 확실히 믿었도다 시 27:13

우리는 하나님의 선하심을 힘입을 때 아름답습니다. 선하심과 아름다움은 함께 동행하는 친구입니다.

—— 보라 형제가 연합하여 동거함이 어찌 그리 선하고 아름다운고 시 133:1

선한 것은 착한 것입니다. 착하다는 것은 마음씨가 곱고 어진 것입니다. 마음씨가 곱다는 것은 아름다운 것을 의미합니다. 선한 것이 아름답습니다. 선하다는 것은 착하다는 것입니다. 선한 것은 좋은 것입니다. 예수님은 선한 목자이십니다(요 10:11).

예수님은 선한 일을 행하셨습니다. 가장 선한 일은 구원의 일입니다. 용서의 일입니다. 마귀에 눌린 자를 자유하게 하는 일입니다.

—— 하나님이 나사렛 예수에게 성령과 능력을 기름 붓듯 하셨으매 그가 두루

다니시며 선한 일을 행하시고 마귀에게 눌린 모든 사람을 고치셨으니 이
는 하나님이 함께하셨음이라 행 10:38

하나님은 선한 일, 좋은 일을 행할 때 그것을 아름답다고 말씀
하셨습니다. 예수님을 위해 옥합을 깨뜨린 여인이 행한 일을 보
시고 좋은 일을 행했다고 칭찬하셨습니다. 그 좋은 일이 아름다
운 일입니다.

———————— 예수께서 아시고 그들에게 이르시되 … 그가 내게 좋은 일을 하였느니
라 마 26:10

개역개정은 이 여인의 행한 일을 "좋은 일"이라고 번역했습니
다. 새번역은 "아름다운 일"이라고 번역했습니다. NIV 성경도 '아
름다운 일'(a beautiful thing)이라고 번역했습니다.

아름다움은 선한 일뿐만 아니라 선한 말 속에도 담겨 있습니
다. 선(善)이라는 한자 속에는 말이라는 언(言)이 들어가 있습니다.
어린양 예수님은 말씀으로 오셨습니다. 예수님이 주신 복음은 복
된 말씀입니다. 어린양이 주신 말씀이 복된 말씀입니다. 예수님
의 말씀은 선한 말씀입니다. 선한 말이 아름답습니다. 악한 말, 상
처를 주는 말, 남을 비방하는 말은 아름답지 않습니다. 선한 말은
죽어가는 사람을 살리는 말입니다. 예수님은 마음에 선을 쌓으면
선한 말이 나온다고 말씀하십니다.

———————— 선한 사람은 그 쌓은 선에서 선한 것을 내고 악한 사람은 그 쌓은 악에서

악한 것을 내느니라 마 12:35

선한 말은 상처를 치유하는 말입니다.
— 선한 말은 꿀송이 같아서 마음에 달고 뼈에 양약이 되느니라 잠 16:24

의로운 것이 아름답습니다

양이라는 한자가 들어가는 또 다른 단어가 있습니다. 의(義)라
는 단어입니다. 불의한 것은 아름답지 않습니다. 불의를 행하는
사람을 만나면 불쾌합니다. 하지만 의를 행하는 사람을 만나면
유쾌해집니다.

의(義)라는 단어는 양(羊)과 아(我)의 합성어입니다.

의로움이 아름다움을 줍니다. 우리가 의롭게 살 때 아름답습니
다. 불의한 것은 아름답지 않습니다. 불의한 것은 불쾌합니다. 짜
증납니다. 문제는 인간이 의롭지 못하다는 데 있습니다. 성경은
이 세상에 의인은 아무도 없다고 선언합니다(롬 3:10). 우리가 의롭
게 되는 길은 오직 어린양을 만날 때 가능해집니다. 어린양 예수
님을 믿을 때 우리는 의롭게 됩니다.

— 곧 예수 그리스도를 믿음으로 말미암아 모든 믿는 자에게 미치는 하나님
의 의니 차별이 없느니라 롬 3:22

그리스도 예수 안에 있는 속량으로 말미암아 하나님의 은혜로 값없이 의

우석영 작가는 '의'라는 단어 속에 담긴 '아'(我)가 나를 적으로부터 지켜 주는 무기를 함의한다고 말합니다(같은 책, 88쪽). 의는 복된 양을 지키는 것, 또한 지켜야 할 복된 것을 지키는 것, 즉 보배로운 것을 의미합니다.

예수님은 의로우신 분입니다. 하나님의 의를 온전히 이루신 분입니다. 의는 옳음입니다. 우리는 옳은 일을 하는 것을 보면 감탄하게 됩니다. 아름답다고 느낍니다. 우석영 작가는 "옳음"에서 "올"이 나왔고, "올"이 "오"라는 감탄사를 만들었다고 주장합니다(같은 책, 450쪽). 의는 격에 맞는 것입니다. 사리에 맞는 것입니다. 이치에 맞는 것입니다. 옳은 것이 아름다운 것입니다.

어린양 예수님은 우리를 의롭게 하시기 위해 오셨습니다. 우리의 더러운 의의 옷을 대신 입으시고 예수님의 의의 옷을 우리에게 입혀 주셨습니다. 우리는 예수님을 믿음으로 의롭다 함을 얻게 되었습니다. 어린양 예수님이 우리에게 아름다운 의의 옷을 입혀 주신 것입니다.

성장하는 모습이 아름답습니다

다시 한 번 아름다울 미(美)라는 한자를 살펴보십시오. 아름다움이란 단어 속에 성장한다는 의미가 함축되어 있습니다.

미(美) : 양(羊)과 대(大)의 합성어입니다.

양(羊) + 대(大) = 미(美)

유영만.교수는 '양'이 크게 성장할 때 아름답다고 말합니다. 예수님이 어린양이십니다. 또한 우리는 예수님의 어린 양입니다. 예수님은 어린양으로 오셔서 어린 시절을 보내셨습니다. 그 모습 속에 성장하는 아름다움이 담겨 있습니다.

예수는 지혜와 키가 자라가며 하나님과 사람에게 더욱 사랑스러워 가시더라 눅 2:52

예수님이 지혜와 키가 자라는 동안 하나님과 사람에게 더욱 사랑을 받으셨습니다. 사랑스럽다는 것은 아름답다는 것입니다. 우리도 예수님처럼 성장할 때 사랑스러워집니다. 아름다워집니다. 우리가 예수님을 닮은 장성한 분량으로 성장할 때 아름다워집니다. 우리가 예수님과 연합할 때 예수님의 모든 것을 공급받게 됩니다. 예수님의 선함과 의로움과 아름다움이 우리의 것이 됩니다. 또한 그런 과정에서 우리는 예수님의 장성한 분량에 이르도록 성장하게 됩니다. 커지게 됩니다. 훌륭하게 됩니다. 탁월하게 됩니다. 그것은 예수님 때문이며, 예수님을 통해 이루어집니다.

우리가 다 하나님의 아들을 믿는 것과 아는 일에 하나가 되어 온전한 사람을 이루어 그리스도의 장성한 분량이 충만한 데까지 이르리니 엡 4:13

아름다움은 우리가 보고 들을 때 경험합니다. 느낄 때 경험합니다. 하지만 아름다움은 우리 언어로 표현될 때 더 강렬해집니다. 우리가 하나님의 아름다움을 찬양할 때 우리의 언어로 찬양합니다. 우리의 언어를 곡조에 담아 찬양합니다.

하나님의 아름다움 속으로
들어가십시오

다윗은 하나님의 아름다움을 바라보며, 하나님의 아름다움을 늘 갈망했습니다.

우리는 아름다운 대상을 만나면 사랑에 빠지게 됩니다. 그래서 자주 만납니다. 어느 단계에 들어가면 함께 연합하길 원하고, 함께 영원히 살기를 원합니다. 다윗은 하나님의 집에 영원히 거하길 원했습니다(시 23:6).

하나님과 에녹이 함께 동행했습니다. 그렇게 동행하던 어느 날 하나님이 에녹을 천국으로 데려가셨습니다. 영원히 함께하시기 원했던 것입니다. C. S. 루이스는 아름다운 대상과의 연합과 갈망에 대해 다음과 같이 기록하고 있습니다.

물론 아름다움을 보는 것만도 대단한 혜택이지만 우리는 그 정도에서 만족하지 않습니다. 말로 표현하기는 어렵지만, 다른 무언가를 원합니다. 우리가 보는 아름다움과 연합하고, 그 안으로 들어가고, 그것을 우리 안에 받아들이고, 그 안에 잠기고, 그 일부가 되기를 원합니다. C. S. 루이스, 《영광의 무게》, 홍성사, 30쪽

하나님의 아름다움의 절정은 하나님의 사랑에 있습니다. 다윗은 시편 27편에서 하나님의 아름다움을 갈망하는 시를 쓰는 중에 놀라운 고백을 합니다.

내 부모는 나를 버렸으나 여호와는 나를 영접하시리이다 시 27:10

그는 아버지의 멸시를 받았습니다. 형제들에게 무시를 당했습니다. 또한 그의 장인이었던 사울 왕이 그를 죽이려고 했습니다. 하지만 하나님은 그를 사랑하셨습니다. 그에게 무한한 사랑을 베푸셨습니다. 예수님의 아름다움도 사랑에서 절정에 이르게 됩니다. 그것은 우리를 위해 모든 것을 희생하신 사랑입니다. 또한 우리를 의롭게 만드시고, 거룩하게 만드시고, 아름답게 만드시는 사랑입니다.

아름다운 사랑처럼 황홀한 것은 없습니다. 아름다움은 황홀함입니다. 아름다움은 매력입니다. 우리를 끄는 힘입니다. 아름다움은 멋이요, 맛입니다. 멋과 맛의 조화입니다. 아름다움은 감동입니다. 아름다움은 울림입니다. 아름다운 사랑처럼 유쾌한 것은 없습니다. 아름다움은 유쾌함입니다. 아름다움은 눈뜸입니다. 아름다움은 귀가 열리는 것입니다. 아름다운 음악을 들을 때 귀가 열립니다. 하나님의 아름다움에 관심을 가지십시오.

아름다움은 질서와 조화와 연합에 있습니다. 성삼위 하나님은 아름다움의 본체이십니다. 성삼위 하나님 속에서 만나는 질서와 조화와 연합은 정말 아름답습니다. 아름다움은 존중과 존경과 경외함에 있습니다. 무례함은 아름답지 않습니다. 사람들을 멸시하는 모습은 아름답지 않습니다. 아름다운 소식은 복된 소식입니다. 예수님이 우리에게 복음을 주셨습니다. 예수님 자신이 복음이십니다.

아름다움은 풍성함에 있습니다. 하나님의 사랑은 풍성합니다. 아름다움은 부드러움에 있습니다. 폭력은 아름답지 않습니다. 온유함과 겸손 속에 아름다움이 있습니다. 아름다움은 따뜻함에 있습니다. 친절함에 있습니다. 헌신에 있습니다. 아름다움은 바로 우리 곁에 있습니다. 우리가 눈을 열고 주의를 기울이면 어디에서나 아름다움을 발견할 수 있습니다.

다윗은 역경 중에 아름다우신 하나님을 앙망했습니다. 수많은 원수들과 대적들 가운데 있으면서 그의 눈을 아름다우신 하나님께 고정했습니다. 하나님의 얼굴을 찾았습니다. 다윗이 찾았던 하나님의 얼굴의 영광은 예수님께 와서 드러났습니다. 제자들은 예수님의 얼굴을 뵈었고, 그 얼굴의 아름다움과 광채를 경험했습니다. 예수님의 아름다운 성품을 보았습니다.

예수님이 우리 안에 들어오시는 순간 우리는 천국을 경험합니다. 예수님의 아름다움 속에 살게 됩니다. 하지만 우리는 언젠가 이 세상을 떠나게 됩니다. 요한계시록은 천국의 아름다움을 보여 줍니다. 지금 우리는 예수님의 얼굴을 믿음으로 봅니다. 하지만 천국에 들어가면 하나님의 얼굴을 직접 보게 됩니다(계 22:3-5).

천국은 아름답습니다. 하나님이 이 세상의 자연과 우주를 아름답게 만드셨다면 하나님 아버지의 집은 더욱 아름다울 수밖에 없습니다. 천국이 아름다운 것은 하나님이 계시기 때문입니다. 하나님이 친히 빛이 되시기 때문입니다. 하나님의 얼굴을 뵐 수 있기 때문입니다.

하나님은 아름다움을 추구하시는 예술가입니다. 음악을 사랑하십니다. 그림을 사랑하십니다. 모든 예술품을 통해 하나님께 영광 돌리는 것을 즐거워하십니다.

무엇보다 하나님의 아름다움을 묵상하십시오. 이 세상은 환난이 많습니다. 대적도, 장애물도, 시련도 많습니다. 모든 문제가 다 해결되면 행복할 것이라는 생각을 버리십시오. 문제 속에서 꿈을 꾸십시오. 역경 중에도 하나님을 즐거워하십시오.

매일 하나님의 피난처, 은밀한 장막 속에서 하나님과 교제하십시오. 그때 우리는 하나님의 아름다움의 광채를 힘입어 우리의 마음과 얼굴이 더욱 아름다워질 것입니다. 하나님의 아름다움을 앙망하는 중에 하나님의 아름다움으로 아름다워지기를 빕니다.

18.

통치하시는 하나님을 아는 지식

출 15:18

하나님은
통치하시는 하나님이십니다

하나님은 통치자이십니다. 하나님은 영원무궁토록 다스리시는 분입니다. 통치는 다스림을 의미합니다. 홍해를 건넜던 히브리 민족이 하나님의 다스림을 찬양합니다. 바로의 다스림에서 해방된 그들이 하나님의 다스림을 노래합니다.

여호와께서 영원무궁하도록 다스리시도다 하였더라 출 15:18

하나님은 영원무궁토록 다스리시는 통치의 하나님이십니다. 우리가 하나님의 다스림에 관심을 가져야 하는 이유는 하나님이 우리를 다스리는 존재로 만드신 까닭입니다.

하나님이 그들에게 … 바다의 물고기와 하늘의 새와 땅에 움직이는 모든 생물을 다스리라 하시니라 창 1:28

문제는 아담과 하와가 타락함으로 이 놀라운 권세와 특권과 책임에 손상이 가해진 것입니다. 하나님이 원하시는 다스림은 돌

봄입니다. 모든 만물을 잘 돌보고, 또한 키우는 것입니다. 다스림
은 키움입니다. 사랑과 지혜와 정성으로 돌보는 것이 진정한 다
스림입니다. 그런데 아담과 하와의 죄로 말미암아 인간은 하나님
이 맡기신 것들을 잘 돌보지 못하고 있습니다. 창세기 4장에 가인
이 자기 동생을 죽이는 사건이 나옵니다. 하나님께서 가인이 아
벨을 죽이기 전에 죄를 다스릴 것을 부탁하셨습니다.

───────── 죄가 너를 원하나 너는 죄를 다스릴지니라 창 4:7하

하지만 그는 죄를 다스리지 못했습니다. 그의 질투심과 분노를
다스리지 못함으로 그의 아우 아벨을 쳐 죽였습니다. 하나님이
맡기신 만물을 다스려야 할 사람이 죄를 다스리지 못함으로 동생
을 쳐 죽였습니다. 이것이 우리의 현실입니다. 우리가 다스림에
대한 관심을 가져야 하는 까닭은 우리는 누구나 어느 영역을 다
스리고 있기 때문입니다. 가정이나 회사나 교회나 나라나 자기에
게 주어진 일정한 영역과 경계 안에서 우리는 다스리는 일을 하
고 있습니다. 문제는 잘 다스리지 못하고 있는 것입니다. 무엇보
다 우리 자신을 잘 다스려야 합니다. 죄를 잘 다스려야 합니다. 마
음을 잘 다스려야 합니다.

───────── 노하기를 더디 하는 자는 용사보다 낫고 자기의 마음을 다스리는 자는 성
을 빼앗는 자보다 나으니라 잠 16:32

탐욕과 분노를 잘 다스려야 합니다. 또한 입을 잘 다스려야 합

니다. 다스림은 우리 언어와 밀접한 관계가 있습니다. 그런 면에서 통치하시는 하나님의 지식에 대한 공부는 우리 삶과 밀접한 관계가 있음을 알아야 합니다. 하나님의 다스림은 하나님의 섭리를 의미합니다. 다스림과 섭리의 관계를 공부하는 것은 놀라운 기쁨입니다.

하나님은 벼랑 끝에서
능력을 통해 다스리십니다

하나님은 왕 중의 왕이십니다. 하나님의 나라는 영원한 나라입니다. 하나님은 주권자이십니다. 하나님은 지금도 절대 주권과 절대 섭리를 통해 우주를 통치하십니다. 하나님이 히브리 민족을 바로의 압제에서 건져 내셨습니다. 어린 양의 피 흘림을 통해 그들은 애굽에서 해방되었습니다. 그들이 애굽을 떠났을 때 바로 왕은 그들을 포기하지 않았습니다. 바로 왕과 그의 신하들이 그들을 추적했습니다.

모세와 히브리 민족은 진퇴양난에 빠졌습니다. 앞에는 홍해였습니다. 뒤에는 애굽의 군대가 그들을 추적해 오고 있습니다. 앞으로 나아갈 수도 없고, 뒤로 돌아갈 수도 없습니다. 그들은 벼랑 끝에 서 있었습니다. 그런데 벼랑 끝에서 놀라운 드라마가 전개됩니다. 이스라엘 백성은 바로 왕과 그들의 군대를 보며 두려워 떨었습니다. 하나님께 부르짖었습니다. 또한 모세를 원망했습니다. 그때 모세는 하나님을 바라보았습니다. 온 백성으로 하여금 하나님을 의지하게 만들었습니다.

───── 오늘 너희를 위하여 행하시는 구원을 보라 너희가 오늘 본 애굽 사람을 영원히 다시 보지 아니하리라 여호와께서 너희를 위하여 싸우시리니 너희는 가만히 있을지니라 출 14:13-14

난관에 처했을 때 난관을 돌파하는 길은 기도입니다. 기도가 답입니다. 하나님을 바라보고 하나님을 의지하는 것이 답입니다. 우리가 할 수 있는 것이 아무것도 없을 때 하나님만 전적으로 의지해야 합니다. 하나님은 모세와 이스라엘 백성이 하나님을 바라볼 때 동풍을 보내 홍해를 갈라 주셨습니다. 길이 없는 곳에 길을 내셨습니다. 또한 그 홍해에 바로와 애굽의 병거를 수장시키셨습니다. 억울하게 학대를 받았던 히브리 민족을 대신해서 심판해 주셨습니다. 그 놀라운 광경을 바라보았던 히브리 민족이 감격 중에 부른 노래가 출애굽기 15장입니다.

───── 이때에 모세와 이스라엘 자손이 이 노래로 여호와께 노래하니 일렀으되 내가 여호와를 찬송하리니 그는 높고 영화로우심이요 말과 그 탄 자를 바다에 던지셨음이로다 출 15:1

찬송은 정말 오랜 역사를 가지고 있습니다. 이스라엘 백성은 노래하고 찬송만 부른 것이 아니라 춤을 추며 하나님을 예배했습니다(출 15:20-21). 찬양하며 춤추며 그들이 고백했던 것은 하나님의 통치였습니다. 영원무궁토록 다스리시는 하나님의 통치였습니다.

——— 여호와께서 영원무궁하도록 다스리시도다 하였더라 출 15:18

하나님의 나라는 영원합니다. 인간의 나라는 결코 영원하지 않습니다. 하나님의 다스림은 영원합니다. 인간의 다스림은 영원하지 않습니다.

——— 주의 나라는 영원한 나라이니 주의 통치는 대대에 이르리이다 시 145:13

하나님은 능력으로 다스리십니다

히브리 노예들이 경험한 것은 하나님의 능력입니다. 그들은 바로의 권세와 그의 능력 앞에 늘 두려워하며 살았습니다. 그런데 홍해에서 하나님의 능력을 경험했습니다. 하나님이 바로 왕과 말과 그 병거들을 바다에 던지신 것을 보았습니다. 그래서 찬송하는 것이 하나님의 능력입니다.

——— 여호와는 나의 힘이요 노래시며 나의 구원이시로다 출 15:2상
　　　여호와여 주의 오른손이 권능으로 영광을 나타내시니이다 여호와여 주의
　　　오른손이 원수를 부수시니이다 출 15:6

그들이 노래하는 것은 하나님의 힘입니다. 하나님의 권능입니다.

하나님은 공의로 다스리십니다

하나님은 충동적으로 다스리시는 분이 아닙니다. 하나님은 공의와 정의와 공평으로 모든 것을 다스리십니다. 그런 까닭에 우리가 하나님을 신뢰할 수 있습니다. 세상의 권세자들은 공의와 정의를 따라 다스리는 것이 아니라 그들의 탐욕을 따라 다스릴 때가 많습니다. 이스라엘 백성은 바로와 그의 군대들이 하는 말을 들었습니다.

원수가 말하기를 내가 뒤쫓아 따라잡아 탈취물을 나누리라, 내가 그들로 말미암아 내 욕망을 채우리라, 내가 내 칼을 빼리니 내 손이 그들을 멸하리라 하였으나 출 15:9

하나님이 애굽의 군대를 홍해에서 심판하신 것은 그들의 완악함 때문입니다. 그들이 히브리 민족을 학대한 까닭입니다. 그들을 착취한 까닭입니다. 인권을 유린한 까닭입니다. 성경은 하나님이 거듭 공의와 정의로 통치하신다는 사실을 증언합니다.

구름과 흑암이 그를 둘렀고 의와 공평이 그의 보좌의 기초로다 시 97:2

보라 장차 한 왕이 공의로 통치할 것이요 방백들이 정의로 다스릴 것이며 사 32:1

하나님은 인자하심으로 다스리십니다

이스라엘 백성이 홍해에서 경험한 것은 하나님의 인자하심입니다. 바로 왕은 인자로 다스리지 않았습니다. 포악함으로 다스렸습니다. 하나님은 소외된 히브리 노예들을 사랑하시고, 그들에게 인자를 베푸셨습니다. 그들의 억울함을 풀어 주셨습니다. 그들은 하나님의 인자하심을 찬양하고 있습니다.

———— 주의 인자하심으로 주께서 구속하신 백성을 인도하시되 출 15:13상

우리가 하나님의 다스리심을 갈망하는 까닭은 하나님이 우리를 인자하심으로 다스리시기 때문입니다. 하나님의 인자하심의 특징은 섬세함에 있습니다. 아주 조심스럽게 자기 백성을 인도하십니다. 하나님의 인자는 무궁한 사랑입니다. 하나님의 인자는 자기 백성을 존귀히 여기는 것입니다. 하나님은 무식하게, 무례하게 자기 백성을 인도하시지 않습니다. 하나님은 섬세한 사랑, 정확한 지식으로, 그리고 정중함과 존중으로 자기 백성을 인도하십니다. 결코 하나님은 능력을 남용하지 않으십니다. 오용하지 않으십니다. 하나님의 능력을 과시하기 위해 무모한 일을 행하지 않으십니다.

하나님의 통치는 신비롭습니다. 우리를 벼랑 끝에 서도록 인도하십니다. 이것이 하나님의 지혜의 역설입니다. 그 벼랑 끝에서 하나님의 지혜와 하나님의 능력을 드러내 주십니다. 그런 면에서 우리는 벼랑 끝에서 두려워하거나 염려하기보다는 하나님을 바라보아야 합니다. 하나님의 통치를 기대해야 합니다.

하나님은 놀라운 섭리로 다스리십니다

출애굽 사건을 통해 배우는 가장 놀라운 진리는 하나님의 섭리입니다. 하나님의 섭리는 하나님의 모략입니다. 하나님은 우리가 알지 못하는 신비로운 방법으로 우리를 인도하십니다.

하나님은 약속의 말씀으로 섭리하십니다

출애굽의 사건은 400년 전에 아브라함을 통해 약속하신 언약의 성취입니다. 우리는 언제나 전체를 보고 크게 보는 안목을 키워야 합니다. 홍해가 갈라진 사건만 보면 하나님의 섭리를 깨달을 수 없습니다. 하나님의 섭리는 총체적입니다. 또한 여러 사건들이 아름답게 조화를 이루어 드러납니다. 하나님의 섭리의 정체가 드러나기 전까지는 그 신비를 헤아리기가 어렵습니다. 하나님이 아브라함과 언약을 맺을 때 출애굽의 사건을 미리 약속하셨습니다.

> 여호와께서 아브람에게 이르시되 너는 반드시 알라 네 자손이 이방에서 객이 되어 그들을 섬기겠고 그들은 사백 년 동안 네 자손을 괴롭히리니 그들이 섬기는 나라를 내가 징벌할지며 그 후에 네 자손이 큰 재물을 이끌고 나오리라 창 15:13-14

하나님은 아브라함의 후손이 이방에서 객이 되어 이방인을 섬기다가 4백 년 후에 큰 재물을 이끌고 나올 것을 약속하셨습니다.

그 약속의 말씀이 출애굽 사건을 통해 성취된 것입니다. 히브리 민족이 애굽에서 고통받을 때 그들은 하나님이 아브라함에게 주신 약속의 말씀을 기억했습니다.

하나님은 고난을 통해 섭리하십니다

하나님이 아브라함에게 하신 약속의 말씀 가운데 하나는 그의 후손이 4백 년 동안 이방 나라에서 괴롭힘을 당할 것이라는 말씀입니다.

—— 그들은 사백 년 동안 네 자손을 괴롭히리니 창 15:13

고난은 신비에 속합니다. 고난의 끝자락에 와서야 고난의 비밀을 깨닫습니다. 하나님의 섭리의 전체 그림이 선명하게 드러나기 전까지는 고난은 저주처럼 느껴지기도 합니다. 하지만 고난 속에 담긴 하나님의 섭리의 손길을 깨닫게 되면 고난이 저주가 아니라 변장된 축복임을 깨닫게 됩니다. 고난이 저주가 아니라 보석임을 깨닫게 됩니다.

하나님은 요셉에게 꿈을 주십니다. 그 꿈은 큰 나라의 정치가가 되는 꿈입니다. 하나님이 그 꿈을 주신 것은 하나님이 아브라함에게 주신 약속을 성취하기 위해서입니다. 그의 꿈은 가나안 땅이 감당할 수 없는 꿈이었습니다. 만민을 섬기는 정치가가 되는 꿈이었습니다. 그 꿈을 이루기 위해 하나님은 요셉에게 고난을 허락하십니다. 그의 형제들의 미움을 받게 하십니다. 결국 그의 형제들은 그를 이스마엘 상인에게 팝니다. 요셉은 애굽에 종으로 팔려 갑니다. 보디발의 집에서 11년을 섬깁니다. 보디발의 아내의 유혹을 물리친 대가로 감옥에서 2년을 보냅니다.

요셉은 고난의 수레를 타고 애굽으로 내려갔습니다. 그는 고난의 광야에서 13년을 보내야 했습니다. 하지만 그 모든 고난을 통해 하나님께서 그를 애굽의 국무총리로 세우신 것을 보게 됩니다. 고난의 수레를 타고 애굽에 들어갔던 그가 나중에 국무총리가 타는 버금 수레를 타게 됩니다. 요셉의 형들은 그가 입었던 채색 옷을 찢어 버렸습니다. 그에게 고난의 옷을 입혔습니다. 하지만 하나님은 고난의 옷을 입었던 그에게 애굽의 국무총리가 입는 세마포 옷을 입혀 주십니다. 존 플라벨은 《하나님의 섭리》라는 책에서 다음과 같이 요셉의 이야기를 기록합니다.

> 요셉이 애굽의 총리가 된 기사를 주의 깊게 읽어 보면, 그가 권력과 영예의 자리에 오르기까지 하나님의 섭리에 의해 열두 가지 놀라운 사건이 일어났던 것을 알 수 있다. 그 가운데 단 하나라도 빠졌더라면 십중팔구 그런 결과가 나타나지 않았을 것이다. 그러나 참으로 놀랍게도 모든 사건이 정확한 사건과 장소에 따라 순서대로 이루어졌다. **존 플라벨, 《하나님의 섭리》, 규장, 40쪽**

하나님은 요셉의 생애를 섬세하게 섭리하셨습니다. 요셉은 자신이 애굽에 종으로 팔려 갈 때 하나님의 섭리를 이해하지 못했을 것입니다. 나중에 그가 국무총리가 되어 만민의 생명을 구원하게 되었을 때 하나님의 섭리를 깨달았습니다. 그의 아버지 야곱과 그의 형제들과 그들의 자녀의 생명을 구하게 되었을 때 하나님의 섭리를 깨달았습니다.

하나님은 요셉의 고난뿐만 아니라 히브리 노예들의 고난을 통해 섭리하신 것을 보게 됩니다. 그들이 4백 년 동안 노예로 생활하며 바로의 권세 아래서 괴롭힘을 당했습니다. 하지만 그 과정에서 그들은 거대한 민족으로 성장했습니다. 고센 땅은 거대한 민족을 잉태하고 출생하는 자궁과 같았습니다. 고센 땅에서의 고난이 그들을 거대한 민족으로 만들었습니다. 성경은 그들이 학대를 받을수록 번성했다고 말씀합니다.

그러나 학대를 받을수록 더욱 번성하여 퍼져 나가니 출 1:12

하나님은 그들이 아브라함에게 약속하신 것처럼 하늘의 별처럼, 땅의 티끌처럼, 바닷가의 모래처럼 수가 많아졌을 때 그들을 출애굽 시키셨습니다. 그때 하나님은 모세를 통해 섭리하셨습니다. 모세를 통해 출애굽의 역사를 일으키시기 위해 놀라운 섭리의 손길을 전개하십니다. 바로가 히브리 노예들의 남자아이가 태어나면 모두 죽이라고 산파들에게 명했습니다. 하지만 하나님을 경외하는 산파들이 남자아이들을 살려 주었습니다. 그중에 하나가 모세입니다.

하나님의 섭리의 손길은 놀라웠습니다. 모세의 어머니 요게벳

이 모세를 갈대 상자에 담아 나일강에 띄웠을 때 바로 왕의 공주가 목욕하기 위해 그곳에 있었습니다. 모세는 바로 왕의 공주의 아들로 궁중에서 성장합니다. 애굽의 모든 학문을 다 익히게 됩니다. 말과 행사에 능한 지도자가 됩니다. 하지만 하나님은 그의 나이 40세가 되었을 때 그의 동족을 돌아보게 하셨습니다. 그는 동족을 보호하기 위해 애굽 사람을 쳐 죽이는 실수를 하게 됩니다. 그 결과 미디안 광야에서 40년을 지냅니다. 그의 나이 80이 되었을 때 하나님은 호렙산 가시떨기불꽃 가운데서 그를 부르십니다.

하나님은 요셉을 광야에서 훈련시키신 후에 애굽 궁중에서 그를 사용하셨습니다. 반면에 모세는 애굽 궁중에서 훈련시키신 후에 광야에서 그를 사용하셨습니다. 이 모든 섭리를 통해 하나님은 자기 백성을 가나안 땅으로 인도하셨습니다.

고난 중에 처한 이들이 있습니다. 고난 중에 있는 이들의 고통을 생각하면 안타깝습니다. 때로는 그 상황이 이해가 안 될 때도 있습니다. 하지만 너무 쉽게 결론을 내리지 마십시오. 모든 상황을 부정적으로 생각하지 마십시오. 어떤 상황에서든 하나님의 섭리를 믿으십시오.

야곱이 기근이 깊어질 때 다시 애굽으로 그의 자녀들을 보냅니다. 그때 요셉의 요구에 따라 베냐민을 보내면서 아주 부정적인 말을 합니다.

———— 그들의 아버지 야곱이 그들에게 이르되 너희가 나에게 내 자식들을 잃게 하도다 요셉도 없어졌고 시므온도 없어졌거늘 베냐민을 또 빼앗아 가고

자 하니 이는 다 나를 해롭게 함이로다 창 42:36

마지막 말을 통해 야곱의 처참한 심정을 알 수 있습니다.

───── 다 나를 해롭게 함이로다 창 42:36하

하지만 시간이 흘렀을 때 모든 것이 자신을 해롭게 한다고 생각했던 사건들의 전모가 드러났습니다. 하나님은 모든 것을 합력하여 선을 이루셨습니다. 요셉은 죽지 않았습니다. 가뭄과 기근이라는 고난이 요셉을 만나는 기회가 되었습니다. 야곱을 낙심하게 했던 모든 일들이 하나님의 손에서 축복으로 변화되었습니다. 바로 이 사건이 출애굽과 연결되어 있음을 보면 놀랍습니다.

하나님은 지혜와 인내로 섭리하십니다

하나님의 지혜는 분별에 있습니다. 사람과 때와 장소를 분별하시는 것입니다. 하나님은 출애굽을 위해 모세를 선택하셨습니다. 모세의 실수를 선택하셨습니다. 하나님은 때를 선택하셨습니다. 그들이 벼랑 끝에 섰을 때, 하나님이 개입하셨습니다. 하나님은 장소를 선택하셨습니다. 그곳은 홍해였습니다.

하나님의 지혜는 인내에 있습니다. 오래 참으심에 있습니다. 기다리심에 있습니다. 히브리 노예들이 거대한 민족이 되기까지 기다리십니다. 또한 애굽에 재앙을 한 가지만 내리신 것이 아닙니다. 10가지 재앙을 통해 바로가 회개할 수 있는 기회를 주십니다. 하지만 바로는 회개하지 않습니다. 하나님은 온전한 구원을 위해 바로의 마음을 강퍅하게 하십니다. 물론 이것은 하나님의 신비로운 손길입니다. 하나님은 인자하십니다. 동시에 공의로우십니다. 바로가 회개하고 돌이켰다면 그를 용서하셨을 것입니다. 그를 홍해에 수장하지 않으셨을 것입니다. 하지만 바로는 회개하지 않았습니다.

우리는 하나님의 인내를 깨달아야 합니다. 하나님은 서두르지 않으십니다. 서두르지 않으심으로 놀라운 일을 이루십니다. 홍해를 가르실 때도 밤새 동풍이 불게 하셨습니다. 하나님의 인내는 하나님의 섬세한 지혜에 있습니다. 하나님은 10가지 재앙의 순서를 정하셨습니다. 그 강도를 정하셨습니다. 우리는 하나님의 섭리의 전략을 배워야 합니다. 결코 충동적으로 행동하지 않으십니다. 악인을 심판하실 때도 인내를 가지고 심판하십니다.

하나님이 모세를 광야에서 40년 동안 훈련시키실 때도 서두르지 않으십니다. 모세를 알고 있던 바로 왕이 죽기까지 광야에 머물게 하십니다. 우리가 기다릴 때 하나님은 은밀히 일하고 계십니다. 은밀히 하나님의 놀라운 계획을 이루고 계십니다. 한 가지 사건이 아니라 여러 가지 사건이 오케스트라처럼 연결되어 조화를 이루게 하십니다. 에스더서는 하나님의 섬세한 섭리의 손길을 보여 주는 놀라운 책입니다. 존 플라벨은 하나님이 하만의 손에서 유대 민족을 구원하시기 위해 일곱 가지 사건을 사용하셨다는 사실을 강조합니다.

하만의 음모로부터 유대 민족이 구원을 얻게 된 기사에서도 하나님의 섭리에 의해 모두 일곱 가지 사건이 마치 각본이 미리 정해진 듯 진행되었다는 것을 알 수 있다. 사건들이 서로 적절하고 신기하게 연관되어 유대 민족을 멸망시키려는 음모를 좌절시켰다. 그런 과정을 주의 깊게 살펴보면 우연이 아니라 하나님의 지혜로운 섭리라고 결론짓지 않을 수 없다.

존 플라벨, 《하나님의 섭리》, 규장, 40쪽

하나님이 유대 민족을 하만의 손에서 건져 내시기 위해 사용한 인물이 에스더입니다. 에스더는 정말 지혜로운 여인입니다. 아무리 급박한 상황에서도 여유를 갖습니다. 그가 삼일 동안 금식한 후에 왕을 만납니다. 하지만 그는 급히 자기 동족의 문제를 왕께 말하지 않습니다. 아주 적합한 타이밍을 기다린 후에 왕께 간구합니다. 우리가 하나님의 섭리와 인도를 전적으로 믿는다면 우리는 아무리 급박한 상황에서도 서둘러서는 안 됩니다. 우리는 하나님의 지혜와 인내를 배워 우리 삶을 다스려야 합니다. 우리의 상황을 다스려야 합니다. 우리의 마음을 다스려야 합니다.

하나님은 모든 것이 합력하여 선을 이루게 하심으로 섭리하십니다

섭리에 대한 말씀을 나눌 때 가장 소중히 여기는 말씀이 로마서 8장 28절입니다. 출애굽 사건 속에서 우리는 로마서 8장 28절이 아름답게 이루어지는 것을 봅니다.

우리가 알거니와 하나님을 사랑하는 자 곧 그의 뜻대로 부르심을 입은 자

하나님은 모든 것, 모든 일이 서로 합력해서 좋은 결과를 이루게 하십니다. 요셉의 형제들은 요셉에게 악을 행했습니다. 모세는 애굽 사람을 죽이는 실수를 범했습니다. 이 모든 것들을 통해 하나님의 섭리가 나타났습니다. 마틴 로이드 존스는 로마서 8장 28절을 성경 전체에서 다른 어느 구절보다도 더 많은 교리와 위로가 응축되어 있는 구절이라고 말했습니다. 우리는 어떤 상황에서도 하나님의 섭리를 믿어야 합니다. 우리는 믿기는 믿지만 전적으로 믿지 못할 때가 많습니다.

"우리는 하나님의 섭리를 믿는다. 그러나 우리는 그 섭리를 절반 정도만 믿을 뿐이다. 신비스럽게 펼쳐지는 섭리는 모두 합력하여 우리에게 선을 이룬다." -찰스 스펄전

찰스 스펄전이 남긴 섭리에 대한 글이 우리에게 감동으로 다가옵니다.

우리에게 일어난 모든 일은
우리에게 유익을 주는 데 목적이 있다.
물결이 우리를 거세게 몰아친다 할지라도,
그 물결 덕분에 우리가 탄 배는 항구로 더 빨리 나아간다.

번개가 치고 천둥이 울어도,

그 덕분에 공기는 쾌청해지고

우리 영혼은 더 건강해진다.

우리는 손실로 말미암아 이득을 얻고, 질병을 통해 건강해지며,

죽음을 통해 삶을 얻고, 잃음을 통해 부유해진다.

우리는 이보다 더 나은 약속을 요구할 수 있을까?

모든 일은 우리가 갖고 싶은 것을 충족하기보다

우리에게 유익을 주기 위해 발생한다.

모든 것이 우리에게 즐거움을 줄 수도 있으나,

그 모든 것이 우리를 파멸시킬 수도 있다.

설령 모든 것이 우리를 늘 즐겁게 해주지 않는다 할지라도

그 모든 것이 우리에게 늘 유익을 준다.

이것이 이 삶이 주는 가장 좋은 약속이다.

– 찰스 스펄전

로버트 모건, 《절망을 뒤집는 하나님의 새끼손가락》, 국제제자훈련원, 13쪽, 재인용

영국의 한 정치인이 워싱턴 D.C.를 방문했습니다. 길을 건너는 중에 차에 치였습니다. 그 사건으로 목숨을 잃지는 않았지만 평생 장애인으로 살아가야 했습니다. 그 정도 사고라면 온몸이 부서졌을 가능성이 있습니다. 그런데 그의 몸은 괜찮았습니다. 현장을 목격했던 사람들은 그가 정말 운이 좋게 살아났다고 말합니다. 하지만 역사는 그 속에 하나님의 섭리가 있음을 알 수 있습니

다. 그 정치인의 이름이 윈스턴 처칠입니다. 만약에 윈스턴 처칠이 그날 목숨을 잃었다면 역사는 어느 방향으로 흘러갔을까요? 그가 살아 있었기에 히틀러를 무너뜨렸습니다. 새로운 역사가 시작되었습니다. 그는 다음과 같은 말을 남겼습니다.

"불운이 어떻게 행운으로 바뀔지 아무도 모른다." -윈스턴 처칠

하나님이 모든 것을 합력하여 선을 이루실 것을 믿으십시오. 룻기는 하나님의 섭리의 이야기입니다. 룻의 시어머니는 모압 지방에 잠시 이주했다가 남편과 두 아들을 잃었습니다. 고통 중에 며느리 룻과 함께 베들레헴으로 돌아왔습니다. 룻은 젊은 나이에 과부가 되었습니다. 두 사람은 아무것도 가진 것이 없었습니다. 하지만 하나님은 그 모든 것을 섭리하셔서 룻과 보아스를 만나게 하셨습니다. 그리고 그 두 사람 사이에 태어난 오벳의 후손 가운데 다윗이 태어나게 하셨습니다. 다윗의 후손으로 예수님이 태어나게 하셨습니다.

하나님은 어린양 예수님을 통해
모든 것을 통치하십니다

하나님의 모든 섭리는 어린양 예수님께 초점이 맞춰져 있습니다. 출애굽 사건의 핵심은 10가지 재앙이 아닙니다. 어린 양이 히브리 민족을 구원하기 위해 대신 피 흘려 죽임을 당한 것입니다.

> 너희 어린 양은 흠 없고 일 년 된 수컷으로 하되 양이나 염소 중에서 취하고 이 달 열나흘 날까지 간직하였다가 해 질 때에 이스라엘 회중이 그 양을 잡고 그 피를 양을 먹을 집 좌우 문설주와 인방에 바르고 출 12:5-7

히브리 노예들을 해방시키기 위해 어린 양이 대신 죽임을 당했습니다. 애굽 땅에 내린 재앙은 피가 있는 집을 그냥 통과했습니다(출 12:13). 그것이 유월절입니다. 어린 양의 죽음을 통해 놀라운 통치가 이루어졌습니다. 하나님의 통치는 드라마틱합니다. 역전의 드라마입니다. 반전의 드라마입니다. 바로 그 중심에 어린 양의 죽으심이 있습니다. 우리는 출애굽 사건과 어린양 예수님의 십자가 사건을 통해 하나님의 통치를 봅니다.

출애굽의 역사는 어린 양이 이스라엘 백성을 대신해서 죽으심으로 이루어졌습니다. 어린 양이 없이는 해방이 없습니다. 어린 양을 통해 자유하게 되었습니다. 어린 양이 없이는 구원이 없습니다. 공의도 없습니다. 어린 양을 통해 화평이 임했습니다. 기쁨이 임했습니다. 그들은 치유되고 회복되었습니다. 모세가 제1의 출애굽을 주도했다면 예수님은 제2의 출애굽을 주도하셨습니다. 모세는 히브리 민족을 바로의 권세 아래서 건져 내셨습니다. 예수님은 우리 모두를 마귀와 죄와 사망의 권세 아래서 건져 내셨습니다. 마귀와 죄와 사망의 종 되었던 우리를 자유하게 하셨습니다. 우리에게 화평과 기쁨과 치유와 회복의 선물을 허락해 주셨습니다.

하나님은 예수님의 고난을 통해 모든 것을 합력하여 선을 이루셨습니다. 예수님이 우리 대신 심판을 받으심으로 심판자가 되셨습니다. 예수님이 친히 우리를 대신해서 고난을 받으심으로 악의 세력을 물리치셨습니다. 이사야는 예수님의 통치를 다음과 같이 예언했습니다.

이는 한 아기가 우리에게 났고 한 아들을 우리에게 주신 바 되었는데 그의 어깨에는 정사를 메었고 그의 이름은 기묘자라, 모사라, 전능하신 하나님이라, 영존하시는 아버지라, 평강의 왕이라 할 것임이라 사 9:6

예수님은 왕 중의 왕이십니다. 예수님의 어깨에는 정사를 메었습니다. 그것은 예수님이 오셔서 모든 것을 통치하시는 것을 의미합니다. 예수님이 통치하실 때 평강과 정의와 공의가 함께합니다. 이사야서 9장을 보면 예수님의 통치의 표지로 빛이 임합니다. 즐거움이 넘칩니다. 무거운 멍에로부터 자유하게 됩니다. 예수님이 오실 때 하나님의 나라가 함께 임했습니다. 하나님의 나라는 하나님의 통치를 의미합니다. 우리가 예수님을 마음에 모실 때 하나님의 나라가 임하게 됩니다. 더욱 중요한 것은 우리 마음에 예수님을 왕으로 모시는 것입니다.

우리 인간은 누구의 다스림을 받느냐에 따라 달라집니다. 우리 안에는 양면이 있습니다. 우리는 양이기 때문에 선한 목자의 인도를 받기 원합니다. 또한 아주 지혜롭고 유능한 분의 인도를 받기 원합니다. 다스림을 받기 원합니다. 우리가 경험한 것처럼 누구의 다스림 아래 있느냐에 따라 행복과 불행이 결정됩니다. 또한 우리 인간 안에는 다스리고 싶어 하는 갈망이 있습니다. 문제는 누구에게 다스림을 받으며, 또한 우리가 어떤 성품과 자세로 다스리느냐에 있습니다.

하나님의 다스림은 사랑스런 돌봄입니다. 하나님이 다스리실 때 풍성한 공급과 나눔이 있습니다. 하나님이 다스리실 때 공의와 정의와 공평이 있습니다. 하나님이 다스리실 때 안전합니다. 즐거움이 넘치게 됩니다. 평강과 희락이 넘치게 됩니다. 우리가 잘 다스리기 위해서는 하나님의 마음으로 다스려야 합니다. 하나님의 지혜로 다스려야 합니다.

문제는 우리가 악하다는 것입니다. 탐욕스럽다는 것입니다. 어리석다는 것입니다. 분별력이 떨어진다는 것입니다. 그런 까닭에 우리 마음의 왕좌에 예수님을 모셔야 합니다. 예수님을 마음에 영접하는 것은 시작에 불과합니다. 그다음에 우리가 할 일은 우리 마음의 왕좌를 예수님께 내어 드리는 것입니다. 날마다 그리해야 합니다. 날마다 예수님께 우리 마음을 내어 드려야 합니다. 하나님은 우리가 하나님 앞에서 왕 노릇 하길 원하십니다(계 5:10). 하나님은 우리가 예수님과 더불어 왕 노릇 하길 원하십니다.

———— 그들이 하나님과 그리스도의 제사장이 되어 천 년 동안 그리스도와 더불어 왕 노릇 하리라 계 20:6하

예수님의 다스림은 세도를 부리거나 권력을 남용하는 다스림이 아닙니다. 예수님의 다스림은 섬김입니다. 예수님의 다스림은 돌봄입니다. 키움입니다. 세움입니다. 예수님의 다스림은 대신 짐을 지는 것입니다. 대신 희생하는 것입니다. 예수님의 다스림은 대신 고난을 받으시는 것입니다. 그리함으로 진정한 통치를 이루십니다.

예수님과 더불어 다스리기 위해서는 우리 자신을 예수님께 내어 드려야 합니다. 우리는 연약합니다. 우리 마음 하나 다스리지 못합니다. 우리 생각 하나 제대로 다스리지 못합니다. 우리의 입을 잘 다스리지 못합니다. 우리의 언어 때문에 많은 사람들에게 상처와 아픔을 줍니다. 우리는 내면의 분노와 억울함과 탐욕과 절망과 좌절과 상처를 다스리지 못합니다. 복수심을 다스리지 못

합니다. 오직 예수님께 우리 마음의 왕좌를 내어 드릴 때 그것들이 가능합니다. 그리스도의 평강과 그리스도의 말씀으로 우리 마음을 채울 때 가능합니다(골 3:15-16). 예수님만이 만왕의 왕이십니다. 만주의 주가 되십니다.

———— 그 옷과 그 다리에 이름을 쓴 것이 있으니 만왕의 왕이요 만주의 주라 하였더라 계 19:16

하나님의 절대 섭리를 믿으십시오. 절대 주권을 믿으십시오. 어떤 상황에서도 낙심하지 마십시오. 모든 상황을 하나님께 맡기십시오. 스스로 통치하려고 하지 마십시오. 예수님과 더불어 다스리십시오. 마음을 다스리십시오. 감정을 다스리십시오. 분노를, 탐욕을, 어리석은 교만을 다스리십시오. 또한 우리 안에 있는 거대한 에너지를 다스리십시오. 영성이란 바로 그 에너지를 다스리는 것입니다. 거대한 에너지를 거룩한 목적을 위해 승화시키는 것입니다. 또한 영성이란 우리 안에 있는 갈망을 다스리는 것입니다. 그 갈망을 하나님의 영광에 초점을 맞추는 것입니다.

예수님을 각자의 집의 주인으로 모시도록 하십시오. 예수님이 가정을 다스리게 하십시오. 그를 사업에 초청하십시오. 교회의 주인은 예수님입니다. 예수님이 성령님을 통해 통치하시면 교회는 화평을 경험하게 됩니다. 의와 평강과 희락으로 가득 차게 됩니다. 우리는 날마다 하나님의 나라가 임하길 기도해야 합니다. 그리고 그의 나라와 그의 의를 먼저 구해야 합니다. 그때 우리 삶은 천국을 경험하게 될 것입니다. 모든 은혜와 축복이 더해지는 것을 경험하게 될 것입니다.

─────── 그런즉 너희는 먼저 그의 나라와 그의 의를 구하라 그리하면 이 모든 것을
너희에게 더하시리라   마 6:33

19

풍성하신 하나님을 아는 지식

엡 3:20-21

하나님은
풍성하신 분입니다

사도 바울이 믿었던 하나님은 풍성하신 하나님입니다. 핍절하신 분이 아닙니다. 풍성하신 분입니다. 충만하신 분입니다. 사도 바울은 하나님이 우리가 구하거나 생각하는 모든 것에 더 넘치도록 능히 하시는 분이라고 선포합니다.

> 우리 가운데서 역사하시는 능력대로 우리가 구하거나 생각하는 모든 것에 더 넘치도록 능히 하실 이에게 엡 3:20

하나님 하면 떠오르는 이미지가 우리가 가지고 있는 하나님에 대한 지식입니다. 어떤 이는 하나님을 아주 거친 분으로 생각합니다. 어떤 이는 하나님을 화가 잔뜩 나 있는 분으로 생각합니다. 또 어떤 이는 하나님을 아주 인색한 분으로 생각합니다. 우리가 가지고 있는 것을 빼앗아 가는 분으로 생각합니다. 어떤 이는 잘못한 것만 발견해서 지적하는 분으로 생각합니다. 어떤 이는 하나님을 산타클로스처럼 생각합니다. 일 년에 한두 번 나타나서 선물을 주는 분으로 생각합니다. 또한 어떤 죄를 지어도 그냥 넘어가는 분으로 생각합니다.

우리가 가지고 있는 하나님에 대한 생각은 어떻게 만들어진 것일까요? 대부분은 아버지나 어머니로부터 만들어진 지식일 수 있습니다. 자신의 삶에 영향을 끼친 어떤 권위자에 의해 형성된 것입니다. 충동적인 아버지 밑에서 성장한 사람은 하나님을 충동적인 분이라고 생각합니다. 쉽게 화를 내고 짜증을 부리고 소리를 지르는 아버지 밑에서 성장한 사람은, 하나님이 쉽게 화를 내고 짜증을 부리는 분이라고 생각합니다. 무능하고 무책임한 아버지 밑에서 성장한 사람은, 하나님을 그런 분이라고 생각합니다. 아버지께 상처를 많이 받은 자녀들 가운데 하나님을 아버지로 부르는 것을 아주 힘들어하는 경우가 있습니다. 왜냐하면 하나님을 아버지로 부르는 순간, 육신의 아버지가 떠오르기 때문입니다.

우리는 하나님에 대한 지식을 올바로 가질 필요가 있습니다. 하나님에 대한 올바른 지식이 우리의 삶을 만듭니다. 또한 우리가 만나는 모든 사람들, 부모와 자녀와의 관계를 형성하는 데 영향을 끼칩니다. 스티븐 코비는 우리에게 두 가지 의식이 있다고 말합니다. 풍부의식과 핍절의식입니다. 풍부의식을 갖고 사는 사람과 핍절의식에 사로잡혀 사는 사람의 차이는 엄청납니다. 이 의식의 뿌리는 하나님에 대한 의식과 연결되어 있습니다. 하나님을 풍부한 분으로 보는 것, 핍절한 분으로 보는 것과 연결되어 있습니다. 예수님은 탕자의 비유에서 하나님 아버지를 풍성한 분으로 묘사합니다. 탕자가 모든 것을 탕진한 후에 고백한 내용을 살펴보십시오.

> 이에 스스로 돌이켜 이르되 내 아버지에게는 양식이 풍족한 품꾼이 얼마나 많은가 나는 여기서 주려 죽는구나 눅 15:17

탕자가 생각한 아버지는 풍족한 아버지입니다. 또한 품꾼까지도 풍족하게 하는 아버지입니다. 그런 까닭에 탕자가 아버지께 돌아갈 수 있었습니다.

하나님은 풍성하실 뿐만 아니라 풍성하게 하시는 분입니다

성경에서 만난 하나님은 풍성하신 하나님입니다. 하나님께는 부족함이 없습니다. 다윗이 경험한 하나님은 풍성하신 하나님입니다. 다윗은 하나님을 목자로 모신 후에 자신의 삶에 부족함이 없었다고 찬양합니다.

> 여호와는 나의 목자시니 내게 부족함이 없으리로다 시 23:1

하나님이 우리의 목자가 되시면 우리는 부족함이 없습니다. 하나님 한 분으로 충분합니다. 그 이유는 하나님께서 우리에게 필요한 것들을 충분히 공급해 주시기 때문입니다. 제가 강조하고 싶은 부분은 우리 욕심이나 탐욕을 채워 주시는 것이 아니라 우리의 필요를 채워 주신다는 사실입니다. 사도 바울은 하나님이 그 풍성한 대로 우리 쓸 것을 채우신다고 말씀합니다.

———— 나의 하나님이 그리스도 예수 안에서 영광 가운데 그 풍성한 대로 너희 모든 쓸 것을 채우시리라 빌 4:19

이 말씀을 잘못 읽으면 "하나님이 우리 모든 욕심을 채우시리라"로 이해할 수 있습니다. 사도 바울은 하나님이 풍성하신 분임을 강조합니다.

———— 나의 하나님이 그리스도 예수 안에서 영광 가운데 그 풍성한 대로 빌 4:19상

사도 바울의 하나님에 대한 지식은 풍성하신 하나님입니다. 우리 지식은 우리 언어에 영향을 줍니다. 우리 언어는 우리 지식의 반영입니다. 우리 언어가 우리 감정을 창조합니다. 풍성이란 언어가 풍성한 감정을 창조합니다. 조금 더 발전하면 우리 언어가 우리 환경도 창조합니다. 우리 인간은 의식만 가지고 행복할 수 있는 존재가 아닙니다. 우리 행복에 영향을 끼치는 것은 환경입니다. 그러므로 우리가 살아가는 환경을 무시할 수 없습니다. 하지만 모든 것의 근본은 생각에서 출발합니다. 지식과 의식에서 출발합니다. 우리 삶을 창조하는 것은 우리의 생각입니다. 그러므로 생각을 잘 다스려야 합니다.

———— 우리가 … 생각하는 모든 것에 더 넘치도록 능히 하실 이에게 엡 3:20

하나님의 모든 창조는 하나님의 생각에서 시작되었습니다. 하나님의 모든 풍성함은 하나님의 생각에서 시작되었습니다. 그런 까닭에 우리 생각에 영향을 주고 자극을 주는 하나님에 대한 지식이 아주 중요합니다. 하나님을 어떤 분으로 아느냐가 우리의 생각과 언어와 행동과 관계와 환경에 영향을 끼치게 됩니다. 생각이 열쇠입니다. 우리 인생에 변화를 주고, 우리 인생을 개혁하고, 우리 인생을 혁신하기 위해서는 생각의 변화가 선행되어야 합니다. 우리는 성경에서 하나님의 풍성하심에 대해 배우게 됩니다.

하나님의 은혜가 풍성합니다

우리가 가장 갈망하고 찬양해야 할 것은 하나님의 은혜의 풍성함입니다. 왜냐하면 하나님의 은혜의 풍성함이 없으면 우리 삶의 풍성함도 없기 때문입니다. 은혜란 받을 자격이 전혀 없는 사람에게 베푸시는 하나님의 호의입니다.

> 우리는 그리스도 안에서 그의 은혜의 풍성함을 따라 그의 피로 말미암아 속량 곧 죄 사함을 받았느니라 엡 1:7

하나님은 그리스도 안에 있는 그의 은혜의 풍성함을 따라 그의 피로 우리 죄를 용서하셨습니다. 우리 인생을 황폐하게 한 것은 죄입니다. 하나님의 풍성함을 보지 못하게 만들고, 경험하지 못하게 만드는 것이 죄입니다. 아담이 선악과에 집착하는 순간, 에덴동산의 풍성함을 볼 수 없었습니다. 아담의 죄의 뿌리는 탐욕입니다. 하나님이 금하신 한 가지, 즉 선악과에 탐욕을 품는 순간 마귀가 찾아왔습니다. 마귀는 탐욕을 틈타 역사합니다.

죄는 풍성한 삶을 살지 못하게 만듭니다. 죄는 풍성함의 원천되시는 하나님과의 분리, 하나님과의 결별을 의미합니다. 죄는 스스로를 고립시킴으로써 모든 풍성함으로부터 멀어지게 합니다. 죄는 풍성한 생명을 도둑질하는 원범입니다. 죄는 모든 것을 파괴합니다. 죄는 가정을, 공동체를, 국가를 파괴했습니다. 지금은 지구를 파괴하고 있습니다. 죄가 모든 부요와 풍성함과 충만함을 깨뜨리고 있습니다. 예수님은 그의 피로 우리 죄를 용서하십니다. 죄 문제를 해결해 주시기 위해 우리 대신 십자가에서 죽으신 것입니다.

예수님의 풍성한 은혜가 감당하지 못할 죄인은 없습니다. 어떤 죄인도, 어떤 죄도 예수님의 보혈로 용서받을 수 있습니다. 하나님의 풍성함은 용서와 함께 경험할 수 있습니다. 예수님의 은혜는 단절된 하나님과 우리 사이를 연결시켜 줍니다. 그것이 십자가입니다. 그것이 바로 구원입니다.

───────── 너희는 그 은혜에 의하여 믿음으로 말미암아 구원을 받았으니 이것은 너희에게서 난 것이 아니요 하나님의 선물이라 엡 2:8

단절되면 하나님의 풍성한 공급이 끊어집니다. 연결되는 순간 풍성한 공급이 물밀듯 밀려옵니다. 구원은 하나님의 풍성한 생명과의 연결입니다. 구원은 풍성하신 하나님과의 연합입니다.

하나님의 영광이 풍성합니다

우리는 성경을 읽을 때 문맥을 통해 읽어야 합니다. 본문 말씀 앞에 먼저 그리스도의 영광의 풍성함이 기록되어 있습니다.

> 그의 영광의 풍성함을 따라 그의 성령으로 말미암아 너희 속사람을 능력으로 강건하게 하시오며 엡 3:16

사도 바울이 그의 영광의 풍성함이라고 말할 때 그의 영광의 풍성함은 무엇을 의미할까요? 사도 바울이 본 영광은 그리스도의 영광입니다. 그리스도는 모든 풍성함의 원천입니다. 그가 전하고 싶었던 것은 측량할 수 없는 그리스도의 풍성함입니다.

> 모든 성도 중에 지극히 작은 자보다 더 작은 나에게 이 은혜를 주신 것은 측량할 수 없는 그리스도의 풍성함을 이방인에게 전하게 하시고 엡 3:8

사도 바울이 본 그리스도의 영광의 풍성함은 예수 그리스도의 교회의 영광의 풍성함입니다. 우리는 거듭 그리스도에게 돌아가야 합니다.

> 교회 안에서와 그리스도 예수 안에서 영광이 대대로 영원무궁하기를 원하노라 아멘 엡 3:21

또한 우리는 거듭 그리스도의 교회로 돌아가야 합니다. 그 이유는 교회는 곧 그리스도의 몸이기 때문입니다. 그리스도의 몸 된 교회는 만물 안에서 만물을 충만하게 하는 충만입니다.

교회는 그의 몸이니 만물 안에서 만물을 충만하게 하시는 이의 충만함이 니라 엡 1:23

이 언어와 표현을 보십시오. 사도 바울의 언어는 풍성, 풍부, 충만입니다. 교회의 영광은 교회의 충만함에 있습니다. 또한 만민을, 만물을 충만하게 하는 풍성함에 있습니다. 구약성경에 생수가 성전 문지방에서 흘러나옵니다. 그 생수가 충만해져서 만물을 치유하고, 회복시키고, 풍성한 열매를 맺게 합니다(겔 47:1-12). 구약 시대에는 하나님의 영광이 성전에 머물렀습니다. 하나님의 영광의 임재는 성전에 있었습니다. 신약 시대에는 성전 되시는 예수 그리스도의 몸 된 교회 위에 하나님의 영광이 임하는 것을 봅니다.

예수님의 몸 된 교회에서 생수가 흘러나옵니다. 교회는 생수의 샘입니다. 축복의 샘입니다. 보혈의 샘입니다. 만민과 만물을 살리고 풍성하게 하며, 충만하게 하는 생명수의 샘입니다. 물 댄 동산입니다(사 58:11). 우리는 그리스도의 교회 안에 늘 거해야 합니다. 늘 가까이해야 합니다. 그때 우리가 충만함을 받아 누릴 수 있기 때문입니다.

하나님은 우리를 풍성하게 하심으로 그 영광을 드러내십니다. 핍절한 것은 영광스럽지 않습니다. 하나님의 나라는 풍성한 나라입니다. 부족함이 없는 나라입니다. 하나님의 영광스러움은 하나님의 풍성함을 통해 드러납니다. 또한 우리를 풍성하게 하심을 통해 드러납니다.

하나님의 사랑이 풍성합니다

우리를 참으로 풍성하게 하는 것은 사랑입니다. 우리는 소유가 우리 삶을 풍성하게 할 것이라고 생각합니다. 그래서 소유에 집착합니다. 소유에 집착하다가 탐욕스러워집니다. 소유에 대한 집착은 끝이 없습니다. 멈출 줄 모릅니다. 바로 그 집착이 우리를 빈곤하게 만듭니다. 탈진하게 만듭니다. 병들게 합니다. 눈을 어둡게 만듭니다. 타락하게 만듭니다. 예수님은 사람의 생명은 소유의 넉넉한 데 있지 않다고 말씀하십니다.

— 그들에게 이르시되 삼가 모든 탐심을 물리치라 사람의 생명이 그 소유의 넉넉한 데 있지 아니하니라 하시고 눅 12:15

예수님이 오신 이유는 풍성한 생명을 주시기 위해서입니다.

— 내가 온 것은 양으로 생명을 얻게 하고 더 풍성히 얻게 하려는 것이라
요 10:10하

예수님이 우리에게 주기 원하시는 생명은 사랑의 생명입니다. 우리를 충만하게 하고, 행복하게 만드는 것은 그리스도의 사랑입니다.

— 능히 모든 성도와 함께 지식에 넘치는 그리스도의 사랑을 알고 그 너비와 길이와 높이와 깊이가 어떠함을 깨달아 하나님의 모든 충만하신 것으로

예수님의 사랑을 알고, 그 사랑을 받을 때 우리는 하나님의 모든 충만으로 충만하게 됩니다. 그리스도의 사랑은 우리 영혼에 기쁨을 줍니다. 소망을 줍니다. 거룩한 쾌락을 경험하게 합니다. 그리스도의 사랑은 거룩합니다. 유쾌합니다. 신선합니다. 힘을 줍니다. 그리스도의 사랑과 접촉되는 순간 우리는 충만을 경험하게 됩니다. 하나님의 은혜와 사랑은 하나님의 긍휼과 늘 동행합니다.

———— 긍휼이 풍성하신 하나님이 우리를 사랑하신 그 큰 사랑을 인하여 엡 2:4

하나님의 무궁한 사랑 속에 하나님의 은혜가 있습니다. 또한 하나님의 긍휼이 담겨 있습니다. 긍휼이란 죄인이 마땅히 받아야 할 것을 거두는 것입니다. 죄인은 심판과 정죄와 저주와 하나님의 진노를 받아야 합니다. 하지만 예수님의 풍성하신 긍휼로 죄인에게 내려야 할 심판과 정죄와 저주와 진노를 예수님이 친히 우리를 대신하여 받으신 것입니다.

하나님의 은혜와 영광과 사랑은 죄인에게서 가장 빛을 발합니다. 흑암처럼 어두운 죄인들 위에 하나님의 풍성한 은혜와 긍휼과 사랑이 임할 때 그것이 하나님의 영광임에 틀림이 없습니다. 받을 자격이 있는 사람에게 베푸는 사랑은 영광스럽지 않습니다. 사랑스런 사람에게 베푸는 사랑은 누구나 가능합니다. 하지만 사랑받을 자격이 없는 원수에게 베푸는 사랑은 영광스럽습니다. 경건하고 의롭게 사는 사람에게 임하는 은혜와 긍휼은 영광스럽지 않습니다. 오히려 죄인에게, 경건치 않은 사람에게, 불의한 사람에게 임하는 은혜와 긍휼이 영광스럽고 찬란한 법입니다. 마치 검정 벨벳 위에 놓인 다이아몬드가 아름다운 것과 같습니다.

하나님이 정하신 풍성함의 원리를 통해
풍성한 삶을 누리십시오

하나님은 풍성함의 원리를 만드신 분입니다. 하나님이 성경을 통해 기록한 원리는 삶의 비밀과 같습니다. 이 비밀은 다 알려진 비밀입니다. 다만 그 비밀을 따라 살지 않는 것이 문제입니다. 원리란 누구나 적용하면 똑같은 결과를 만들어 내는 법칙과 같은 것입니다. 우리는 먼저 성경에 기록된 풍성함의 원리를 알아야 합니다. 또한 배운 원리를 삶 속에 적용해야 합니다. 활용해야 합니다. 그때 우리는 풍성함을 경험할 수 있습니다. 우리뿐 아니라 다른 사람들까지 풍성하게 할 수 있습니다.

기도를 통해 풍성한 은혜를 받게 됩니다

하나님은 기도를 통해 우리를 축복하십니다. 은혜를 베푸십니다. 사도 바울은 우리가 구할 때 하나님이 모든 것에 더 넘치도록 은혜를 베풀어 주신다고 말씀합니다.

우리 가운데서 역사하시는 능력대로 우리가 구하거나 생각하는 모든 것에 더 넘치도록 능히 하실 이에게 엡 3:20

여기서 먼저 그가 알고 있는 지식은 하나님이 우리 가운데서 능력으로 역사하고 계시다는 것입니다. 하나님은 우리 가운데 계십니다. 하나님은 우리 가운데 능력으로 역사하십니다. 이 지식, 이 깨달음, 이 믿음이 중요합니다. 바로 그 하나님께 간구하는 것입니다. 기도는 정말 놀라운 능력입니다. 기도란 풍성하신 하나님께 나아가는 것입니다. 기도란 하나님의 풍성함과 접촉하는 것입니다. 기도란 하나님의 생수의 강에서 생수를 끌어오는 도관(導管)입니다. 기도란 풍성하신 하나님께 나아가서 풍성한 은혜를 받는 것입니다.

우리가 다 그의 충만한 데서 받으니 은혜 위에 은혜러라 요 1:16

브레넌 매닝의 책《하나님의 맹렬한 사랑》에 나오는 이야기입니다.

언젠가 프로 골프 선수 아놀드 파머(Arnold Palmer)가 사우디아라비아에서 시범 경기를 한 적이 있다. 경기가 끝나자 국왕은 파머의 실력에 깊이 감동한 나머지 그에게 선물을 주기로 했다. 그러나 이미 억만장자인 파머는 이렇게 사양했다. "정말 필요 없습니다. 왕의 백성을 만나고 왕의 나라에서 골프를 친 것만으로도 즐거웠습니다."

국왕은 그에게 선물을 줄 수 없게 되자 노골적으로 불쾌감을 드러냈다. 파머는 생각을 고쳐 이렇게 말했다. "그렇다면 골프 클럽이 어떻겠습니까? 그거라면 제가 이곳에 온 좋은 기념물이 될 것입니다." 왕은 흡족했다. 이튿날, 심부름꾼이 파머의 호텔 방으로 골프장 소유권 증서를 가져왔다. 나무와 호수와 부대시설이 딸린 36홀 골프장이다. 왕 앞에서는 시시한 선물을 구하지 말라! 브레넌 매닝, 《하나님의 맹렬한 사랑》, 두란노, 135-136쪽

하나님은 우리가 구하는 것보다 더 풍성하게 베풀어 주시는 분입니다. 하나님은 사우디아라비아 국왕과는 비교할 수 없이 부요하시고, 풍성하신 분입니다. 하나님은 온 우주를 다스리시는 왕 중의 왕이십니다.

생각을 통해 풍성한 은혜를 받게 됩니다

생각이 열쇠입니다. 생각은 씨앗과 같습니다. 모든 것은 먼저 생각을 통해 창조됩니다. 어떤 생각을 하느냐에 따라 우리의 미래가 결정됩니다. 생각의 선택이 곧 미래를 선택합니다. 좋은 생각이 좋은 미래를 만듭니다. 나쁜 생각이 나쁜 미래를 만듭니다. 하루에도 우리는 수많은 생각을 하게 됩니다.

생각은 곧 상상력입니다. 꿈과 비전은 상상력입니다. 더 나은 미래, 더 아름다운 미래, 더 희망찬 미래, 더 건강한 미래, 더 복된 미래는 모두 상상을 통해 시작됩니다. 우리의 상상이 우리의 미래를 만듭니다. 하나님은 우리 안에 상상할 수 있는 능력을 부어

주셨습니다. 특별히 우리가 무엇인가를 반복해서 생각하고, 깊이 생각하고, 끈질기게 생각할 때 그 생각이 놀라운 결과를 낳습니다. 생각은 결과를 낳습니다. 생각이 우리 언어를 만들고, 생각이 우리 인생의 컬러를 결정합니다. 우리 생각이 우리 습관을, 우리 행동을 창조합니다. 하나님은 우리 생각을 따라 축복하십니다.

———— 우리가 … 생각하는 모든 것에 더 넘치도록 능히 하실 이에게 엡 3:20

우리는 생각의 중요성을 깨달아야 합니다. 우리 생각에 영향을 주는 것이 무엇인지를 알아야 합니다. 우리가 읽는 것, 우리가 보는 것, 우리가 듣는 것, 우리가 접촉하는 사람들이 우리 생각에 영향을 줍니다. 영적 훈련이란 우리 생각을 그리스도에게 사로잡아 오는 것입니다. 모든 어두운 생각, 의심하는 생각, 부정적인 생각, 절망적인 생각, 포기하고 싶은 생각, 미워하는 생각, 복수하고 싶은 생각, 교만한 생각들을 모두 그리스도에게 사로잡아 복종시키십시오.

———— 하나님 아는 것을 대적하여 높아진 것을 다 무너뜨리고 모든 생각을 사로 잡아 그리스도에게 복종하게 하니 고후 10:5

좋은 생각, 올바른 생각, 복된 생각을 하기 위해 말씀을 가까이 해야 합니다. 말씀을 읽고 묵상할 때 그 말씀이 우리 생각과 접촉됩니다. 하나님이 풍성한 분임을 아는 것도 말씀을 읽고 연구할 때 갖게 됩니다. 풍부의식도 말씀을 읽는 중에 갖게 됩니다. 말씀을 읽고 묵상할 때 우리 마음이 변화됩니다. 우리 생각이 변화됩니다. 그때 우리 미래도 변화됩니다.

농작의 법칙을 통해 풍성한 은혜를 받게 됩니다

하나님이 정하신 가장 놀라운 법칙 중에 하나가 농작의 법칙입니다. 농작의 법칙은 씨앗을 심는 종류대로 거두는 것입니다. 하나님이 천지를 창조하실 때 등장하는 것이 씨앗입니다.

> 하나님이 이르시되 땅은 풀과 씨 맺는 채소와 각기 종류대로 씨 가진 열매 맺는 나무를 내라 하시니 그대로 되어 땅이 풀과 각기 종류대로 씨 맺는 채소와 각기 종류대로 씨 가진 열매 맺는 나무를 내니 하나님이 보시기에 좋았더라 창 1:11-12

하나님은 열매를 주신 것이 아니라 씨앗을 주십니다. 씨앗을 심지 않고는 열매를 얻을 수가 없습니다. 우리가 얻기 원하는 열매의 씨앗을 뿌려야 그 열매를 얻게 됩니다. 복숭아가 먹고 싶으면 복숭아씨를 심어야 합니다. 사과가 먹고 싶으면 사과씨를 심어야 합니다. 수박이 먹고 싶으면 수박씨를 심어야 합니다.

> 스스로 속이지 말라 하나님은 업신여김을 받지 아니하시나니 사람이 무엇으로 심든지 그대로 거두리라 갈 6:7

심지 않은 것을 거둘 수는 없습니다. 우리가 무엇인가를 거두고 누리고 있다면 누군가가 심은 것입니다. 우리 선조들이 심은 것을 지금 우리가 누리고 있습니다. 우리 할아버지 할머니가 심은 것을 지금 우리가 누리고 있습니다. 우리 부모님이 심은 것을 우리가 누리고 있습니다. 우리가 지금 심은 것을 우리가 누릴 수도 있고, 우리가 누리지 못하면 우리 후손이 누리게 됩니다.

씨앗 속에는 무한한 풍성함이 담겨 있습니다. 한 알의 씨앗 속에는 풍성한 열매가 담겨 있습니다. 거대한 나무도 한 알의 씨앗에서 시작됩니다. 거대한 숲도 한 알의 씨앗에서 시작됩니다. 저는 제 생각이 핍절해지면 씨앗을 묵상합니다. 농작의 법칙을 묵상합니다. 수박씨를 묵상하고, 호박씨를 묵상합니다. 농작의 법칙 중에 하나는 심은 대로 거두며, 심은 것보다 많이 거둔다는 것입니다.

이것이 곧 적게 심는 자는 적게 거두고 많이 심는 자는 많이 거둔다 하는 말이로다   고후 9:6

심지 않고 거두는 것은 없습니다. 우리는 하나님의 은혜로 값없이 거저 구원을 받았습니다. 하지만 하나님은 우리를 구원하시기 위해 그의 독생자를 십자가에서 죽게 하셨습니다. 하나님이 우리 구원을 위해 예수님을 한 알의 밀알로 심으신 것입니다 (요 12:24). 성경은 예수님을 씨(seed)라고 표현합니다(갈 3:16, 창 22:18, 딤후 2:8).

자족을 통해 풍성한 은혜를 받게 됩니다

자족하는 법을 배우면 어떤 상황에서든 풍성함을 누리게 됩니다. 사도 바울은 자족했습니다. 그는 자족하는 법을 배웠다고 말합니다.

> 내가 궁핍하므로 말하는 것이 아니니라 어떠한 형편에든지 나는 자족하기를 배웠노니 나는 비천에 처할 줄도 알고 풍부에 처할 줄도 알아 모든 일 곧 배부름과 배고픔과 풍부와 궁핍에도 처할 줄 아는 일체의 비결을 배웠노라   빌 4:11-12

그는 어떠한 형편에든지 자족했습니다. 그는 진정한 자유자였습니다. 그는 상황을 초월해 행복했습니다. 그는 비천에 처할 줄도 알고 풍부에 처할 줄도 알았습니다. 예수님과 사도 바울이 강조하는 풍성함은 물질의 풍성함이라기보다는 내면의 풍성함, 존재의 풍성함을 의미합니다. 물론 물질의 풍성함이나 환경의 풍성함을 경시하지 않습니다. 사도 바울도 풍부에 처할 줄도 알았다고 말합니다. 하지만 예수님은 참된 풍성함과 부요는 하나님을 향한 부요라고 강조하십니다. 예수님은 삼가 모든 탐심을 경계하십니다. 앞에서 인용한 말씀을 다시 한 번 인용하겠습니다.

> 그들에게 이르시되 삼가 모든 탐심을 물리치라 사람의 생명이 그 소유의 넉넉한 데 있지 아니하니라 하시고   눅 12:15

이 말씀을 주신 후에 곳간을 헐고 더 크게 짓고 더 많은 곡식과 물건을 축적하는 부자를 비유하여 말씀하셨습니다. 부자가 물질을 쌓아 두고 스스로 즐기는 것이 얼마나 어리석은 일인가에 대해 말씀하셨습니다. 그 부자에게 있어서 돈이 하나님이었습니다. 돈이 그의 안전이었습니다. 돈이 그의 노후 대책이었습니다. 예수님은 비유의 결론을 다음과 같이 맺으셨습니다.

하나님은 이르시되 어리석은 자여 오늘 밤에 네 영혼을 도로 찾으리니 그러면 네 준비한 것이 누구의 것이 되겠느냐 하셨으니 자기를 위하여 재물을 쌓아 두고 하나님께 대하여 부요하지 못한 자가 이와 같으니라

눅 12:20-21

자족하기 위해서는 주어진 것에 만족할 줄 알아야 합니다. "늘 더 많이, 더 크게, 더 빨리"를 외치는 사람은 자족을 경험하지 못합니다. 늘 불만족 속에 삽니다. 남을 학대하고, 자신을 스스로 학대하며 삽니다. 스스로를 착취하며 삽니다. 자족하는 사람은 비교하지 않습니다. 주어진 것에 감사하며, 주어진 것을 심고 거두며, 주어진 것을 누릴 줄 압니다. 탐욕스런 사람은 자신에게 있는 것보다 다른 사람에게 있는 것에 집착합니다. 탐욕은 질투를 낳고, 질투는 한 인간을 괴물로 만들어 버립니다. 결국은 스스로 자신을 파괴하고 파멸에 이르게 만듭니다. 그에게 풍성함이란 없습니다.

나눔을 통해 풍성한 은혜를 받게 됩니다

이것이 풍성함의 또 하나의 신비입니다. 나누고 베푸는 사람은

복이 있는 사람입니다. 예수님은 "주는 것이 받는 것보다 복이 있다"(행 20:35)라고 말씀하십니다. 나눔은 심음입니다. 씨앗을 심는 것과 같습니다. 씨앗을 가지고만 있으면 씨앗 속에 풍성한 열매를 거둘 수 없습니다. 예수님은 주면 더 풍성해질 것이라고 말씀하십니다.

> 주라 그리하면 너희에게 줄 것이니 곧 후히 되어 누르고 흔들어 넘치도록 하여 너희에게 안겨 주리라 너희가 헤아리는 그 헤아림으로 너희도 헤아림을 도로 받을 것이니라 눅 6:38

성경의 나눔은 드림입니다. 하나님께 드리는 것은 성스러운 나눔입니다. 또한 사람에게 은혜를 베푸는 것은 복된 나눔입니다. 실천해 보십시오. 나누고 베풀 때 큰 은혜가 있습니다. 내면의 깊은 곳에서 솟구쳐 올라오는 기쁨을 경험하게 됩니다. 가난한 자를 돌보는 것은 하나님께 꾸어 주는 것입니다.

> 가난한 자를 불쌍히 여기는 것은 여호와께 꾸어 드리는 것이니 그의 선행을 그에게 갚아 주시리라 잠 19:17

하나님은 가난한 자들을 위해 추수 때에 이삭을 밭에 조금씩 남겨 두라고 명하셨습니다. 젊은 나이에 과부가 된 룻이 시어머니를 공경하기 위해 이삭을 주우러 밭에 나갑니다. 룻이 이삭을 주웠던 밭은 보아스의 밭이었습니다. 보아스는 룻에게 은혜를 베풀기 위해 사환들에게 일부러 이삭을 몰래 떨어뜨려 주라고 명합니다. 그리함으로 보아스는 룻과 더불어 더욱 풍성한 삶을 살게 됩니다. 성경은 보아스의 나누는 삶에 대해 나오미의 입을 통해 증언합니다.

나오미가 자기 며느리에게 이르되 그가 여호와로부터 복 받기를 원하노라 그가 살아 있는 자와 죽은 자에게 은혜 베풀기를 그치지 아니하도다 룻 2:20상

보아스는 살아 있는 자와 죽은 자에게 은혜 베풀기를 그치지 아니하시는 그리스도의 모형입니다. 예수님은 우리를 부요하게 하시기 위해 친히 가난하게 되셨습니다.

우리 주 예수 그리스도의 은혜를 너희가 알거니와 부요하신 이로서 너희를 위하여 가난하게 되심은 그의 가난함으로 말미암아 너희를 부요하게 하려 하심이라 고후 8:9

우리는 나눔을 통해 다른 사람을 부요하게 할 수 있습니다. 그리함으로 우리가 더욱 부요하게 됩니다.

감사를 통해 풍성한 은혜를 받게 됩니다

불평하고 원망하는 사람에게 풍성한 삶은 없습니다. 그 이유는 불평하고 원망할 때 자신이 가진 것을 볼 수 없기 때문입니다. 또한 자신이 가진 것을 누릴 수 없기 때문입니다. 반면에 감사하는 사람은 행복합니다. 그 이유는 자신이 가진 것에 집중하고, 자신

이 가진 것을 누릴 수 있기 때문입니다. 감사하는 사람은 겸손합니다. 자신이 지금까지 받은 은혜를 늘 감사해합니다.

감사하는 사람은 지혜롭습니다. 작은 것에 감사하는 중에 더 많은 것들을 받게 됩니다. 감사는 풍성한 복을 끌어오는 자석과 같습니다. 감사하면 더 좋은 것들이 찾아옵니다. 원망은 복을 밀어내는 것입니다. 불평은 나쁜 것을 불러옵니다. 불평하는 사람 주위에는 불평하는 사람들이 모입니다. 반면에 감사하는 사람 주위에는 감사하는 사람들이 모입니다.

감사는 기적을 창조합니다. 예수님은 기적을 행하시기 전에 먼저 감사하셨습니다. 오병이어의 기적을 일으키시기 전에, 죽은 나사로를 살리시기 전에 먼저 감사하셨습니다. 사도 바울은 감사의 비밀을 알았기 때문에 감사를 강조합니다. 감사는 그리스도의 평강을 경험하는 길입니다. 평강과 감사는 함께 동행하는 친구입니다.

그리스도의 평강이 너희 마음을 주장하게 하라 너희는 평강을 위하여 한 몸으로 부르심을 받았나니 너희는 또한 감사하는 자가 되라 골 3:15

또 무엇을 하든지 말에나 일에나 다 주 예수의 이름으로 하고 그를 힘입어 하나님 아버지께 감사하라 골 3:17

범사에 감사하라 이것이 그리스도 예수 안에서 너희를 향하신 하나님의 뜻이니라 살전 5:18

섬김을 통해 풍성한 은혜를 받게 됩니다

하나님의 복은 섬김을 통해 임합니다. "복"은 히브리어로 '바락'(בָּרַךְ, barak)입니다. 이 단어는 '무릎을 꿇다'와 연결되어 있습니다. 성경에 나오는 무릎을 꿇는 이미지는 기도입니다. 경배와 찬양입니다. 섬김입니다. 하나님의 복은 무릎을 꿇고 기도할 때, 무릎을 꿇고 경배와 찬양을 드릴 때, 무릎을 꿇고 섬길 때 임하는 것을 봅니다.

하나님의 복은 하나님의 생명의 흐름을 의미합니다. 하나님의 생명이 흘러가는 곳에 풍성한 은혜가 임하게 됩니다. 예수님은 섬기러 오셨습니다. 섬김을 통해 복을 주시기 위해 오셨습니다. '바락'이란 단어는 무릎을 꿇고 섬기며, 또한 복을 빌어 주는 것입니다. 섬기고 복을 빌어 줄 때 풍성한 은혜를 경험하게 됩니다.

───── 인자가 온 것은 섬김을 받으려 함이 아니라 도리어 섬기려 하고 자기 목숨을 많은 사람의 대속물로 주려 함이니라 막 10:45

가장 풍성한 삶을 사신 예수님의 삶의 비밀은 섬김에 있습니다. 어디를 가든지 섬김을 받으려는 잘못된 집착은 풍성한 삶의 장애물입니다. 어디서든지 섬김받기를 기대하는 것은 무거운 짐입니다. 섬김받지 못할 때 힘들어하고, 무시당했다고 생각하고, 열등감을 느낀다면 그리스도의 제자의 길과는 거리가 먼 생활을 하고 있는 것입니다. 그리스도의 제자는 행복의 조건 중에 하나로 섬김을 선택한 사람들입니다. 섬김을 받을 수 있는 기회는 가끔 찾아오지만 섬길 수 있는 기회는 어디를 가든지 만날 수 있습니다. 섬길 때마다 그 섬김을 행복으로 여기는 사람은 정말 풍성한 삶을 살고 있는 것입니다. 섬김은 천상의 기쁨을 선물해 줍니다. 섬김은 거룩한 유쾌함을 제공해 줍니다.

풍성하신 예수님과 연합할 때
풍성한 열매를 맺게 됩니다

하나님은 예수님 안에 모든 충만을 담아 주셨습니다. 예수님은 충만의 원천이십니다. 충만의 근원이십니다. 충만의 발원지입니다.

아버지께서는 모든 충만으로 예수 안에 거하게 하시고 골 1:19

그 안에는 신성의 모든 충만이 육체로 거하시고 골 2:9

우리가 예수님을 믿는다는 것은 예수님을 우리 마음에 모신다는 것을 의미합니다. 충만하신 예수님이 우리 마음에 들어오실 때 우리는 충만함을 경험하게 됩니다. 예수님 안에 하나님의 사랑, 긍휼, 자비, 은혜, 진리, 인자하심이 충만합니다. 예수님 안에 지식과 지혜와 명철과 능력이 충만합니다. 예수님 안에 우리가 필요한 모든 것이 있습니다.

인간은 천하보다 귀한 존재입니다. 그런 까닭에 천하를 담아도 인간의 욕심을 채우지 못합니다. 천하보다 크신 분을 모실 때 진정으로 만족할 수 있습니다. 세상에 끝이 없는 것이 두 가지가 있습니다. 인간의 욕심이 끝이 없고, 하나님의 사랑이 끝이 없습니다. 하나님의 사랑이 우리 안에 들어올 때 인간의 욕심은 끝이 납니다.

왜 믿음이 중요할까요? 믿음은 예수님을 영접하는 것이요, 예수님과 결혼하는 것이기 때문입니다. 예수님을 신랑으로 모시고, 우리는 예수님의 신부가 되는 것이기 때문입니다. 연합하는 순간 예수님의 충만이 우리의 충만이 됩니다. 그래서 믿음이 중요한 것입니다.

"믿음은 모든 축복의 뿌리다. 믿으라. 구원받게 될 것이다. 믿으라. 필요가 채워질 것이다. 믿으라. 위로받고 행복하게 될 것이다." -제레미 테일러

우리가 예수님과 연합할 때 모든 것이 가능해집니다. 풍성한 열매를 맺게 됩니다. 반면에 예수님을 떠나면 아무것도 할 수 없습니다.

나는 포도나무요 너희는 가지라 그가 내 안에, 내가 그 안에 거하면 사람이 열매를 많이 맺나니 나를 떠나서는 너희가 아무것도 할 수 없음이라 요 15:5

예수님은 풍성하신 분입니다. 충만하신 분입니다. 또한 우리를 풍성하게 하시는 분입니다. 모든 것을 가졌지만 하나님을 모시지

못한 사람은 가장 빈곤한 사람입니다. 반면에 아무것도 가진 것이 없다 할지라도 하나님을 모신 사람은 가장 부요한 사람입니다. 하박국의 고백이 바로 그런 고백입니다.

─── 비록 무화과나무가 무성하지 못하며 포도나무에 열매가 없으며 감람나무에 소출이 없으며 밭에 먹을 것이 없으며 우리에 양이 없으며 외양간에 소가 없을지라도 나는 여호와로 말미암아 즐거워하며 나의 구원의 하나님으로 말미암아 기뻐하리로다   합 3:17-18

이런 고백을 할 수 있는 사람은 복 있는 사람입니다. 사도 바울은 모든 것을 다 잃어버리고 오직 예수님을 얻기 원했습니다. 그리함으로 그는 가장 부요한 사람이 되었습니다.

─── 또한 모든 것을 해로 여김은 내 주 그리스도 예수를 아는 지식이 가장 고상하기 때문이라 내가 그를 위하여 모든 것을 잃어버리고 배설물로 여김은 그리스도를 얻고   빌 3:8

다윗은 가진 것 없이 그의 생애를 시작했습니다. 하지만 그의 곁에 하나님이 계셨습니다. 그의 생애를 보여 준 시편 23편의 고백 속에 그가 하나님으로 인해 얼마나 풍성한 삶을 살았는지가 담겨 있습니다.

─── 주께서 내 원수의 목전에서 내게 상을 차려 주시고 기름을 내 머리에 부으셨으니 내 잔이 넘치나이다   시 23:5

그의 생애는 차고 넘치는 하나님의 은혜로 풍성했습니다. 그는 소유에 집착하지 않았습니다. 그는 하나님이 주신 모든 소유를 드리고 나눴습니다. 그가 소유했던 것은 하나님이었습니다. 하나님으로 인해 기뻐했습니다. 즐거워했습니다.

> 내가 여호와를 항상 내 앞에 모심이여 그가 나의 오른쪽에 계시므로 내가 흔들리지 아니하리로다 이러므로 나의 마음이 기쁘고 나의 영도 즐거워하며 내 육체도 안전히 살리니 시 16:8-9

다윗처럼, 사도 바울처럼 우리가 살아간다면 우리 생애는 늘 풍성하고 충만한 삶을 살게 됩니다. 풍성하신 하나님을 의지하십시오. 성경에 기록된 풍성함의 원리를 따라 사십시오. 탐심을 버리십시오. 질투심을 버리십시오. 남의 것과 자신의 것을 비교하지 마십시오. 기도를 통해, 성경적인 생각을 통해, 농작의 법칙을 통해 풍성한 삶을 사십시오. 자족하는 훈련을 통해, 나눔과 베풂을 통해, 감사를 통해, 섬김을 통해 풍성한 삶을 사십시오.

아무리 많은 재산을 소유해도 "더 많이"에 집착한다면 그 사람은 여전히 가난합니다. 나누지 못하고 베풀지 못한다면 그 사람은 여전히 빈곤합니다. 반면에 비록 가진 것이 얼마 되지 않는 사람이라 할지라도 하나님을 모셨다면 그는 부요합니다. 가진 것에 감사하며 그것을 누릴 줄 안다면, 또한 작은 것이라도 나누고 베푼다면 그는 부요합니다. 하나님은 결코 인색하신 분이 아닙니다. 하나님은 풍성하신 분입니다. 너그러우신 분입니다. 베푸시는 분입니다. 주시기를 기뻐하시는 분입니다. 우리를 풍성하게 하시는 분입니다. 풍성하신 하나님을 모시고, 풍성한 삶을 살기를 빕니다.

20

영원하신 하나님을 아는 지식

신 33:26-29

인간은 유한하고
하나님은 영원하신 분입니다

모세가 만난 하나님은 영원하신 하나님입니다. 신명기는 그의 생애 마지막 순간에 전한 고별설교입니다. 특별히 신명기 33장은 그가 야곱의 열두 지파에게 복을 빌어 주는 말씀이 기록되어 있습니다. 신명기 33장은 다음과 같이 시작됩니다.

—— 하나님의 사람 모세가 죽기 전에 이스라엘 자손을 위하여 축복함이 이러하니라   신 33:1

이스라엘 민족은 죽기 전에 그의 자녀들을 축복하는 전통이 있습니다. 모세가 죽기 전에 온 이스라엘 자손을 축복합니다. 아주 중요한 순간입니다. 엄숙한 순간입니다. 모세는 이제 죽을 때가 된 것을 압니다. 죽을 때를 알고, 죽을 때를 준비하는 사람은 정말 지혜로운 사람입니다. 사람들은 죽을 때를 잘 모릅니다. 그래서 어리석게 삽니다. 죽을 때를 알고 죽음을 직면한다는 것은 정말 지혜롭습니다. 모세는 그의 시에서 우리의 날을 계수하는 것을 가르치사 지혜로운 마음을 얻게 해달라고 기록했습니다.

─────── 우리에게 우리 날 계수함을 가르치사 지혜로운 마음을 얻게 하소서
시 90:12

늘 죽음을 생각하며 살라는 것은 아닙니다. 하지만 모세처럼 자신의 마지막 때를 알 때 미래를 잘 준비할 수 있습니다. 남은 날들을 아주 소중하게 살아갈 수 있습니다. 다윗도 자신의 종말과 연한이 언제까지인지 알게 해달라고 기도했습니다(시 39:4). 모세는 신명기 33장에서 열두 지파에게 축복기도를 한 후에 그들의 눈길을 하나님께 돌리게 합니다.

─────── 여수룬이여 하나님 같은 이가 없도다 그가 너를 도우시려고 하늘을 타고
궁창에서 위엄을 나타내시는도다   신 33:26

여수룬은 이스라엘의 애칭입니다. 그는 여수룬의 하나님과 같은 분이 없다고 노래합니다. 하나님이 이스라엘을 돕기 위해 하늘을 타고 궁창에서 위엄을 나타내셨다고 노래합니다. 모세는 이어서 영원하신 하나님이 그들의 처소가 되시고, 영원하신 하나님의 팔이 그들 아래 있다고 노래합니다.

─────── 영원하신 하나님이 네 처소가 되시니 그의 영원하신 팔이 네 아래에 있도
다 그가 네 앞에서 대적을 쫓으시며 멸하라 하시도다   신 33:27

모세의 노래를 통해 배우는 하나님은 어떤 분이실까요? 모세

가 알고 경험한 하나님이 우리가 믿고 있는 하나님입니다.

영원하신 하나님이 우리에게
영원한 생명을 선물로 주십니다

하나님은 영원하십니다. 성경은 하나님을 영원하신 분으로 선포합니다. 구체적인 설명을 하기보다 하나님이 영원하시다고 선포합니다. 시편 90편 제목은 "하나님의 사람 모세의 기도"라고 되어 있습니다. 시편 150편 가운데, 모세의 시가 딱 한 편 들어 있습니다. 시편 90편은 모세가 쓴 기도시입니다. 그는 영원하신 하나님을 찬양함으로 그의 기도를 시작합니다.

주여 주는 대대에 우리의 거처가 되셨나이다 산이 생기기 전, 땅과 세계도 주께서 조성하시기 전 곧 영원부터 영원까지 주는 하나님이시니이다
시 90:1-2

모세는 하나님의 영원하심에 대해 알고 있습니다. 산이 생기기 전, 땅과 세계를 창조하시기 전부터 하나님이 거하셨다는 것입니다. 영원부터 영원까지 주는 하나님이십니다. 모세는 그의 기도시에서 하나님과 대조적으로 인간의 유한함을 알고 인정합니다. 인생을 잠깐 자는 것 같다고 말합니다. 아침에 돋는 풀처럼 쉽게 시들어 버린다고 말합니다(시 90:5-6). 인생이 긴 것 같지만 지나간

세월을 돌이켜 보면 순식간에 지나간 것처럼 느껴집니다.

> …우리의 평생이 순식간에 다하였나이다 우리의 연수가 칠십이요 강건하면 팔십이라도 그 연수의 자랑은 수고와 슬픔뿐이요 신속히 가니 우리가 날아가나이다 시 90:9-10

하나님의 영원하심을 깊이 깨닫기 위해서는 우리 인간의 유한함을 인식해야 합니다. 성경은 하나님에 대해 언급할 때 영원하신 분임을 강조합니다.

> 여호와여 주는 영원토록 지존하시니이다 시 92:8

하나님은 자신에 대해 말씀하실 때 거듭 영원한 분임을 강조하십니다. 하나님은 영원하신 분이기 때문에 하나님의 시간은 우리의 시간과 차원이 다릅니다. 우리는 하루 24시간, 일 년 365일, 또한 사계절을 따라 살아갑니다. 우리는 시작이 있고 끝이 있습니다. 하지만 하나님은 시작이 없고 끝이 없는 분입니다. 우리의 육신은 태어나고 또한 죽습니다. 하지만 하나님은 영존하시는 분입니다. 하나님의 시간은 우리가 사용하는 시간과 다릅니다.

> 사랑하는 자들아 주께는 하루가 천 년 같고 천 년이 하루 같다는 이 한 가지를 잊지 말라 벧후 3:8

하나님은 우리가 사용하고 있는 시간의 지배를 받지 않으십니다. 과거와 현재와 미래를 초월하십니다. 어거스틴은 그의 고백록에서 시간과 영혼에 대해 기록하고 있습니다. 그는 하나님은 모든 시간들을 아시지만 시간의 지배를 받지 않으신다고 고백합니다.

> 오, 주님, 당신은 영원자이시기 때문에 내가 당신께 아뢰는 이 고백을 다 알고 계십니다. 당신은 시간 속에서 일어나는 시간들을 아시되 지나가는 시간의 지배를 받지 않으십니다. 어거스틴, 《성 어거스틴의 고백록》, 대한기독교서회, 379쪽

하나님은 영원하시면서 동시에 우리와 함께 늘 계시기 때문에 영원한 현재 속에 거하십니다. 토저는 이 점을 강조합니다.

> 하나님은 존재하시기 때문에 여기에 계시고, 지금 계신다. 하나님은 "영원한 현재" 안에 거하신다. A. W. 토저, 《GOD 갓·하나님》, 규장, 308쪽

하나님의 영원하심은 하나님의 불변하심으로 이해할 수 있습니다. 우리 인간은 늘 변합니다. 몸도 변하고 마음도 변합니다. 하지만 하나님은 어제나 오늘이나 내일이나 영원토록 변함이 없으십니다.

— 예수 그리스도는 어제나 오늘이나 영원토록 동일하시니라 히 13:8

여기서 우리는 또 하나의 신비를 발견하게 됩니다. 하나님은 우리 인간을 유한하지만 또한 영원한 존재로 만드셨다는 것입니

다. 우리 육신은 어느 날 쇠하여 이 땅에 묻히게 됩니다. 하지만 우리 영혼은 영원히 존재합니다. 또한 땅에 안장되는 우리 육신도 예수님의 재림의 날에 부활하게 됩니다. 그리함으로 우리 육신도 결국은 부활의 몸을 입고 영원히 살게 됩니다.

우리가 어떻게 영원히 존재하는 것을 알 수 있을까요? 하나님이 우리 마음에 영원을 사모하는 마음을 주신 것을 보면 알 수 있습니다.

하나님이 모든 것을 지으시되 때를 따라 아름답게 하셨고 또 사람들에게는 영원을 사모하는 마음을 주셨느니라 그러나 하나님이 하시는 일의 시종을 사람으로 측량할 수 없게 하셨도다 전 3:11

우리가 이 땅을 떠나게 되면 영원한 생명 속에 살 수도 있고, 또한 영원한 형벌 속에 살 수도 있습니다. 영원한 하나님 아버지의 집인 천국에 살 수도 있고, 마귀를 위해 마련된 영원한 불이 타는 지옥에 살 수도 있습니다. 어떻게 우리가 영원한 하나님 아버지의 집에서 영원히 살 수 있을까요? 어떻게 영원한 형벌을 피할 수 있을까요? 예수님을 믿을 때 가능합니다. 예수님을 믿는 순간 우리 죄는 용서를 받습니다. 그 이유는 예수님이 우리를 대신해서 형벌을 받으셨기 때문입니다. 우리를 대신해서 죄인이 치러야 할 죗값을 치르셨기 때문입니다. 그리고 우리에게 영생을 주셨기 때문입니다.

하나님이 세상을 이처럼 사랑하사 독생자를 주셨으니 이는 그를 믿는 자 예수님을 믿게 되면 영생을 얻게 됩니다. 영원히 멸망하지 않게 됩니다. 또한 이 땅에 사는 동안에도 영원한 생명을 통해 충만한 삶을 살게 됩니다. 무엇보다 영원의 관점에서 모든 것을 바라보며 살게 됩니다. 우리가 예수님을 믿는다는 것은 실로 엄청난 일입니다. 엄청난 은혜입니다. 엄청난 사건입니다. 우리가 예수님을 영접하는 순간, 우리 안에 예수님이 들어오십니다. 예수님 안에 있는 영생이 우리의 것이 됩니다. 그때 우리는 영원한 세계 속으로 들어가게 됩니다.

> 또 증거는 이것이니 하나님이 우리에게 영생을 주신 것과 이 생명이 그의 아들 안에 있는 그것이니라 아들이 있는 자에게는 생명이 있고 하나님의 아들이 없는 자에게는 생명이 없느니라 요일 5:11-12

우리가 예수님을 통해 영생을 얻는 순간 영원한 시간 속으로 들어가게 됩니다. 우리 육신은 이 땅의 시간을 따라 살아가지만 우리 영혼은 하나님의 영원한 시간 속으로 들어가게 됩니다. 예수님을 믿는 우리를 위해 사용한 사도 바울의 언어가 놀랍습니다. 신비롭습니다. 사도 바울은 우리가 예수님을 믿는 순간 하나님이 우리를 창세전에 선택하신 것을 깨닫게 된다고 말합니다.

> 곧 창세전에 그리스도 안에서 우리를 택하사 엡 1:4상

사도 바울은 우리가 예수님을 믿는 순간 그리스도와 함께 죽고 그리스도와 함께 다시 살리심을 받았다고 말합니다. 또한 예수님과 함께 하늘에 앉히셨다고 말합니다.

> 허물로 죽은 우리를 그리스도와 함께 살리셨고 (너희는 은혜로 구원을 받은 것이라) 또 함께 일으키사 그리스도 예수 안에서 함께 하늘에 앉히시니 엡 2:5-6

이것이 구원입니다. 구원을 받은 성도는 영원 속으로 들어가게 됩니다. 그래서 구원받은 성도는 참으로 행복한 사람이 됩니다.

> 이스라엘이여 너는 행복한 사람이로다 여호와의 구원을 너같이 얻은 백성이 누구냐 그는 너를 돕는 방패시요 네 영광의 칼이시로다 네 대적이 네게 복종하리니 네가 그들의 높은 곳을 밟으리로다 신 33:29

모세는 하나님의 은혜로 구원받은 이스라엘 백성이 행복한 사람들이라고 노래합니다. 하나님이 그들의 방패가 되시고 영광의 칼이 되신다고 말합니다. 하나님이 함께하심으로 대적이 그들에게 복종하며 대적의 높은 곳을 밟으리라고 말합니다. 이 사실은 예수님을 믿는 우리에게 그대로 현실이 됩니다. 우리는 예수님을 믿음으로 새 이스라엘이 되었습니다. 또한 예수님이 우리와 함께 하십니다. 우리는 예수님 이름의 권세로 원수 사단을 물리칩니다. 그들을 발로 밟아 승리하게 됩니다.

구약 시대의 성도들은 장차 오실 메시아를 바라보면서 구원을 받았습니다. 모세가 그리스도를 위해 능욕을 받았다는 이야기가 히브리서에 기록되어 있습니다. 그는 그리스도를 바라보았으며, 또한 영원한 세계를 믿었습니다. 영원한 상급을 믿었습니다.

그리스도를 위하여 받는 수모를 애굽의 모든 보화보다 더 큰 재물로 여겼으니 이는 상 주심을 바라봄이라 히 11:26

성경은 모세가 느보산에서 죽었다고 기록하고 있습니다. 그가 죽은 것은 그의 육신이 죽은 것입니다. 하지만 그의 영혼은 살아 있었습니다. 그는 영존하시는 하나님과 함께 살아 있었습니다. 어떻게 알 수 있습니까? 마태복음 17장에서 예수님이 변화산상에 올라가셨을 때 구약의 두 인물이 등장합니다. 모세와 엘리야입니다(마 17:2-3). 모세는 느보산에서 죽었지만 그는 살아 있었습니다. 엘리야는 불말과 불병거를 타고 죽음을 보지 않고 하늘로 올라간 선지자입니다.

영원하신 하나님이 예수님을 믿는 우리에게 영생을 주심으로 영원한 행복을 누리게 하십니다. 또한 영생을 선물로 받은 우리는 영원한 미래를 준비하며 이 땅에서 살게 됩니다. 사도 바울은 이 땅에서 열심히 주님을 섬겼습니다. 그 이유는 영원한 세계가 그를 기다리고 있음을 알았기 때문입니다. 그는 이 땅에 사는 동안에 그의 영혼이 셋째 하늘에 이끌려 간 경험이 있습니다(고후 12:2-4). 사도 바울은 이런 경험을 통해 보이지 않는 영혼과 영원한 세계를 의식하며 살았습니다.

영원하신 하나님은
영원한 행복을 선물로 주십니다

하나님은 우리가 행복하길 원하십니다. 영원히 행복하길 원하십니다. 일시적인 만족이 아니라 영원한 만족 속에 들어가길 원하십니다. 모세는 하나님의 구원을 받은 이스라엘 백성을 향해 외칩니다.

———— 너는 행복한 사람이로다 신 33:29

때로는 자신이 행복한 사람인데도 자신이 행복한 사람인 걸 모를 수가 있습니다. 자신이 누구이며, 자신이 무엇을 받았으며, 자신이 무엇을 소유했는지 모르는 사람들이 있습니다. 자신이 믿고 있는 하나님이 어떤 분인가를 모르는 사람들이 있습니다. 자신이 받은 복음이 얼마나 부요하고, 얼마나 영광스러운지를 모르는 사람들이 있습니다. 그래서 깨우침이 필요합니다. 눈을 열어 주는 것이 필요합니다. 자세한 설명이 필요합니다. 우리가 영원하신 하나님을 만날 때 알아야 할 것이 있습니다.

우리는 영원한 하나님의 나라를 받았습니다

하나님이 우리의 영원한 처소가 되십니다. 하나님이 거하시는 처소가 곧 우리의 처소입니다.

———— 영원하신 하나님이 네 처소가 되시니 신 33:27상

세상 나라는 영원하지 않습니다. 세상의 왕이 통치하는 나라는 오래가지 않습니다. 그들은 정의롭지 않습니다. 오히려 불의합니다. 그래서 그들의 나라는 자주 흔들립니다. 하지만 하나님이 우리에게 주신 나라는 흔들리지 않습니다.

———— 그러므로 우리가 흔들리지 않는 나라를 받았은즉   히 12:28상

우리가 유업으로 받은 나라는 썩지 않고 더럽지 않고 쇠하지 않는 나라입니다(벧전 1:4). 하나님의 나라는 영원합니다. 하나님의 통치도 영원합니다.

———— 주의 나라는 영원한 나라이니 주의 통치는 대대에 이르리이다   시 145:13

영원의 시각에서 세상 나라와 세상의 권력자들을 바라보십시오. 세상 나라는 오래가지 않습니다. 세상 권력자들도 오래가지 않습니다. 하지만 하나님의 나라와 통치는 영원합니다. 우리는 예수님을 믿음으로 그리스도의 영원한 나라에 들어가게 되었습니다. 우리는 이미 하나님의 나라를 경험하고 있습니다.

———— 이같이 하면 우리 주 곧 구주 예수 그리스도의 영원한 나라에 들어감을 넉넉히 너희에게 주시리라   벧후 1:11

우리의 시민권은 하늘에 있습니다(빌 3:20상). 아브라함은 장막에 살았습니다. 그 이유는 더 나은 본향을 사모한 까닭입니다(히 11:10, 16). 우리는 이 땅에 살아가면서 안락한 집을 원합니다. 하지

만 그 집이 영원하지 않음을 압니다. 우리는 늘 이동하는 유목민처럼 살아갑니다. 그 이유는 영원한 집이 우리를 기다리고 있기 때문입니다.

> "아버지 하나님께서는 우리의 여행길에 안락한 여관을 예비해 두심으로써 우리에게 새로운 힘을 주시나 그 여관을 자기 집으로 착각은 하지 않도록 하신다." -C. S. 루이스

우리는 영원한 하나님의 말씀을 받았습니다

하나님이 영원하신 것처럼 하나님의 말씀도 영원합니다. 우리 영혼은 영원하신 하나님의 말씀을 먹고 거듭났습니다. 영원하신 하나님의 말씀을 먹고 살아갑니다.

> 그러므로 모든 육체는 풀과 같고 그 모든 영광은 풀의 꽃과 같으니 풀은 마르고 꽃은 떨어지되 오직 주의 말씀은 세세토록 있도다 하였으니 너희에게 전한 복음이 곧 이 말씀이니라 벧전 1:24-25

하나님은 말씀으로 만물을 만드셨습니다. 예수님이 말씀으로 오셨습니다. 예수님은 영생의 말씀입니다(요 6:68). 예수님은 영생하게 하시는 말씀입니다. 예수님의 살과 피가 우리를 영생하게 하시는 생명의 떡이요, 생명의 피입니다. 예수님의 살을 먹고 그 피를 마시는 사람은 영생을 가졌습니다(요 6:53-54). 성 어거스틴은 영원불멸하는 하나님의 말씀에 대해 다음과 같이 기록했습니다.

당신의 말씀은 참으로 영원하고 불멸하시므로 그 말씀의 어느 부분도 지나가 다른 말로 대치되지를 않습니다. 따라서 당신은 당신과 함께 영원히 계신 그 말씀에 의하여 모든 말을 동시에 영원히 하십니다. 당신은 그 말씀으로 모든 것을 만드셨습니다. 당신이 말씀으로 만드시지 않은 것이 하나도 없습니다. 어거스틴,《성 어거스틴의 고백록》, 대한기독교서회, 387쪽

우리는 영원한 하나님의 보호 아래 있습니다

하나님은 우리가 신뢰할 영원한 반석이십니다. 하나님은 우리가 의지할 수 있는 영원한 팔이 되십니다. 하나님은 그분의 백성을 지켜 주시는 영원한 팔이 되십니다.

그의 영원하신 팔이 네 아래에 있도다 신 33:27

하나님의 팔은 하나님의 능력을 상징합니다. 하나님의 팔은 하나님의 붙드심을 의미합니다. 하나님의 팔은 하나님의 보호를 의미합니다. 그 팔은 영원하신 팔입니다. 하나님의 영원하신 팔이 하나님의 백성과 함께하십니다.

우리가 신뢰할 수 있는 팔은 영원하신 하나님의 팔입니다. 우리는 어릴 적부터 누군가를 신뢰하며 살아왔습니다. 또한 무엇인가를 의지하며 살아왔습니다. 하지만 우리가 신뢰했던 것들이 우리에게 큰 실망을 주었습니다. 특별히 어려운 일을 만났을 때 우리가 신뢰하는 것들이 도움이 되지 않았습니다. 잠언의 말씀이 그 사실을 증명해 줍니다.

────── 환난 날에 진실하지 못한 자를 의뢰하는 것은 부러진 이와 위골된 발 같으
니라 잠 25:19

우리가 신뢰할 분은 오직 하나님뿐입니다. 왜냐하면 하나님만
이 우리가 신뢰할 수 있는 영원한 반석이시기 때문입니다.

────── 너희는 여호와를 영원히 신뢰하라 주 여호와는 영원한 반석이심이로
다 사 26:4

우리가 하나님만을 신뢰하는 까닭은 하나님만이 우리를 영원
히 보호해 주실 수 있기 때문입니다.

────── 여호와께서 … 그의 성도를 버리지 아니하심이로다 그들은 영원히 보호
를 받으나… 시 37:28

그러나 주께 피하는 모든 사람은 다 기뻐하며 주의 보호로 말미암아 영원
히 기뻐 외치고… 시 5:11

예수님은 하나님의 보호하심을 분명히 말씀해 주십니다.

────── 내가 그들에게 영생을 주노니 영원히 멸망하지 아니할 것이요 또 그들을
내 손에서 빼앗을 자가 없느니라 그들을 주신 내 아버지는 만물보다 크시
매 아무도 아버지 손에서 빼앗을 수 없느니라 요 10:28-29

우리는 영원한 하나님의 사랑을 받았습니다

하나님은 히브리 노예들을 사랑하셨습니다. 하나님의 풍성한

은혜와 긍휼로 그들을 사랑하셨습니다. 하나님의 사랑에는 조건이 없습니다. 그 사랑은 영원한 사랑입니다.

───── 옛적에 여호와께서 나에게 나타나사 내가 영원한 사랑으로 너를 사랑하기에 인자함으로 너를 이끌었다 하였노라   렘 31:3

세상의 사랑은 유한합니다. 사람들의 사랑도 유한합니다. 쉽게 변질됩니다. 하지만 하나님의 사랑은 영원합니다. 하나님은 영원한 위로자가 되십니다(살후 2:16). 하나님의 영원한 사랑, 맹렬한 사랑을 받은 브레넌 매닝은 자신이 받은 하나님의 사랑을 전합니다.

그날은 1975년 만우절 아침이었다. … 그때 나는 노숙자로 산 지 1년 반쯤 됐었다. 날마다 술에 취해 경찰관에게 쫓겨날 때까지 바닷가에서 잤다. … 이 얌전한 프란체스코회 신부는 과음만 한 게 아니다. 간음, 셀 수 없이 많은 음행, 중독을 유지하기 위한 폭력, 감히 나를 비난하거나 충고하려는 자에게 대한 인신공격까지, 어느 화요일 하루에만 나는 십계명 각 항목을 여섯 번씩이나 범했다.

술기운에 몽롱하게 깨어난 그날 아침, 스물다섯 살쯤 된 금발의 예쁜 여자가 네 살쯤 된 아들의 손을 잡고 내 쪽으로 걸어오고 있었다. 사내아이는 손을 비틀어 빼고는 문간으로 달려와 나를 쳐다보았다. 엄마가 얼른 쫓아와 손으로 아이의 눈을 가리며 말했다. "보지 마, 더러워. 순전히 쓰레기 같으니라구." 그 순간 날아온 그녀의 발길질에 갈비뼈 두 대가 부러졌다.

바로 그 쓰레기가 32년 전의 브레넌 매닝이다. 그런데 내가 순전히 은혜로 알게 된 하나님, 내 자아의 한 모퉁이에서 만난 예수님은 내 상태와 상관 없이 늘 나를 맹렬히 사랑하셨다. 왜 그러실까? 그분의 사랑은 절대로, 절대로, 절대로 우리의 행위에 기초하지 않으며, 절대로 우리의 기분에 제약 받지 않기 때문이다. 하나님의 맹렬한 사랑은 변함도 없고 회전하는 그림 자도 없다. 그 사랑은 확실하다. 그리고 늘 다정하다. 브레넌 매닝, 《하나님의 맹렬한 사랑》, 두란노, 38-40쪽

우리는 영원한 하나님의 소망을 받았습니다

하나님은 소망의 하나님이십니다. 우리가 영원히 소망해야 할 분이십니다. 참된 소망은 오직 하나님께로부터 옵니다. 소망의 하 나님은 우리에게 소망이 넘치게 하십니다.

소망의 하나님이 모든 기쁨과 평강을 믿음 안에서 너희에게 충만하게 하 사 성령의 능력으로 소망이 넘치게 하시기를 원하노라   롬 15:13

인간은 소망하는 존재입니다. 우리는 소망 없이는 살 수 없습 니다. 우리는 무슨 일을 하든지 소망을 품고 행합니다.

밭 가는 자는 소망을 가지고 갈며 곡식 떠는 자는 함께 얻을 소망을 가지 고 떠는 것이라   고전 9:10하

인간은 붙잡고 있던 소망이 사라지면 절망하게 됩니다. 우리가 붙잡은 소망들은 유통기한이 짧습니다. 우리가 소망을 가졌던 직

장이, 배우자가, 자녀가, 심지어는 교회와 지도자들이 실망을 주었습니다. 심지어 우리 자신에게도 실망을 합니다. 우리는 붙잡았던 소망이 사라지면 다른 소망을 붙잡습니다. 그 소망이 우리를 실망시키면 또 다른 소망을 찾아냅니다. 우리는 그래야만 살 수 있기 때문입니다. 하지만 우리가 진정 추구해야 할 것은 유통기한이 짧은 소망이 아닙니다. 참된 소망, 산 소망, 그리고 하나님의 영원한 소망입니다. 우리는 참된 소망이 있으면 어떤 고통도 이겨 냅니다. 오히려 고통 중에도 즐거워합니다. 그 이유는 소망 때문입니다.

―――― 소망 중에 즐거워하며 환난 중에 참으며 기도에 항상 힘쓰며 롬 12:12

하지만 세상 소망은 유통기한이 짧습니다. 유통기한이 짧은 소망을 붙잡고 살아가는 것은 지혜롭지 않습니다. 그렇게 살아가는 사람은 자주 실망하고 자주 절망합니다. 자주 좌절감에 빠집니다. 우리가 붙잡아야 할 소망은 영원한 소망입니다. 결코 우리를 실망시키지 않는 소망입니다. 그 소망은 하나님이십니다. 우리 예수님이십니다.

―――― 주여 이제 내가 무엇을 바라리요 나의 소망은 주께 있나이다 시 39:7
우리 구주 하나님과 우리의 소망이신 그리스도 예수의 명령을 따라 그리스도 예수의 사도 된 바울은 딤전 1:1

참된 소망은 하늘에 쌓아 둔 소망입니다(골 1:5). 우리 소망은 이 땅에 있지 않습니다. 이 땅에서 바라보는 소망은 영원하지 않습니다. 예수님을 믿는 사람들은 하나님께 소망을 둡니다. 그래서 두려움을 초월합니다. 불안해하지 않습니다. 사람들은 우리의 소망에 대해 궁금해합니다. 그때 우리의 전도가 힘 있게 전개됩니다.

———— 너희 마음에 그리스도를 주로 삼아 거룩하게 하고 너희 속에 있는 소망에 관한 이유를 묻는 자에게는 대답할 것을 항상 준비하되 온유와 두려움으로 하고 벧전 3:15

우리가 하나님께 소망을 두고, 하늘에 소망을 두고 살 때 사람들은 우리 속에 있는 소망에 관한 이유를 묻게 됩니다. 그때 우리는 소망 되신 그리스도를 전해야 합니다. 소망의 복음을 전해야 합니다.

우리는 영원한 하나님의 기쁨을 받았습니다

우리가 살아가는 데 믿음, 소망, 사랑은 필수입니다. 동시에 우리 삶에 필요한 것은 기쁨입니다. 즐거움입니다. 그런 까닭에 사람들은 늘 쾌락을 추구합니다. 쾌락을 우상으로 삼고 살아갑니다. 하지만 세상이 주는 쾌락은 유한합니다. 또한 세상이 주는 쾌락은 죄의 쾌락일 가능성이 많습니다. 모세는 죄에도 낙이 있음을 인정합니다. 하지만 그 죄악의 낙이 얼마나 위험한지 알고 있습니다. 그런 까닭에 그는 죄악의 낙보다는 하나님의 백성과 함께 고난을 받는 것을 더 좋아했습니다. 그리스도를 위해 받는 고난이 주는 기쁨이 죄악의 낙보다 큰 까닭입니다.

— 도리어 하나님의 백성과 함께 고난받기를 잠시 죄악의 낙을 누리는 것보
다 더 좋아하고 그리스도를 위하여 받는 수모를 애굽의 모든 보화보다 더
큰 재물로 여겼으니 이는 상 주심을 바라봄이라   히 11:25-26

세상 사람들은 돈을 우상으로 삼고 있습니다. 그 이유는 돈이
줄 수 있고, 살 수 있는 쾌락 때문입니다. 돈과 섹스와 권력은 연
결되어 있습니다. 그 결론은 쾌락입니다. 하지만 우리가 알고 경
험하는 것처럼 세상의 쾌락은 달콤하지만 그다음에 찾아오는 것
은 비극입니다. 공허함입니다. 수치심입니다. 비참함입니다. 불안
과 두려움과 죄책감입니다. 죄 때문에 가정이 파괴됩니다. 죄 때
문에 모든 풍성한 삶이 무너져 내립니다. 하나님은 우리에게 진
정한 기쁨과 영원한 즐거움을 주기 원하십니다. 다윗은 바로 충
만한 기쁨, 영원한 즐거움을 경험했습니다.

— 주께서 생명의 길을 내게 보이시리니 주의 앞에는 충만한 기쁨이 있고 주
의 오른쪽에는 영원한 즐거움이 있나이다   시 16:11

이사야는 구속받은 사람들이 누리는 영원한 기쁨에 대해 찬양
합니다.

— 여호와께 구속받은 자들이 돌아와 노래하며 시온으로 돌아오니 영원한
기쁨이 그들의 머리 위에 있고 슬픔과 탄식이 달아나리이다   사 51:11

우리는 영생을 통해
영원한 관점을 선물로 받았습니다

우리가 예수님을 믿을 때 하나님은 영생을 선물로 허락해 주셨습니다. 영생은 영원한 생명입니다. 영원한 지식입니다. 특별히 영원하신 하나님과 연합으로 얻게 되는 영원하신 하나님을 아는 것입니다.

영생은 곧 유일하신 참 하나님과 그가 보내신 자 예수 그리스도를 아는 것이니이다 요 17:3

영생하시는 하나님을 알 때 우리 영혼의 눈이 열리게 됩니다. 영혼의 눈이 열리면 영원의 관점에서 모든 것을 바라보게 됩니다. 영원의 관점에서 사람을 바라볼 때 사람의 영혼은 정말 가치가 있습니다. 왜냐하면 각 사람의 영혼은 유일할 뿐만 아니라 영원하기 때문입니다. 그 가치는 천하보다 귀합니다(마 16:26).

예수님은 한 영혼이 온 천하보다 귀하다고 말씀하십니다. 영원의 관점에서 고난을 바라보십시오. 고난은 하나님의 신비입니다.

하나님이 우리에게 원하시는 것은 예수 그리스도의 성품을 닮는 것입니다. 그 일을 위해 고난을 허락하십니다. 영원한 영광스런 성품을 위해 고난을 허락하십니다. 그 안목으로 고난을 바라보면 고난은 새롭게 다가옵니다.

> 생각하건대 현재의 고난은 장차 우리에게 나타날 영광과 비교할 수 없도다 롬 8:18

영원의 관점에서 보면 우리가 겪는 고난은 하나의 점에 불과합니다. 물론 환난을 통과할 때 그 고통이 얼마나 힘든지는 다 압니다. 그럼에도 사도 바울은 영원의 관점에서 환난을 바라보라고 권면합니다. 환난이 영원한 영광을 우리 삶 속에 이룬다고 말합니다. 영원의 관점에서 환난을 보면 다른 관점을 갖게 됩니다. 그리함으로 사도 바울 자신도 모든 고난을 이겨 냈습니다. 보이는 것은 잠깐입니다. 보이지 않는 것이 영원합니다.

> 우리가 잠시 받는 환난의 경한 것이 지극히 크고 영원한 영광의 중한 것을 우리에게 이루게 함이니 우리가 주목하는 것은 보이는 것이 아니요 보이지 않는 것이니 보이는 것은 잠깐이요 보이지 않는 것은 영원함이라 고후 4:17-18

영원의 관점에서 돈과 섹스와 권력을 바라보십시오. 그 모든 것은 일시적입니다. 그 모든 쾌락에 대한 갈망은 영원한 기쁨에 대한 갈망의 그림자일 수 있습니다.

"이 세상에서는 결코 만족시킬 수 없는 갈망이 내 안에 있다면 그것은 내가 다른 세상을 위해 지어졌기 때문이라고 보는 것이 가장 타당하다." -C. S. 루이스

우리는 그림자에 집착할 것이 아니라 영원한 만족과 기쁨을 추구해야 합니다. 그런 까닭에 하나님 나라와 영원 구원에 가치를 둔 사람들은 이 세상의 소유를 초월할 줄 압니다. 젊은 나이에 순교했던 짐 엘리어트가 남긴 말이 우리에게 도전이 됩니다.

"잃어버려서는 안 되는 것을 얻기 위하여 영원히 간직할 수 없는 것을 포기하는 자는 결코 어리석은 자가 아니다." -짐 엘리어트

하나님이 주신 영생, 하나님의 나라는 결코 잃어버려서는 안 됩니다. 하지만 세상의 모든 것은 영원히 간직할 수 없습니다. 영원히 간직할 수 없는 것을 포기할 줄 아는 사람은 어리석은 사람이 아닙니다. 오히려 영혼 구원과 구제와 선교에 헌신한 사람들은 하늘에 보화를 쌓아 두는 사람들입니다. 하늘의 상급을 바라보며 사는 사람들입니다.

우리 인생은 이 땅에서의 삶으로 끝나지 않습니다. 우리가 이 땅에 사는 이유 중에 하나는 영원한 세계를 준비하기 위한 것입니다. 성경은 수없이 영원한 세계에서 받게 될 상급과 면류관에 대해 이야기합니다. 우리가 성경을 날마다 읽어야 하는 이유는

성경이 이 세상이 전부가 아니라는 사실을 깨닫게 도와주기 때문입니다. 우리가 정기적으로 공적인 예배에 참석해서 하나님을 예배하는 이유는 공적인 예배를 통해 이 세상이 전부가 아니라는 사실을 깨우치기 위함입니다.

또한 고난은 우리 영원에 눈을 뜨게 만들어 주는 신비로운 손길입니다. 고난을 통해 우리의 눈이 열려 영원한 세계를 소망하게 됩니다. 고난을 통해 우리는 예수님의 성품을 닮게 되며, 영원한 영광을 바라보게 됩니다. 영원한 소망은 미래만을 위해 주신 것이 아닙니다. 매일 매 순간을 하나님의 은혜 안에 살 수 있도록 도와주시기 위해 주신 것입니다. 하나님처럼 영원한 현재 속에 살도록 도와주시기 위한 것입니다.

하나님은 영원하시고, 우리 인간의 육신은 유한합니다. 하지만 우리가 예수님을 믿고 영생을 선물로 받는 순간 우리는 영생을 얻게 됩니다. 우리 영혼은 영원 속으로 들어가게 됩니다. 영생을 받은 우리는 영생을 누리며 살게 됩니다. 하나님의 나라를 미리 경험하게 됩니다. 또한 영원한 믿음, 소망, 사랑 속에 살게 됩니다. 영원한 기쁨과 즐거움을 누리며 살게 됩니다. 영원한 나라를 소망하며 살게 됩니다.

영원의 관점에서 자녀에게 가장 필요한 것은 하나님이십니다. 우리는 영원의 관점에서 영원한 나라를 위해 투자하는 지혜를 발휘해야 합니다. 우리는 영원한 현재를 살아야 합니다. 동시에 영원한 삶에 투자를 해야 합니다. 영원히 남아 있는 것에 가치를 부여할 줄 알아야 합니다. 예수님을 믿는 우리는 모두 영원히 살게 됩니다. 그런 까닭에 영원히 가치 있는 존재입니다. 그러므로 우리는 영원하신 하나님을 찬양하며, 또한 서로를 존귀히 여겨야 합니다. 영원히 우리를 실망시키지 않으실 하나님께 소망을 두고 살기를 빕니다.

하나님은 우리를 영원히 사랑하십니다. 영원히 보호하십니다. 하나님의 영원한 팔이 우리를 붙잡고 있습니다. 그러므로 모든 염려를 내려놓으십시오. 우리가 염려하는 것들은 영원의 관점에서 볼 때 작은 점에 불과합니다. 하나님은 모든 것을 합력하여 선을 이루실 것입니다. 영원하신 하나님과 함께 영원한 행복 속에서 날마다 살아가기를 빕니다.

21

새
롭
게 하
시
는 하
나
님
을 아
는 지
식

게 21:1-5

하나님은 만물을
새롭게 하시는 분입니다

우리는 그동안 하나님을 깊이 알기 위해 긴 여행을 함께했습니다. 물론 제가 전하는 모든 말씀이 하나님이 누구신가를 증거하고 있습니다. 하지만 "하나님을 아는 지식의 영광"이라는 주제로 집중해서 하나님이 누구신가에 대해 말씀을 전한 것은 처음입니다. 저는 "하나님을 아는 지식의 영광"에 대한 메시지를 요한계시록 21장의 말씀으로 마무리하려 합니다.

보좌에 앉으신 이가 이르시되 보라 내가 만물을 새롭게 하노라 하시고 또 이르시되 이 말은 신실하고 참되니 기록하라 하시고 계 21:5

이 말씀을 주시기 전에 하나님은 새 하늘과 새 땅을 보게 하십니다. 또한 새 예루살렘을 보게 하십니다.

또 내가 새 하늘과 새 땅을 보니 처음 하늘과 처음 땅이 없어졌고 바다도 다시 있지 않더라 또 내가 보매 거룩한 성 새 예루살렘이 하나님께로부터 하늘에서 내려오니 그 준비한 것이 신부가 남편을 위하여 단장한 것 같더

라 계 21:1-2

새 예루살렘은 천국의 모습을 보여 줍니다. 바로 그곳에 하나님이 함께하십니다. 천국은 하나님이 함께하시는 곳입니다.

내가 들으니 보좌에서 큰 음성이 나서 이르되 보라 하나님의 장막이 사람들과 함께 있으매 하나님이 그들과 함께 계시리니 그들은 하나님의 백성이 되고 하나님은 친히 그들과 함께 계셔서 계 21:3

하나님이 함께하시는 천국의 특징이 있습니다. 천국에는 하나님의 위로가 있습니다. 하나님이 모든 눈물을 닦아 주십니다. 또한 천국에 없는 것들이 있습니다. 사망이나 애통하는 것이나 곡하는 것이나 아픈 것이 다시 없습니다. 그 이유는 처음 것들이 다 지나갔기 때문입니다.

모든 눈물을 그 눈에서 닦아 주시니 다시는 사망이 없고 애통하는 것이나 곡하는 것이나 아픈 것이 다시 있지 아니하리니 처음 것들이 다 지나갔음이러라 계 21:4

새롭게 된다는 것은 처음 것들이 다 지나가는 것을 의미합니다. 옛것이 지나간 것을 의미합니다. 그리함으로 새로운 것이 임한 것입니다. 새롭게 되는 역사가 나타난 것입니다. 하나님의 지식 가운데 "새롭게 하시는 하나님"을 아는 지식이 왜 중요할까요? 하나님은 왜 새롭게 하시는 것일까요? 하나님은 무엇을 새롭게 하시는 것일까요? 하나님은 어떻게 새롭게 하시는 것일까요? 하나님이 새롭게 하심을 통해 우리가 누리는 은택은 무엇일까요?

하나님은 전적으로 타락한 인간을
새롭게 하시길 원합니다

하나님은 모든 만물을 아름답게 만드셨습니다. 또한 모든 만물의 영장으로 인간을 영화롭게 만드셨습니다. 하지만 아담의 불순종으로 말미암아 인간은 타락하게 되었습니다. 인간은 타락을 통해 죄와 마귀의 노예가 되고 말았습니다. 죄를 지음으로 죄인이 된 인간은 죄를 만들어 내는 공장이 되었습니다. 죄가 깊어지면서 인간은 점점 더 부패하게 되었습니다. 인간의 타락과 함께 하나님이 만드신 피조물에 저주가 임했습니다. 죄는 정말 무서운 것입니다. 창세기 3장에서 저주라는 단어가 처음 등장합니다.

여호와 하나님이 뱀에게 이르시되 네가 이렇게 하였으니 네가 모든 가축과 들의 모든 짐승보다 더욱 저주를 받아 배로 다니고 살아 있는 동안 흙을 먹을지니라 창 3:14

이 말씀을 자세히 살펴보면 뱀에게만 저주가 임한 것이 아님을 알 수 있습니다. 하나님은 뱀에게 "네가 모든 가축과 들의 모든 짐승보다 더욱 저주를 받아"라고 말씀합니다. 죄는 인간이 뱀의 유혹을 받아 범했는데 사람과 뱀뿐만 아니라 저주가 모든 가축과 모든 짐승에게 임했습니다. 죄의 영향력은 누룩 같습니다. 전염병 같습니다. 땅이 아담의 죄로 말미암아 저주를 받았습니다(창 3:17-18). 지금 지구는 몸살을 앓고 있습니다. 하나님이 만드신 만물이 몸살을 앓고 있습니다. 사도 바울은 로마서에서 모든 피조물이 탄식하며 구속을 기다린다고 말합니다.

> 피조물이 다 이제까지 함께 탄식하며 함께 고통을 겪고 있는 것을 우리가 아느니라 롬 8:22

사도 바울은 하나님이 만드신 피조물이 탄식하는 소식을 들었습니다. 고통을 겪고 있는 것을 보았습니다. 그는 인간의 죄를 연구하는 중에 인간의 전적인 타락을 선언합니다. 하나님이 개입해 주지 않으면 결코 소망이 없는 인간의 타락한 모습을 선언합니다. 로마서 1장과 2장에서 인간의 죄의 모습을 고발하던 사도 바울이 로마서 3장에서 결론을 내립니다. 인간은 모두가 죄 아래 있다고 말입니다. 의인은 없나니 하나도 없다는 것입니다. 사도 바울이 선언하는 타락한 인간의 모습이 곧 우리가 살고 있는 시대의 모습입니다.

> 기록된 바 의인은 없나니 하나도 없으며 깨닫는 자도 없고 하나님을 찾는 자도 없고 다 치우쳐 함께 무익하게 되고 선을 행하는 자는 없나니 하나도 없도다 그들의 목구멍은 열린 무덤이요 그 혀로는 속임을 일삼으며 그 입술에는 독사의 독이 있고 그 입에는 저주와 악독이 가득하고 롬 3:10-14

인간의 악함은 극에 이르렀습니다. 악인이 만들어 내는 것은 악입니다. 악인이 늘 솟구쳐 내는 것은 악한 것들입니다.

그러나 악인은 평온함을 얻지 못하고 그 물이 진흙과 더러운 것을 늘 솟구쳐 내는 요동하는 바다와 같으니라 사 57:20

성경은 인간의 죄 때문에 땅이 부패하고, 사람도 부패했다고 말합니다(창 6:12). 그중에서 가장 부패한 것이 사람의 마음입니다.

만물보다 거짓되고 심히 부패한 것은 마음이라 누가 능히 이를 알리요마는 렘 17:9

어느 정도 부패한 것이 아닙니다. 심히 부패한 것입니다. 저는 어릴 적에 가난하게 성장했습니다. 음식이 귀했습니다. 그래서 음식 맛이 조금 상한 것 같아도 기름에 다시 한 번 볶아 먹거나, 끓여 먹었습니다. 그러면 문제가 없었습니다. 명절 때 남은 조금 상한 음식을 한꺼번에 넣고 죽을 만들어 먹기도 했습니다. 그런 음식도 맛있게 먹었습니다. 꿀꿀이 음식이었습니다.

하지만 음식이 심히 부패해서 곰팡이가 피거나 상한 냄새가 나면 버렸습니다. 음식 하나가 부패하면 다른 음식까지 부패하게 만듭니다. 이것이 인간의 모습입니다. 인간의 죄악상입니다. 부패한 음식이 스스로를 새롭게 할 수 없는 것처럼, 부패한 인간이 스스로를 새롭게 할 수 없습니다. 우리 인간이 하나님의 새롭게 하시는 은혜를 경험하기 위해서는 먼저 우리가 얼마나 부패했는지를 알아야 합니다. 우리가 얼마나 부패했는지 알 때 비로소 하나님을 찾게 됩니다. 처참히 무너지고 파괴된 자신의 실상을 깨달을 때 하나님을 찾게 됩니다.

우리 스스로가 철저히 절망할 때 하나님이 개입하십니다. 우리 자신의 죄악 된 모습을 보는 것은 은혜입니다. 그것은 놀라운 하나님의 은혜입니다. 그것은 눈뜸의 경험입니다. 이사야와 베드로가 경험한 것입니다.

그때에 내가 말하되 화로다 나여 망하게 되었도다 나는 입술이 부정한 사람이요 나는 입술이 부정한 백성 중에 거주하면서 만군의 여호와이신 왕을 뵈었음이로다 하였더라 사 6:5

시몬 베드로가 이를 보고 예수의 무릎 아래에 엎드려 이르되 주여 나를 떠나소서 나는 죄인이로소이다 하니 눅 5:8

이사야의 고백은 "화로다 나여 망하게 되었도다"입니다. 베드로의 고백은 "주여 나를 떠나소서 나는 죄인이로소이다"입니다. 바로 이 절망, 이 좌절이 은총을 향한 절망이요, 좌절입니다. 중요한 것은 하나님 앞에서 이런 절망과 좌절을 고백했다는 것입니다. 이 고백은 하나님의 도우심이 필요하다는 고백입니다.

하나님은 예수님을 통해
우리를 새로운 피조물로 만드십니다

인간이 타락하고 부패했지만 하나님은 인간을 결코 포기하신 적이 없습니다. 하나님이 예수님을 보내신 것은 타락하고 부패한 인간을 새롭게 하시기 위해서입니다. 예수님은 새 언약의 중보자로 오셔서 그의 피로 인간의 근본적인 문제를 먼저 해결해 주십니다(히 9:15, 12:24).

예수님이 십자가에서 우리 죄를 대신 담당해 주셨습니다

예수님이 오신 가장 중요한 이유는 자기 백성을 그들의 죄에서 구원하시기 위해서입니다. 하나님이 친히 개입하신 것입니다. 인간 스스로 해결할 수 없는 죄의 문제를 해결해 주시기 위해 예수님이 오신 것입니다(마 1:21). 하나님 아버지께서 우리를 대신하여 예수님을 죄로 삼으셨습니다. 그리하심으로 예수님이 우리를 대신해서 십자가에서 형벌을 받으셨습니다.

> 우리는 다 양 같아서 그릇 행하여 각기 제 길로 갔거늘 여호와께서는 우리 모두의 죄악을 그에게 담당시키셨도다 사 53:6
>
> 하나님이 죄를 알지도 못하신 이를 우리를 대신하여 죄로 삼으신 것은 우리로 하여금 그 안에서 하나님의 의가 되게 하려 하심이라 고후 5:21

예수님이 오신 것은 우리 죄를 대신 담당하심으로 우리 죄를 없이 해주시기 위한 것입니다. 우리 죄를 용서할 뿐만 아니라 우리 죄를 도말하기 위해 오신 것입니다.

> 그가 우리 죄를 없애려고 나타나신 것을 너희가 아나니 그에게는 죄가 없느니라 요일 3:5

예수님이 십자가에서 우리를 위해, 우리 대신에 저주를 받으셨습니다.

죄가 저주를 불러왔습니다. 죄의 삯은 사망입니다. 죄는 형벌을 낳습니다. 예수님이 친히 우리 죄를 대신 담당하심으로 우리를 죄에서 자유하게 하셨습니다. 또한 우리를 대신해서, 우리를 위해 저주를 받으셨습니다.

> 그리스도께서 우리를 위하여 저주를 받은 바 되사 율법의 저주에서 우리를 속량하셨으니 기록된 바 나무에 달린 자마다 저주 아래에 있는 자라 하였음이라 갈 3:13

예수님이 우리를 대신해서 저주를 받으신 까닭에 우리에게는 저주가 없습니다. 오히려 저주 대신에 복을 받게 되었습니다.

> 이는 그리스도 예수 안에서 아브라함의 복이 이방인에게 미치게 하고 또 우리로 하여금 믿음으로 말미암아 성령의 약속을 받게 하려 함이라 갈 3:14

예수님이 십자가에서 마귀의 일을 멸하셨습니다

인간의 가장 큰 문제는 죄와 마귀의 문제였습니다. 예수님이 오셔서 십자가에서 뱀의 머리를 상하게 하셨습니다. 마귀는 죄를 가지고 인간을 괴롭혔습니다. 또한 죄의 삯인 사망의 쏘는 것으로 우리를 괴롭혔습니다. 예수님이 십자가에 죽으시고 부활하심으로 죄와 사망과 마귀의 문제를 한꺼번에 해결하셨습니다.

> 자녀들은 혈과 육에 속하였으매 그도 또한 같은 모양으로 혈과 육을 함께 지니심은 죽음을 통하여 죽음의 세력을 잡은 자 곧 마귀를 멸하시며 또 죽기를 무서워하므로 한평생 매여 종노릇하는 모든 자들을 놓아 주려 하심이니 히 2:14-15

> …하나님의 아들이 나타나신 것은 마귀의 일을 멸하려 하심이라 요일 3:8 하

예수님이 우리를 새로운 창조물로 만드셨습니다

하나님이 예수님을 통해서 하신 일은 우리 죄와 사망과 저주와 마귀의 일을 해결해 주신 것입니다. 하지만 하나님은 거기에 머물지 않으셨습니다. 타락하고 부패한 우리를 예수님을 통해 새로운 피조물로 만들어 주신 것입니다.

> 그런즉 누구든지 그리스도 안에 있으면 새로운 피조물이라 이전 것은 지나갔으니 보라 새것이 되었도다 고후 5:17

이 말씀은 아주 중요한 말씀입니다. 누구든지 그리스도 안에 있으면 새로운 피조물이 됩니다. 이 말씀 속에 담긴 단어 하나하나가 모두 중요합니다.

첫째, "누구든지"입니다. 누구든지 그리스도 안에 있으면 새로운 피조물이 됩니다. 누구든지에는 모든 인종이 포함됩니다. 남자와 여자, 종과 자유자, 유대인과 이방인이 포함됩니다. 모든 죄인이 포함됩니다. 하나님의 구원 계획에는 차별이 없습니다.

둘째, "그리스도 안에"입니다. 그리스도 안에 있으면 새로운 피조물입니다. 그리스도는 하나님의 아들이십니다. 하나님이십니다. 그리스도 안에 있다는 말은 그리스도와 연합했다는 말입니다. 그리스도에게 접붙임을 받았다는 것을 의미합니다. 그리함으로 그리스도께서 주시는 새 생명을 받게 된 것입니다. 그리스도는 말씀으로 천지를 창조하신 말씀의 본체이십니다.

셋째, "새로운 피조물"입니다. 이 말씀에서 피조물은 헬라어로 '크티시스'(κτίσις, ktisis)입니다. '크티시스'란 단어는 조금 더 엄밀하게 표현하면 '창조물'이란 뜻입니다. 예수님을 통해 우리는 새롭게 창조된 것입니다. 이전 것에서 개선된 것이 아닙니다. 이전 것에서 진화된 것이 아닙니다. 아주 새로운 창조물이 된 것입니다.

넷째, "이전 것은 지나갔으니 보라 새것이 되었도다"라는 말씀입니다. 이전 것은 지나갔습니다. 옛것은 지나갔습니다. 이제 새것이 임했습니다. 이 과정에서 함께 역사해 주신 분이 성령님이십니다.

우리를 구원하시되 우리가 행한 바 의로운 행위로 말미암지 아니하고 오직 그의 긍휼하심을 따라 중생의 씻음과 성령의 새롭게 하심으로 하셨나니 딛 3:5

성령님이 함께하심으로 우리는 거듭나게 되었습니다(요 3:3, 5). 하나님으로부터 낳게 되었습니다. 하나님의 자녀가 되었습니다. 성령님을 통해 새로운 사람이 되었습니다.

> 새사람을 입었으니 이는 자기를 창조하신 이의 형상을 따라 지식에까지 새롭게 하심을 입은 자니라   골 3:10

창조주 하나님은 아담의 타락 이후에도 계속해서 새 창조의 일을 행하셨습니다. 우리는 하나님이 천지를 창조하시기 전의 모습을 기억하게 됩니다.

> 땅이 혼돈하고 공허하며 흑암이 깊음 위에 있고 하나님의 영은 수면 위에 운행하시니라   창 1:2

하나님의 창조는 혼돈과 공허와 흑암 속에 임했습니다. 하나님의 새 창조도 마찬가지입니다. 하나님이 자기 백성이 혼돈과 공허와 흑암 속에 빠질 때 새 창조의 일을 행하셨습니다. 창세기보다 창조에 대해 더 많이 언급한 성경이 이사야서입니다. 이사야서는 이스라엘 백성이 포로 생활을 통해 혼돈과 공허와 흑암을 경험할 때 그들을 새롭게 창조하신다는 메시지입니다.

> 땅이 온전히 공허하게 되고 온전히 황무하게 되리라 여호와께서 이 말씀을 하셨느니라   사 24:3

예레미야도 같은 메시지를 전달합니다(렘 4:23). 하나님은 혼돈과 공허와 흑암과 같은 상태에서 새 창조를 약속하시고 또한 이루십니다. 이사야서를 보면 하나님이 새 일을 행하시겠다고 말씀하십니다.

> 보라 내가 새 일을 행하리니 이제 나타낼 것이라 너희가 그것을 알지 못하겠느냐 반드시 내가 광야에 길을 사막에 강을 내리니   사 43:19

새 일은 아름다운 일입니다. 아름다운 일은 구원의 일입니다. 새 일은 새 창조의 일입니다. 새 일은 새사람이 되는 것입니다. 새 일은 새로운 창조물이 되는 것입니다. 새 일은 새 하늘과 새 하늘 속으로 들어가는 것입니다. 이사야서의 마지막 부분은 요한계시록의 마지막 부분과 일치합니다.

> 보라 내가 새 하늘과 새 땅을 창조하나니 이전 것은 기억되거나 마음에 생각나지 아니할 것이라   사 65:17

하나님은 우리가 날마다 새사람을 입기를 원하십니다

하나님은 우리를 일찍부터 새사람으로 만들기를 원하셨습니다. 하나님은 새사람에게 필요한 새 영, 새 마음, 새 이름을 주기를 원하셨습니다.

> 또 새 영을 너희 속에 두고 새 마음을 너희에게 주되 너희 육신에서 굳은

마음을 제거하고 부드러운 마음을 줄 것이며 겔 36:26

예수님이 오심으로 우리는 새 영, 즉 성령님을 받게 되었습니다. 또한 예수님을 통해 새 마음을 받게 되었습니다. 새 마음은 예수 그리스도의 마음입니다.

───── 너희 안에 이 마음을 품으라 곧 그리스도 예수의 마음이니 빌 2:5

또한 우리는 새 이름을 받게 되었습니다. 그 새 이름은 예수 그리스도의 이름입니다. 우리는 예수 그리스도의 이름으로 구원을 받게 되었습니다.

───── 영접하는 자 곧 그 이름을 믿는 자들에게는 하나님의 자녀가 되는 권세를 주셨으니 요 1:12

이사야는 모든 열방을 구원하는 새 이름에 대해 예언했습니다. 또한 새 이름을 주실 것을 예언했습니다.

───── 이방 나라들이 네 공의를, 뭇 왕이 다 네 영광을 볼 것이요 너는 여호와의 입으로 정하실 새 이름으로 일컬음이 될 것이며 사 62:2

예수님을 믿는 사람들은 예수님의 이름을 받은 사람들입니다. 우리에게는 하나님의 이름, 예수님의 이름이 새겨져 있습니다.

───── 이기는 자는 내 하나님 성전에 기둥이 되게 하리니 그가 결코 다시 나가지 아니하리라 내가 하나님의 이름과 하나님의 성 곧 하늘에서 내 하나님께

로부터 내려오는 새 예루살렘의 이름과 나의 새 이름을 그이 위에 기록하리라 · 계 3:12

기억하십시오. 우리는 새 영, 새 마음, 새 이름을 받은 사람들입니다. 그리함으로 우리는 새 창조물이 되었습니다. 새사람이 되었습니다. 그런데 사도 바울은 우리에게 "새사람을 입으라"고 권면합니다.

———————— 하나님을 따라 의와 진리의 거룩함으로 지으심을 받은 새사람을 입으라 · 엡 4:24

이 말씀은 무엇을 의미할까요? 사도 바울은 이 말씀 전에 옛 사람을 벗어 버리라고 권면합니다.

———————— 너희는 유혹의 욕심을 따라 썩어져 가는 구습을 따르는 옛 사람을 벗어 버리고 · 엡 4:22

옛 사람은 유혹의 욕심을 따라 살았습니다. 그것은 썩어져 가는 구습입니다. 사람을 부패하게 만드는 것입니다. 사도 바울은 이제 옛 사람을 벗어 버리고 심령을 새롭게 하라고 권면합니다.

———————— 오직 너희의 심령이 새롭게 되어 · 엡 4:23

그리함으로 새사람을 입으라고 권면합니다. 다시 한 번 에베소서 4장 24절을 주목해 보십시오.

하나님을 따라 의와 진리의 거룩함으로 지으심을 받은 새사람을 입으
라 엡 4:24

새사람은 의와 진리의 거룩함으로 지음을 받았습니다. 새사람
을 입으라는 것은 새사람이 된 것을 기억하라는 것입니다. 새사
람이 어떤 사람인가를 깨달으라는 것입니다. 예수님을 믿고 새로
운 피조물이 된 우리 속에 어떤 변화가 일어났는가를 깨달으라는
것입니다. 우리가 어떤 존재로 새롭게 창조되었는가를 깨달으라
는 것입니다. 우리 안에는 이전에 없던 새로운 생명, 새로운 성향,
새로운 성품이 자리 잡게 되었습니다. 그것은 예수님의 생명입니
다. 예수님의 성향입니다. 예수님의 성품입니다.

문제는 우리 안에 옛 사람이 여전히 남아 있다는 것입니다. 옛
사람의 욕심과 성향이 남아 있는 것입니다. 우리가 예수님을 믿
은 후에 분명히 우리는 새로운 피조물이 된 것을 압니다. 하지만
우리 안에 여전히 남아 있는 옛 사람의 문제가 있는 것을 압니다.
육적인 일이 남아 있는 것을 압니다. 여전히 마음속에 탐욕과 시
기와 미움과 분노와 복수심과 좌절 같은 것들이 남아 있는 것을
압니다. 그런 까닭에 사도 바울은 "날마다 새사람을 입으라"고 말
합니다. 우리 안에 새롭게 자리 잡은 예수님의 의와 거룩함을 인
식하라고 말합니다.

사단의 집요한 유혹은 우리를 여전히 옛 사람으로 살게 만듭
니다. 이전의 상태로 돌아가게 만드는 것입니다. 우리가 성령님을

통해 중생한 것은 영단번의 사건입니다. 하지만 우리가 중생한 후에 새사람이 되어 우리 안에 시작된 예수님의 성품을 드러내는 것은 평생의 작업입니다. 이것을 우리는 영적 훈련이라고 말합니다.

어떤 사람 속에 피아노를 잘 연주할 수 있는 재능이 있다고 합시다. 그 재능이 밖으로 드러나기 위해서는 그 재능을 깨닫는 계기가 있어야 합니다. 그 재능을 깨달은 후에는 좋은 스승을 만나야 합니다. 그리고 부단히 연습하고 훈련해야 합니다. 그때 자신 안에 있는 재능이 빛을 발할 수가 있습니다.

반복적인 훈련은 탁월한 연주자가 되는 데 반드시 필요합니다. 탁월한 연주자는 반복적인 훈련을 통해 어느 경지에 이르게 됩니다. 어느 경지에 이르게 될 때 느끼는 것은 자유함입니다. 어느 것에도 얽매이지 않는 상태 속에서 완전히 자신의 연주를 드러낼 수 있게 됩니다. 자유함은 자연스러움입니다. 자유함은 기쁨입니다. 즐거움입니다. 환희입니다. 유쾌함입니다.

영적 훈련을 사람들의 얼굴에서 웃음을 빼앗아 가는 침울한 고역 같은 것으로 생각해서는 안 된다. 즐거움이 모든 훈련의 기조(基調)이다. 훈련의 목적은 이기주의와 공포의 노예로부터 자유함을 얻는 데 있다. 리처드 포스터, 《영적 훈련과 성장》, 생명의말씀사, 30쪽

하나님은 마음을 새롭게 함으로
우리가 새로워지길 원하십니다

우리는 예수님을 통해 새사람이 되었습니다. 이제 우리는 새 사람의 모습을 드러내야 합니다. 그 일은 내면의 일입니다. 그것은 마음의 일입니다. 마음의 생각과 관련된 일입니다. 사도 바울은 로마서에서 복음을 통해 우리가 구원받은 사실과 새사람이 된 사실을 가르쳐 줍니다. 그 후에 우리에게 아주 중요한 권면을 합니다.

> 너희는 이 세대를 본받지 말고 오직 마음을 새롭게 함으로 변화를 받아 하나님의 선하시고 기뻐하시고 온전하신 뜻이 무엇인지 분별하도록 하라 롬 12:2

하나님은 우리 마음이 새롭게 되기를 원하십니다. 마음이 새롭게 됨으로 변화를 경험하길 원하십니다. 마음이 변화되고 새롭게 될 때 하나님의 선하시고 기뻐하시고 온전하신 뜻을 분별하게 됩니다. 옛 사람은 그 마음의 왕좌에 스스로 왕이 되어 앉았습니다. 하나님을 그 자리에 모시는 것을 거부했습니다. 그리함으로 혼돈 속에 살았습니다. 지옥이란 하나님의 부재를 의미합니다. 하나님을 고의적으로, 지속적으로 거부할 때 그 마음은 이미 지옥이 됩니다. 천국은 하나님의 임재입니다. 우리 마음의 왕좌에 하나님을 모실 때 우리는 하나님의 통치를 받게 됩니다. 그 결과는 천국을 경험하는 것입니다.

우리 인간의 부패는 마음의 부패에서 비롯되었습니다. 마음의 부패는 생각의 부패에서 왔습니다. 우리가 새로워지기 위해서는 우리 마음이 새로워져야 하고, 생각이 새로워져야 합니다. 달라스 윌라드는 《마음의 혁신》에서 마음의 중요성을 다음과 같이 강조합니다.

> 우리는 마음으로 산다. 우리 삶을 조정하고 관리하는 부분은 육체가 아니다. 아무리 부인해도 불변의 사실이다. 당신 안에는 심령(spirit)이 있다. 그 심령은 어떤 식으로든 개발돼 왔고 특정한 성품을 입고 있다. … 거기서 우리는 세상을 보고 현실을 해석한다. 거기서 우리는 선택하고 행동하고 주변을 변화시키려 한다. 우리는 내면의 대부분을 자신도 모르면서, 그 내면에 산다. **달라스 윌라드, 《마음의 혁신》, 복 있는 사람, 21쪽**

> 따라서 당신과 나의 가장 절실한 필요는 마음의 변화(renovation)다. 인류 전체의 가장 절실한 필요도 동일하다. 관점과 선택과 행동의 출처인 우리 내면의 영적 영역은 하나님을 떠나 세상을 통해 형성돼 왔다. 이제 변화되어야 한다. **달라스 윌라드, 《마음의 혁신》, 복 있는 사람, 22쪽**

달라스 윌라드는 예수님의 혁명은 바로 마음과 심령의 혁명이라고 강조합니다.

예수의 혁명이란, 처음부터 지금까지 인간 마음이나 심령의 변혁이다. …
그분의 혁명은, 그리스도 안에서 하나님과 꾸준한 인격적 관계와 인간 상
호 간의 관계를 통해 사람을 안으로부터 바꾸는 성품 혁명이다. **달라스 윌**
라드,《마음의 혁신》, 복 있는 사람, 23-24쪽

여기서 우리가 주의해야 할 것은 우리 심령의 혁명은 하나님
과 인간관계 속에서 함께 이루어진다는 것입니다. 그런 까닭에
교회 공동체가 중요합니다. 예수님은 열두 명의 제자 공동체 안
에서 변화를 추구하셨습니다. 또한 세 명의 제자들(베드로와 요한과
야고보)과 더불어 일대일로 제자들을 양육하심으로 변화를 추구하
셨습니다. 사도 바울은 각 사람에게 그리스도를 전하고, 각 사람
에게 예수님의 모든 지혜를 가르침으로 그들을 양육할 것을 강조
했습니다.

우리가 그를 전파하여 각 사람을 권하고 모든 지혜로 각 사람을 가르침은
각 사람을 그리스도 안에서 완전한 자로 세우려 함이니 **골 1:28**

마음을 새롭게 하는 가장 중요한 훈련은 마음의 생각을 훈련
하는 것입니다.

인간이 생각으로 하나님을 처음 등진 것처럼, 심령의 변화를 향한 첫 동작
이 일어나는 곳도 생각이다. 생각이야말로 우리가 변화되기 시작할 수 있고
마땅히 그래야 하는 곳이다. **달라스 윌라드,《마음의 혁신》, 복 있는 사람, 161쪽**

사람들은 생각하는 것을 별로 좋아하지 않습니다. 하지만 생각하는 훈련을 해야 합니다. 스캇 펙은《아직도 가야 할 길》에서 인간의 원죄를 "생각의 게으름"으로 보았습니다. 만약에 아담과 하와가 뱀의 유혹을 받았을 때 깊이 있게 생각했다면 뱀의 유혹을 능히 물리칠 수 있었을 것입니다. 우리는 깊이 생각하려고 하지 않습니다. 우리는 무의식적으로 선입견을 가지고 삽니다. 고정 관념을 가지고 삽니다.

가장 무서운 것은 하나님에 대한 고정 관념입니다. 하나님에 대한 오해입니다. 사단은 어떻게 해서든지 하나님을 대적하는 생각을 집어넣어 하나님을 오해하게 만듭니다. 그리함으로 하나님과 멀어지게 만듭니다. 우리는 하나님을 대적하는 모든 이론을 사로잡아 그리스도에게 복종시켜야 합니다. 바로 그 훈련이 가장 중요한 영성 훈련입니다.

우리의 싸우는 무기는 육신에 속한 것이 아니요 오직 어떤 견고한 진도 무너뜨리는 하나님의 능력이라 모든 이론을 무너뜨리며 하나님 아는 것을 대적하여 높아진 것을 다 무너뜨리고 모든 생각을 사로잡아 그리스도에게 복종하게 하니 고후 10:4-5

사도 바울이 말하는 견고한 진이 고정 관념입니다. 하나님에 대한 잘못된 개념입니다. 하나님을 대적하는 개념입니다. 우리는 올바로 생각하는 훈련을 해야 합니다. 우리는 무엇보다 하나님을 올바로 알기 위해 생각을 연단해야 합니다. 생각은 누구나 할 수 있지만 깊이 생각하고 올바로 생각하기 위해서는 훈련을 해야 합니다. 생각을 깊이 할 수 있는 생각의 근육이 개발되어야 합니다.

하나님에 대한 생각 가운데 사탄이 가장 잘 사용하는 하나님을 대적하는 이론이 있습니다. 그것은 하나님은 우리의 모든 것을 빼앗아 가는 분이라는 이론입니다. 사단은 하나님에 대해 우리의 기쁨과 즐거움과 행복과 쾌락과 소유를 빼앗아 가는 분이라고 주입시킵니다. 하나님은 결코 그런 분이 아닙니다. 우리의 행복을 위해 독생자 예수님까지 십자가에서 희생하신 분이 하나님이십니다. 하나님이 우리에게 주기 원하시는 것은 풍성한 생명입니다. 풍성한 사랑입니다. 하나님은 우리에게 참된 기쁨과 참된 자유와 참된 쾌락을 주시기 원하십니다. 참된 부요를 선물해 주시기 원하십니다.

생각을 변화시키기 위해 우리는 말씀을 읽고 묵상해야 합니다. 말씀을 따라 순종해야 합니다. 그때 우리는 변화를 경험하게 됩니다. 하나님은 고난이라는 도구를 통해 우리 생각에 변화를 창조하십니다. 고난은 용광로와 같습니다. 고난을 거치게 되면 더욱 빛나고 아름다운 도자기와 같이 변화를 경험하게 됩니다. 또한 아름다운 만남을 통해 생각이 변화됩니다. 하나님의 사람들과의 만남, 성경과의 만남 그리고 좋은 책들과의 만남이 우리를 변화시킵니다. 변화는 아름다운 것입니다. 복된 것입니다.

하나님은 지금도 예수님을 통해
새 창조의 일을 계속하고 계십니다

하나님은 지금도 만물을 새롭게 하고 계십니다. 우리 인간을 새롭게 하고 계십니다.

> 보좌에 앉으신 이가 이르시되 보라 내가 만물을 새롭게 하노라 하시고 또 이르시되 이 말은 신실하고 참되니 기록하라 하시고 계 21:5

하나님이 만물을 새롭게 하시는 것은 신실한 일이며, 참된 일입니다. 하나님은 인간의 타락과 부패를 아십니다. 하지만 하나님은 인간에게 최고의 가치를 부여하셨습니다. 최고의 잠재력을 부여하셨습니다. 달라스 윌라드는 아주 놀라운 말을 그의 책에 기록했습니다.

죄는 인간을 무가치하게 만들지 못한다. 잃은 영혼이 되게 할 뿐이다. 잃어진 상태에서도 인간은 여전히 놀라운 힘과 품위와 숨 가쁜 미와 선을 품을 수 있다. 무지한 자들이나 이해할 마음이 없는 자들에게 내 끔찍한 악-

이미 되어 있고 지금도 되어 가고 있는 모습-을 능히 숨길 수 있도록 말이
다. 달라스 윌라드, 《마음의 혁신》, 복 있는 사람, 76쪽

이것이 바로 인간이 가지고 있는 인간의 양면입니다. 인간은
불멸의 악한이 될 수도 있고, 영원한 성자가 될 수도 있습니다.

"인간은 불멸의 악한이거나 영원한 성자다." -C. S. 루이스

잃어버린 영혼은 하나님을 만나지 못한 영혼입니다. 우리는 잃
어버린 영혼을 찾아서 예수님을 만나게 도와주어야 합니다. 왜냐
하면 그들 안에 놀라운 잠재력이 있기 때문입니다.

인간에 관한 놀라운 사실 가운데 하나는 회복이 가능하다는 것이다. 사실
그 회복으로 인해 파괴되었던 인간은 더 아름다운 존재가 된다. 이것은 희
망이면서도 신기한 개념이다. 달라스 윌라드, 《마음의 혁신》, 복 있는 사람, 103쪽

어느 누구도 쉽게 결론을 내려서는 안 됩니다. 이 사람은 결
코 구원을 받을 수 없다고 단정해서는 안 됩니다. 가장 가치 있는
일은 잃어버린 영혼을 찾아 구원하는 일입니다. 잃어버린 영혼
이 예수님을 만나면 새 창조의 역사가 일어납니다. 새로운 피조
물, 새사람이 됩니다. 새 영을 받게 됩니다. 새 마음을 받게 됩니
다. 새 생명을 받게 됩니다. 새 언약을 받게 됩니다. 새 성향을 받

게 됩니다. 새 성품을 받게 됩니다. 새 공동체를 만나게 됩니다. 새 말씀을, 새 노래를 받게 됩니다. 새 이름을 받게 됩니다. 새 관점을 갖게 됩니다. 새 깨달음을 얻게 됩니다. 새 지식을 얻게 됩니다. 새 길을 만나게 됩니다. 그 길을 통해 영원한 천국에 들어가게 됩니다. 우리의 썩을 육체도 새롭게 하십니다.

하나님은 지금도 우리 속사람을 날마다 새롭게 하십니다.

그러므로 우리가 낙심하지 아니하노니 우리의 겉 사람은 낡아지나 우리의 속사람은 날로 새로워지도다 고후 4:16

변화는 하나님의 은혜로 이루어집니다. 하지만 우리도 변화와 성숙을 선택해야 합니다. 변화는 의도적입니다. 변화의 목표가 있고, 구체적인 계획이 있고, 구체적인 실천이 따라야 변화를 경험하게 됩니다. 피아노 연주를 잘하기 위해서는 훈련하고 연습해야 합니다. 생각도 마찬가지입니다. 올바로 생각하기 위해 훈련하고 연습해야 합니다.

우리의 옛 사람은 옛 습관에 안주하게 만듭니다. 옛 습관으로 자꾸 돌아가게 만듭니다. 새사람은 새 생각, 새 마음, 새 성품을 형성해야 합니다. 새 성품을 형성하기 위해서는 새 습관을 형성해야 합니다. 황의찬 교수가 쓴 《밧세바의 미투》에 나오는 글입니다.

사랑은 고심 끝에 나오고 미움은 습관적으로 나온다. 따스한 눈길은 애써서 만들어야 하는데 째려보는 눈은 연습하지 않아도 잘 만들어진다. … 이해는 애를 써야 할 수 있고 오해는 가만히 있어도 저절로 된다. 생각이 귀찮다고 그냥 있으면 사방을 에워싸는 것은 소외뿐이다. **황의찬,《밧세바의 미투》, CLC, 172쪽**

우리는 쉽게 오해합니다. 이해하기 위해서는 깊이 생각해야 합니다. 상대방의 입장을 잘 살펴야 합니다. 그때 이해할 수 있고, 그때 긍휼히 여기는 마음을 가질 수 있습니다. 날마다 예수님의 마음을 품으십시오. 날마다 하나님의 말씀을 통해 마음의 생각을 새롭게 하십시오. 우리 마음속에 생명의 근원이 담겨 있습니다(잠 4:23). 마음의 그릇에 하나님의 말씀과 복된 언어를 날마다 채우십시오. 마음을 새롭게 하십시오. 그리함으로 아름다운 그리스도의 성품과 그리스도의 언어와 그리스도의 향기를 드러내십시오. 그렇게 함으로 이 세상을 하나님과 함께 새롭게 만드십시오. 날마다 우리를 새롭게 하시는 하나님의 은혜가 늘 함께하기를 빕니다.